W0060500

BILDWÖRTERBUCH
ENGLISCH DEUTSCH

Jourist Verlags GmbH

INHALTSVERZEICHNIS

TIERE UND PFLANZEN 6
Tiere 6
Pflanzen. 44

MENSCH 50
Menschlicher Körper. 50
Muskeln. 54
Skelett. 56
Gebiss. 60
Atmungssystem 61
Blutkreislauf. 62
Nervensystem 66
Fortpflanzungssystem. 68
Harnsystem 69
Verdauungssystem 70
Sinnesorgane. 72

MEDIZIN 74
Krankenhaus 74
Medizinische Untersuchungsgeräte 82
Arzneimittel 83
Mobilitätshilfen. 84
Erste Hilfe 85

HAUS UND HAUSHALT 86
Wohngebäude 86
Innenausstattung 92
Essenszubereitung 102
Hauseinrichtung. 114
Wohnbauten. 120
Werkzeug. 124

NAHRUNGSMITTEL 136
Tierische Lebensmittel 136
Pflanzliche Lebensmittel 142
Industriell verarbeitete Lebensmittel 156
Getränke 158

KLEIDUNG UND ACCESSOIRES 160
Herrenkleidung. 160
Damenkleidung 164
Schuhe 170

Mützen und Schals 172
Brillen und Kontaktlinsen 173
Schmuck 175
Körperpflege 176

GESELLSCHAFT 184
Familie. 184
Bildungseinrichtungen 186
Stadt 190
Geld und Zahlungsmittel. 212
Militär 214

KUNST UND ARCHITEKTUR 224
Darstellende Künste 224
Musik. 232
Bildende Künste 242
Handarbeit. 244
Architektur 246

SPORT 250
Ballsportarten 250
Spiele mit Schlägern 262
Leichtathletik 268
Gymnastik 270
Golf. 272
Boxen 273
Fitnesscenter 274
Rollsport 276
Fahrräder 278
Reitsport 280
Wassersport. 282
Wintersport 290

FREIZEIT 294
Spielzeug. 294
Außenspielgeräte 297
Spiele 300
Aktive Freizeit. 311

BÜRO UND KOMMUNIKATION 314
Büroräume 314
Bürotechnik 318
Büromaterial 324

TRANSPORT 328
Straßentransport 328
Lufttransport 350
Schienentransport 358
Seetransport 366

WISSENSCHAFT 372
Mathematik 372
Meteorologie 376
Laborgeräte 377
Erde und Weltraum 378

INDUSTRIE UND ENERGIE 384
Stromerzeugung 384
Fossile Brennstoffe 387
Industriemaschinen 391

REGISTER 392
Deutsch 392
Englisch 405

Bildwörterbuch-App
Die App zum Bildwörterbuch für iOS und Android beinhaltet folgende Sprachen:
Deutsch, Englisch (US), Englisch (GB), Italienisch, Französisch, Spanisch und Russisch.
Alle Wörter in der App sind von Muttersprachlern vertont.
de.jourist.com/product/bildwoerterbuch

Bildwörterbuch

Autor: **Igor Jourist**

Illustrationen, Texte und Gesamtherstellung - Jourist Verlags GmbH, Hamburg

ISBN 978-3-89894-658-2

HINWEISE ZUR BENUTZUNG

Unterthema
Themen sind in kleinere Unterthemen aufgeteilt, wie z. B. hier Hauseinrichtung, Innenausstattung usw.

Zeigelinie
Die Zeigelinie wird verwendet, wenn anhand eines Gegenstands mehrere Begriffe gezeigt werden.

Abschnitt
Abschnitte sind eine Aufteilung der Unterthemen. Themen, Unterthemen und Abschnitte sind einsprachig.

Teilabschnitt
Die Aufteilung in Abschnitte erfolgt meistens mithilfe kleinerer Gegenstandsgruppen, hier z. B. Sofas, Schränke und Regale. Die Abschnitte wie auch die Gegenstände sind immer mit Übersetzungen kombiniert.

ESSENSZUBEREITUNG
Küchengeräte

Großgeräte *N*
Large appliances

Kühlschrank *M*
refrigerator

Regal *N*
shelf

Eierablage *F*
egg tray

Kühlschranktür *F*
refrigerator compartment door

Doppeltürkühlschrank *M*
side-by-side refrigerator and freezer

Griff *M*
handle

Gefriertruhe *F*
freezer compartment

Gemüsefach *M*
crisper

Schublade *F*
drawer

Gefriertruhentür *F*
freezer compartment door

Mikrowell...
microwa...

Griff *M*
handle

Zeitschaltuhr *F*
clock timer

Fenster *N*
window

Drehscheibe *F*
turntable

Herdplatte *F*
hob

Tür *F*
door

Bedienfeld *N*
control panel

Geschlechtsangabe bzw. Artikelangabe
Je nach Sprache werden für die Substantive entweder das Geschlecht oder die zu verwendenden Artikel angegeben. Diese Angaben sind beim Sprachenlernen besonders wichtig.

Gegenstand

Die Darstellung eines Gegenstands kann eine oder mehrere Bezeichnungen enthalten. Die Darstellung des Ecksofas ist ein Beispiel eines Gegenstands mit mehreren Begriffen.

ESSENSZUBEREITUNG
Küchengeräte

Dunstabzugshaube *F*
cooker hood

Geschirrspülmaschine *F*
dishwasher

Lüftungsschacht *M*
ventilation duct

Griff *M*
handle

Netzschalter *M*
power button

Bedienungsknopf *M*
control knob

Kontrollleuchte *F*
indicator light

Tür *F*
door

Filter *M*
filter

Abschirmung *F*
screen

Gasherd *M*
gas cooker

Anzeige *F*
display

Bedienknopf *M*
hob control knob

Gasbrenner *M*
burner

Griff *M*
handle

Ofenregelknopf *M*
oven control knob

Elektroherd *M*
electric cooker

Ofen *M*
oven

Thema

Durchgehende Themenbenennung. Das Wörterbuch enthält insgesamt 14 Themen für die wichtigsten Lebensbereiche.

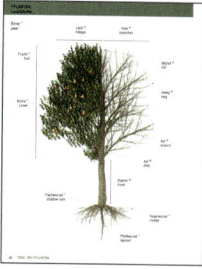

Symbolische Abbildung des Gegenstands

Manchmal ist es wichtig, normalerweise verdeckte Teile des Gegenstands zu zeigen. Dazu wird z. B. hier der Baum teilweise ohne Laub gezeigt.

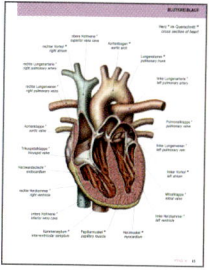

Querschnitt

Besonders bei den technischen Gegenständen ist es üblich, zur besseren Veranschaulichung den Querschnitt des Gegenstands zu zeigen.

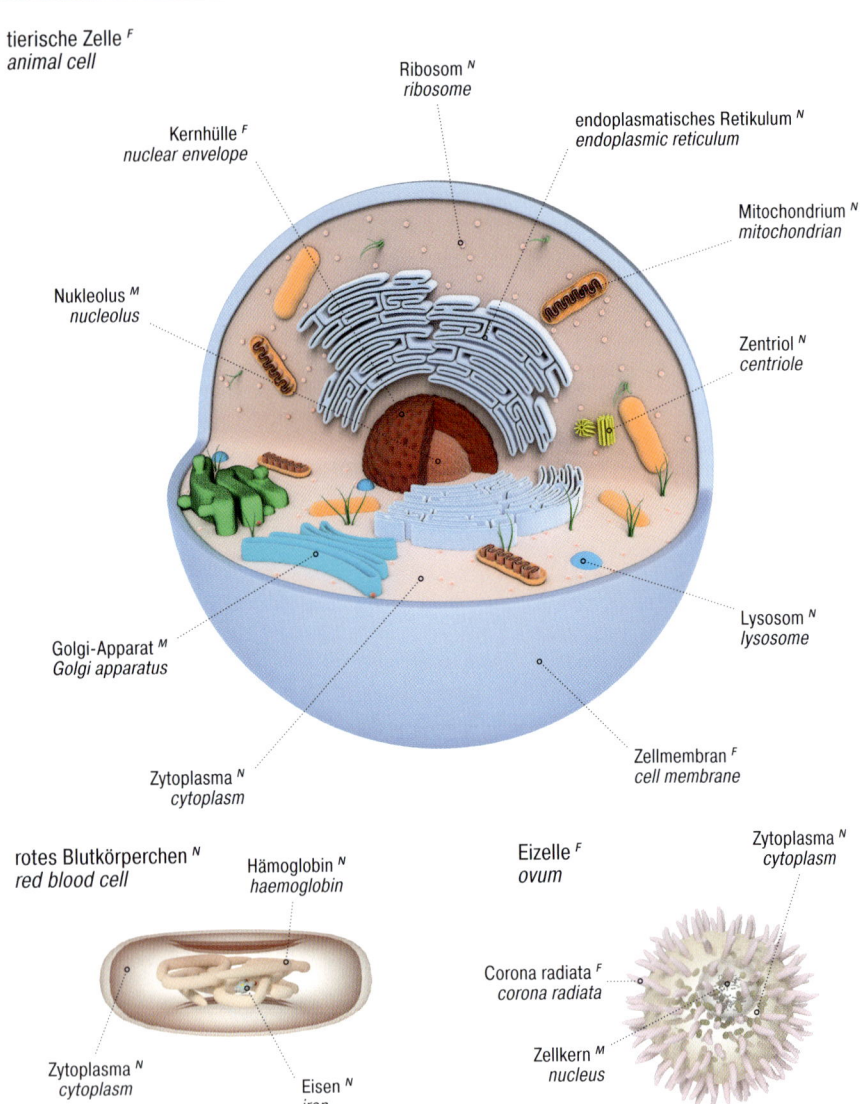

tierische Zelle *F*
animal cell

Ribosom *N*
ribosome

endoplasmatisches Retikulum *N*
endoplasmic reticulum

Kernhülle *F*
nuclear envelope

Mitochondrium *N*
mitochondrian

Nukleolus *M*
nucleolus

Zentriol *N*
centriole

Golgi-Apparat *M*
Golgi apparatus

Lysosom *N*
lysosome

Zytoplasma *N*
cytoplasm

Zellmembran *F*
cell membrane

rotes Blutkörperchen *N*
red blood cell

Hämoglobin *N*
haemoglobin

Eizelle *F*
ovum

Zytoplasma *N*
cytoplasm

Corona radiata *F*
corona radiata

Zytoplasma *N*
cytoplasm

Eisen *N*
iron

Zellkern *M*
nucleus

Weißwedelhirsch ^M
white-tailed deer

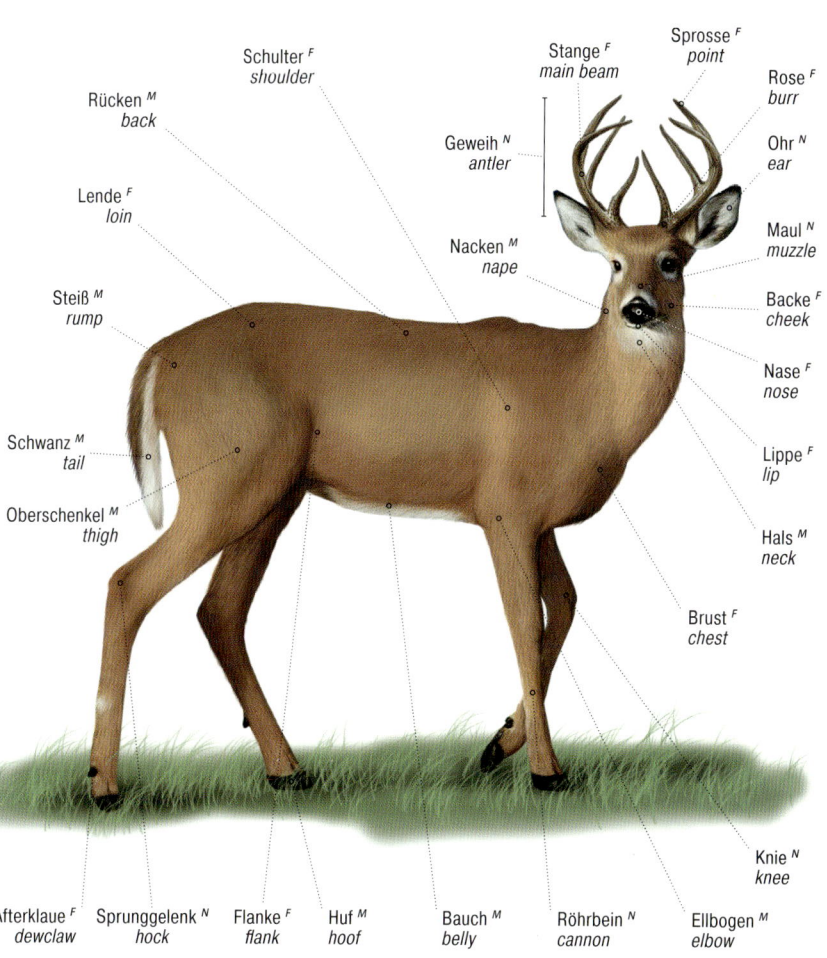

Schulter ^F
shoulder

Stange ^F
main beam

Sprosse ^F
point

Rose ^F
burr

Rücken ^M
back

Ohr ^N
ear

Geweih ^N
antler

Lende ^F
loin

Maul ^N
muzzle

Nacken ^M
nape

Backe ^F
cheek

Steiß ^M
rump

Nase ^F
nose

Schwanz ^M
tail

Lippe ^F
lip

Oberschenkel ^M
thigh

Hals ^M
neck

Brust ^F
chest

Knie ^N
knee

Afterklaue ^F
dewclaw

Sprunggelenk ^N
hock

Flanke ^F
flank

Huf ^M
hoof

Bauch ^M
belly

Röhrbein ^N
cannon

Ellbogen ^M
elbow

Antilope *F*
antelope

Dickhornschaf *N*
bighorn sheep

Alpensteinbock *M*
alpine ibex

Rentier *N*
reindeer

Europäisches Reh *N*
western roe deer

Wapiti *M*
elk

Gazelle *F*
gazelle

Ziege *F*
goat

Elch *M*
moose

Moschusochse ^M
musk ox

Kaschmirziege ^F
cashmere goat

Tapir ^M
tapir

Büffel ^M
buffalo

Bison ^M
bison

Maultier ^N
mule

Nashorn *N*
rhinoceros

Flusspferd *N*
hippopotamus

Zebra *N*
zebra

Trampeltier *N*
Bactrian camel

Giraffe *F*
giraffe

Asiatischer Elefant *M*
Asian elephant

Rind ^N
cow

Esel ^M
donkey

Wildschwein ^N
wild boar

Schwein ^N
pig

Schaf ^N
sheep

Lama ^N
llama

Eisbär ^M
polar bear

Baribal ^M
black bear

Großer Panda ^M
giant panda

Grizzlybär ^M
grizzly bear

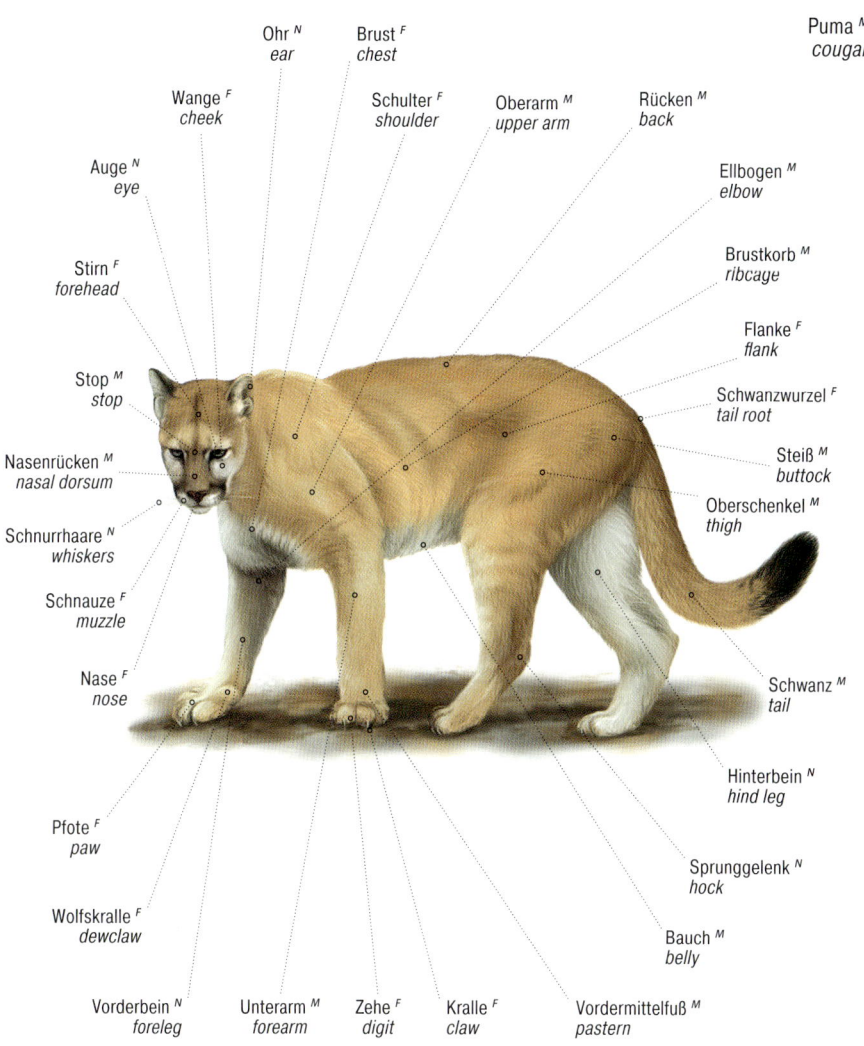

Puma ^M
cougar

Ohr ^N
ear

Brust ^F
chest

Wange ^F
cheek

Schulter ^F
shoulder

Oberarm ^M
upper arm

Rücken ^M
back

Auge ^N
eye

Ellbogen ^M
elbow

Stirn ^F
forehead

Brustkorb ^M
ribcage

Flanke ^F
flank

Stop ^M
stop

Schwanzwurzel ^F
tail root

Nasenrücken ^M
nasal dorsum

Steiß ^M
buttock

Oberschenkel ^M
thigh

Schnurrhaare ^N
whiskers

Schnauze ^F
muzzle

Nase ^F
nose

Schwanz ^M
tail

Hinterbein ^N
hind leg

Pfote ^F
paw

Sprunggelenk ^N
hock

Wolfskralle ^F
dewclaw

Bauch ^M
belly

Vorderbein ^N
foreleg

Unterarm ^M
forearm

Zehe ^F
digit

Kralle ^F
claw

Vordermittelfuß ^M
pastern

Luchs ^{M}
lynx

Wolf ^{M}
wolf

Gepard ^{M}
cheetah

Schakal ^{M}
jackal

Tiger ^{M}
tiger

Löwe ^{M}
lion

Tüpfelhyäne ^{F}
spotted hyena

Schneeleopard ^{M}
snow leopard

Jaguar ^{M}
jaguar

Kegelrobbe ᴹ
gray seal

Seebär ᴹ
fur seal

Walross ᴺ
walrus

Seelöwe ᴹ
sea lion

Labrador-Retriever *M*
Labrador retriever

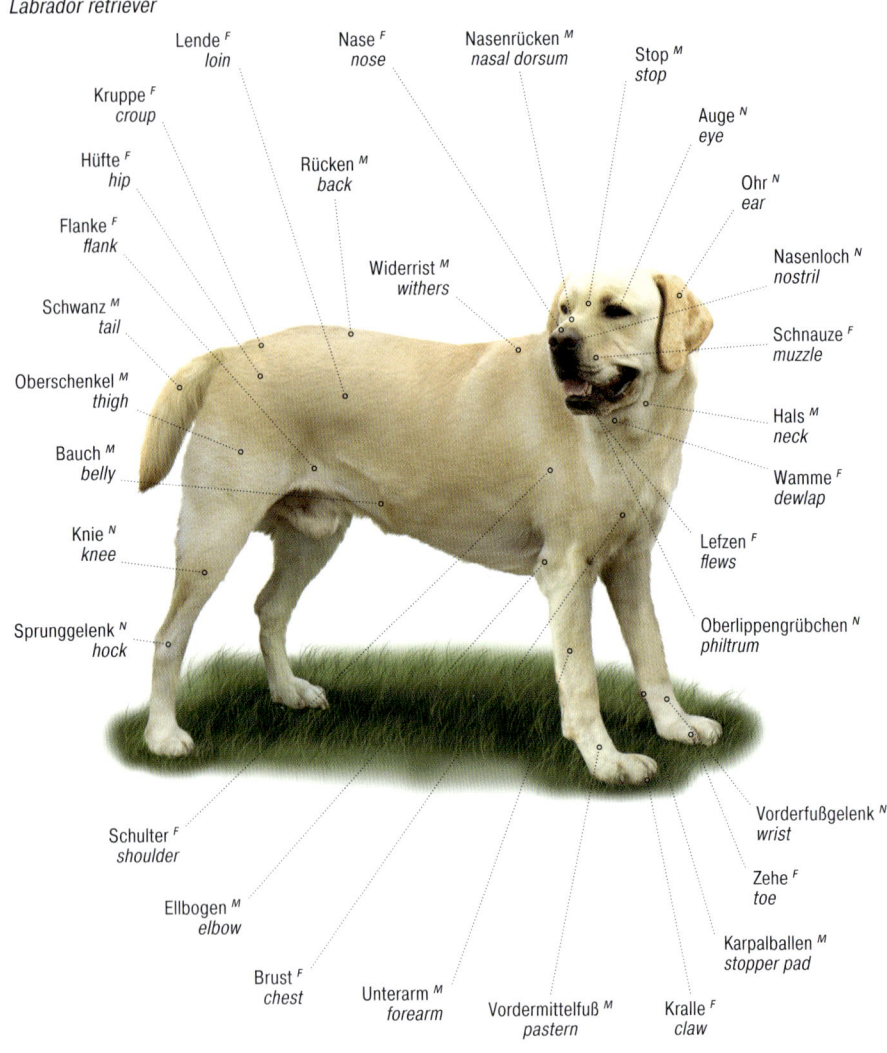

Lende *F*
loin

Nase *F*
nose

Nasenrücken *M*
nasal dorsum

Stop *M*
stop

Kruppe *F*
croup

Auge *N*
eye

Hüfte *F*
hip

Rücken *M*
back

Ohr *N*
ear

Flanke *F*
flank

Nasenloch *N*
nostril

Widerrist *M*
withers

Schwanz *M*
tail

Schnauze *F*
muzzle

Oberschenkel *M*
thigh

Hals *M*
neck

Bauch *M*
belly

Wamme *F*
dewlap

Knie *N*
knee

Lefzen *F*
flews

Sprunggelenk *N*
hock

Oberlippengrübchen *N*
philtrum

Vorderfußgelenk *N*
wrist

Schulter *F*
shoulder

Zehe *F*
toe

Ellbogen *M*
elbow

Karpalballen *M*
stopper pad

Brust *F*
chest

Unterarm *M*
forearm

Vordermittelfuß *M*
pastern

Kralle *F*
claw

Bulldogge ^F
bulldog

Pudel ^M
poodle

Rottweiler ^M
rottweiler

Chihuahua ^M
Chihuahua

Golden Retriever ^M
golden retriever

Siberian Husky ^M
Siberian husky

Collie ^M
collie

Deutscher Schäferhund ^M
German shepherd

Dackel ^M
dachshund

Dalmatiner ^M
dalmatian

Britisch Kurzhaar ^F
British shorthair

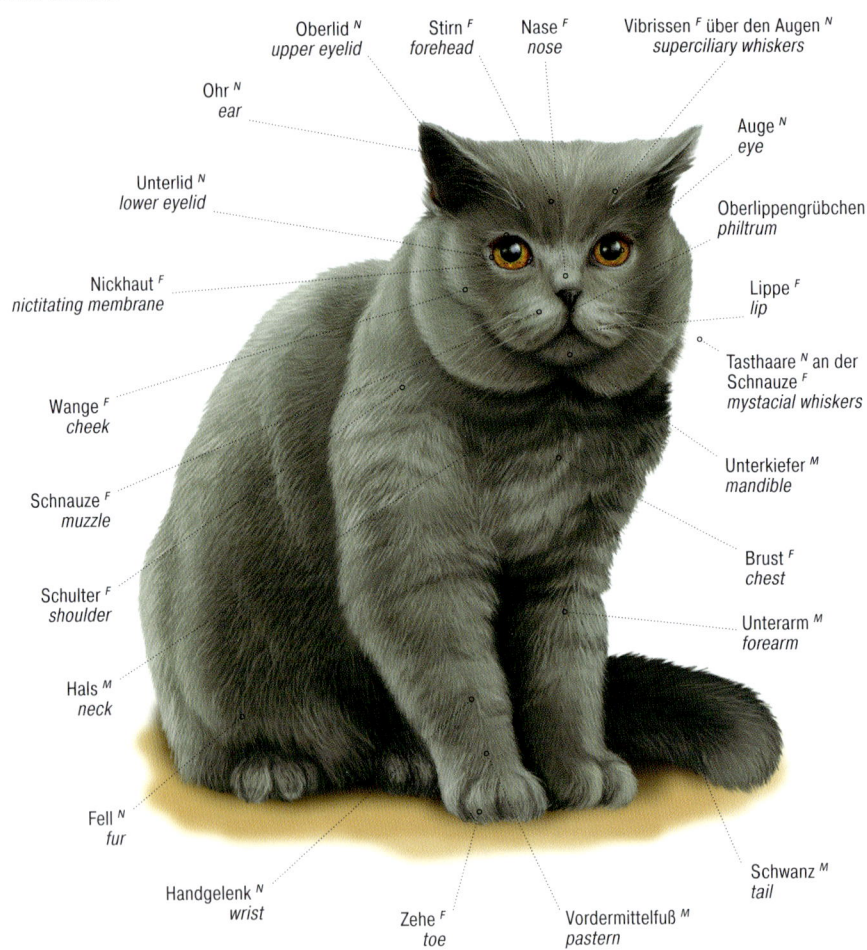

Oberlid ^N
upper eyelid

Stirn ^F
forehead

Nase ^F
nose

Vibrissen ^F über den Augen ^N
superciliary whiskers

Ohr ^N
ear

Auge ^N
eye

Unterlid ^N
lower eyelid

Oberlippengrübchen ^N
philtrum

Nickhaut ^F
nictitating membrane

Lippe ^F
lip

Tasthaare ^N an der
Schnauze ^F
mystacial whiskers

Wange ^F
cheek

Unterkiefer ^M
mandible

Schnauze ^F
muzzle

Schulter ^F
shoulder

Brust ^F
chest

Unterarm ^M
forearm

Hals ^M
neck

Fell ^N
fur

Schwanz ^M
tail

Handgelenk ^N
wrist

Zehe ^F
toe

Vordermittelfuß ^M
pastern

Norwegische Waldkatze ^F
Norwegian forest cat

Russisch Blau ^F
Russian blue

Maine-Coon-Katze ^F
Maine coon

Perserkatze ^F
Persian cat

Siamkatze ^F
Siamese cat

Kaninchen [N]
rabbit

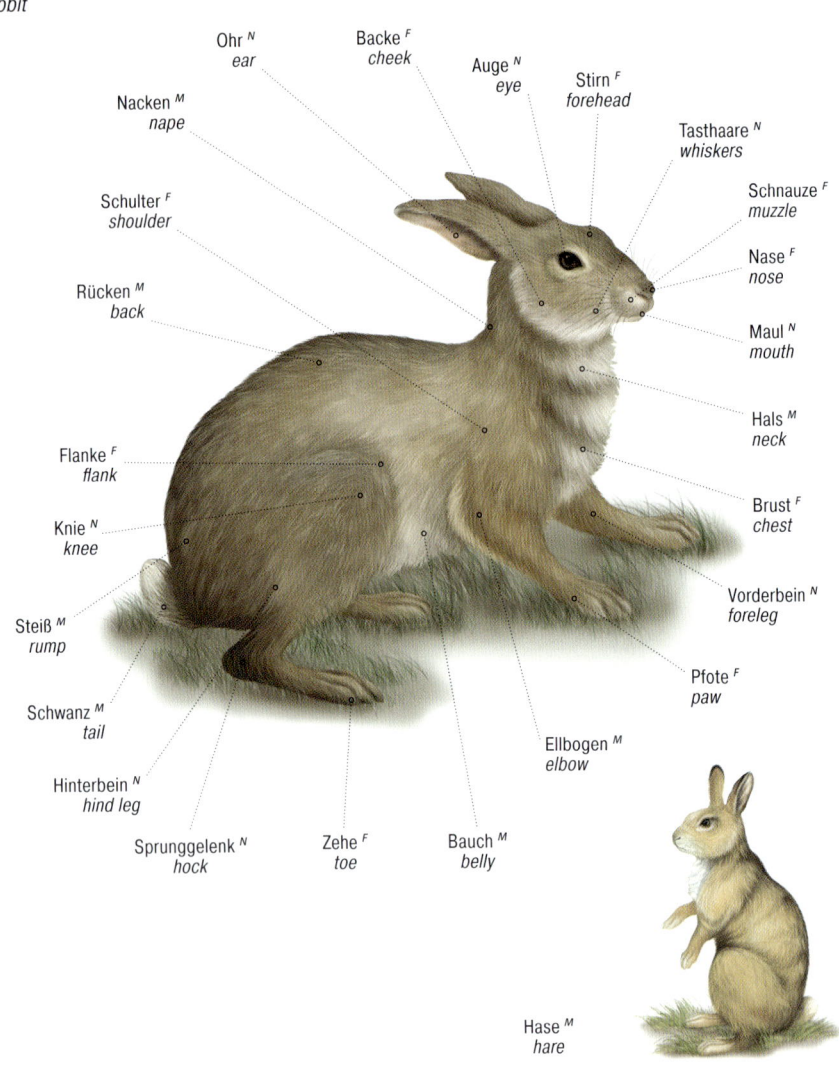

Ohr [N]
ear

Backe [F]
cheek

Auge [N]
eye

Stirn [F]
forehead

Tasthaare [N]
whiskers

Nacken [M]
nape

Schnauze [F]
muzzle

Schulter [F]
shoulder

Nase [F]
nose

Rücken [M]
back

Maul [N]
mouth

Hals [M]
neck

Flanke [F]
flank

Brust [F]
chest

Knie [N]
knee

Vorderbein [N]
foreleg

Steiß [M]
rump

Pfote [F]
paw

Schwanz [M]
tail

Ellbogen [M]
elbow

Hinterbein [N]
hind leg

Sprunggelenk [N]
hock

Zehe [F]
toe

Bauch [M]
belly

Hase [M]
hare

Koala ^{M}
koala

Kopf ^{M}
head

Ohr ^{N}
ear

Backe ^{F}
cheek

Auge ^{N}
eye

Mund ^{M}
mouth

Nase ^{F}
nose

Vordergliedmaße ^{F}
forelimb

Brust ^{F}
chest

Hintergliedmaße ^{F}
hind limb

opponierbare Finger ^{M}
opposable digit

Greiffinger ^{M}
digit

Hinterpfote ^{F}
hind paw

Vorderpfote ^{F}
forepaw

Kralle ^{F}
claw

Opossum ^{N}
opossum

Känguru ^{N}
kangaroo

Streifenhörnchen *N*
chipmunk

Stachelschwein *N*
porcupine

Hausmaus *F*
house mouse

Eichhörnchen *N*
squirrel

Springmaus *F*
jerboa

Hamster *M*
hamster

Bisamratte *F*
muskrat

Wanderratte *F*
brown rat

Meerschweinchen *N*
guinea pig

Goldaguti *N*
red-rumped agouti

Murmeltier *N*
marmot

Biber *M*
beaver

Galápagos-Schildkröte *F*
Galápagos tortoise

Rückenschild *M*
carapace

Wirbelschild *M*
vertebral scute

Rippenschild *M*
costal scute

Hals *M*
neck

Randschild *M*
marginal scute

Auge *N*
eye

Schwanzschild *M*
pygal plate

Hornschnabel *M*
horny beak

Maul *N*
mouth

Schuppe *F*
scale

Bauchpanzer *M*
plastron

Bein *N*
leg

Kralle *F*
claw

amerikanische Sumpfschildkröte *F*
Blanding's turtle

Grüne Meeresschildkröte *F*
green sea turtle

Lemur *M*
lemur

Löwenäffchen *N*
lion tamarin

Orang-Utan *M*
orangutan

Roter Brüllaffe *M*
red howler monkey

Plumploris *F*
slow loris

Pavian *M*
baboon

Gorilla *M*
gorilla

Schimpanse *M*
chimpanzee

Mandrill *M*
mandrill

Europäisches Chamäleon N
chameleon

Gecko M
gecko

Leguan M
iguana

Waran M
monitor lizard

Mauereidechse F
common wall lizard

Mississippi-Alligator M
alligator

Kubakrokodil N
Cuban crocodile

Schlangen ^F
Snakes

Jararaca ^F
jararaca

Abgottschlange ^F
boa constrictor

Wüsten-Hornviper ^F
desert horned viper

Kobra ^F
cobra

Klapperschlange ^F
rattlesnake

Nasen-Peitschennatter ^F
green vine snake

Agakröte ^F
cane toad

Salamander ^M
salamander

Grasfrosch ^M
common frog

Teichfrosch ^M
edible frog

Glasfrosch ^M
glass frog

Teichmolch ^M
smooth newt

Schwertwal *M*
killer whale

Buckelwal *M*
humpback whale

Einkerbung *F* an der Fluke *F*
median notch

Finne *F*
dorsal fin

Blasloch *N*
blowhole

Rostrum *N*
rostrum

Maul *N*
mouth

Schwanzflosse *F*
caudal fin

Schwanzstiel *M*
caudal peduncle

Brustflosse *F*
pectoral fin

Auge *N*
eye

Furche *F*
throat groove

Höcker *M*
tubercle

Delfin *M*
dolphin

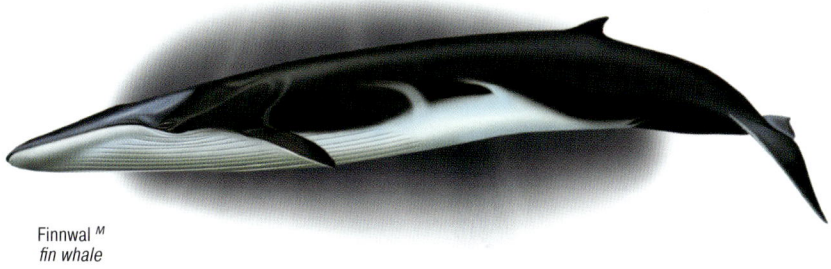

Blauwal ᴹ
blue whale

Finnwal ᴹ
fin whale

Weißwal ᴹ
beluga

Makrele F
mackerel

Forelle F
trout

Karpfen M
carp

Schellfisch M
haddock

Barsch M
perch

Scherenschwanz-Sergeant M
sergeant major

Forellenbarsch M
largemouth bass

Buntbarsch M
tilapia

Rochen M
skate

Schnauze F
snout

Auge N
eye

Atemloch N
spiracle

Seezunge F
sole

Beckenflosse F
pelvic fin

Brustflosse F
pectoral fin

Schwanzflosse F
caudal fin

Dorsch M
cod

Blauhai ^M
blue shark

Lachs ^M
salmon

Hecht ^M
pike

getüpfelter Gabelwels ^M
channel catfish

Schwertfisch ^M
swordfish

Thunfisch ^M
tuna

Stör ^M
sturgeon

Kolibri ^M
hummingbird

Schwarzkopfmeise ^F
black-capped chickadee

Specht ^M
woodpecker

Eisvogel ^M
kingfisher

Rauchschwalbe ^F
barn swallow

Nymphensittich ^M
cockatiel

Goldzeisig ^M
American goldfinch

Rotkardinal ^M
cardinal

Wanderdrossel ^F
American robin

Amerikanische Krähe F
American crow

Nachtigall F
nightingale

Drossel F
thrush

Sperling M
sparrow

Star M
starling

Eule F
owl

Taube F
pigeon

Gerfalke M
gyrfalcon

Gimpel M
bullfinch

Rebhuhn N
partridge

Storch M
stork

Kondor *M*
condor

Kragenhuhn *N*
ruffed grouse

Weißkopfseeadler *M*
bald eagle

Blauhäher *M*
blue jay

Kohlmeise *F*
greater titmouse

Neuntöter *M*
red-backed shrike

Hahn *M*
rooster

Strauß *M*
ostrich

Schweifhuhn *N*
sharp-tailed grouse

Pfau *M*
peacock

Albatros *M*
albatross

Möwe *F*
gull

Seeschwalbe *F*
tern

Ente *F*
duck

Schwan *M*
swan

Pelikan *M*
pelican

Flamingo *M*
flamingo

Pinguin *M*
penguin

Reiher *M*
heron

Gans *F*
goose

Spinnentiere [N]

Arachnids

Skorpion [M]
scorpion

Oberschenkelknochen [M]
femur

Telson [N]
telson

Stachel [M]
aculeus

Kniescheibe [F]
patella

Mesosoma [N]
mesosoma

Metasoma [N]
metasoma

Pedipalpus [M]
pedipalp

Schere [F]
chela

Trochanter [M]
trochanter

Laufbein [N]
leg

Kieferklauen [F]
chelicerae

Prosoma [N]
prosoma

Fußwurzel [F]
tarsus

Schienbein [N]
tibia

Schwarze Witwe [F]
black widow

Rote Röhrenspinne [F]
ladybird spider

Wasserspinne [F]
water spider

Zecke [F]
tick

Gartenkreuzspinne [F]
European garden spider

Krabbenspinne [F]
crab spider

Mexikanische Vogelspinne [F]
tarantula

Sechsaugenspinne [F]
woodlouse spider

Blauvioletter Waldlaufkäfer ^M
Carabus problematicus

Bockkäfer ^M
furniture beetle

Froschkäfer ^M
Sagra buqueti

Gefurchter Dickmaulrüssler ^M
black vine weevil

Maikäfer ^M
cockchafer

Marienkäfer ^M
ladybug

Grüner Scheinbockkäfer ^M
thick-legged flower beetle

Nashornkäfer ^M
rhinoceros beetle

Hirschkäfer ^M
stag beetle

Kartoffelkäfer ^M
Colorado potato beetle

Goldglänzender Rosenkäfer ^M
rose chafer

Goliathkäfer ^M
goliath beetle

Nadelbaum-Marienkäfer ^M
larch ladybug

Heiliger Pillendreher ^M
dung beetle

Blumenkäfer ^M
flower beetle

Goldkäfer ^M
golden scarab beetle

Schmetterlinge ^{M} und Falter ^{F}
Butterflies and moths

Schwalbenschwanz-Raupe ^{F}
swallowtail caterpillar

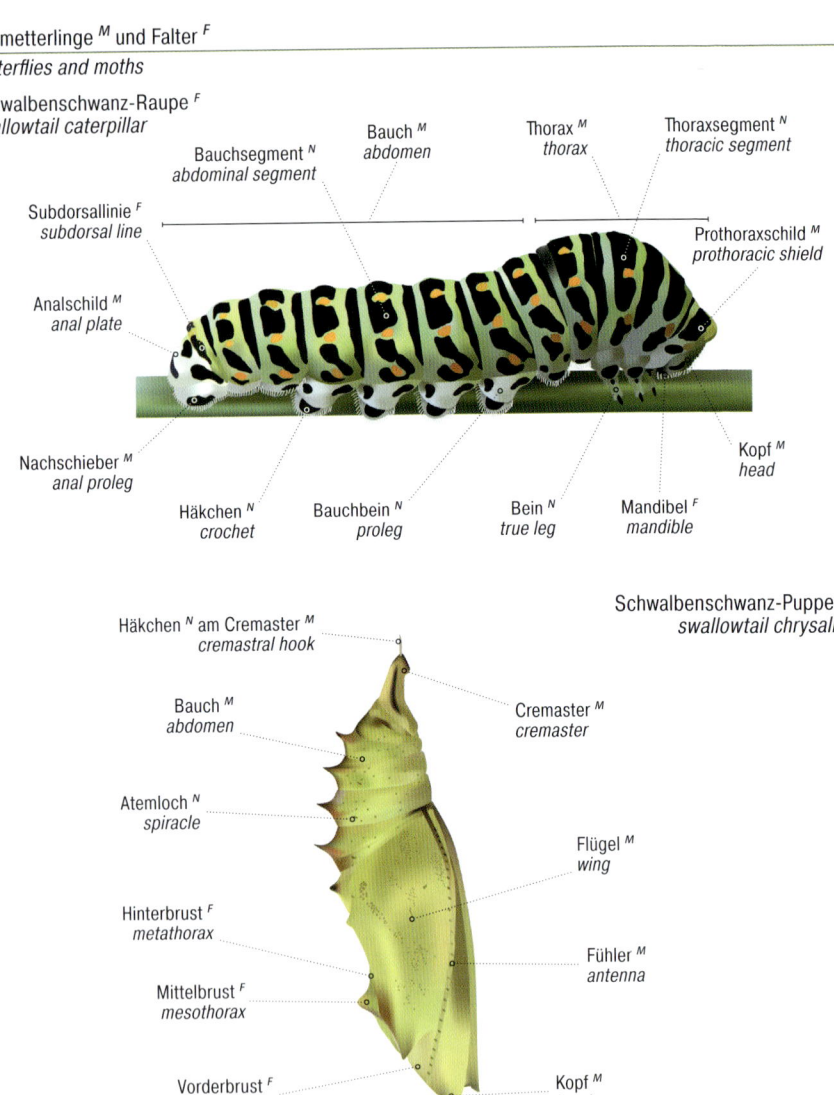

Bauch ^{M}
abdomen

Bauchsegment ^{N}
abdominal segment

Thorax ^{M}
thorax

Thoraxsegment ^{N}
thoracic segment

Subdorsallinie ^{F}
subdorsal line

Prothoraxschild ^{M}
prothoracic shield

Analschild ^{M}
anal plate

Nachschieber ^{M}
anal proleg

Häkchen ^{N}
crochet

Bauchbein ^{N}
proleg

Bein ^{N}
true leg

Mandibel ^{F}
mandible

Kopf ^{M}
head

Schwalbenschwanz-Puppe ^{F}
swallowtail chrysalis

Häkchen ^{N} am Cremaster ^{M}
cremastral hook

Bauch ^{M}
abdomen

Cremaster ^{M}
cremaster

Atemloch ^{N}
spiracle

Flügel ^{M}
wing

Hinterbrust ^{F}
metathorax

Fühler ^{M}
antenna

Mittelbrust ^{F}
mesothorax

Vorderbrust ^{F}
prothorax

Kopf ^{M}
head

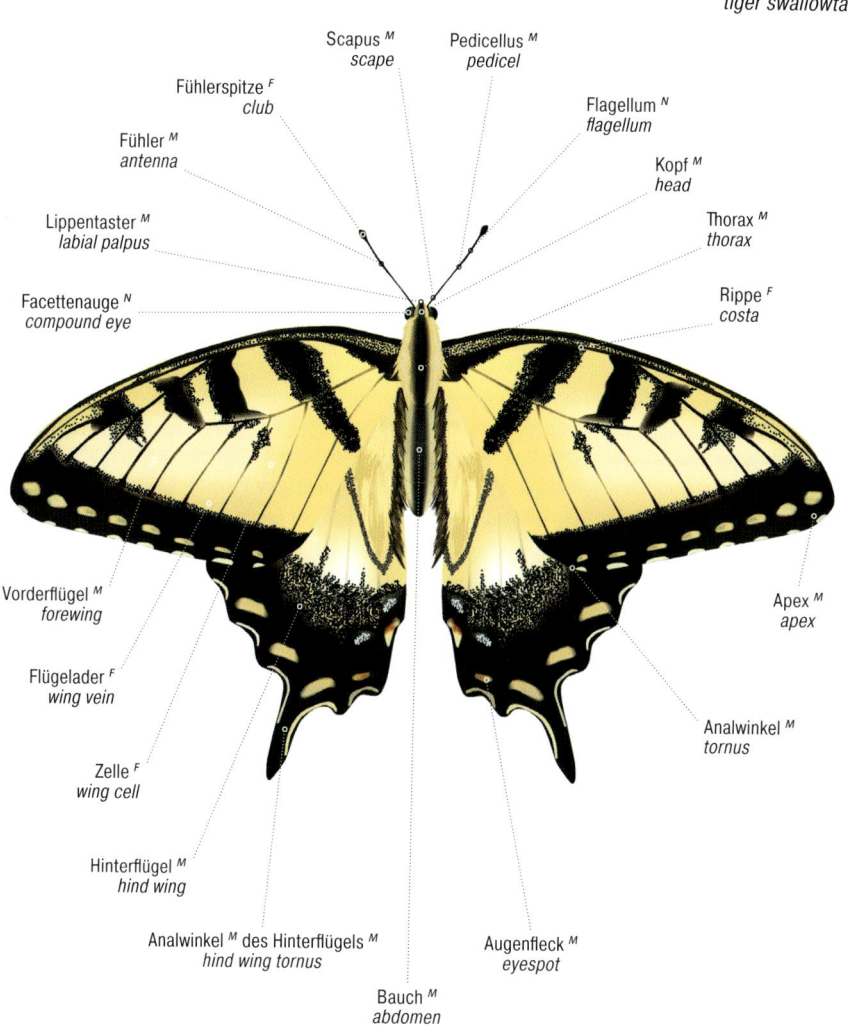

kanadischer Tigerschwalbenschwanz ^{M}
tiger swallowtail

Scapus ^{M}
scape

Pedicellus ^{M}
pedicel

Fühlerspitze ^{F}
club

Flagellum ^{N}
flagellum

Fühler ^{M}
antenna

Kopf ^{M}
head

Lippentaster ^{M}
labial palpus

Thorax ^{M}
thorax

Facettenauge ^{N}
compound eye

Rippe ^{F}
costa

Vorderflügel ^{M}
forewing

Apex ^{M}
apex

Flügelader ^{F}
wing vein

Zelle ^{F}
wing cell

Analwinkel ^{M}
tornus

Hinterflügel ^{M}
hind wing

Analwinkel ^{M} des Hinterflügels ^{M}
hind wing tornus

Augenfleck ^{M}
eyespot

Bauch ^{M}
abdomen

Monarchfalter ^M
monarch butterfly

Apollo ^M
Apollo

Luna-Motte ^F
luna moth

Herkulesspinner ^M
Hercules moth

Blauer Morphofalter ^M
blue morpho

Baumweißling ^M
black-veined white

Zitronenfalter ^M
brimstone

Kleidermotte ^F
clothes moth

Brahmaea wallichii
Brahmin moth

Divana diva
divana diva

Segelfalter ^M
scarce swallowtail

Himmelblauer Bläuling ^M
Adonis blue

Großer Schillerfalter ^M
purple emperor

Großer Speerspanner ^M
spear-marked black moth

Mondvogel ^M
buff-tip

Kleiner Kohlweißling ^M
cabbage white

Kiefernspinner ^M
lappet moth

Seidenspinner ^M
silkmoth

Hautflügler ^{M}
Wasps and wasp-like insects

Wespe ^{F}
wasp

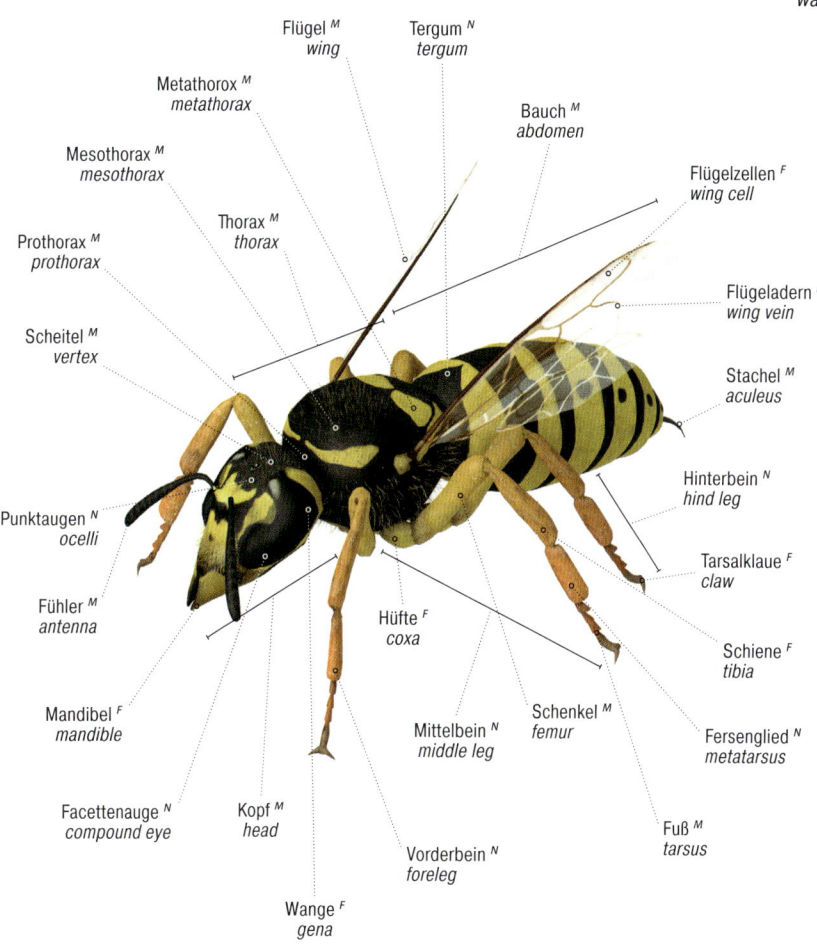

Flügel ^{M}
wing

Tergum ^{N}
tergum

Metathorax ^{M}
metathorax

Bauch ^{M}
abdomen

Mesothorax ^{M}
mesothorax

Flügelzellen ^{F}
wing cell

Prothorax ^{M}
prothorax

Thorax ^{M}
thorax

Flügeladern ^{F}
wing vein

Scheitel ^{M}
vertex

Stachel ^{M}
aculeus

Punktaugen ^{N}
ocelli

Hinterbein ^{N}
hind leg

Fühler ^{M}
antenna

Tarsalklaue ^{F}
claw

Hüfte ^{F}
coxa

Schiene ^{F}
tibia

Mandibel ^{F}
mandible

Mittelbein ^{N}
middle leg

Schenkel ^{M}
femur

Fersenglied ^{N}
metatarsus

Facettenauge ^{N}
compound eye

Kopf ^{M}
head

Fuß ^{M}
tarsus

Vorderbein ^{N}
foreleg

Wange ^{F}
gena

Ameise ^F
ant

Dunkle Erdhummel ^F
buff-tailed bumblebee

Hornisse ^F
hornet

Rote Waldameise ^F
red wood ant

Honigbiene ^F
honey bee

Sceliphron ^M
mud dauber

Zweiflügler ^M

True flies

Bremse ^F
horsefly

Stubenfliege ^F
common housefly

Fleischfliege ^F
flesh fly

Kleine Stubenfliege ^F
little housefly

Kriebelmücke ^F
blackfly

Schmeißfliege ^F
blowfly

Stechmücke ^F
mosquito

Tsetsefliege ^F
tsetse fly

Neuflügler [M]
Neoptera

Vorderflügel [M]
tegmen

Hinterbrust [F]
metathorax

Mittelbrust [F]
mesothorax

Vorderbrust [F]
prothorax

Gottesanbeterin [F]
mantis

Hinterflügel [M] für den Flug [M]
flying hind wing

Fühler [M]
antenna

Hüfte [F]
coxa

Facettenauge [N]
eye

Kopf [M]
head

Abdomen [N]
abdomen

Mundwerkzeuge [N]
mouthparts

Trochanter [M]
trochanter

Furche [F]
spur

Schienbein [N]
tibia

Vorderbein [N] zum Greifen [N]
raptorial foreleg

Fußwurzel [F]
tarsus

Oberschenkelknochen [M]
femur

Stinkwanze [F]
stinkbug

Termite [F]
termite

Floh [M]
flea

Feuerwanze [F]
firebug

Grashüpfer [M]
grasshopper

Heuschrecke [F]
locust

Madagaskar-Fauchschabe [F]
Madagascar hissing cockroach

Ohrwurm [M]
earwig

Laus [F]
louse

Amerikanische Großschabe [F]
American cockroach

Pflanzenzelle ^F
plant cell

Chloroplast ^M
chloroplast

Ribosom ^N
ribosome

Zellwand ^F
cell wall

Vakuole ^F
vacuole

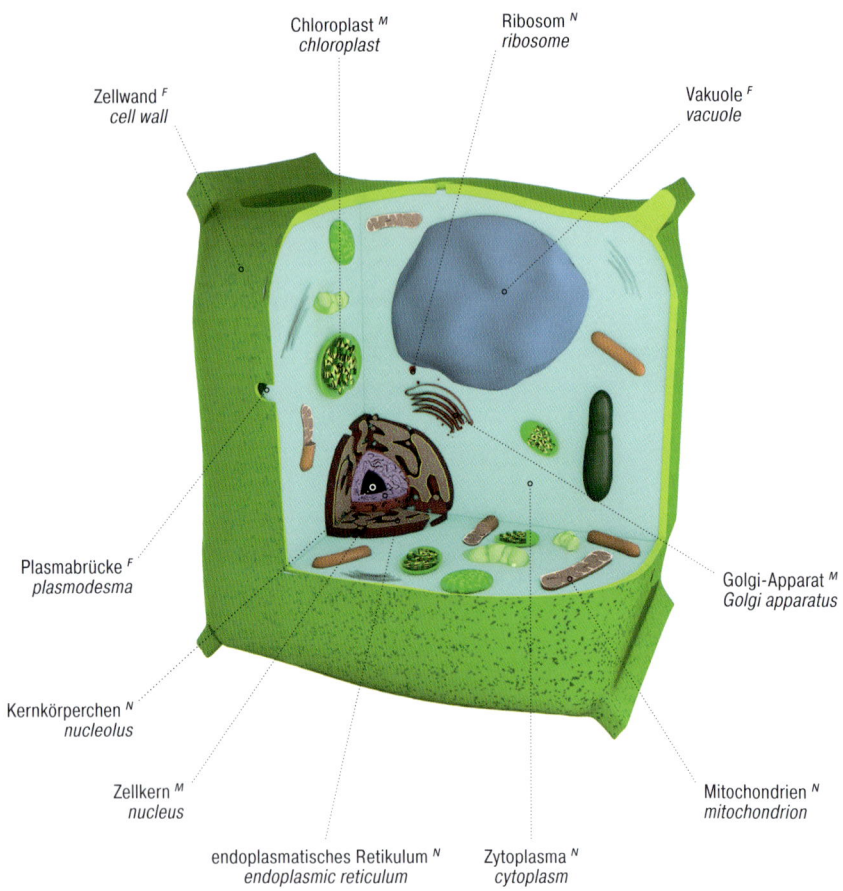

Plasmabrücke ^F
plasmodesma

Golgi-Apparat ^M
Golgi apparatus

Kernkörperchen ^N
nucleolus

Zellkern ^M
nucleus

Mitochondrien ^N
mitochondrion

endoplasmatisches Retikulum ^N
endoplasmic reticulum

Zytoplasma ^N
cytoplasm

Maiskolben ^M
ear of corn

Blüte ^F
tassel

Mais ^M
corn

Bart ^M
silk

Kolben ^M
ear

Kolben ^M
husk

Blatt ^N
leaf

Kern ^M
kernel

Stiel ^M
stalk

Gerste ^F
barley

Weizen ^M
wheat

Reis ^M
rice

Birne ^{F}
pear

Laub ^{N}
foliage

Äste ^{M}
branches

Frucht ^{F}
fruit

Wipfel ^{M}
top

Zweig ^{M}
twig

Krone ^{F}
crown

Ast ^{M}
branch

Ast ^{M}
limb

Stamm ^{M}
trunk

Flachwurzel ^{F}
shallow root

Faserwurzel ^{F}
rootlet

Pfahlwurzel ^{F}
taproot

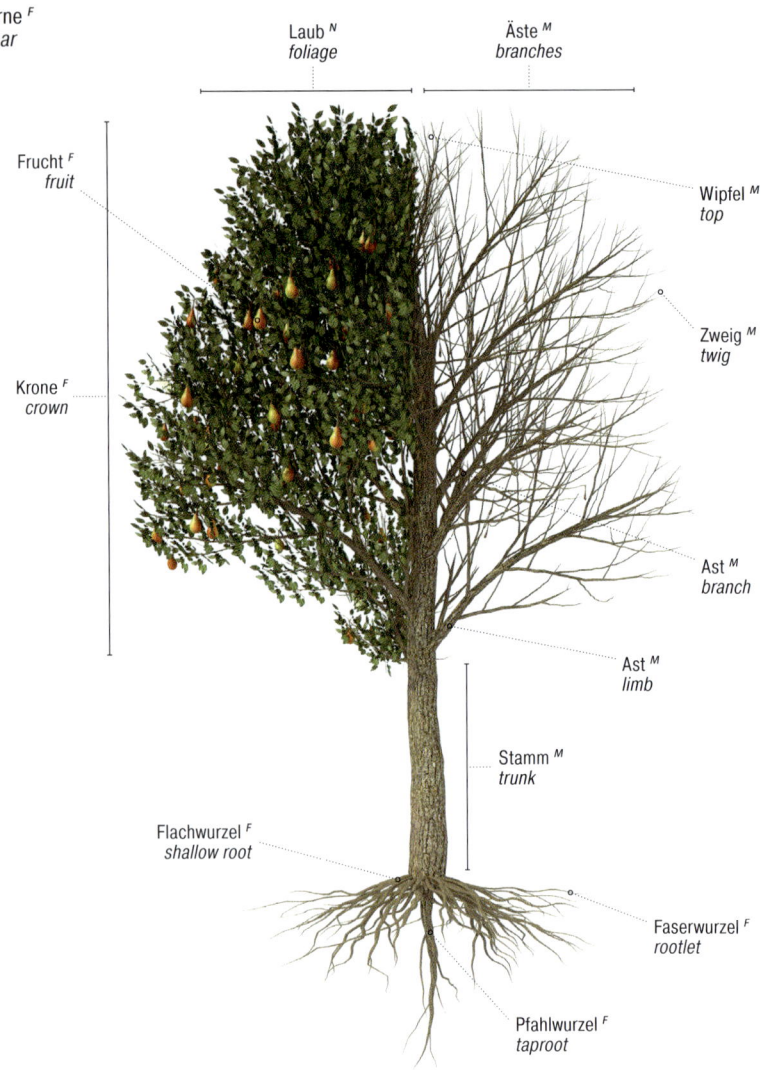

Espe ^F
European aspen

Esche ^F
ash

Roteiche ^F
red oak

Zucker-Ahorn ^M
sugar maple

Kastanie ^F
chestnut

Weißbirke ^F
silver birch

Gummibaum ^M
rubber tree

Hainbuche ^F
hornbeam

Wacholder ᴹ
juniper

Gemeine Fichte ꟳ
Norway spruce

Riesen-Lebensbaum ᴹ
western red cedar

Weymouth-Kiefer ꟳ
white pine

Italienische Zypresse ꟳ
Italian cypress

Nordmanntanne ꟳ
Caucasian fir

Europäische Eibe ꟳ
English yew

Amerikanische Rot-Kiefer ꟳ
red pine

Narbe *F*
stigma

Aufbau *M* der Blume *F*
structure of a flower

Staubfaden *M*
filament

Griffel *M*
style

Blütenblatt *N*
petal

Staubbeutel *M*
anther

Blütenboden *M*
receptacle

Samenanlage *F*
ovule

Kelchblatt *N*
sepal

Blütenstiel *M*
peduncle

Fruchtknoten *M*
ovary

Rose *F*
rose

Amaryllis *F*
amaryllis

Blüte *F*
corolla

Stempel *M*
pistil

Blütenblatt *N*
petal

Dorn *M*
thorn

Blatt *N*
leaf

Staubgefäß *N*
stamen

Stiel *M*
stem

Vorderansicht *F* eines weiblichen Körpers *M*
anterior view of female body

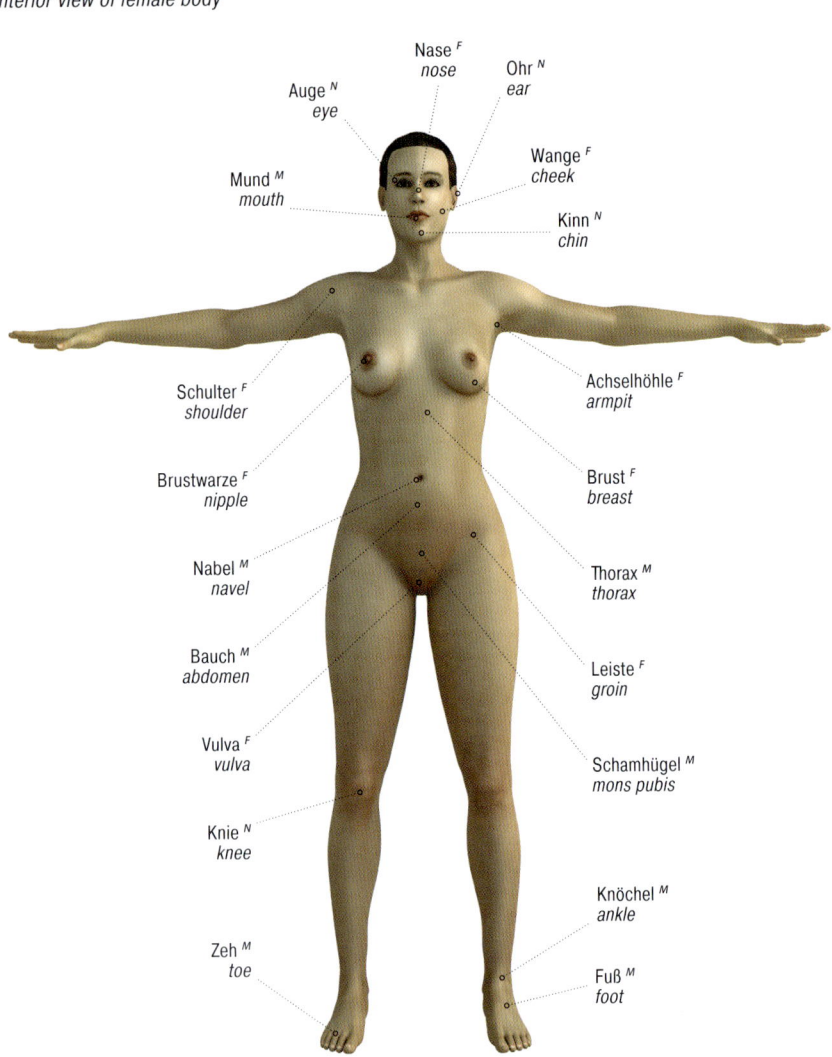

Nase *F*
nose

Ohr *N*
ear

Auge *N*
eye

Wange *F*
cheek

Mund *M*
mouth

Kinn *N*
chin

Schulter *F*
shoulder

Achselhöhle *F*
armpit

Brustwarze *F*
nipple

Brust *F*
breast

Nabel *M*
navel

Thorax *M*
thorax

Bauch *M*
abdomen

Leiste *F*
groin

Vulva *F*
vulva

Schamhügel *M*
mons pubis

Knie *N*
knee

Knöchel *M*
ankle

Zeh *M*
toe

Fuß *M*
foot

Hinteransicht ᶠ eines weiblichen Körpers ᴹ
posterior view of female body

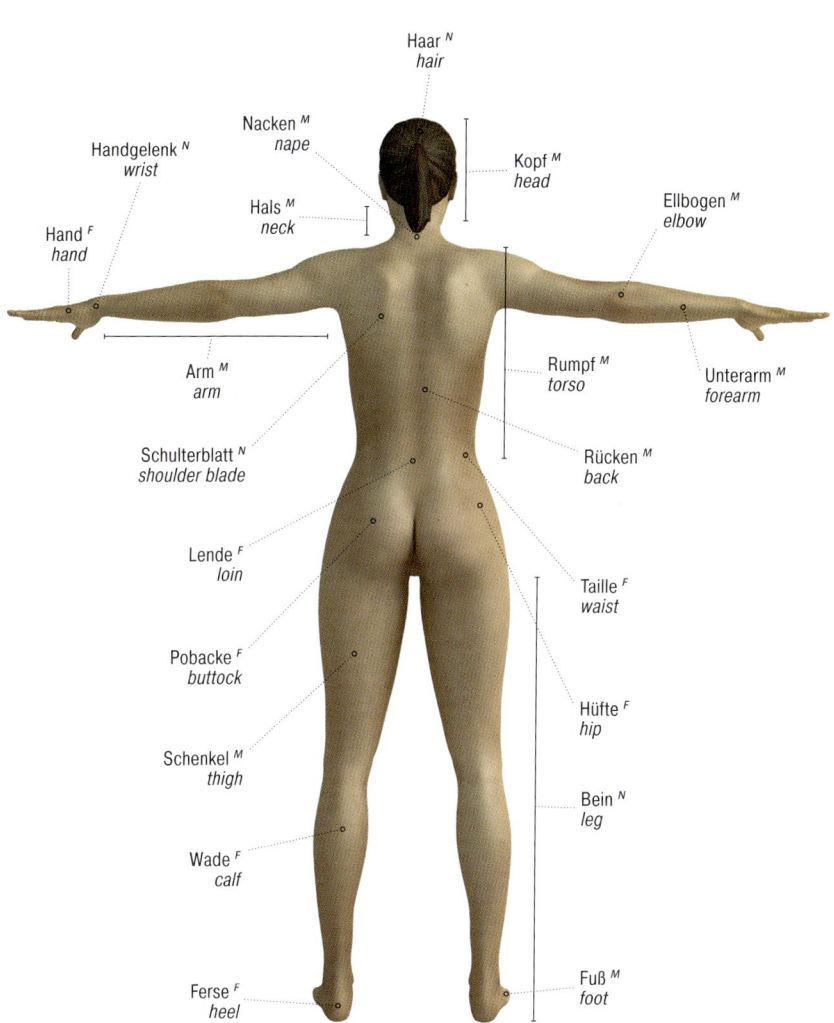

Haar ᴺ
hair

Nacken ᴹ
nape

Handgelenk ᴺ
wrist

Kopf ᴹ
head

Ellbogen ᴹ
elbow

Hals ᴹ
neck

Hand ᶠ
hand

Rumpf ᴹ
torso

Unterarm ᴹ
forearm

Arm ᴹ
arm

Schulterblatt ᴺ
shoulder blade

Rücken ᴹ
back

Lende ᶠ
loin

Taille ᶠ
waist

Pobacke ᶠ
buttock

Hüfte ᶠ
hip

Schenkel ᴹ
thigh

Bein ᴺ
leg

Wade ᶠ
calf

Ferse ᶠ
heel

Fuß ᴹ
foot

Vorderansicht ^{F} eines männlichen Körpers ^{M}
anterior view of male body

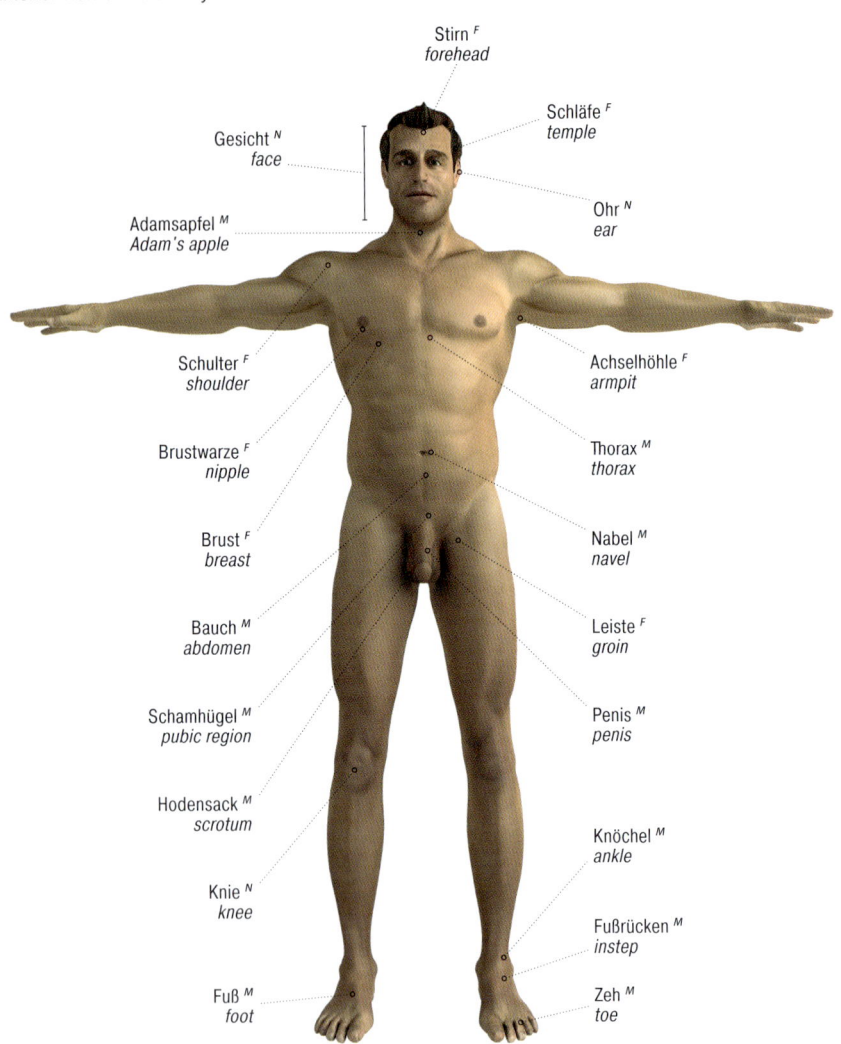

Stirn ^{F}
forehead

Schläfe ^{F}
temple

Gesicht ^{N}
face

Ohr ^{N}
ear

Adamsapfel ^{M}
Adam's apple

Schulter ^{F}
shoulder

Achselhöhle ^{F}
armpit

Brustwarze ^{F}
nipple

Thorax ^{M}
thorax

Brust ^{F}
breast

Nabel ^{M}
navel

Bauch ^{M}
abdomen

Leiste ^{F}
groin

Schamhügel ^{M}
pubic region

Penis ^{M}
penis

Hodensack ^{M}
scrotum

Knöchel ^{M}
ankle

Knie ^{N}
knee

Fußrücken ^{M}
instep

Fuß ^{M}
foot

Zeh ^{M}
toe

Hinteransicht ^{F} eines männlichen Körpers ^{M}
posterior view of male body

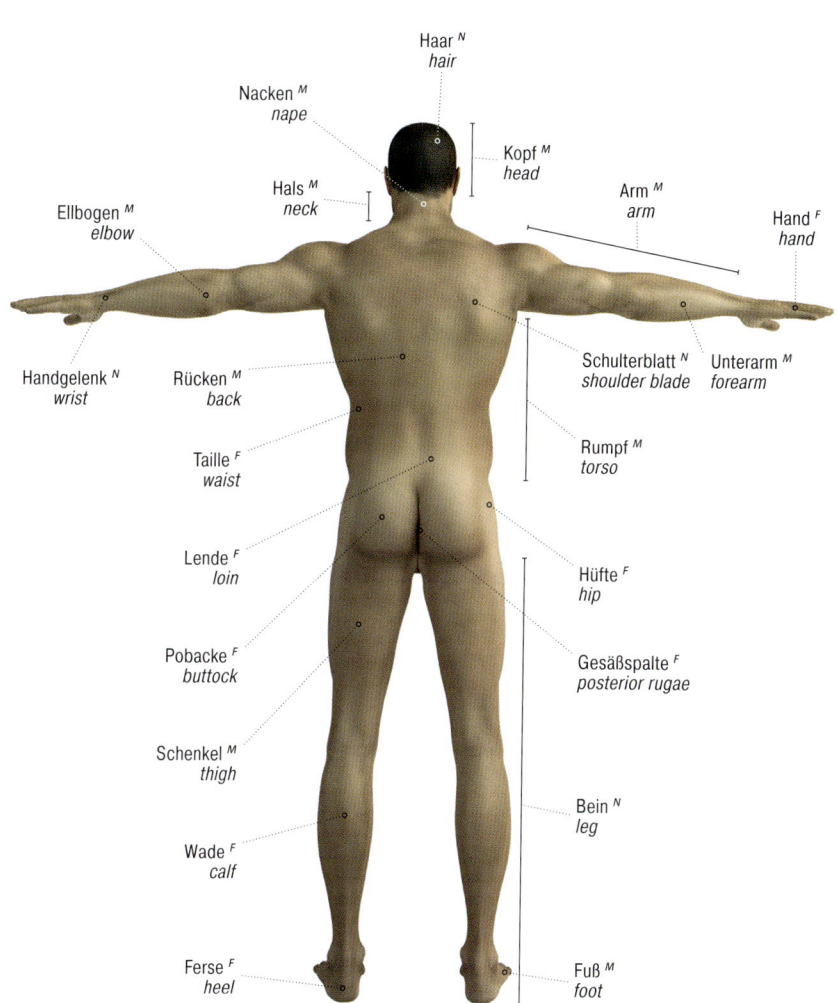

Haar ^{N}
hair

Nacken ^{M}
nape

Kopf ^{M}
head

Arm ^{M}
arm

Hals ^{M}
neck

Hand ^{F}
hand

Ellbogen ^{M}
elbow

Schulterblatt ^{N}
shoulder blade

Unterarm ^{M}
forearm

Handgelenk ^{N}
wrist

Rücken ^{M}
back

Rumpf ^{M}
torso

Taille ^{F}
waist

Lende ^{F}
loin

Hüfte ^{F}
hip

Pobacke ^{F}
buttock

Gesäßspalte ^{F}
posterior rugae

Schenkel ^{M}
thigh

Bein ^{N}
leg

Wade ^{F}
calf

Ferse ^{F}
heel

Fuß ^{M}
foot

Vorderansicht ^F der Muskulatur ^F
anterior view of main muscles

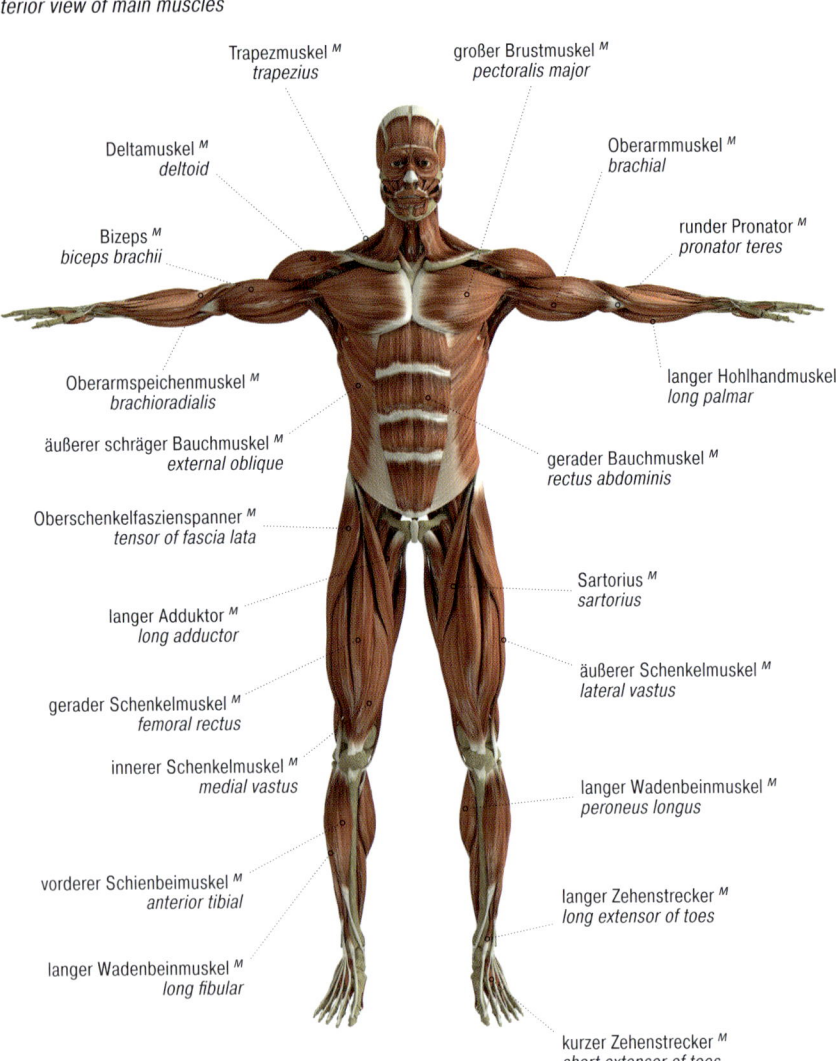

Trapezmuskel ^M
trapezius

großer Brustmuskel ^M
pectoralis major

Deltamuskel ^M
deltoid

Oberarmmuskel ^M
brachial

Bizeps ^M
biceps brachii

runder Pronator ^M
pronator teres

Oberarmspeichenmuskel ^M
brachioradialis

langer Hohlhandmuskel ^M
long palmar

äußerer schräger Bauchmuskel ^M
external oblique

gerader Bauchmuskel ^M
rectus abdominis

Oberschenkelfaszienspanner ^M
tensor of fascia lata

Sartorius ^M
sartorius

langer Adduktor ^M
long adductor

äußerer Schenkelmuskel ^M
lateral vastus

gerader Schenkelmuskel ^M
femoral rectus

innerer Schenkelmuskel ^M
medial vastus

langer Wadenbeinmuskel ^M
peroneus longus

vorderer Schienbeimuskel ^M
anterior tibial

langer Zehenstrecker ^M
long extensor of toes

langer Wadenbeinmuskel ^M
long fibular

kurzer Zehenstrecker ^M
short extensor of toes

Hinteransicht *F* der Muskulatur *F*
posterior view of main muscles

Halbdornmuskel *M*
semispinalis capitis

Hinterhauptmuskel *M*
occipitalis

Riemenmuskel *M*
splenius of head

Armtrizeps *M*
triceps of arm

Oberarmspeichenmuskel *M*
brachioradialis

kurzer speichenseitiger
Handstrecker *M*
*short radial extensor
of wrist*

Trapezmuskel *M*
trapezius

ellenseitiger Handstrecker *M*
ulnar extensor of wrist

kleiner Rundmuskel *M*
teres minor

Ellenbogenhöckermuskel *M*
anconeus

ellenseitiger Handbeuger *M*
ulnar flexor of wrist

großer Rundmuskel *M*
teres major

Fingerstrecker *M*
common extensor of fingers

Untergrätenmuskel *M*
infraspinatus

großer Rückenmuskel *M*
latissimus dorsi

großer Gesäßmuskel *M*
gluteus maximus

äußerer schräger Bauchmuskel *M*
external oblique

äußerer Schenkelmuskel *M*
vastus lateralis

großer Adduktor *M*
adductor magnus

Oberschenkelbizeps *M*
biceps of thigh

Halbsehnenmuskel *M*
semitendinosus

halbmembranöser Muskel *M*
semimembranosus

Schlankmuskel *M*
gracilis

Zwillingswadenmuskel *M*
gastrocnemius

kurzer Wadenbeinmuskel *M*
short fibular

Vorderansicht ^{F} des Skeletts ^{N}
anterior view of skeleton

Stirnbein ^{N}
frontal bone

Schläfenbein ^{N}
temporal bone

Oberkiefer ^{M}
maxilla

Jochbein ^{N}
zygomatic bone

Unterkiefer ^{M}
mandible

Schlüsselbein ^{N}
clavicle

Schulterblatt ^{N}
scapula

Rippen ^{F}
ribs

Sternum ^{N}
sternum

freie Rippe ^{F}
floating rib

Oberarmknochen ^{M}
humerus

Wirbelsäule ^{F}
spinal column

Elle ^{F}
ulna

Speiche ^{F}
radius

Darmbein ^{N}
ilium

Steißbein ^{N}
coccyx

Kreuzbein ^{N}
sacrum

Oberschenkelknochen ^{M}
femur

Schienbein ^{N}
tibia

Kniescheibe ^{F}
patella

Wadenbein ^{N}
fibula

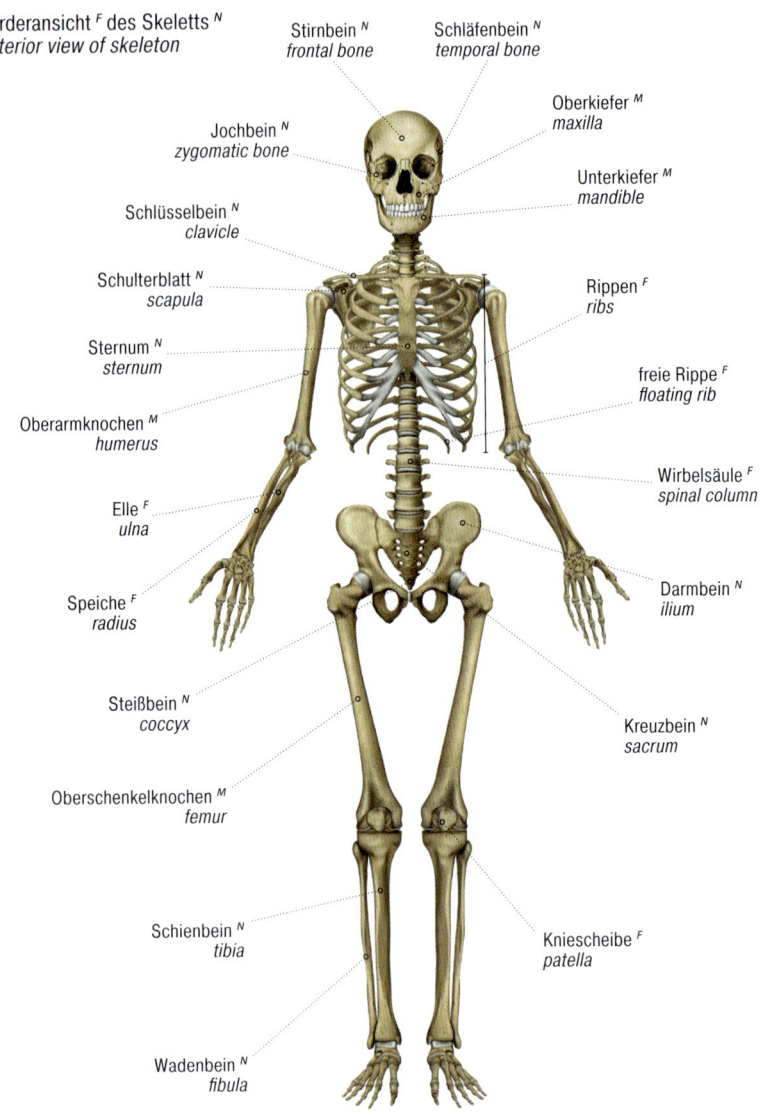

Hinteransicht ^F des Skeletts ^N
posterior view of skeleton

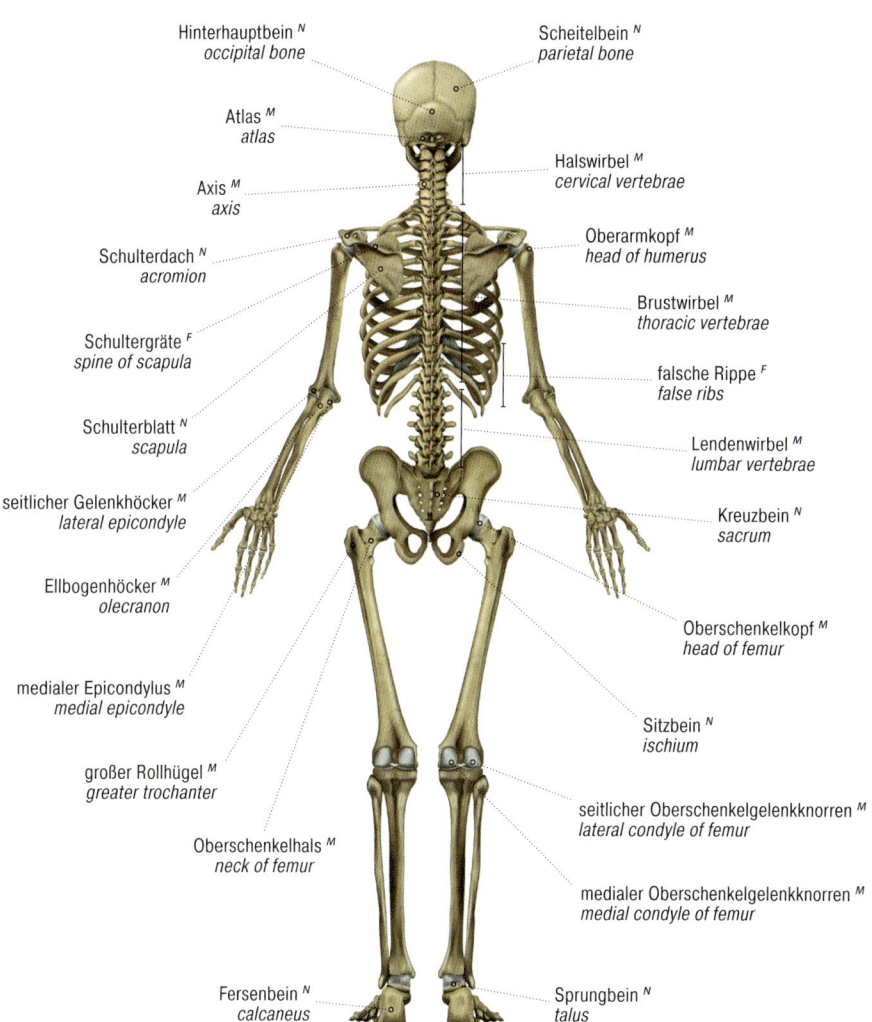

Hinterhauptbein ^N
occipital bone

Scheitelbein ^N
parietal bone

Atlas ^M
atlas

Halswirbel ^M
cervical vertebrae

Axis ^M
axis

Schulterdach ^N
acromion

Oberarmkopf ^M
head of humerus

Schultergräte ^F
spine of scapula

Brustwirbel ^M
thoracic vertebrae

falsche Rippe ^F
false ribs

Schulterblatt ^N
scapula

Lendenwirbel ^M
lumbar vertebrae

seitlicher Gelenkhöcker ^M
lateral epicondyle

Kreuzbein ^N
sacrum

Ellbogenhöcker ^M
olecranon

Oberschenkelkopf ^M
head of femur

medialer Epicondylus ^M
medial epicondyle

Sitzbein ^N
ischium

großer Rollhügel ^M
greater trochanter

seitlicher Oberschenkelgelenkknorren ^M
lateral condyle of femur

Oberschenkelhals ^M
neck of femur

medialer Oberschenkelgelenkknorren ^M
medial condyle of femur

Fersenbein ^N
calcaneus

Sprungbein ^N
talus

Handknochen *M*
hand bones

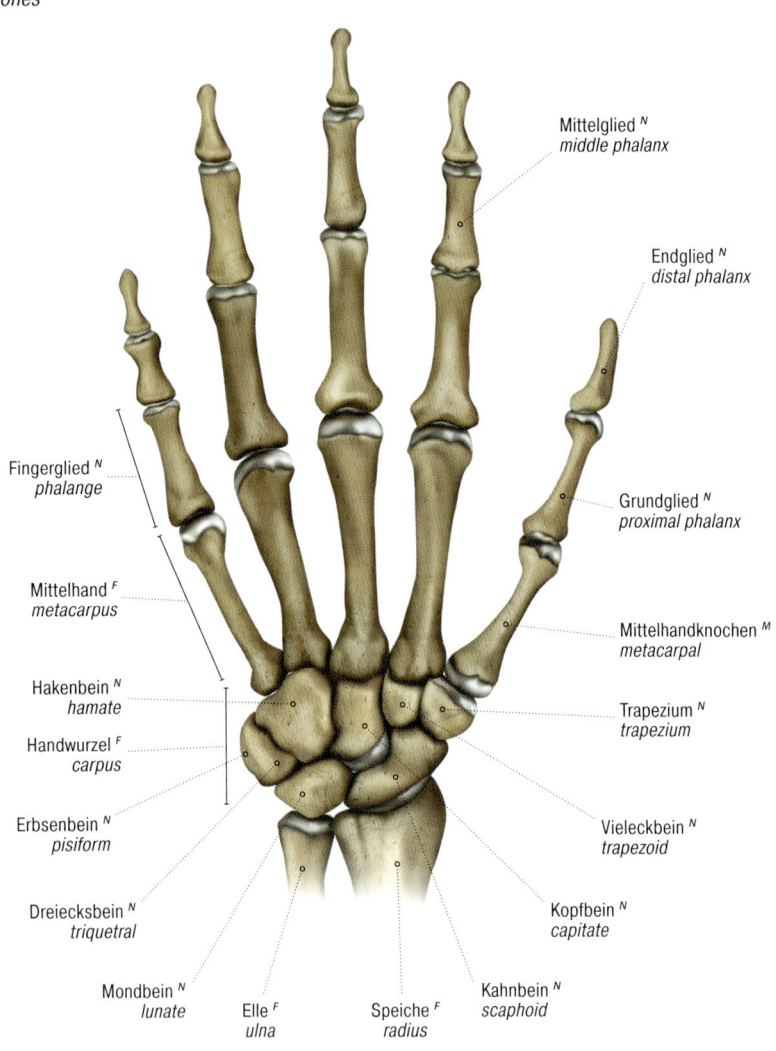

Mittelglied *N*
middle phalanx

Endglied *N*
distal phalanx

Fingerglied *N*
phalange

Grundglied *N*
proximal phalanx

Mittelhand *F*
metacarpus

Mittelhandknochen *M*
metacarpal

Hakenbein *N*
hamate

Trapezium *N*
trapezium

Handwurzel *F*
carpus

Erbsenbein *N*
pisiform

Vieleckbein *N*
trapezoid

Dreiecksbein *N*
triquetral

Kopfbein *N*
capitate

Mondbein *N*
lunate

Elle *F*
ulna

Speiche *F*
radius

Kahnbein *N*
scaphoid

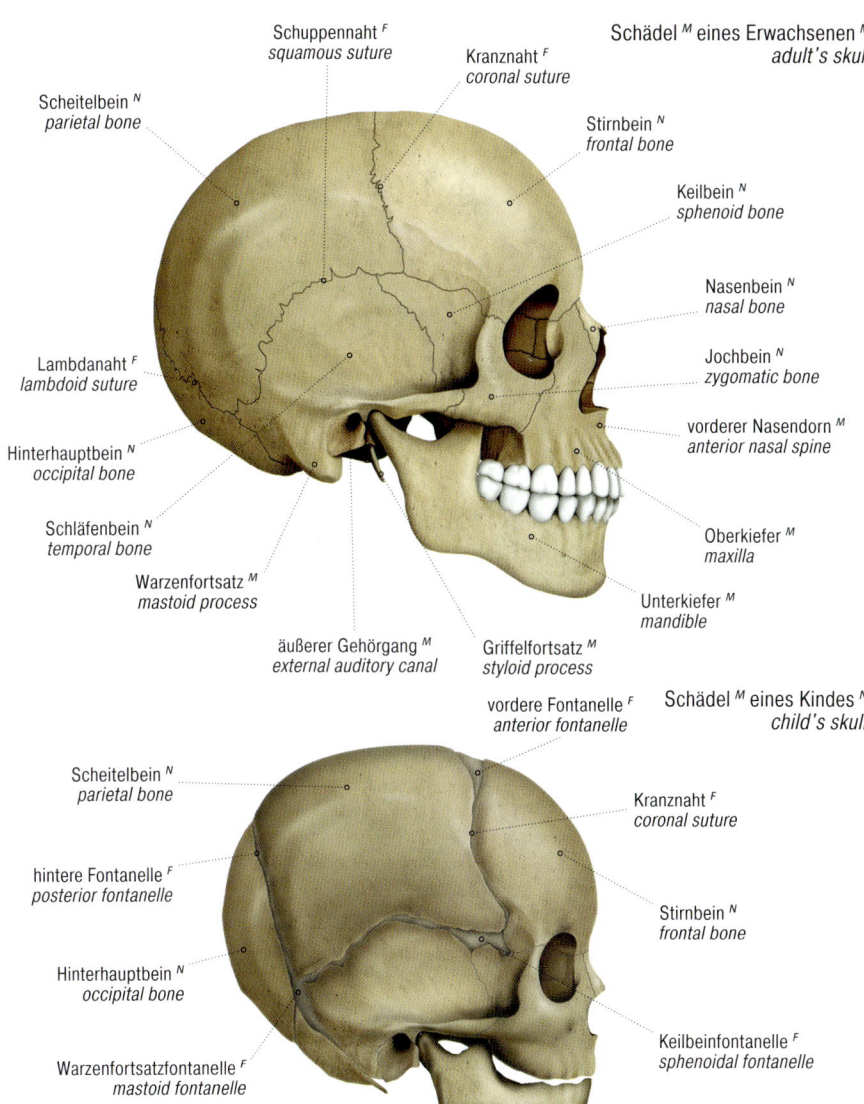

Schuppennaht F
squamous suture

Kranznaht F
coronal suture

Schädel M eines Erwachsenen M
adult's skull

Scheitelbein N
parietal bone

Stirnbein N
frontal bone

Keilbein N
sphenoid bone

Nasenbein N
nasal bone

Lambdanaht F
lambdoid suture

Jochbein N
zygomatic bone

Hinterhauptbein N
occipital bone

vorderer Nasendorn M
anterior nasal spine

Schläfenbein N
temporal bone

Oberkiefer M
maxilla

Warzenfortsatz M
mastoid process

Unterkiefer M
mandible

äußerer Gehörgang M
external auditory canal

Griffelfortsatz M
styloid process

vordere Fontanelle F
anterior fontanelle

Schädel M eines Kindes N
child's skull

Scheitelbein N
parietal bone

Kranznaht F
coronal suture

hintere Fontanelle F
posterior fontanelle

Stirnbein N
frontal bone

Hinterhauptbein N
occipital bone

Keilbeinfontanelle F
sphenoidal fontanelle

Warzenfortsatzfontanelle F
mastoid fontanelle

Querschnitt *M* eines Molars *M*
cross section of molar

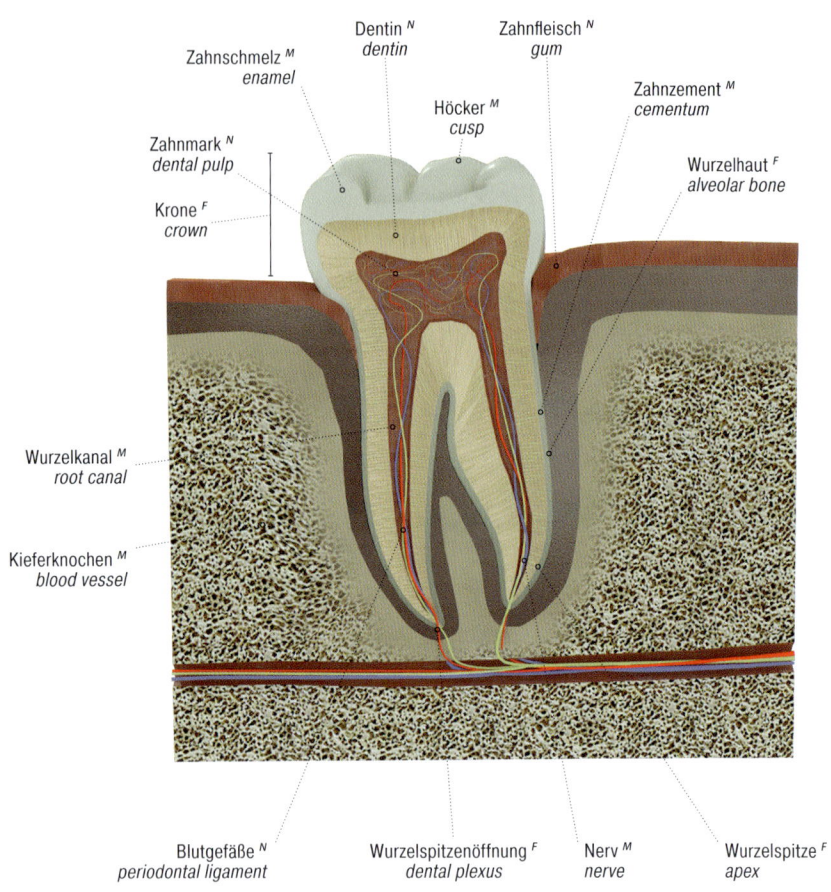

Dentin *N*
dentin

Zahnfleisch *N*
gum

Zahnschmelz *M*
enamel

Höcker *M*
cusp

Zahnzement *M*
cementum

Zahnmark *N*
dental pulp

Wurzelhaut *F*
alveolar bone

Krone *F*
crown

Wurzelkanal *M*
root canal

Kieferknochen *M*
blood vessel

Blutgefäße *N*
periodontal ligament

Wurzelspitzenöffnung *F*
dental plexus

Nerv *M*
nerve

Wurzelspitze *F*
apex

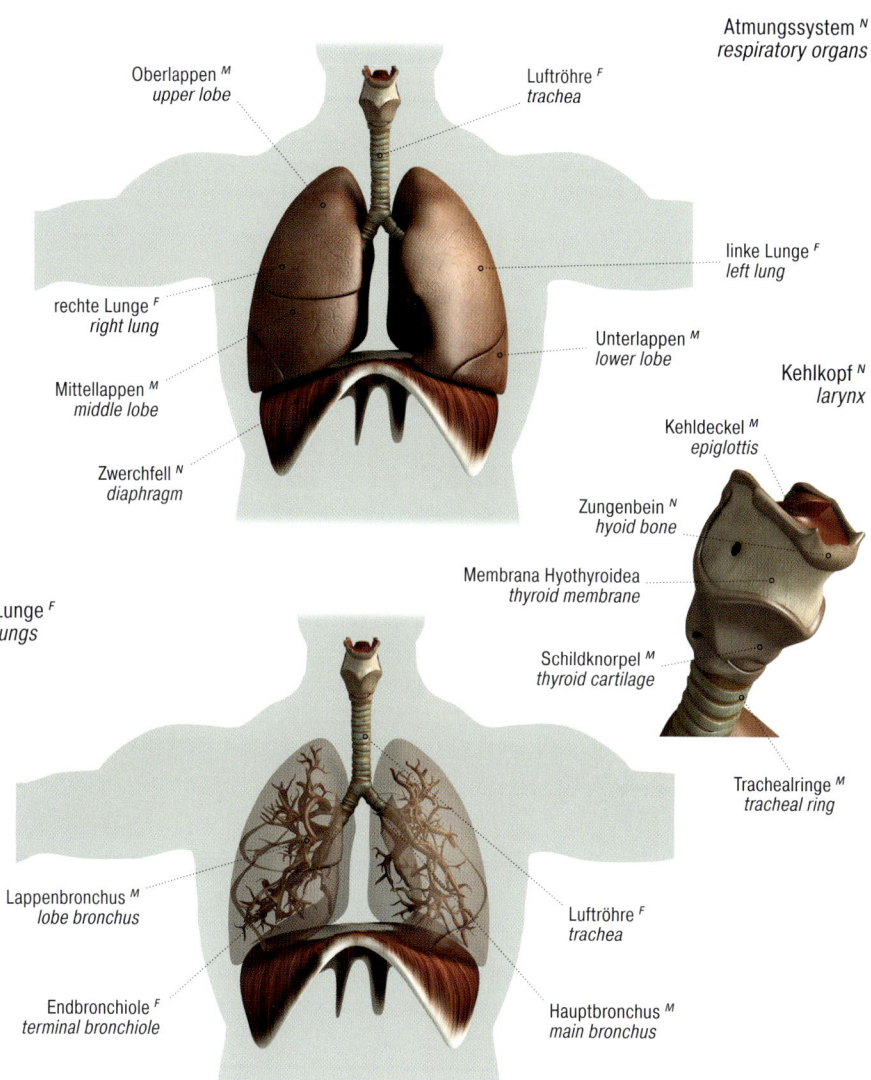

Atmungssystem N
respiratory organs

Oberlappen M
upper lobe

Luftröhre F
trachea

linke Lunge F
left lung

rechte Lunge F
right lung

Unterlappen M
lower lobe

Kehlkopf N
larynx

Mittellappen M
middle lobe

Kehldeckel M
epiglottis

Zungenbein N
hyoid bone

Zwerchfell N
diaphragm

Membrana Hyothyroidea
thyroid membrane

Schildknorpel M
thyroid cartilage

Lunge F
lungs

Trachealringe M
tracheal ring

Lappenbronchus M
lobe bronchus

Luftröhre F
trachea

Endbronchiole F
terminal bronchiole

Hauptbronchus M
main bronchus

Hauptarterien *F*
principal arteries

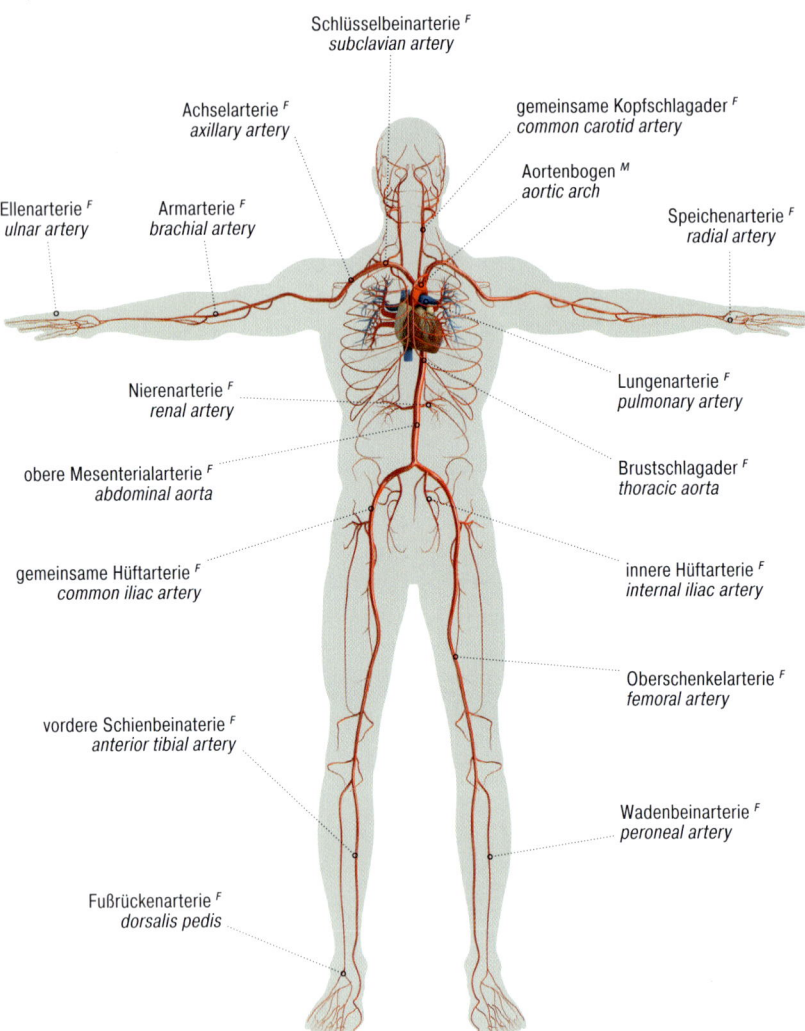

Schlüsselbeinarterie *F*
subclavian artery

gemeinsame Kopfschlagader *F*
common carotid artery

Achselarterie *F*
axillary artery

Aortenbogen *M*
aortic arch

Ellenarterie *F*
ulnar artery

Armarterie *F*
brachial artery

Speichenarterie *F*
radial artery

Nierenarterie *F*
renal artery

Lungenarterie *F*
pulmonary artery

obere Mesenterialarterie *F*
abdominal aorta

Brustschlagader *F*
thoracic aorta

gemeinsame Hüftarterie *F*
common iliac artery

innere Hüftarterie *F*
internal iliac artery

Oberschenkelarterie *F*
femoral artery

vordere Schienbeinaterie *F*
anterior tibial artery

Wadenbeinarterie *F*
peroneal artery

Fußrückenarterie *F*
dorsalis pedis

Hauptvenen [F]
principal veins

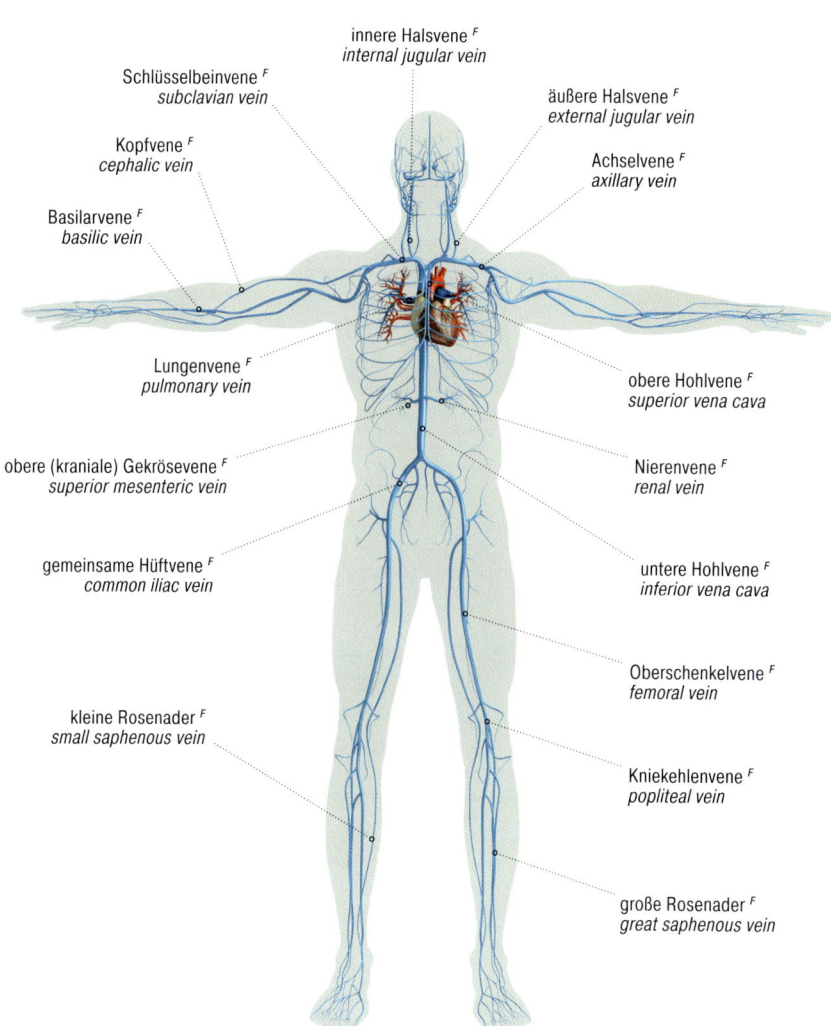

innere Halsvene [F]
internal jugular vein

Schlüsselbeinvene [F]
subclavian vein

äußere Halsvene [F]
external jugular vein

Kopfvene [F]
cephalic vein

Achselvene [F]
axillary vein

Basilarvene [F]
basilic vein

Lungenvene [F]
pulmonary vein

obere Hohlvene [F]
superior vena cava

obere (kraniale) Gekrösevene [F]
superior mesenteric vein

Nierenvene [F]
renal vein

gemeinsame Hüftvene [F]
common iliac vein

untere Hohlvene [F]
inferior vena cava

Oberschenkelvene [F]
femoral vein

kleine Rosenader [F]
small saphenous vein

Kniekehlenvene [F]
popliteal vein

große Rosenader [F]
great saphenous vein

Herz [N]
heart

Aortenbogen [M]
aortic arch

Lungenstamm [M]
pulmonary trunk

obere Hohlvene [F]
superior vena cava

linke Lungenvene [F]
left pulmonary vein

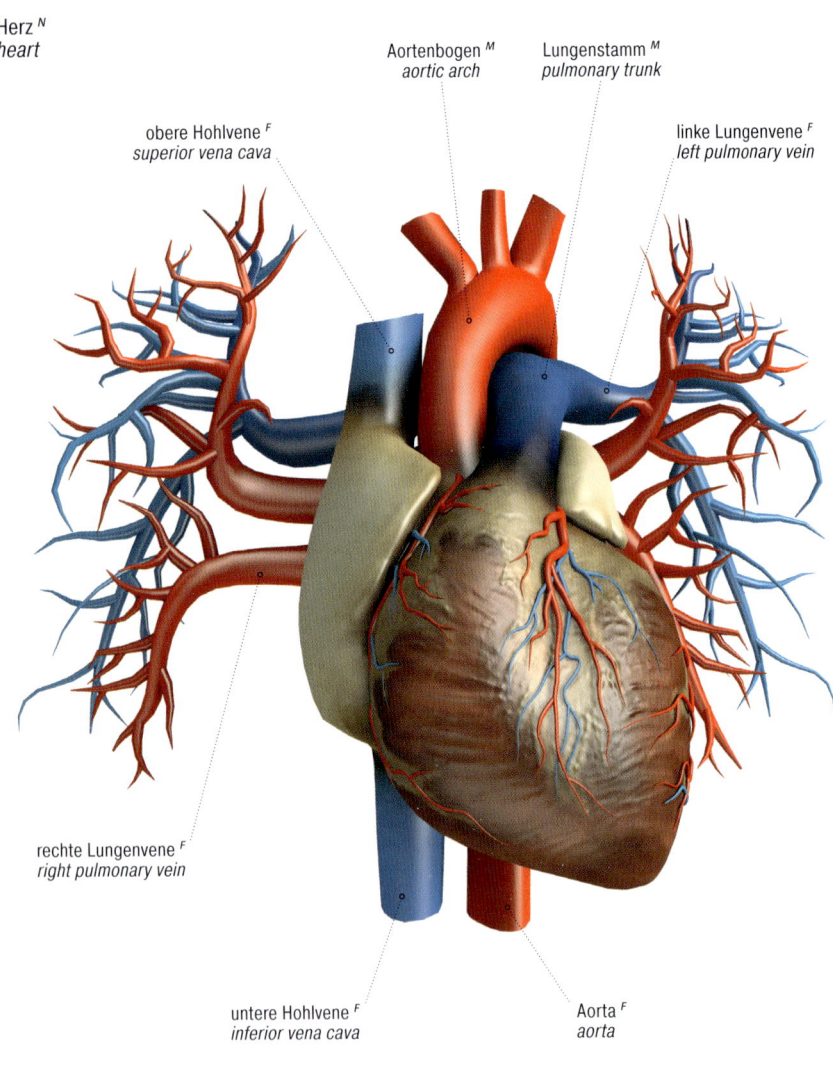

rechte Lungenvene [F]
right pulmonary vein

untere Hohlvene [F]
inferior vena cava

Aorta [F]
aorta

Herz ^{N} im Querschnitt ^{M}
cross section of heart

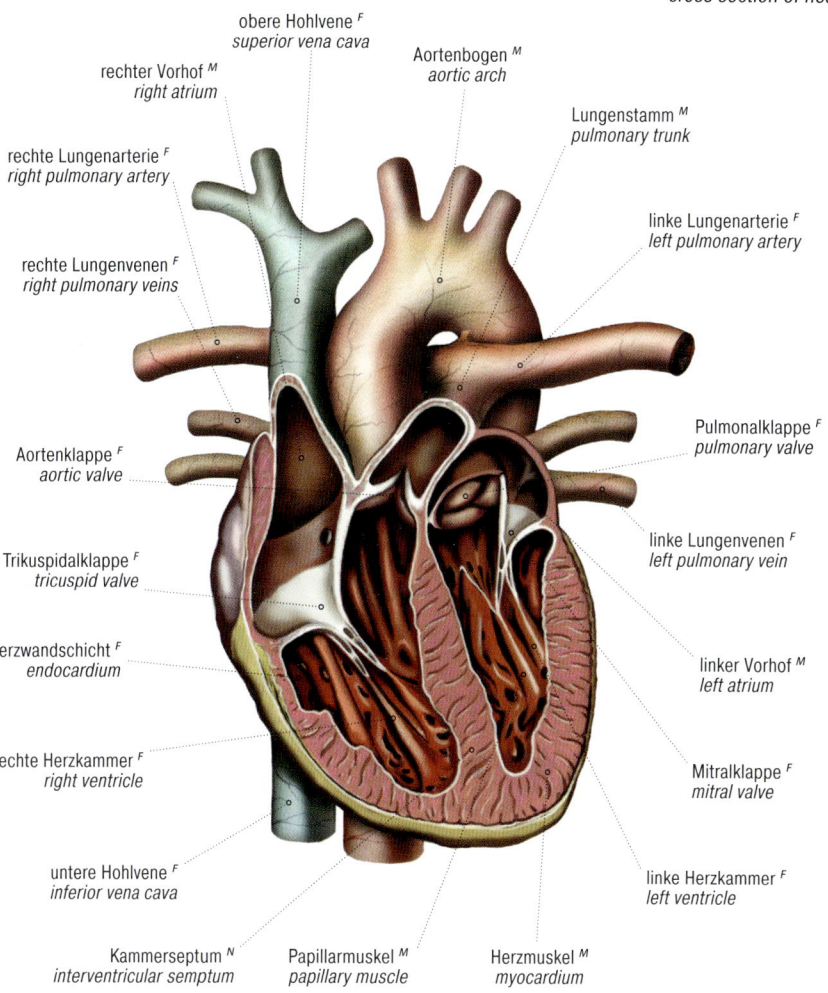

obere Hohlvene ^{F}
superior vena cava

rechter Vorhof ^{M}
right atrium

Aortenbogen ^{M}
aortic arch

Lungenstamm ^{M}
pulmonary trunk

rechte Lungenarterie ^{F}
right pulmonary artery

linke Lungenarterie ^{F}
left pulmonary artery

rechte Lungenvenen ^{F}
right pulmonary veins

Pulmonalklappe ^{F}
pulmonary valve

Aortenklappe ^{F}
aortic valve

linke Lungenvenen ^{F}
left pulmonary vein

Trikuspidalklappe ^{F}
tricuspid valve

Herzwandschicht ^{F}
endocardium

linker Vorhof ^{M}
left atrium

rechte Herzkammer ^{F}
right ventricle

Mitralklappe ^{F}
mitral valve

untere Hohlvene ^{F}
inferior vena cava

linke Herzkammer ^{F}
left ventricle

Kammerseptum ^{N}
interventricular semptum

Papillarmuskel ^{M}
papillary muscle

Herzmuskel ^{M}
myocardium

Struktur ^F des Nervensystems ^N
structure of nervous system

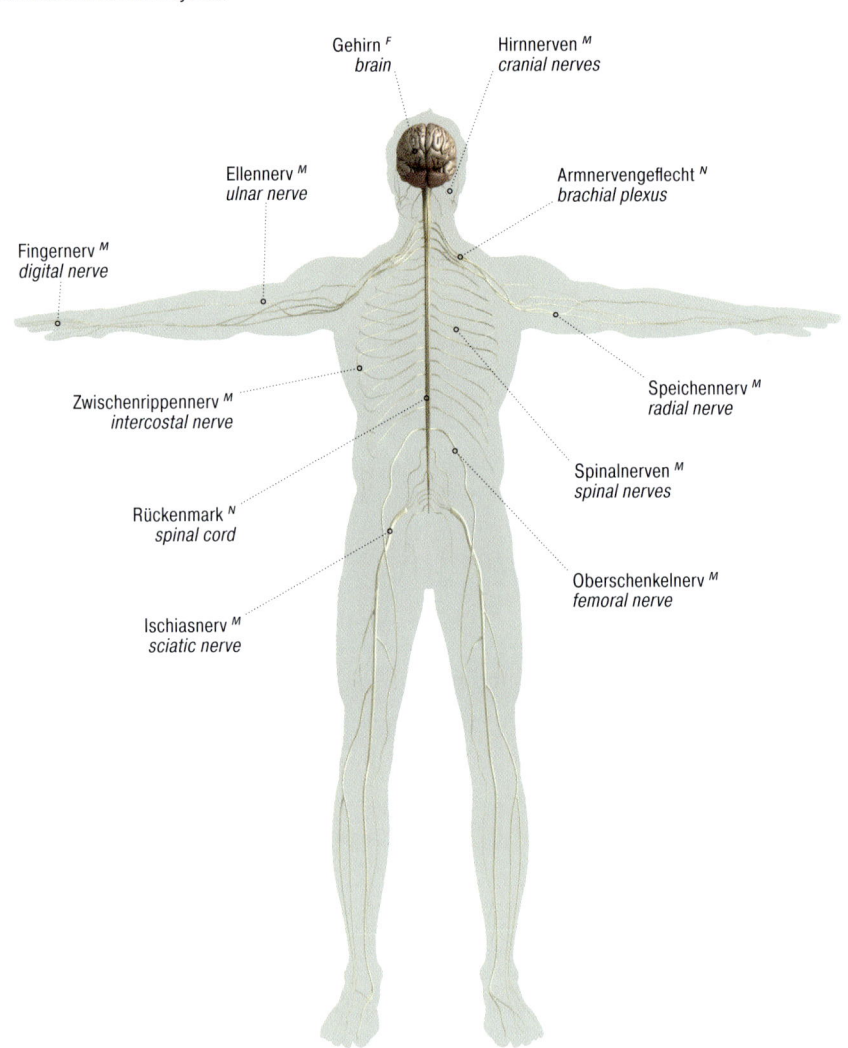

Gehirn ^F
brain

Hirnnerven ^M
cranial nerves

Ellennerv ^M
ulnar nerve

Armnervengeflecht ^N
brachial plexus

Fingernerv ^M
digital nerve

Zwischenrippennerv ^M
intercostal nerve

Speichennerv ^M
radial nerve

Spinalnerven ^M
spinal nerves

Rückenmark ^N
spinal cord

Oberschenkelnerv ^M
femoral nerve

Ischiasnerv ^M
sciatic nerve

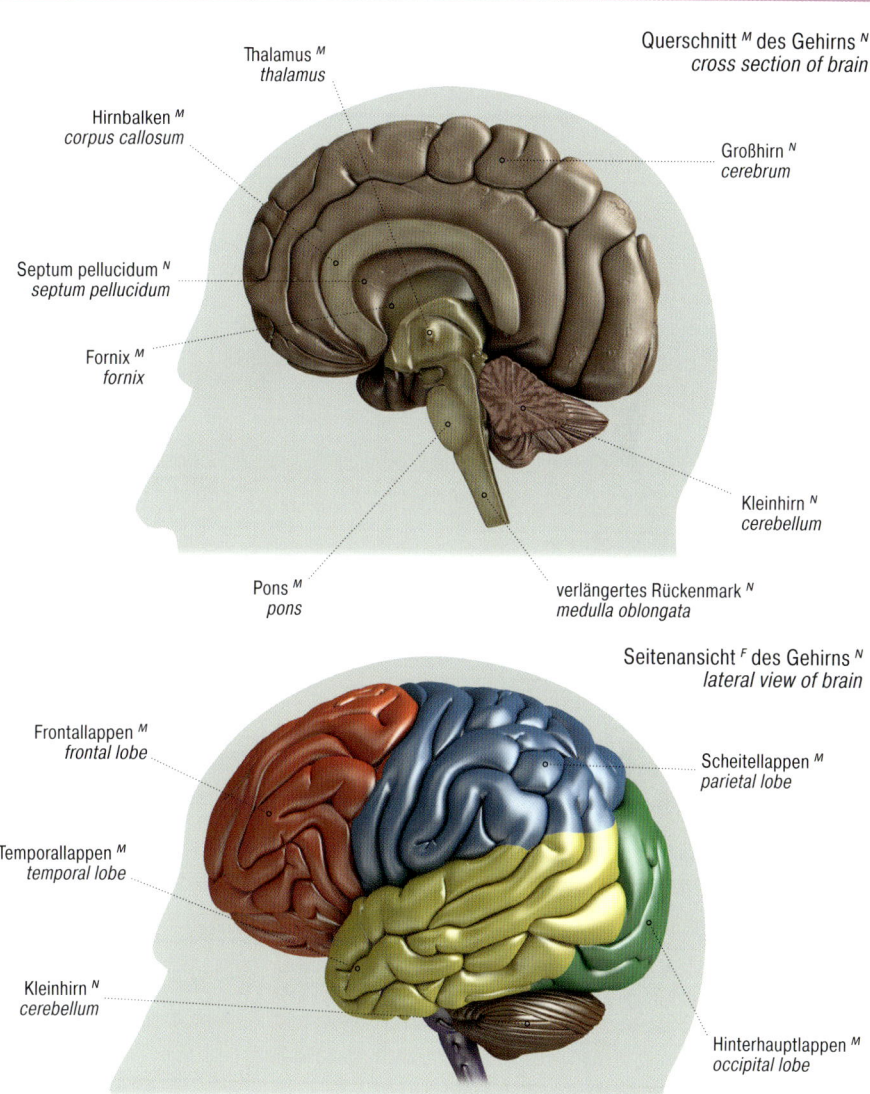

Thalamus ᴹ
thalamus

Querschnitt ᴹ des Gehirns ᴺ
cross section of brain

Hirnbalken ᴹ
corpus callosum

Großhirn ᴺ
cerebrum

Septum pellucidum ᴺ
septum pellucidum

Fornix ᴹ
fornix

Kleinhirn ᴺ
cerebellum

Pons ᴹ
pons

verlängertes Rückenmark ᴺ
medulla oblongata

Seitenansicht ᶠ des Gehirns ᴺ
lateral view of brain

Frontallappen ᴹ
frontal lobe

Scheitellappen ᴹ
parietal lobe

Temporallappen ᴹ
temporal lobe

Kleinhirn ᴺ
cerebellum

Hinterhauptlappen ᴹ
occipital lobe

Brust ^{F}
breast

Milchgang ^{M}
lactiferous duct

Milchsäckchen ^{N}
lactiferous sinus

Brustdrüse ^{F}
mammary gland

weibliche Fortpflanzungsorgane ^{N}
female reproductive organs

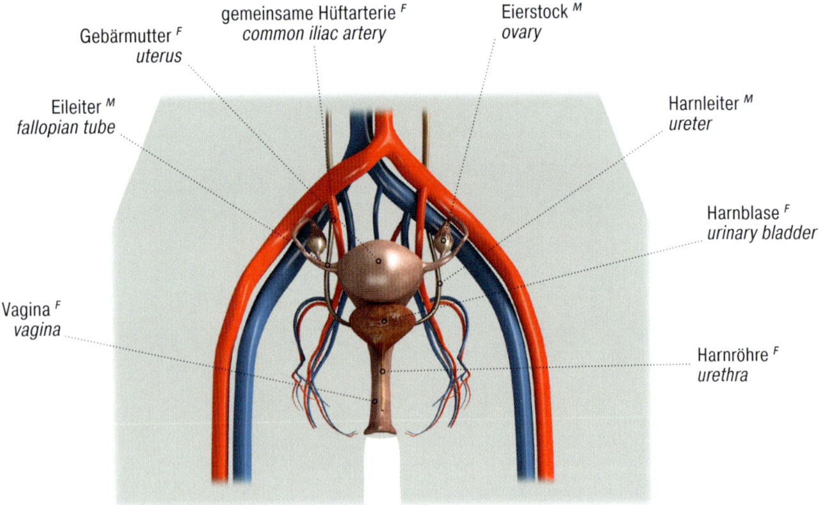

gemeinsame Hüftarterie ^{F}
common iliac artery

Eierstock ^{M}
ovary

Gebärmutter ^{F}
uterus

Eileiter ^{M}
fallopian tube

Harnleiter ^{M}
ureter

Harnblase ^{F}
urinary bladder

Vagina ^{F}
vagina

Harnröhre ^{F}
urethra

männliche Fortpflanzungsorgane [N]
male reproductive organs

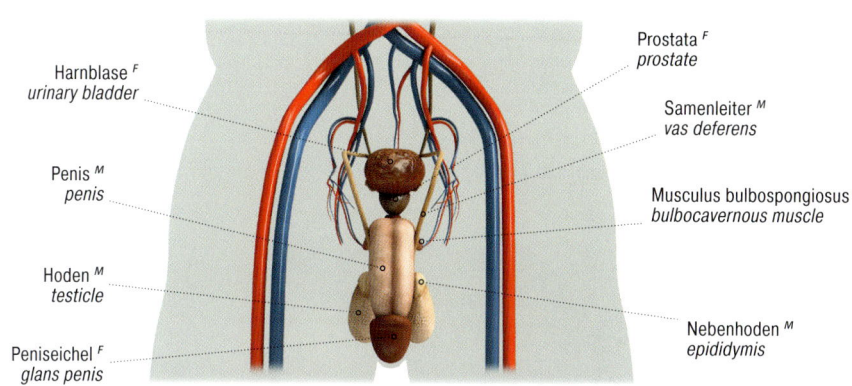

Harnblase [F]
urinary bladder

Penis [M]
penis

Hoden [M]
testicle

Peniseichel [F]
glans penis

Prostata [F]
prostate

Samenleiter [M]
vas deferens

Musculus bulbospongiosus [M]
bulbocavernous muscle

Nebenhoden [M]
epididymis

HARNSYSTEM

Harnweg [M]
urinary organs

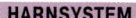

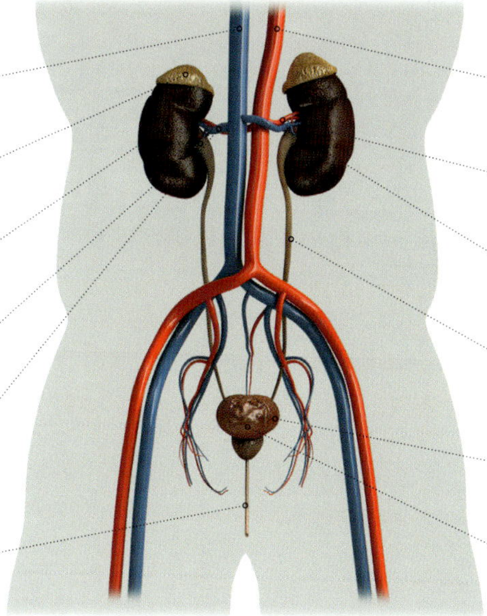

untere Hohlvene [F]
inferior vena cava

Nebenniere [F]
adrenal gland

rechte Niere [F]
right kidney

Niereneintrittspforte [F]
renal hilum

Nierenvene [F]
renal vein

Harnröhre [F]
urethra

Bauchaorta [F]
abdominal aorta

Nierenarterie [F]
renal artery

linke Niere [F]
left kidney

Harnleiter [M]
ureter

Detrusormuskel [M]
detrusor urinae

Harnblase [F]
urinary bladder

Vorderansicht *F* des Verdauungssystems *N*
anterior view of digestive system

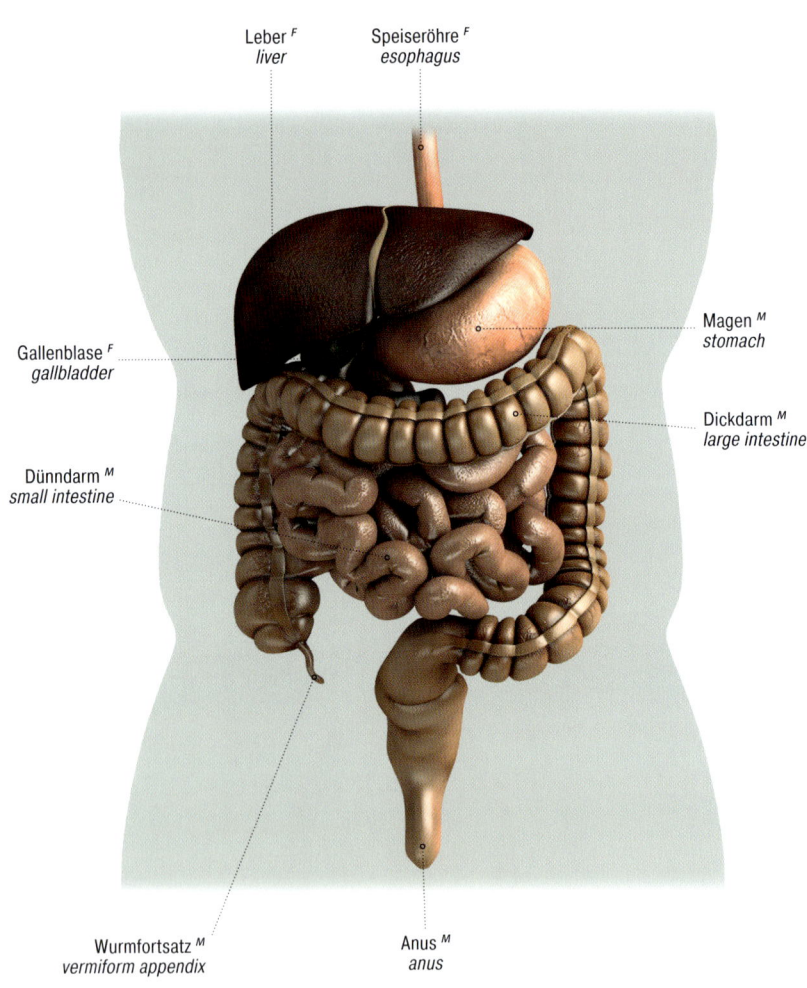

Leber *F*
liver

Speiseröhre *F*
esophagus

Gallenblase *F*
gallbladder

Magen *M*
stomach

Dickdarm *M*
large intestine

Dünndarm *M*
small intestine

Wurmfortsatz *M*
vermiform appendix

Anus *M*
anus

Hinteransicht [F] des Verdauungssystems [N]
posterior view of digestive system

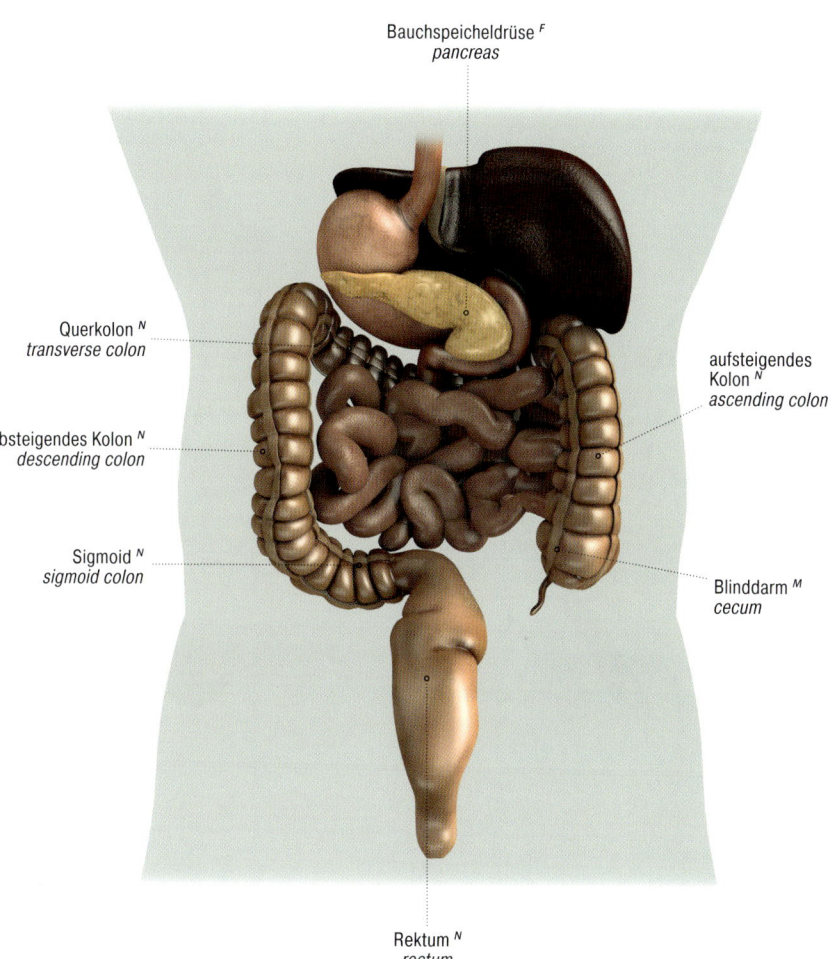

Bauchspeicheldrüse [F]
pancreas

Querkolon [N]
transverse colon

absteigendes Kolon [N]
descending colon

Sigmoid [N]
sigmoid colon

aufsteigendes Kolon [N]
ascending colon

Blinddarm [M]
cecum

Rektum [N]
rectum

Ohr [N]
ear

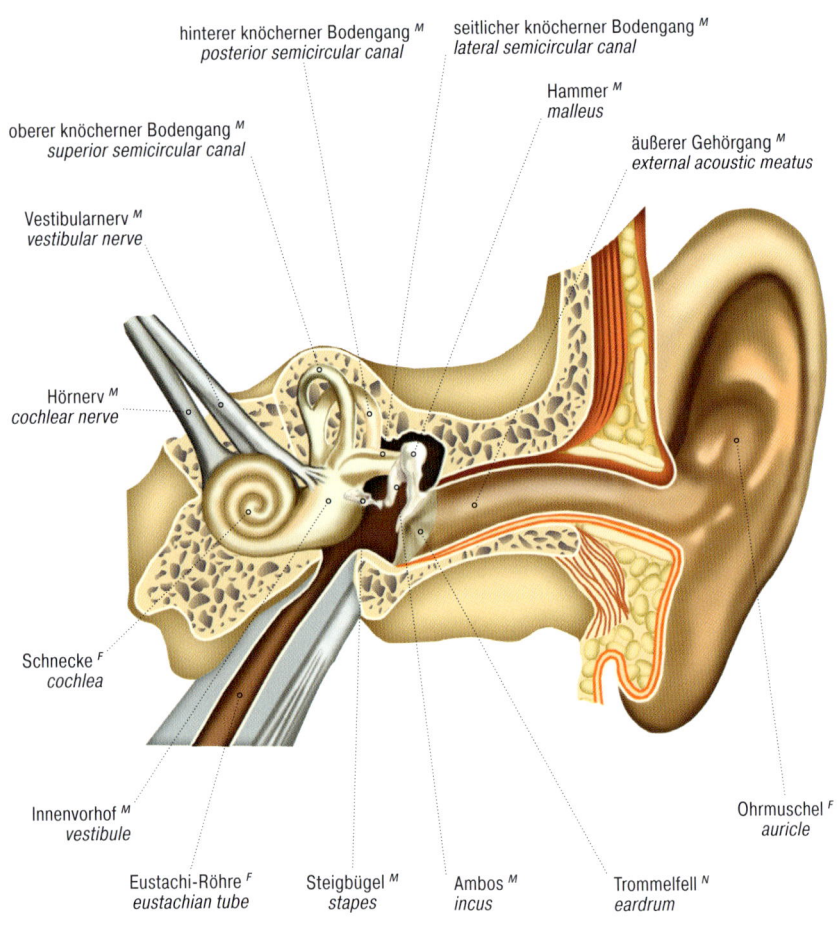

hinterer knöcherner Bodengang [M]
posterior semicircular canal

seitlicher knöcherner Bodengang [M]
lateral semicircular canal

Hammer [M]
malleus

oberer knöcherner Bodengang [M]
superior semicircular canal

äußerer Gehörgang [M]
external acoustic meatus

Vestibularnerv [M]
vestibular nerve

Hörnerv [M]
cochlear nerve

Schnecke [F]
cochlea

Innenvorhof [M]
vestibule

Eustachi-Röhre [F]
eustachian tube

Steigbügel [M]
stapes

Ambos [M]
incus

Trommelfell [N]
eardrum

Ohrmuschel [F]
auricle

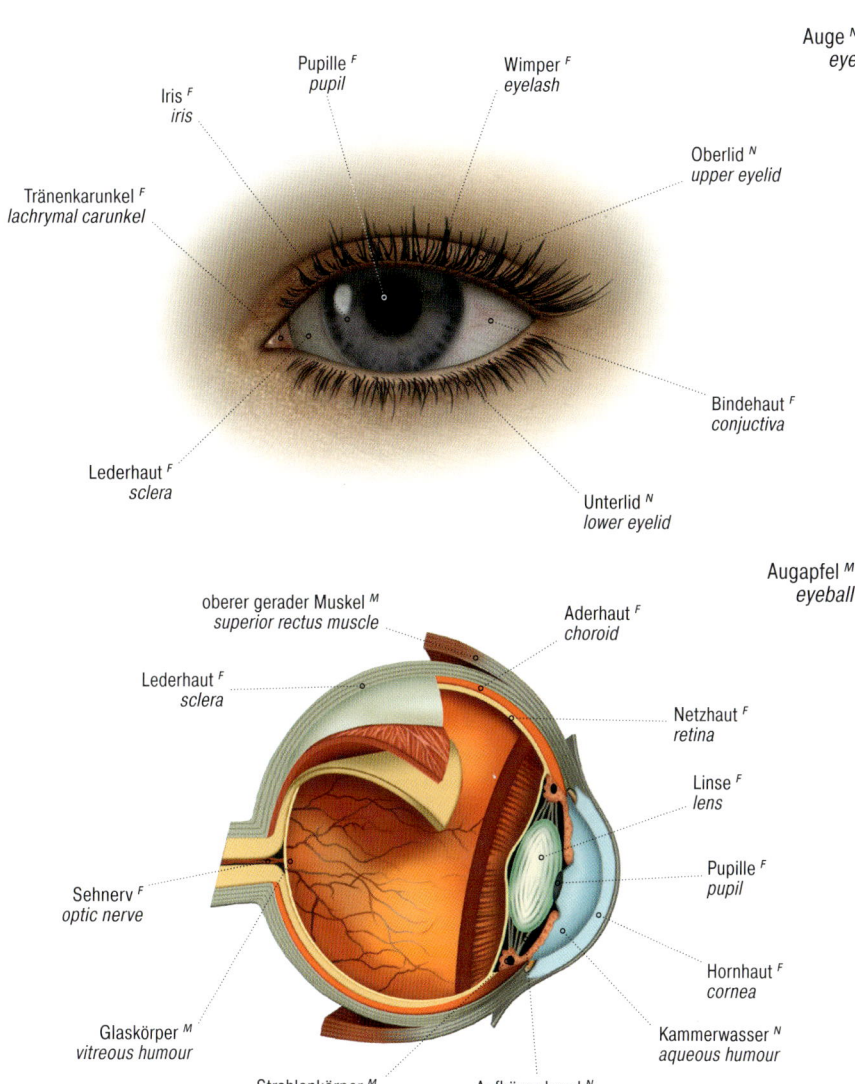

Auge ^N
eye

Pupille ^F
pupil

Wimper ^F
eyelash

Iris ^F
iris

Oberlid ^N
upper eyelid

Tränenkarunkel ^F
lachrymal carunkel

Bindehaut ^F
conjuctiva

Lederhaut ^F
sclera

Unterlid ^N
lower eyelid

Augapfel ^M
eyeball

oberer gerader Muskel ^M
superior rectus muscle

Aderhaut ^F
choroid

Lederhaut ^F
sclera

Netzhaut ^F
retina

Linse ^F
lens

Sehnerv ^F
optic nerve

Pupille ^F
pupil

Hornhaut ^F
cornea

Glaskörper ^M
vitreous humour

Kammerwasser ^N
aqueous humour

Strahlenkörper ^M
ciliary body

Aufhängeband ^N
suspensory ligament

Angiografieraum *M*
angiography room

Videomonitore *M*
video monitor

Kameragehäuse *N*
camera housing

C-Bogen-Schlitten *M*
C-arm crawler carriage

Matratze *F*
mattress

Radiologe *M*
radiologist

Bildverstärker *M*
image intensifier

Angiografie-Apparat *M*
angiography machine

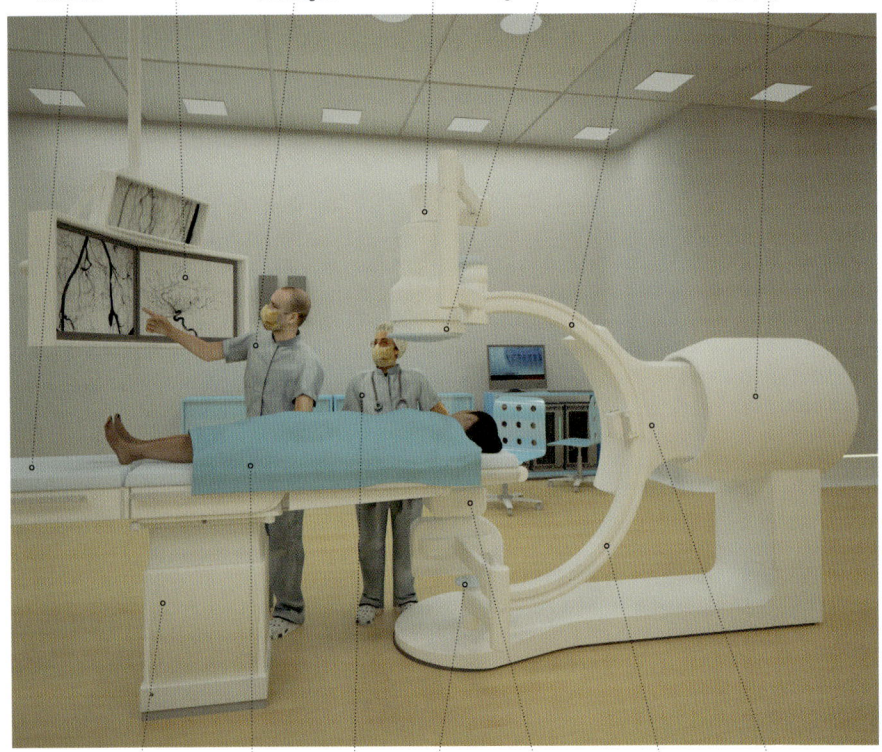

Operationsabdecktuch *N*
surgical drape

Röntgenrohr *N*
X-ray tube

nichtbewegliche C-Bogen-
Spurstange *F*
non-movable C-arm track

höhenverstellbares Fußteil *N*
height-adjustable pedestal

Operationsschwester *F*
scrub nurse

Kollimatorgehäuse *N*
collimator housing

Tragarm *M*
support arm

MRT-Raum *M*
MRI (magnetic resonance imaging) room

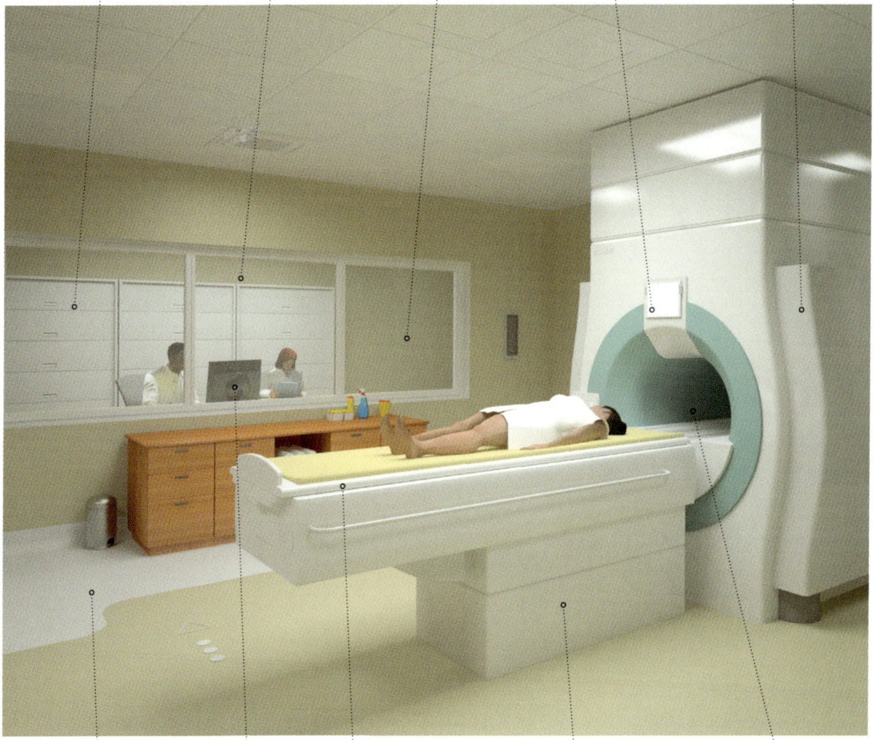

Aktenschrank *M*
file cabinet

Kontrollraum *M*
technician's room

Glasschutz *M*
screened glass

Anzeige *F*
display device

Kernspintomograf *M*
MRI scanner

Tomografieraum *M*
procedure room

motorbetriebener Tisch *M*
motorised table

Fußteil *N*
pedestal

Tomographieröhre *N*
scanning tube

PC *M* mit Bilderfassungshardware *F*
computer with image-capturing hardware

Operationsraum *M*
operating room

Videomonitor *M*
video monitor

Lichtquelle *F*
ceiling light

OP-Schwester *F*
scrub nurse

Operationsmaske *F*
surgical mask

mehrfach bewegliche Aufhängung *F*
multi-movement pendant

Anästhesist *M*
anaesthesiologist

Hauptlicht *N*
operating light

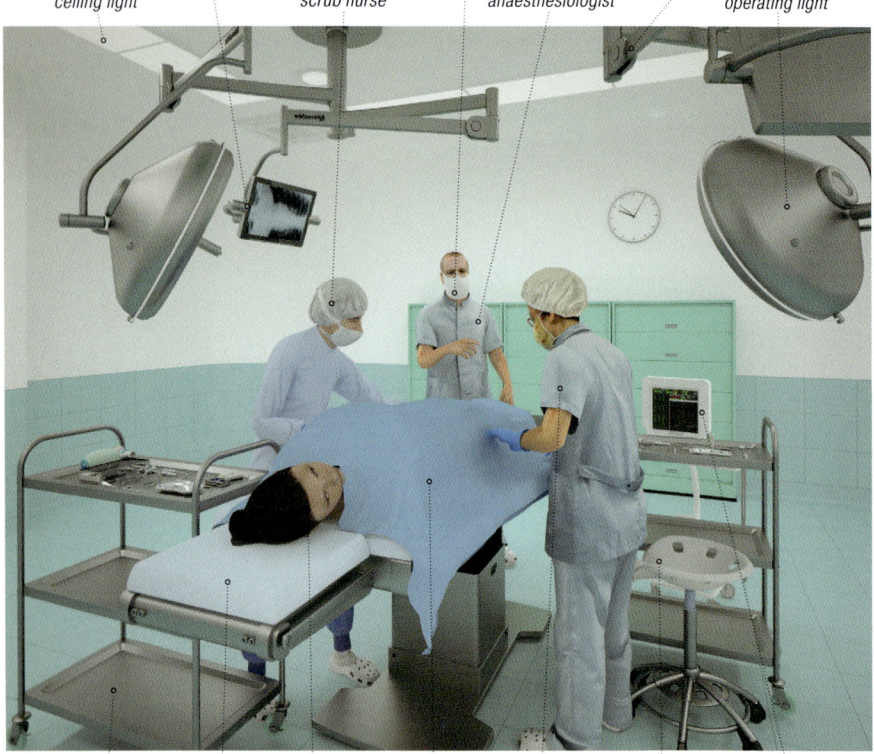

Instrumentenwagen *M*
instrument cart

Patient *M*
patient

Chirurg *M*
surgeon

Patientenmonitor *M*
patient monitor

OP-Tisch *M*
operating table

Operationstuch *N*
surgical drape

verstellbarer Chirurgenstuhl *M*
adjustable stool

Krankenhauszimmer *N*
hospital room

Paravent *M/N*
privacy screen

Infusionsständer *M*
IV (intravenous) stand

Krankenschwester-Ruftaste *F*
nurse call button

Bettleuchte *F*
over-bed light

Instrumententisch *M*
medical utility table

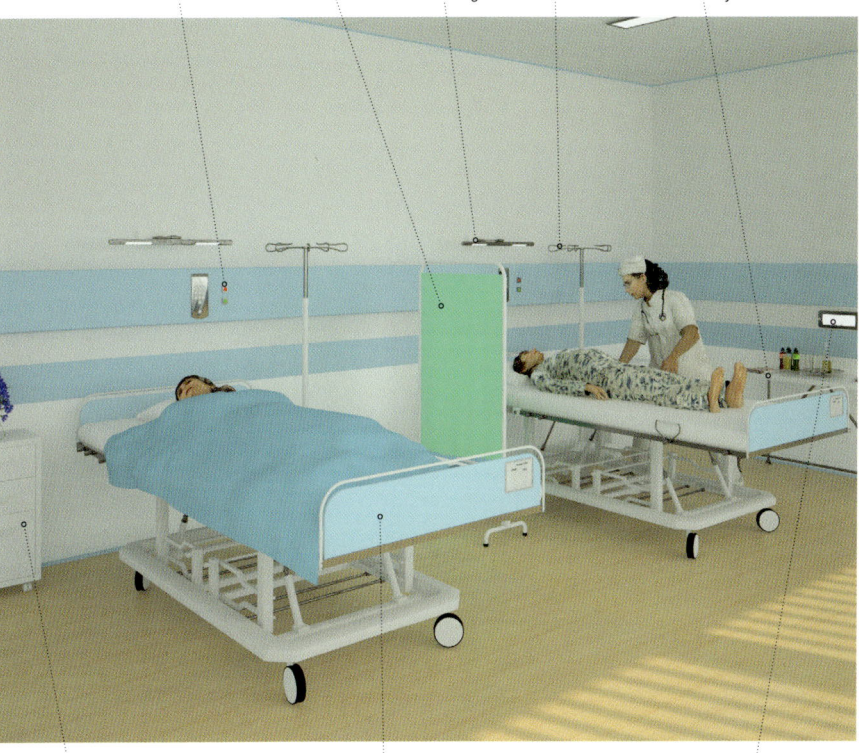

Nachttisch *M*
bedside table

verstellbares Krankenbett *N*
adjustable hospital bed

Wandleuchte *F*
wall light

Intensivstation [F]
intensive care unit

Parameterfelder [N]
numeric fields

Patientenanschlussleiste [F]
patient connection panel

Wellenfelder [N]
waveform fields

Patientenmonitor [M]
patient monitor

Wagen [M]
cart

Nachttisch [M]
bedside table

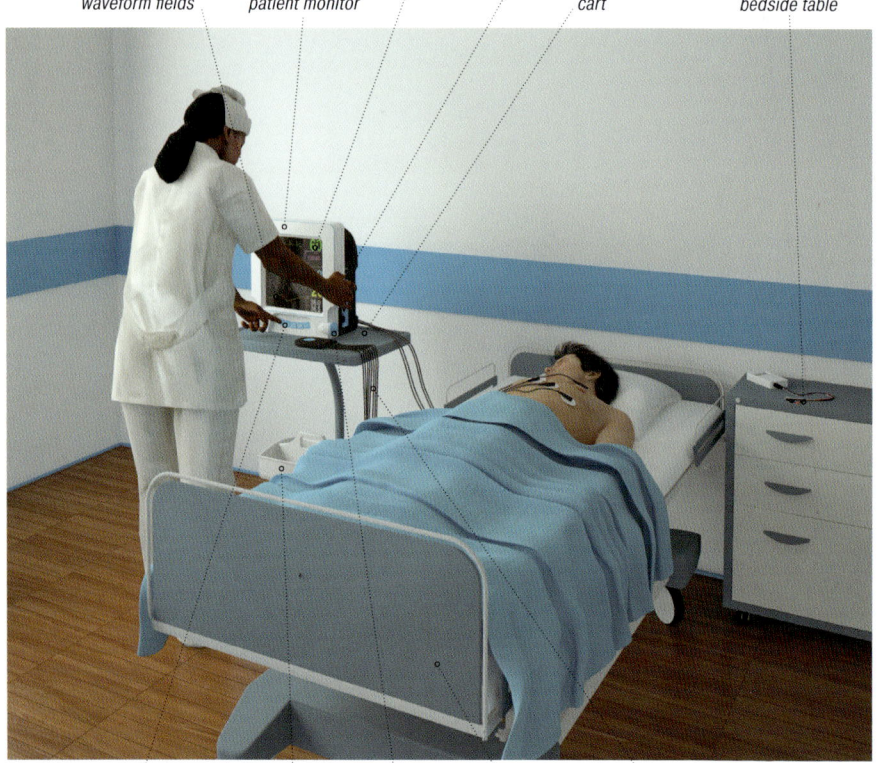

Funktionstastenleiste [F]
function buttons

Drehknopf [M]
trim knob

Patientenkabel [N]
cables

Allzweckkorb [M]
utility basket

verstellbares Krankenhausbett [N]
adjustable hospital bed

Sportmedizin *F* und Rehabilitationseinrichtung *F*
physical therapy room

Physiotherapeut *M*
physical therapist

Behandlungstisch *M*
treatment table

Fitnessball *M*
fitness ball

Nackenstütze *F*
bolster

verstellbarer Hocker *M*
adjustable stool

Laufband *N*
treadmill

zahnärztlicher Raum ^{M}
dental room

Nierenschale ^{F}
emesis basin

Zahnarztstuhl ^{M}
dental chair

OP-Leuchte ^{F}
operating light

Liefersystem ^{N}
delivery system

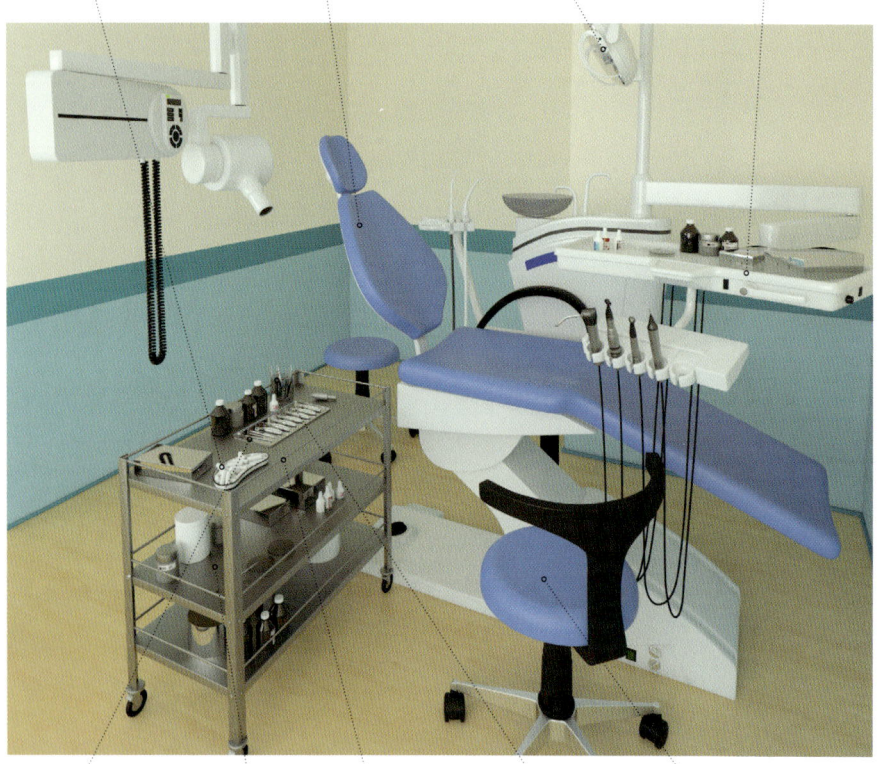

Mundspiegel ^{M}
dental mirror

Mayo-Instrumentenständer ^{M}
Mayo instrument stand

Arbeitstablett ^{N}
work tray

Zahnpinzette ^{F}
dental tweezers

verstellbarer Stuhl ^{M}
adjustable stool

Neugeborenen [N] -Intensivstation [F]
neonatal intensive care unit

Anästhesiemonitor [M]
anesthesia monitor

Matratzenablage [F]
mattress tray

Brutkasten [M]
incubator

Matratze [F]
mattress

Abschirmung [F]
canopy

Neugeborenes [N]
newborn

Anschlussöffnung [F]
porthole

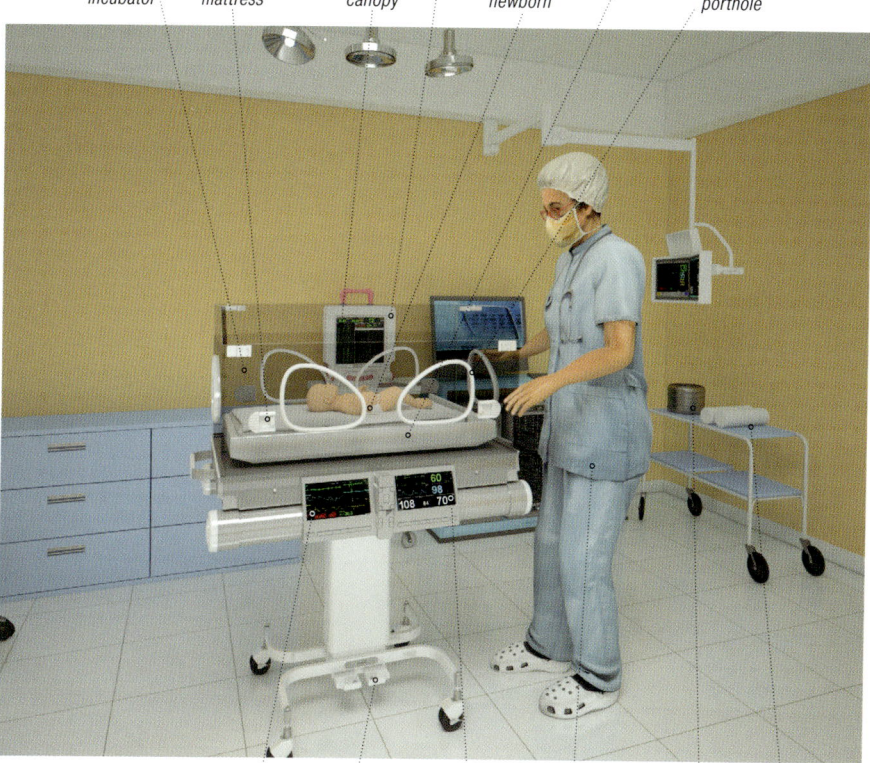

Anzeigetafel [F]
display panel

Neonatologin [F]
neonatologist

Unterlage [F]
underpad

Fußschalter [M] für vertikale Höhenverstellung [F]
height-adjustment foot pedals

Bedien- und Informationsfeld [N]
control and information panel

Verbandtrommel [F]
dressing container

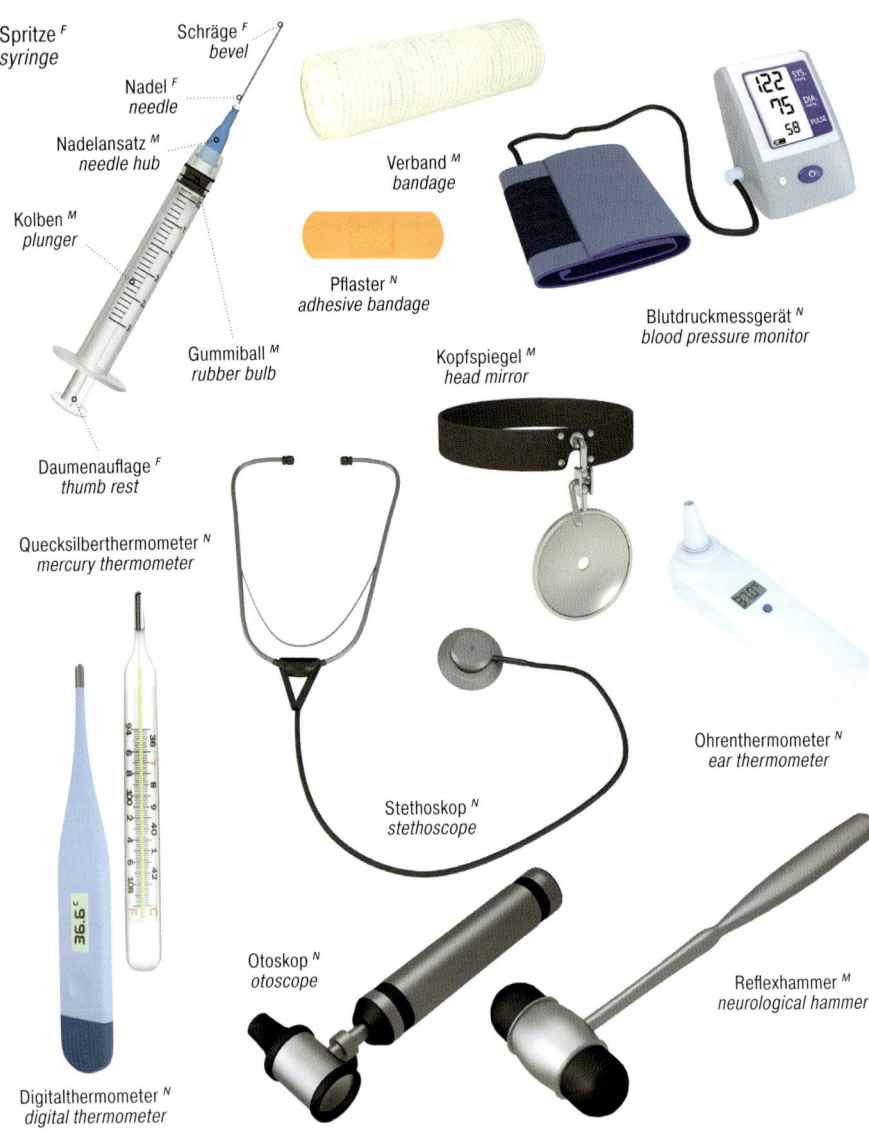

Spritze *F*
syringe

Schräge *F*
bevel

Nadel *F*
needle

Nadelansatz *M*
needle hub

Kolben *M*
plunger

Gummiball *M*
rubber bulb

Daumenauflage *F*
thumb rest

Verband *M*
bandage

Pflaster *N*
adhesive bandage

Blutdruckmessgerät *N*
blood pressure monitor

Kopfspiegel *M*
head mirror

Quecksilberthermometer *N*
mercury thermometer

Stethoskop *N*
stethoscope

Ohrenthermometer *N*
ear thermometer

Otoskop *N*
otoscope

Reflexhammer *M*
neurological hammer

Digitalthermometer *N*
digital thermometer

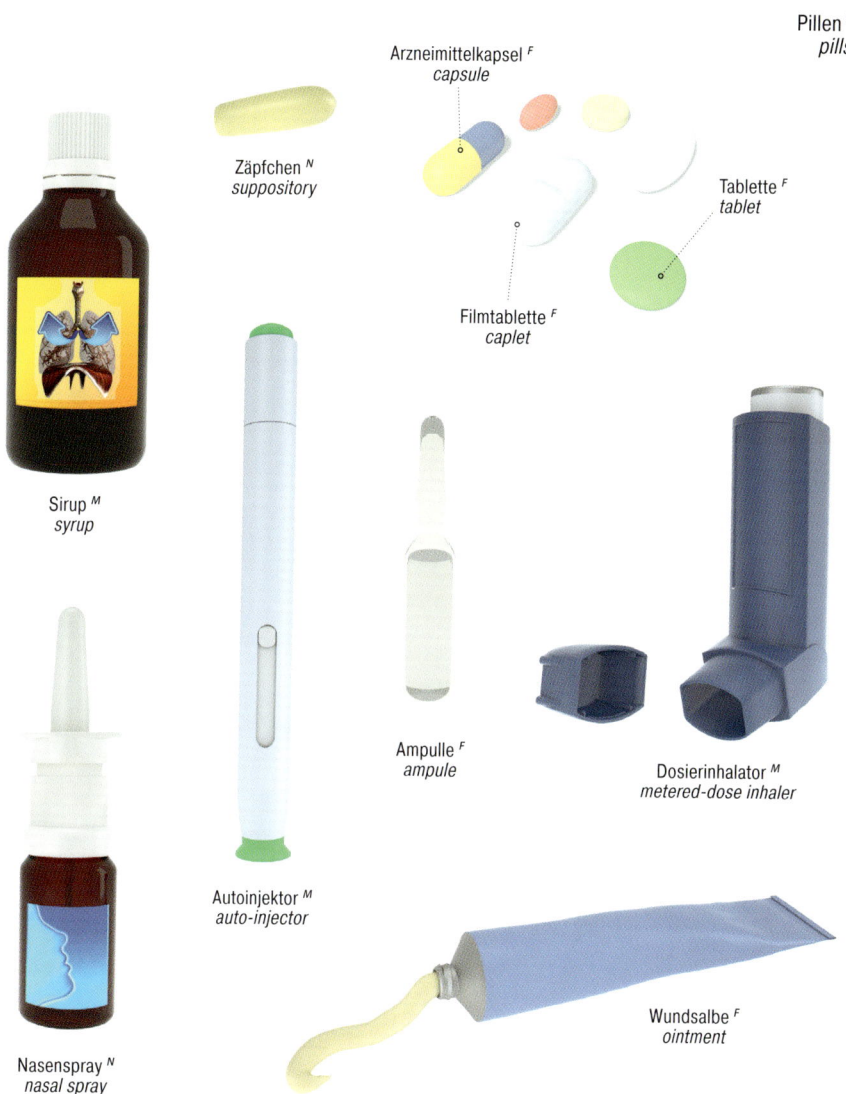

Pillen ^F
pills

Arzneimittelkapsel ^F
capsule

Zäpfchen ^N
suppository

Tablette ^F
tablet

Filmtablette ^F
caplet

Sirup ^M
syrup

Ampulle ^F
ampule

Dosierinhalator ^M
metered-dose inhaler

Autoinjektor ^M
auto-injector

Wundsalbe ^F
ointment

Nasenspray ^N
nasal spray

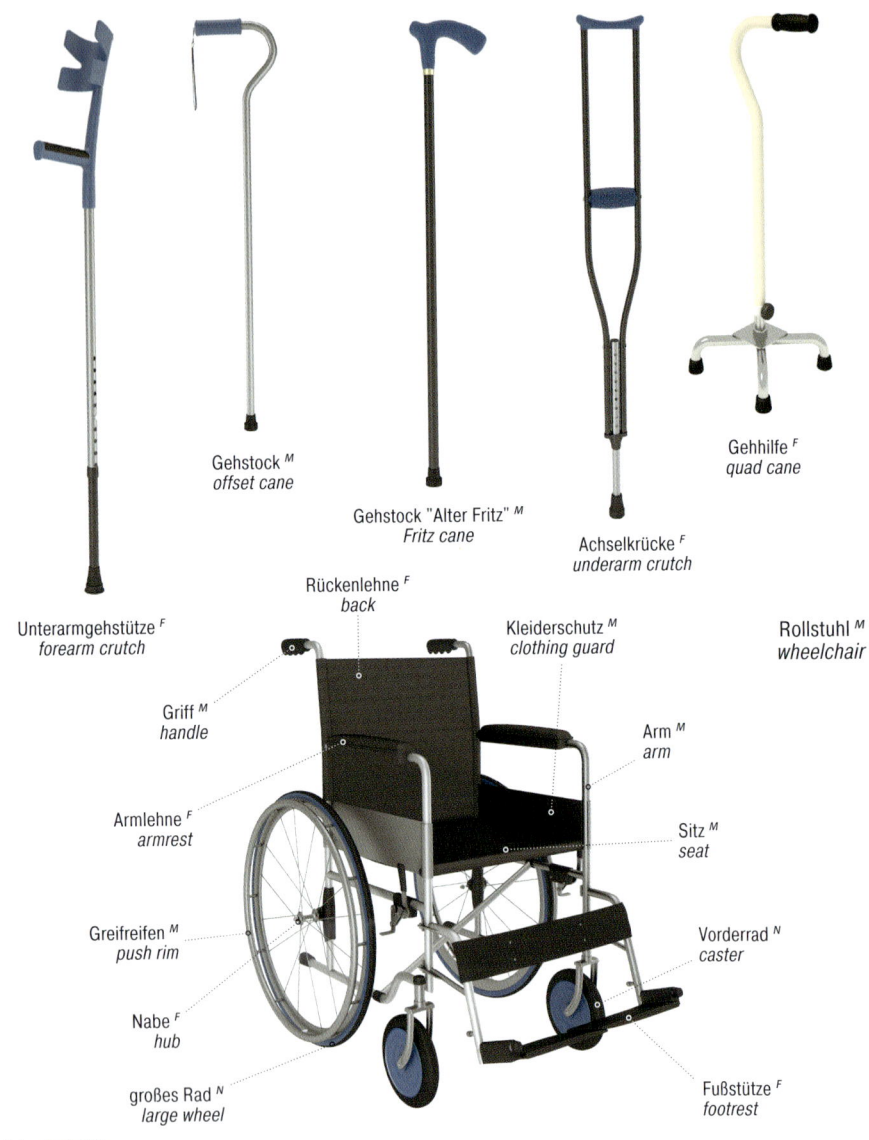

Gehstock ^M
offset cane

Gehstock "Alter Fritz" ^M
Fritz cane

Gehhilfe ^F
quad cane

Achselkrücke ^F
underarm crutch

Unterarmgehstütze ^F
forearm crutch

Rückenlehne ^F
back

Kleiderschutz ^M
clothing guard

Rollstuhl ^M
wheelchair

Griff ^M
handle

Arm ^M
arm

Armlehne ^F
armrest

Sitz ^M
seat

Greifreifen ^M
push rim

Vorderrad ^N
caster

Nabe ^F
hub

großes Rad ^N
large wheel

Fußstütze ^F
footrest

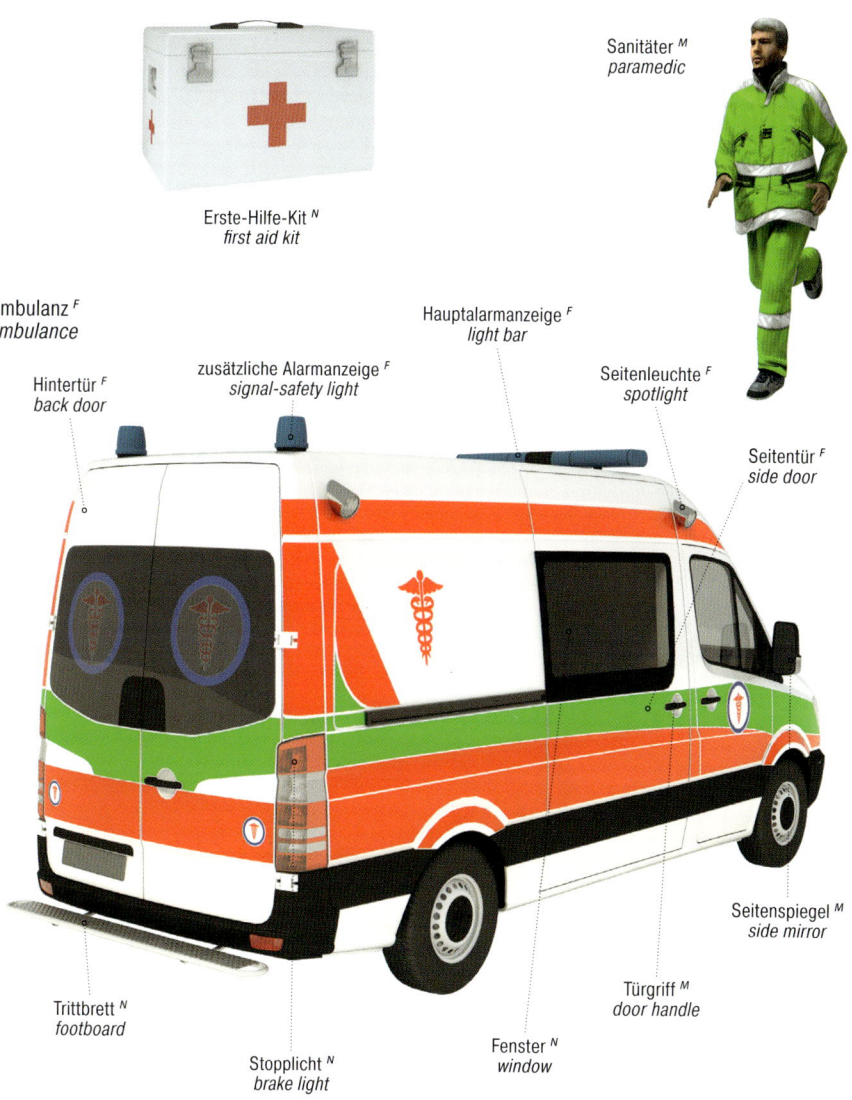

Erste-Hilfe-Kit ^N
first aid kit

Sanitäter ^M
paramedic

Ambulanz ^F
ambulance

Hauptalarmanzeige ^F
light bar

Hintertür ^F
back door

zusätzliche Alarmanzeige ^F
signal-safety light

Seitenleuchte ^F
spotlight

Seitentür ^F
side door

Seitenspiegel ^M
side mirror

Trittbrett ^N
footboard

Stopplicht ^N
brake light

Fenster ^N
window

Türgriff ^M
door handle

Erdgeschoss [N]
ground floor

Küche [F]
kitchen

Schränke [M]
cabinets

Gästebadezimmer [N]
powder room

Treppe [F]
stairs

Kühlschrank [M]
refrigerator

Frühstücksbar [F]
breakfast bar

Barhocker [M]
bar stool

Esszimmer [N]
dining room

Briefkasten [M]
postbox

Esstisch [M]
dining table

Bild [N]
picture

Esszimmerstuhl [M]
dining chair

Haustür [F]
front door

Eingangsstufen [F]
front steps

Türklingel [F]
doorbell

Terasse [F]
patio

Zaun [M]
fence

Terassenschirm [M]
patio umbrella

Blumenbeet [N]
flower bed

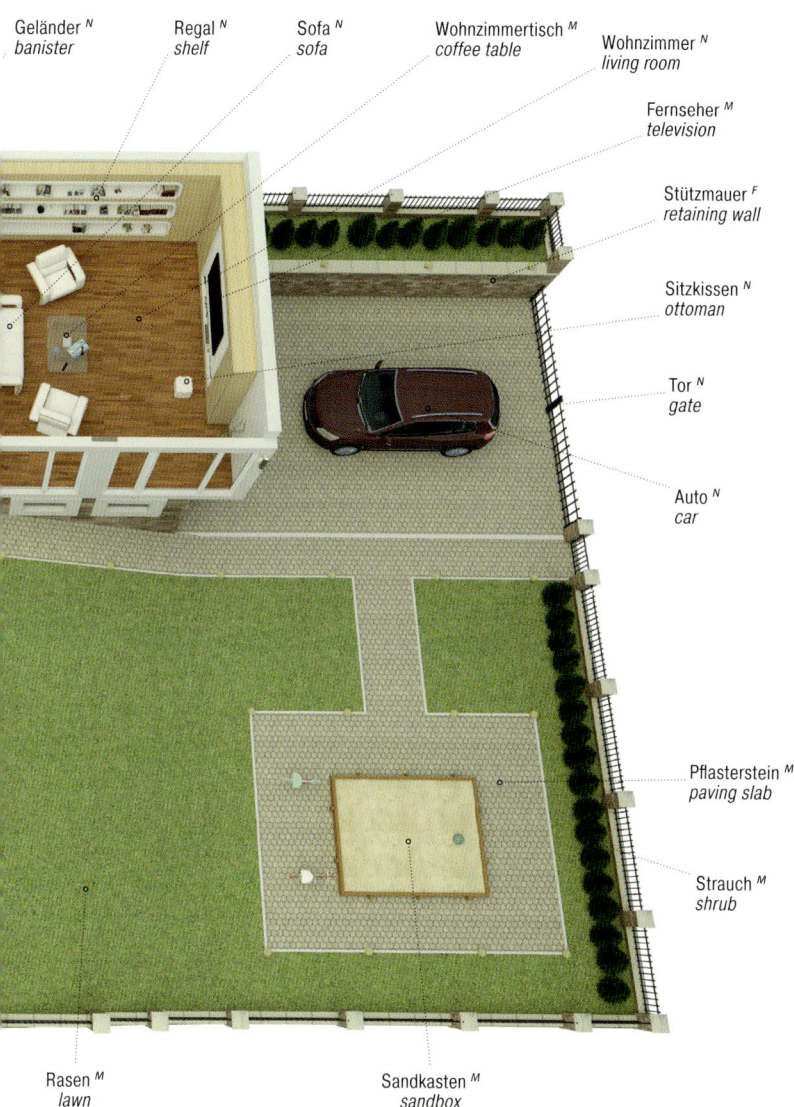

Geländer ᴺ
banister

Regal ᴺ
shelf

Sofa ᴺ
sofa

Wohnzimmertisch ᴹ
coffee table

Wohnzimmer ᴺ
living room

Fernseher ᴹ
television

Stützmauer ꜰ
retaining wall

Sitzkissen ᴺ
ottoman

Tor ᴺ
gate

Auto ᴺ
car

Pflasterstein ᴹ
paving slab

Strauch ᴹ
shrub

Rasen ᴹ
lawn

Sandkasten ᴹ
sandbox

erster Stock [M]
first floor

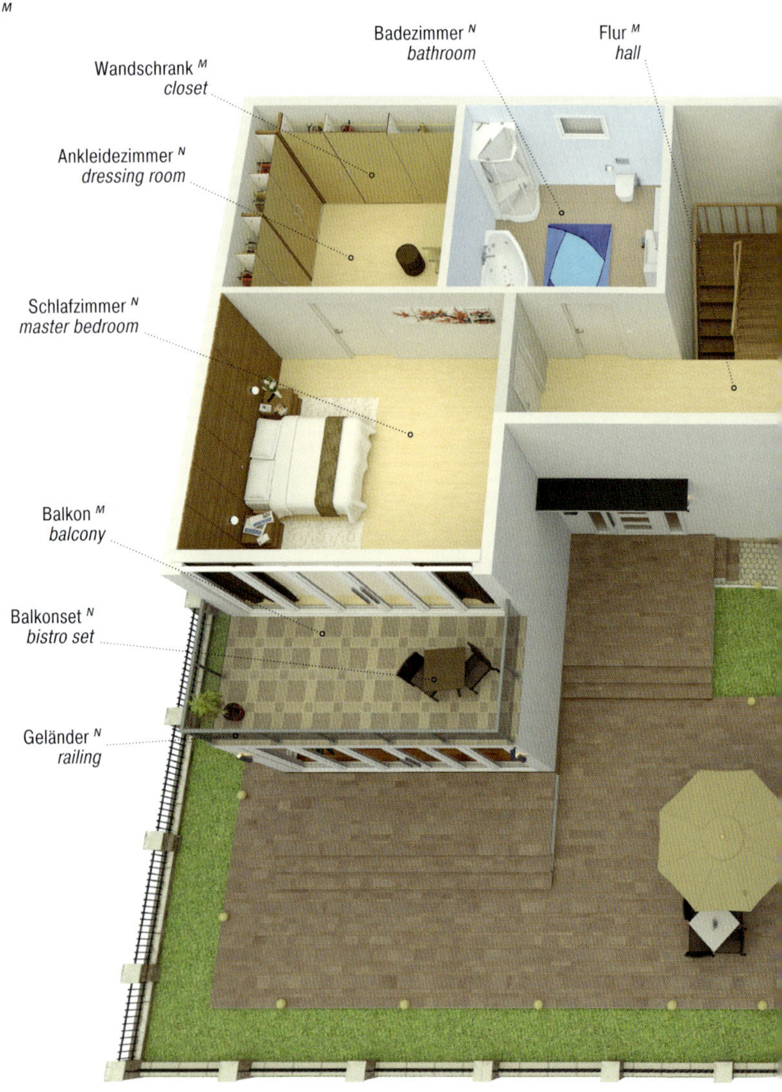

Badezimmer [N]
bathroom

Flur [M]
hall

Wandschrank [M]
closet

Ankleidezimmer [N]
dressing room

Schlafzimmer [N]
master bedroom

Balkon [M]
balcony

Balkonset [N]
bistro set

Geländer [N]
railing

Toilette ^F
toilet

Kinderzimmer ^N
child's bedroom

Babyzimmer ^N
nursery

Überwachungskamera ^F
security camera

Außenansicht des Hauses N
exterior of house

Balkon M
balcony

Dach N
roof

Dachluke F
roof hatch

Haustür F
front door

Veranda F
porch

Terassenschirm M
patio umbrella

Terasse F
patio

Balkonset N
bistro set

Blumenbeet N
flower bed

Rasen M
lawn

Sandkasten M
sandbox

Zaun M
fence

Lüftungsschacht ^M
ventilation shaft

Solarmodul ^N
solar panel

Überwachungskamera ^F
security camera

Garagentor ^N
garage door

Auto ^N
car

Hecke ^F
hedge

Stützmauer ^F
retaining wall

Tor ^N
gate

Einfahrt ^F
driveway

Wohnzimmer [N]
lounge

Buch [N]
book

Obstschale [F]
fruit bowl

Bücherregal [N]
bookshelf

Couch [F]
sofa

Zeitschrift [F]
magazine

Wohnzimmertisch [M]
coffee table

Fernbedienung [F]
remote control

DVD *F*
DVD

DVD-Player *M*
DVD player

Fernseher *M*
television

Regal *N*
shelf

Kissen *N*
cushion

Sessel *M*
armchair

Sitzkissen *N*
ottoman

Topfpflanze *F*
potted plant

Hauptschlafzimmer [N]
master bedroom

Vorhang [M]
curtain

Leuchtkörper [M]
light fixture

Foto [N]
photograph

Nachttisch [M]
nightstand

Teppich [M]
rug

Buch [N]
book

Bett [N]
bed

Kissen ^{N}
pillow

Lichtschalter ^{M}
light switch

Tür ^{F}
door

Telefon ^{N}
telephone

Steckdose ^{F}
socket

Hartholzboden ^{M}
hardwood floor

Badezimmer [N]
bathroom

Einbauleuchte [F]
recessed light

Duschkabine [F]
shower cubicle

Fliese [F]
tile

Badehandtuch [N]
bath towel

Wasserhahn [M]
tap

Shampoo [N]
shampoo

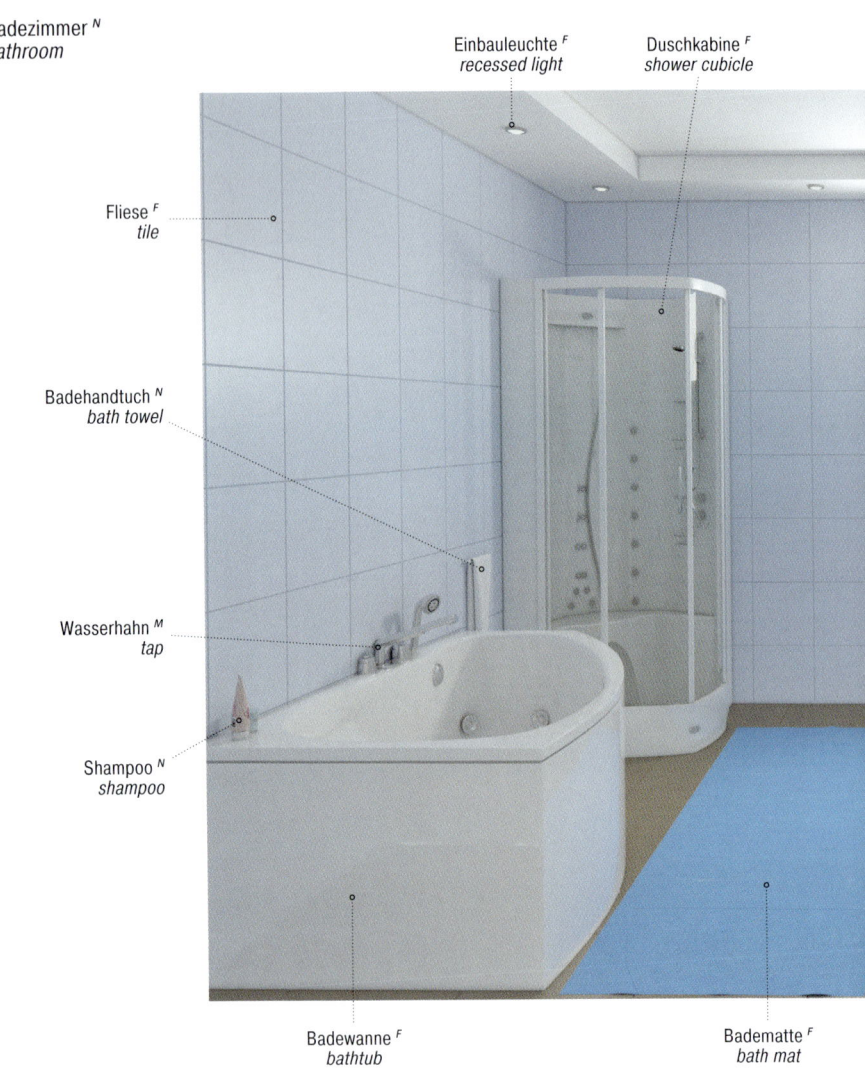

Badewanne [F]
bathtub

Badematte [F]
bath mat

Fenster [N]
window

Toilette [F]
toilet

Spiegel [M]
mirror

Dunstabzug [M]
fan

Medizinschrank [M]
medicine cabinet

Seifenschale [F]
soap dish

Wasserhahn [M]
faucet

Zahnbürste [F]
toothbrush

Zahnbürstenhalter [M]
toothbrush holder

Lotion [F]
lotion

Waschbecken [N]
sink

Handtuch [N]
hand towel

Beckenunterschrank [M]
vanity

Fußboden [M]
floor

Toilettenpapier [N]
toilet paper

Toilettenbürste [F]
toilet brush

Abfalleimer [M]
wastebasket

Kindermobiliar ^{N}
Children's furniture

Wickeltisch ^{M}
changing table

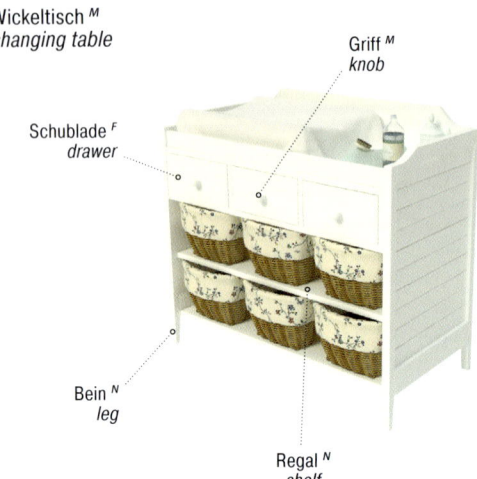

Griff ^{M}
knob

Schublade ^{F}
drawer

Bein ^{N}
leg

Regal ^{N}
shelf

Kleiderschrank ^{M}
armoire

Hochstuhl ^{M}
high chair

Lehne ^{F}
back

Tablett ^{N}
tray

Sitz ^{M}
seat

Fußauflage ^{F}
footrest

Stuhlbein ^{N}
leg

Schreibtisch mit Stuhl ^{M}
desk and chair

Schreibtisch ^{M}
desk

Stuhl ^{M}
chair

Hochbetten ^N
bunk bed

Rahmen ^M
frame

Sicherheitsgeländer ^N
safety rail

Leiter ^F
ladder

Kissen ^N
pillow

Schublade ^F
drawer

Matratze ^F
mattress

Kinderbett ^N
cot

Leiste ^F
slat

Matratze ^F
mattress

Schublade ^F
drawer

Bett ^N
bed

Küche *F*
kitchen

Bild *N*
picture

Wanduhr *F*
clock

Kühlschrank *M*
refrigerator

Mikrowelle *F*
microwave

Frühstücksbar *F*
breakfast bar

Barhocker *M*
bar stool

Ofen *M*
oven

Kaffeemaschine *F*
coffee machine

Weinschrank *M*
wine fridge

Abzugshaube *F*
range hood

Weinglas *N*
wine glass

Behälter *M*
canister

Tasse *F*
cup

Wasserhahn *M*
tap

Schrank *M*
cabinet

Herdplatte *F*
hob

Arbeitsplatte *F*
countertop

Geschirrspüler *M*
dishwasher

Spülbecken *N*
sink

Fliesenboden *M*
tiled floor

Großgeräte ^N
Large appliances

Kühlschrank ^M
refrigerator

Regal ^N
shelf

Eierablage ^F
egg tray

Kühlschranktür ^F
refrigerator compartment door

Griff ^M
handle

Gefriertruhe ^F
freezer compartment

Gemüsefach ^M
crisper

Schublade ^F
drawer

Gefriertruhentür ^F
freezer compartment door

Doppeltürkühlschrank ^M
side-by-side refrigerator and freezer

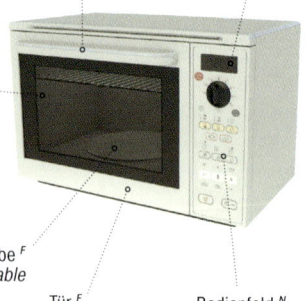

Mikrowelle ^F
microwave

Griff ^M
handle

Zeitschaltuhr ^F
clock timer

Fenster ^N
window

Drehscheibe ^F
turntable

Tür ^F
door

Bedienfeld ^N
control panel

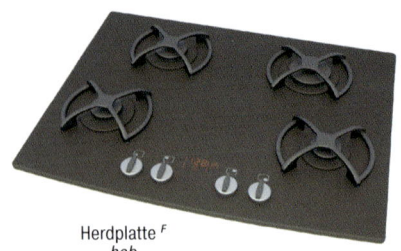

Herdplatte ^F
hob

Dunstabzugshaube *F*
cooker hood

Geschirrspülmaschine *F*
dishwasher

Lüftungsschacht *M*
ventilation duct

Griff *M*
handle

Netzschalter *M*
power button

Bedienungsknopf *M*
control knob

Kontrollleuchte *F*
indicator light

Tür *F*
door

Filter *M*
filter

Abschirmung *F*
screen

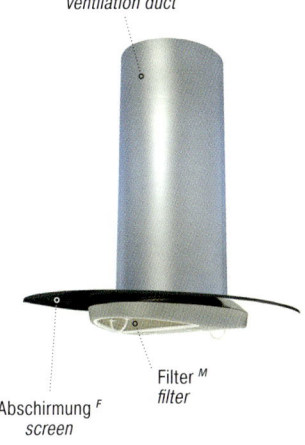
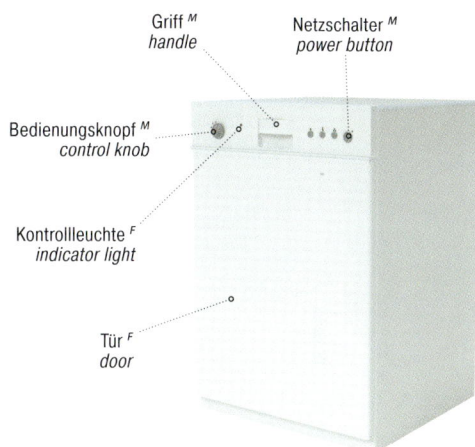

Gasherd *M*
gas cooker

Anzeige *F*
display

Bedienknopf *M*
hob control knob

Gasbrenner *M*
burner

Griff *M*
handle

Ofenregelknopf *M*
oven control knob

Ofen *M*
oven

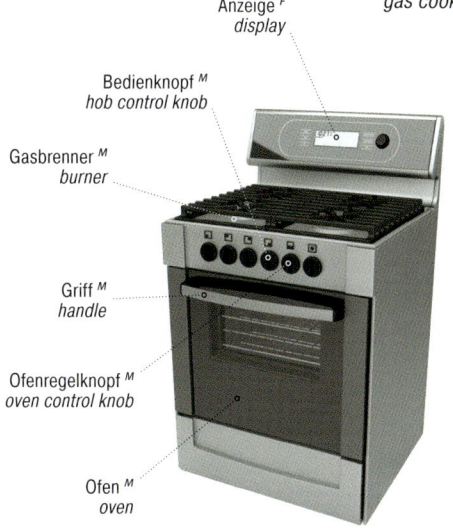

Elektroherd *M*
electric cooker

Haushaltsgeräte [N]
Small appliances

Espressomaschine [F]
espresso machine

Druckanzeige [F]
pressure gauge

Tassenwärmer [M]
cup-warming tray

Brühkopf [M]
group head

Wasserbehälter [M]
water tank

Filterhalter [M]
filter holder

Ausguss [M]
spout

Griff [M]
handle

Dampfdüse [F]
steam nozzle

Abtropfschale [F]
drip tray

Kaffeemühle [F]
coffee grinder

Filterkaffeemaschine [F]
automatic drip coffeemaker

Deckel [M]
lid

Wassermengenanzeige [F]
water-level indicator

Filterkorb [M]
basket

Deckelöffner [M]
lid-release button

Topfdeckel [M]
pot lid

Griff [M]
handle

Kanne [F]
pot

Wasserbehälter [M]
water reservoir

Mixer [M]
blender

Wärmplatte [F]
warming plate

Entsafter ^{M}
juicer

Stopfer ^{M}
pusher

Futterrohr ^{N}
feed tube

Filter ^{M}
filter

Deckel ^{M}
lid

Breicontainer ^{M}
pulp container

Sicherheitsverriegelung ^{F}
safety latch

Ausguss ^{M}
spout

Motorgehäuse ^{N}
motor housing

Netzschalter ^{M}
power button

Pürierstab ^{M}
stick blender

Wasserkocher ^{M}
electric kettle

Deckelöffner ^{M}
lid-release button

elektrische Zitruspresse ^{F}
electric citrus juicer

Ausguss ^{M}
spout

Deckel ^{M}
lid

Netzschalter ^{M}
power switch

Ausguss ^{M}
spout

Kegel ^{M}
reamer

Sieb ^{N}
strainer

Saftmengenanzeige ^{F}
juice-level indicator

Schüssel ^{F}
bowl

Motorgehäuse ^{N}
motor housing

Fuß ^{M}
base

Leuchtanzeige ^{F}
indicator light

Krug ^{M}
jug

Besteck [N]
Cutlery

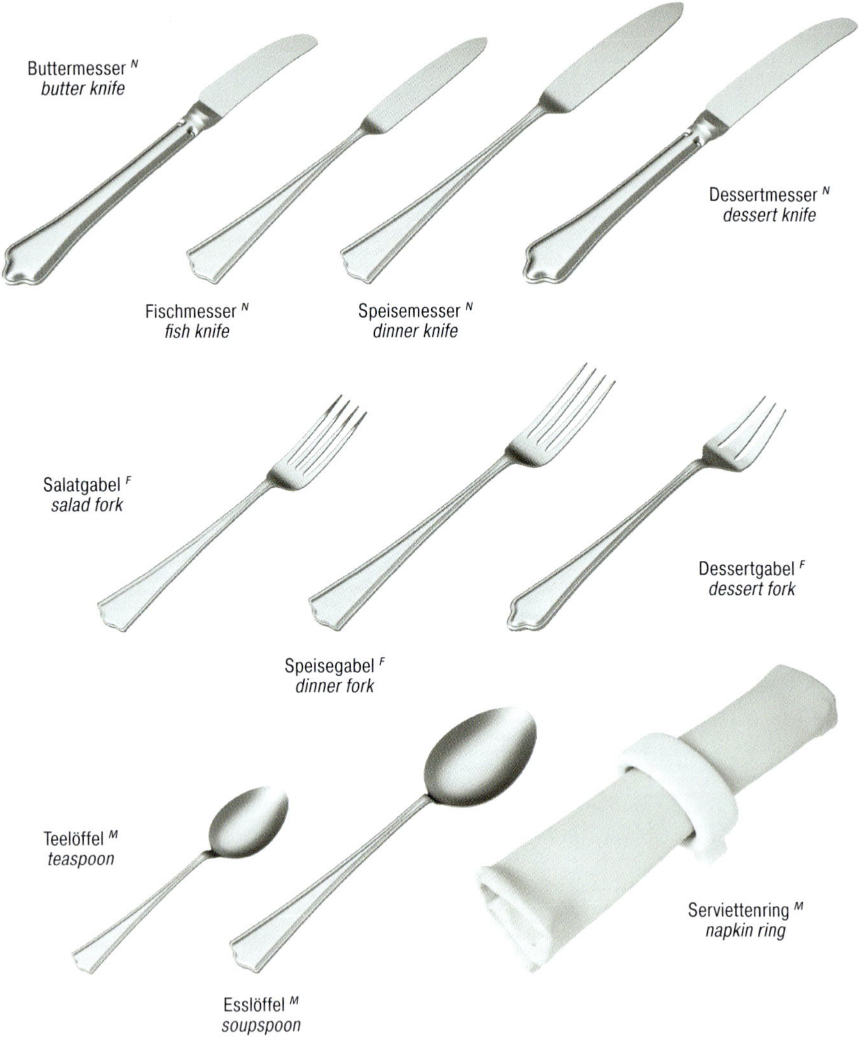

Buttermesser [N]
butter knife

Dessertmesser [N]
dessert knife

Fischmesser [N]
fish knife

Speisemesser [N]
dinner knife

Salatgabel [F]
salad fork

Dessertgabel [F]
dessert fork

Speisegabel [F]
dinner fork

Teelöffel [M]
teaspoon

Serviettenring [M]
napkin ring

Esslöffel [M]
soupspoon

Küchenmesser [N]
Kitchen knives

Messer-Set [N]
knife set

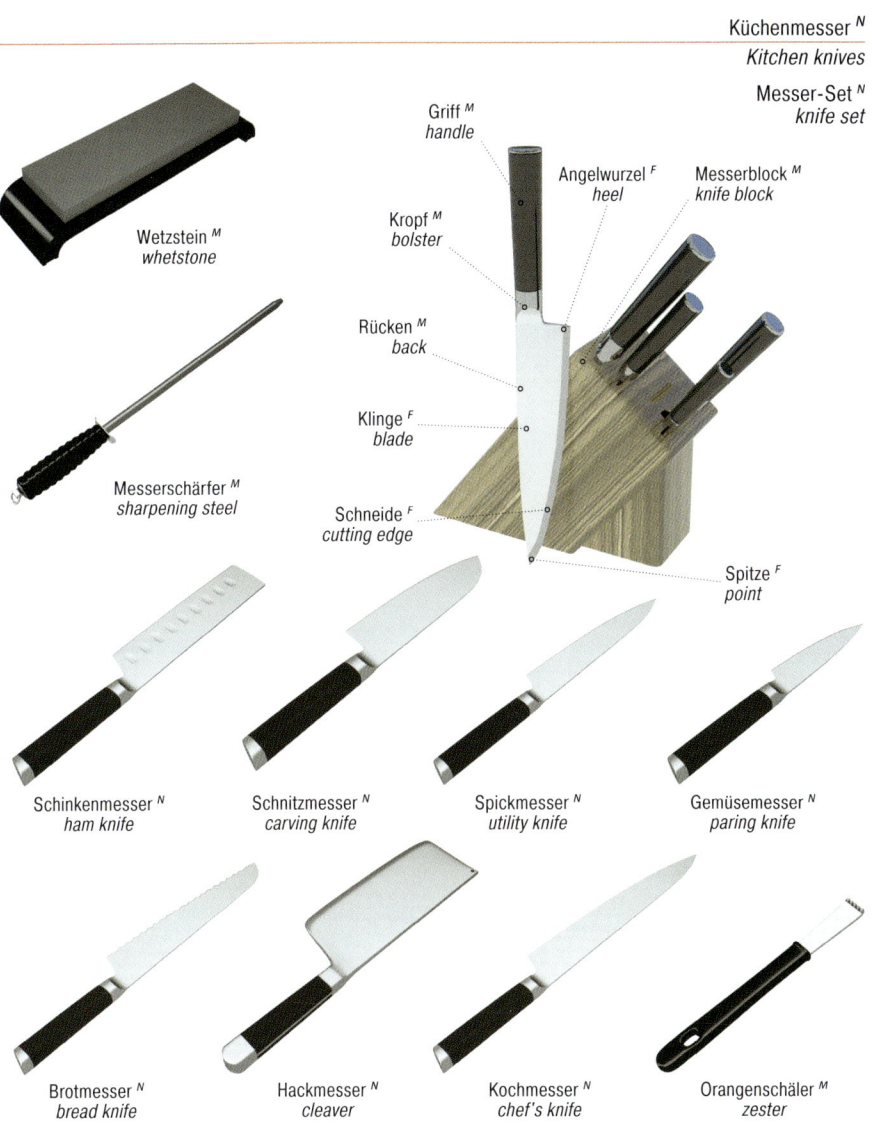

Wetzstein [M]
whetstone

Messerschärfer [M]
sharpening steel

Griff [M]
handle

Angelwurzel [F]
heel

Messerblock [M]
knife block

Kropf [M]
bolster

Rücken [M]
back

Klinge [F]
blade

Schneide [F]
cutting edge

Spitze [F]
point

Schinkenmesser [N]
ham knife

Schnitzmesser [N]
carving knife

Spickmesser [N]
utility knife

Gemüsemesser [N]
paring knife

Brotmesser [N]
bread knife

Hackmesser [N]
cleaver

Kochmesser [N]
chef's knife

Orangenschäler [M]
zester

Essgeschirr ^N
Tableware

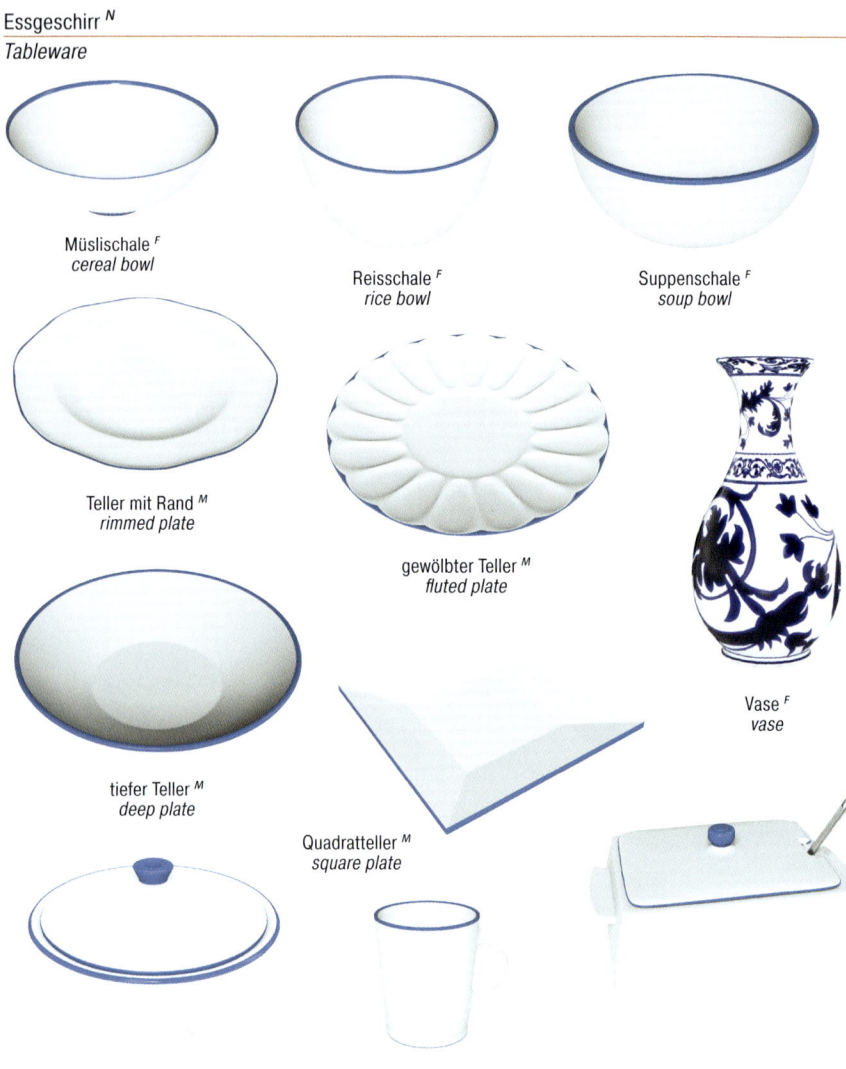

Müslischale ^F
cereal bowl

Reisschale ^F
rice bowl

Suppenschale ^F
soup bowl

Teller mit Rand ^M
rimmed plate

gewölbter Teller ^M
fluted plate

Vase ^F
vase

tiefer Teller ^M
deep plate

Quadratteller ^M
square plate

Gemüseschüssel ^F
vegetable bowl

Tasse ^F
mug

Quadratschüssel ^F
square tureen

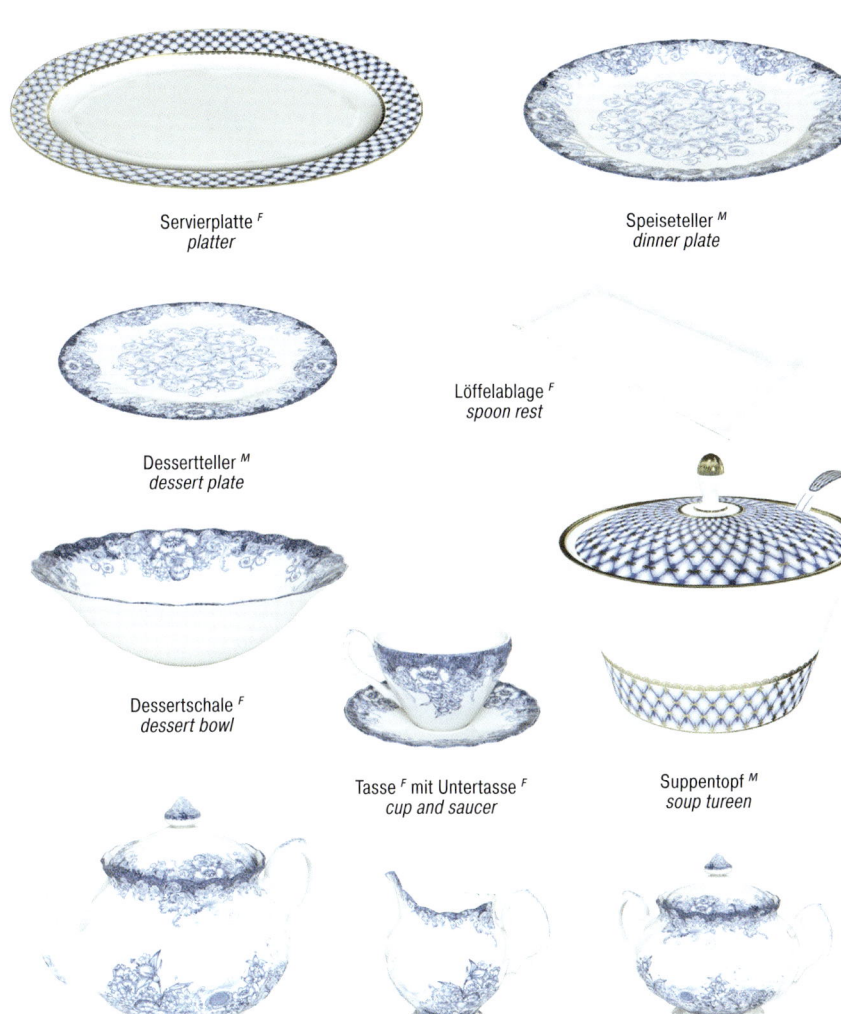

Servierplatte ^F
platter

Speiseteller ^M
dinner plate

Dessertteller ^M
dessert plate

Löffelablage ^F
spoon rest

Dessertschale ^F
dessert bowl

Tasse ^F mit Untertasse ^F
cup and saucer

Suppentopf ^M
soup tureen

Teekessel ^M
teapot

Milchkrug ^M
milk jug

Zuckerschale ^F
sugar bowl

Küchenutensilien [N]

Kitchen utensils

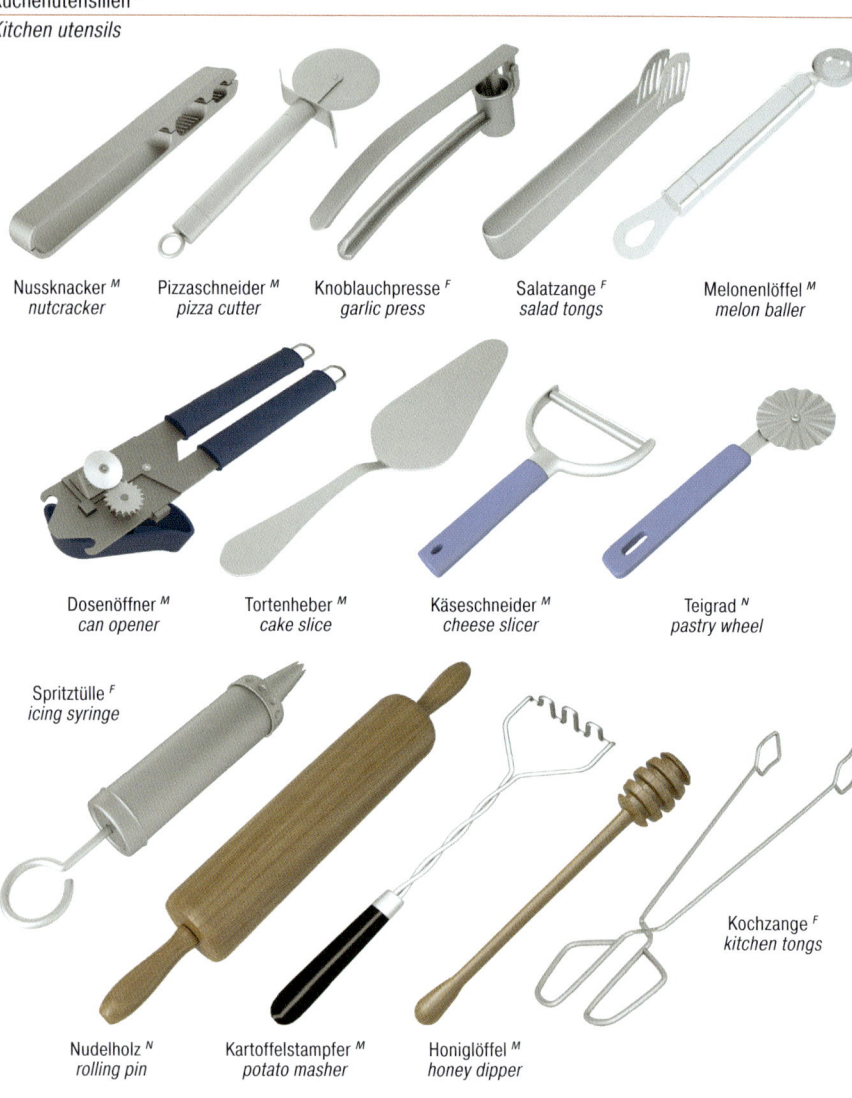

Nussknacker [M]
nutcracker

Pizzaschneider [M]
pizza cutter

Knoblauchpresse [F]
garlic press

Salatzange [F]
salad tongs

Melonenlöffel [M]
melon baller

Dosenöffner [M]
can opener

Tortenheber [M]
cake slice

Käseschneider [M]
cheese slicer

Teigrad [N]
pastry wheel

Spritztülle [F]
icing syringe

Kochzange [F]
kitchen tongs

Nudelholz [N]
rolling pin

Kartoffelstampfer [M]
potato masher

Honiglöffel [M]
honey dipper

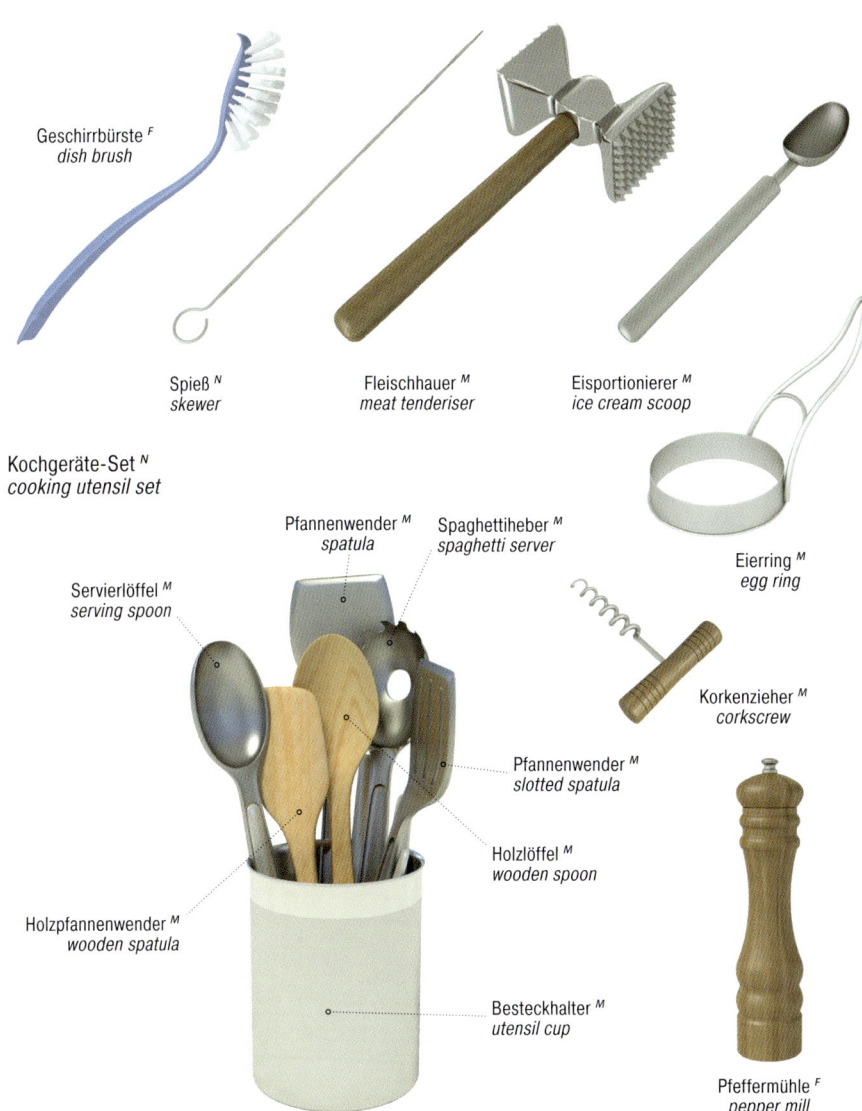

Geschirrbürste ^F
dish brush

Spieß ^N
skewer

Fleischhauer ^M
meat tenderiser

Eisportionierer ^M
ice cream scoop

Kochgeräte-Set ^N
cooking utensil set

Pfannenwender ^M
spatula

Spaghettiheber ^M
spaghetti server

Servierlöffel ^M
serving spoon

Eierring ^M
egg ring

Pfannenwender ^M
slotted spatula

Korkenzieher ^M
corkscrew

Holzlöffel ^M
wooden spoon

Holzpfannenwender ^M
wooden spatula

Besteckhalter ^M
utensil cup

Pfeffermühle ^F
pepper mill

Glasware ^F
Glassware

Wasserglas ^N
water glass

Weißweinglas ^N
white wine glass

Sektglas ^N
champagne flute

Rheinweinglas ^N
Alsace glass

Karaffe ^F
decanter

Cocktailglas ^N
cocktail glass

Sektschale ^F
champagne coupe

Sherryglas ^F
sherry glass

Weinbrandschwenker ^M
brandy snifter

Burgunderglas ^N
burgundy glass

Portglas ^F
port glass

Rotweinglas ^N
red wine glass

Likörglass ^N
liqueur glass

Bierkrug ^M
beer mug

Bierglas ^N
beer glass

Whiskyglas ^N
whiskey glass

Beistelltisch *M*
end table

Platte *F*
top

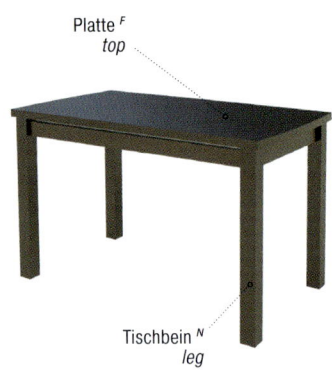

Tischbein *N*
leg

Telefontisch *M*
telephone table

Hartglas *N*
tempered glass

Terassentisch *M*
patio table

Basis *F*
base

Schminktisch *M*
vanity

Wohnzimmertisch *M*
coffee table

Freischwinger *M*
cantilever chair

Klappstuhl *M*
folding chair

Stapelstuhl *M*
stacking chair

Barhocker *M*
bar stool

Schaukelstuhl *M*
rocking chair

Esszimmerstuhl *M*
dining chair

Rückenlehne *F*
back

Sitz *M*
seat

Polster *N*
upholstery

Regiestuhl *M*
director's chair

Vorderbein *N*
front leg

Hinterbein *N*
back leg

Sofas [N]
Sofas

Ecksofa [N]
sectional sofa

Rückenlehne [F]
backrest

Sitzpolster [N]
seat cushion

Standbein [N]
leg

Armlehne [F]
arm

Zweisitzer [M]
loveseat

Ottomane [F]
ottoman

Banksofa [N]
bench

Chaiselounge [F]
chaise longe

Haushaltsgeräte [N]
Domestic appliances

Trockner [M]
tumble dryer

Frontlader-Waschmaschine [F]
front-loading washing machine

Bedienfeld [N]
control panel

Bedienknopf [M]
control knob

Startknopf [M]
start button

Trommel [F]
drum

Tür [F]
door

Tür [F]
door

Türgriff [M]
handle

Bedienknopf [M]
control knob

Einspülkasten [M]
dispenser drawer

Bügeleisen [N]
iron

Dampfknopf [M]
steam button

Griff [M]
handle

Bügeleisensohle [F]
soleplate

Temperaturregler [M]
temperature control

Wasserbehälter [M]
water reservoir

Toplader-Waschmaschine [F]
top-loading washer

HAUSEINRICHTUNG
Haushaltsgeräte und technische Geräte

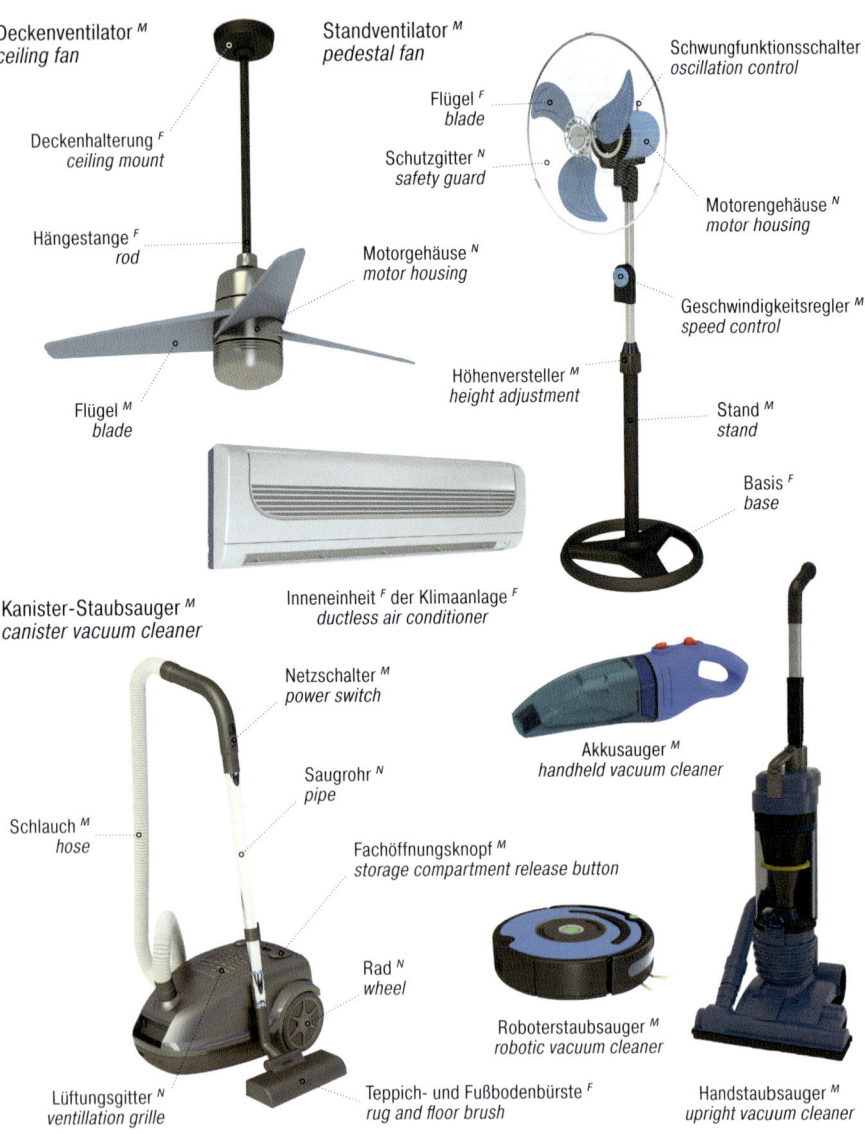

Deckenventilator ^{M}
ceiling fan

Deckenhalterung ^{F}
ceiling mount

Hängestange ^{F}
rod

Motorgehäuse ^{N}
motor housing

Flügel ^{M}
blade

Standventilator ^{M}
pedestal fan

Flügel ^{F}
blade

Schutzgitter ^{N}
safety guard

Schwungfunktionsschalter ^{M}
oscillation control

Motorengehäuse ^{N}
motor housing

Geschwindigkeitsregler ^{M}
speed control

Höhenversteller ^{M}
height adjustment

Stand ^{M}
stand

Basis ^{F}
base

Kanister-Staubsauger ^{M}
canister vacuum cleaner

Inneneinheit ^{F} der Klimaanlage ^{F}
ductless air conditioner

Netzschalter ^{M}
power switch

Saugrohr ^{N}
pipe

Schlauch ^{M}
hose

Fachöffnungsknopf ^{M}
storage compartment release button

Akkusauger ^{M}
handheld vacuum cleaner

Rad ^{N}
wheel

Lüftungsgitter ^{N}
ventilation grille

Teppich- und Fußbodenbürste ^{F}
rug and floor brush

Roboterstaubsauger ^{M}
robotic vacuum cleaner

Handstaubsauger ^{M}
upright vacuum cleaner

Stromarmaturen ^F
Electrical fittings

Birnenfassung ^F
light socket

Querschnitt eines Steckers ^M
cross section of a plug

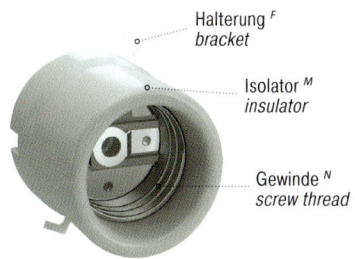

Halterung ^F
bracket

Isolator ^M
insulator

Gewinde ^N
screw thread

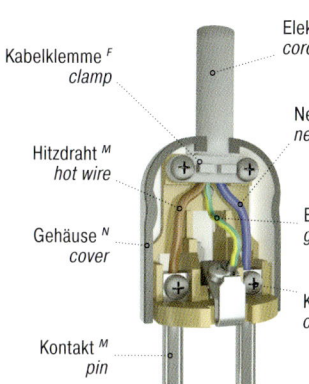

Kabelklemme ^F
clamp

Elektrokabel ^N
cord

Neutralleiter ^M
neutral wire

Hitzdraht ^M
hot wire

Erdleiter ^M
ground wire

Gehäuse ^N
cover

Klemmschraube ^F
clamping screw

Kontakt ^M
pin

Europäische Steckdose ^F
European power outlet

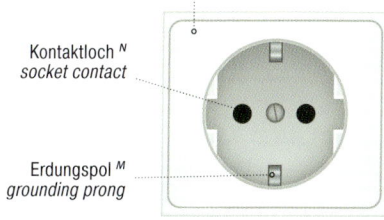

Abdeckplatte ^F
cover plate

Kontaktloch ^N
socket contact

Erdungspol ^M
grounding prong

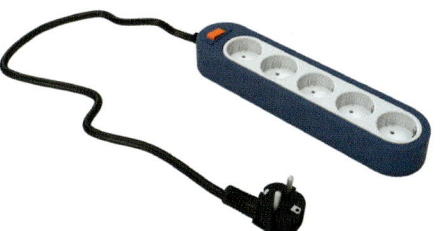

Mehrfachsteckerleiste ^F
power bar

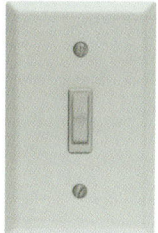

Schalter ^M
switch

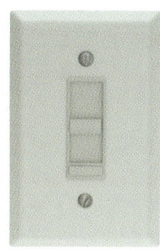

Dimmer ^M
dimmer switch

Stecker ^M
plug

Backsteinhaus [N]
brick house

Oberschwelle [F]
lintel

Bedachung [F]
roofing

Putz [M]
plaster

Rasen [M]
lawn

Fliese [F]
tile

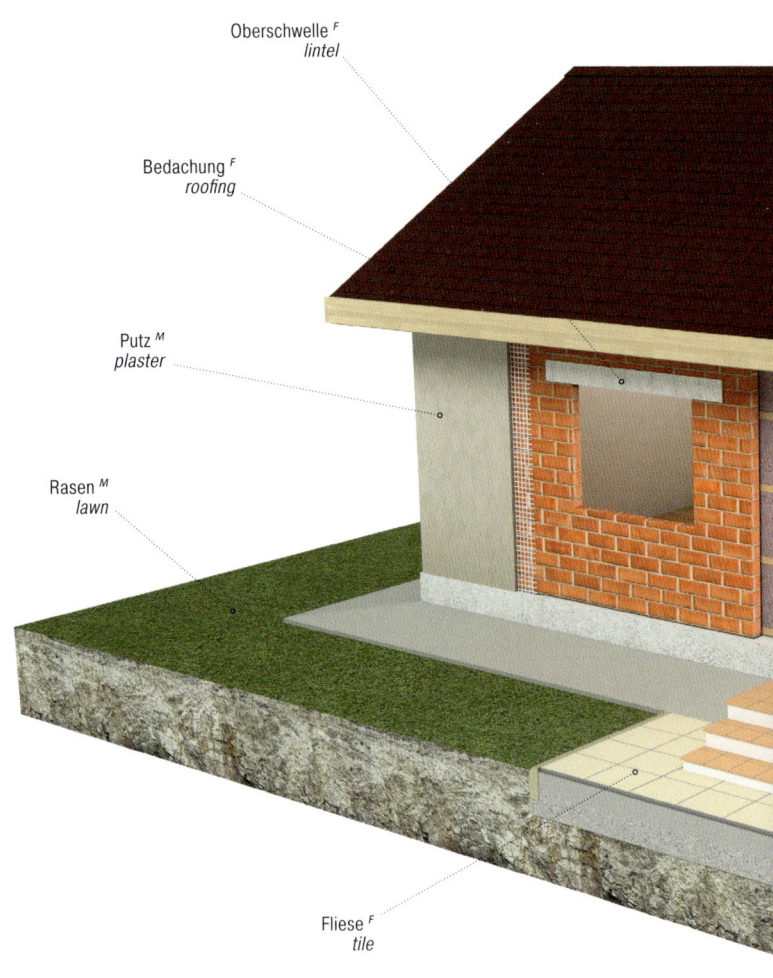

Dachunterlage ^F
roof underlayment

Dachlatten ^F
roof batten

Dachfirstbalken ^M
ridge beam

Dachsparren ^F
rafter

Dachgeschoss ^N
attic floor

Deckenbalken ^M
ceiling joist

Hartholzboden ^M
hardwood floor

Bettungsschicht ^F
underlay

Unterboden ^M
subfloor

Bodenbalken ^M
floor joist

Unterbau ^M
foundation

Fundament ^N
footing

Treppenabsatz ^M
front porch

Treppenstufe ^F
front step

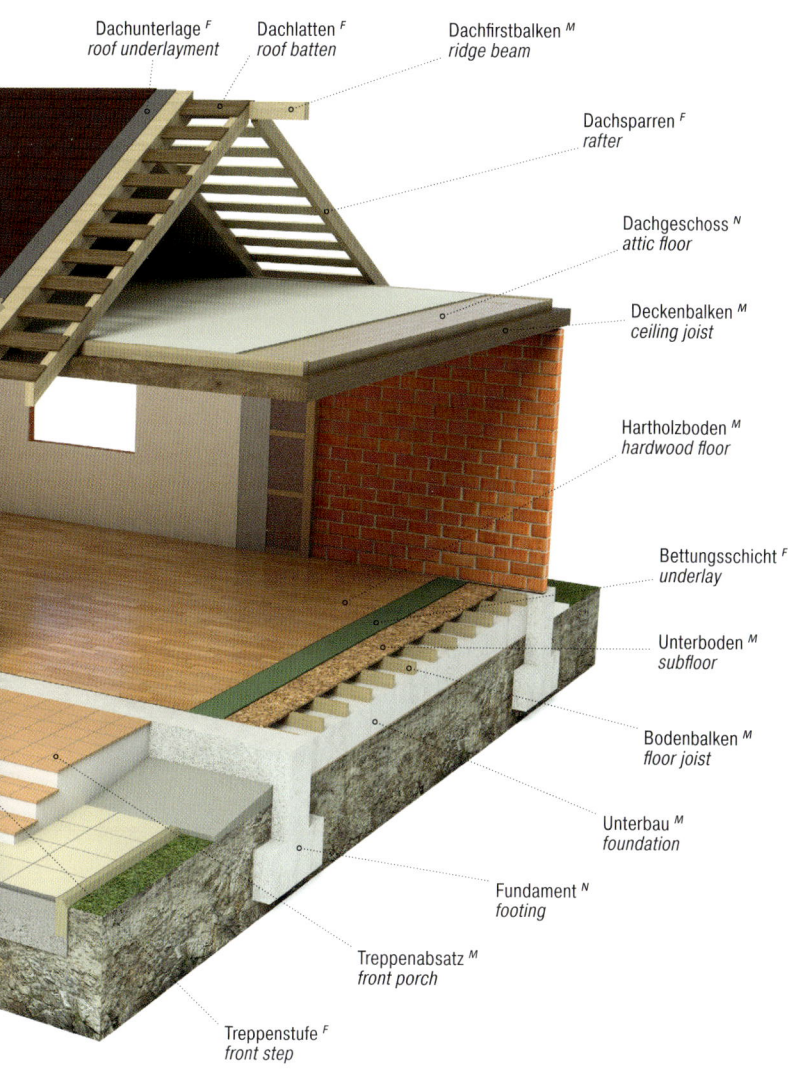

Heinzug ᶠ , Zwangsumlauf ᴹ und Klimatisierung ᶠ
forced-air heating and air-conditioning system

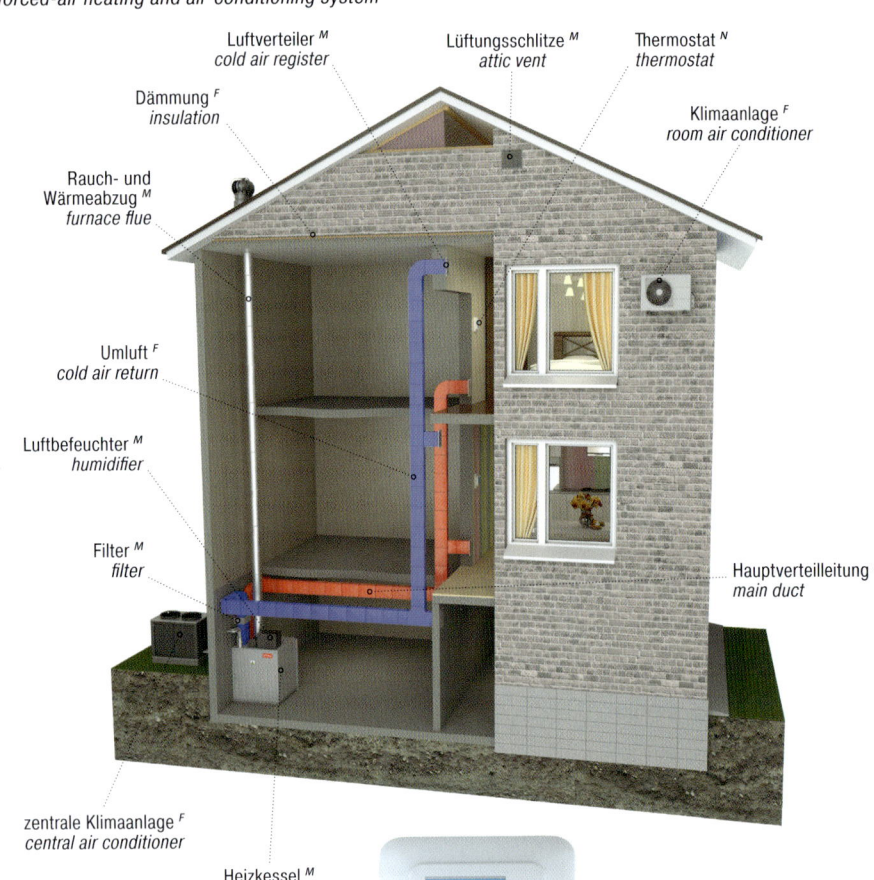

Luftverteiler ᴹ
cold air register

Lüftungsschlitze ᴹ
attic vent

Thermostat ᴺ
thermostat

Dämmung ᶠ
insulation

Klimaanlage ᶠ
room air conditioner

Rauch- und
Wärmeabzug ᴹ
furnace flue

Umluft ᶠ
cold air return

Luftbefeuchter ᴹ
humidifier

Filter ᴹ
filter

Hauptverteilleitung ᶠ
main duct

zentrale Klimaanlage ᶠ
central air conditioner

Heizkessel ᴹ
furnace

Zimmerthermostat ᴺ
room thermostat

Thermostat ᴺ
radiator thermostat

Wasserleitungssystem *N*
plumbing system

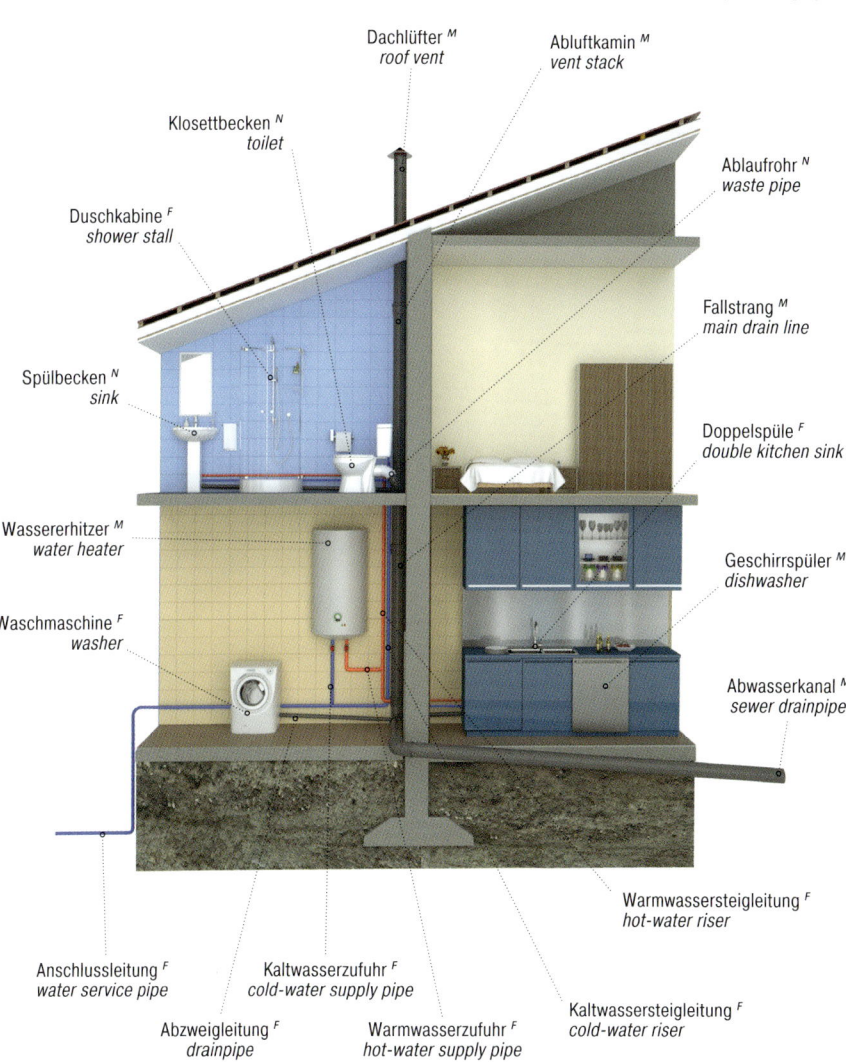

Dachlüfter *M*
roof vent

Abluftkamin *M*
vent stack

Klosettbecken *N*
toilet

Ablaufrohr *N*
waste pipe

Duschkabine *F*
shower stall

Fallstrang *M*
main drain line

Spülbecken *N*
sink

Doppelspüle *F*
double kitchen sink

Wassererhitzer *M*
water heater

Geschirrspüler *M*
dishwasher

Waschmaschine *F*
washer

Abwasserkanal *M*
sewer drainpipe

Warmwassersteigleitung *F*
hot-water riser

Anschlussleitung *F*
water service pipe

Kaltwasserzufuhr *F*
cold-water supply pipe

Kaltwassersteigleitung *F*
cold-water riser

Abzweigleitung *F*
drainpipe

Warmwasserzufuhr *F*
hot-water supply pipe

Spitzhacke [F]
pick

Spaten [M]
spade

Schaufel [F]
shovel

Doppelhacke [F]
double-headed hoe

Handforke [F]
hand fork

Gartenkelle [F]
garden trowel

Gartenschere [F]
garden shears

Rebschere [F]
pruning shears

Astsäge [F]
pruning saw

Axt [F]
axe

Rasenmäher ^M
lawn mower

Bedienhebel ^M
control lever

Griff ^M
handle

Sicherheitsgriff ^M
safety handle

Benzintank ^M
fuel tank

Grassammler ^M
grass catcher

Handrasenmäher ^M
push mower

Rad ^N
wheel

Luftfilter ^M
air filter

Pendelsprenkler ^M
oscillating sprinkler

Bewässerungsstab ^M
watering wand

Impuls-Sprinkler ^M
impulse sprinkler

Pistolendüse ^F
pistol nozzle

Gießkanne ^F
watering can

Gartenschlauch ^M
garden hose

Schlauchhaspel ^M
hose reel

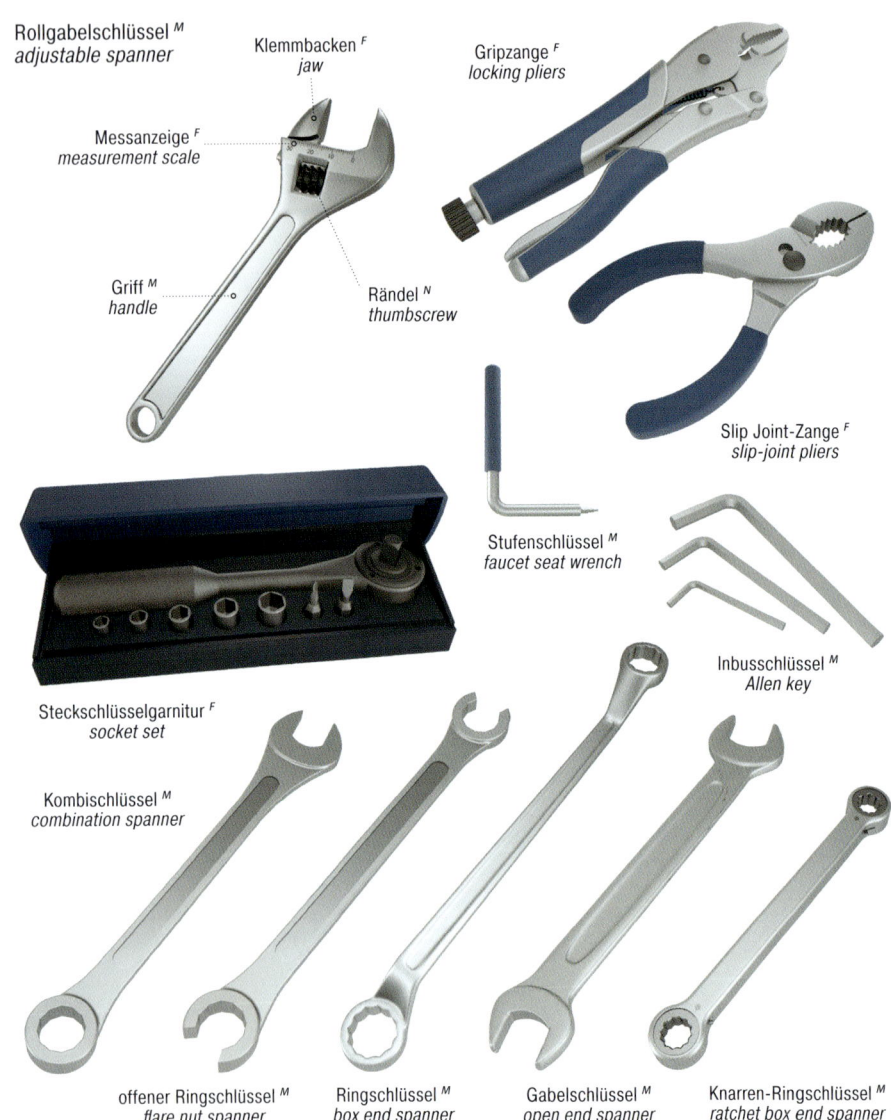

Rollgabelschlüssel [M]
adjustable spanner

Klemmbacken [F]
jaw

Messanzeige [F]
measurement scale

Griff [M]
handle

Rändel [N]
thumbscrew

Gripzange [F]
locking pliers

Slip Joint-Zange [F]
slip-joint pliers

Stufenschlüssel [M]
faucet seat wrench

Inbusschlüssel [M]
Allen key

Steckschlüsselgarnitur [F]
socket set

Kombischlüssel [M]
combination spanner

offener Ringschlüssel [M]
flare nut spanner

Ringschlüssel [M]
box end spanner

Gabelschlüssel [M]
open end spanner

Knarren-Ringschlüssel [M]
ratchet box end spanner

Bördelgerät ^{N}
flaring tool

Flügelmutter ^{F}
wing nut

Rohrschlitz ^{M}
tube slot

Klammer ^{F}
clamp

Halterung ^{F}
mount

Pümpel ^{M}
plunger

Rohrschneider ^{M}
pipe cutter

Universalschraubenschlüssel ^{M}
pipe spanner

Rohrreinigungsspirale ^{F}
plumber's snake

Wasserpumpenzange ^{F} mit Rillen-Gleitgelenk ^{N}
tongue-and-groove pliers

Rohrgewindeschneider ^{F}
pipe threader

Kreissäge [F]
circular saw

Motorengehäuse [N]
motor housing

Schutzhaube [F]
blade guard

Sägeblatt [N]
blade

Griff [M]
handle

Stichsäge [F]
jigsaw

Griff [M]
handle

Batterie [F]
battery

Sägeblatt [N]
blade

Motorengehäuse [N]
motor housing

Lüftung [F]
vent

Griff [M]
handle

Sägeblatt [N]
blade

Bügelsäge [F]
hacksaw

Rahmen [M]
frame

Bolzen [M]
bolt

Mutter [F]
nut

Flügelmutter [F]
wing nut

Tischsäge [F]
table saw

Lötwerkzeug

Löteisen [N]
soldering iron

Lötzinn [M]
solder

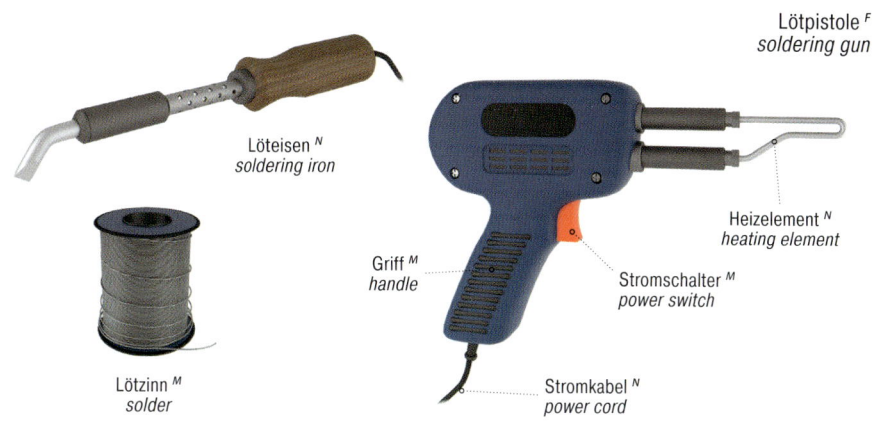

Lötpistole [F]
soldering gun

Heizelement [N]
heating element

Griff [M]
handle

Stromschalter [M]
power switch

Stromkabel [N]
power cord

Stromwerkzeug

Universalmessgerät [N]
multimeter

Display [N]
display

Fühler [M]
probe

Wahlschalter [M]
selector switch

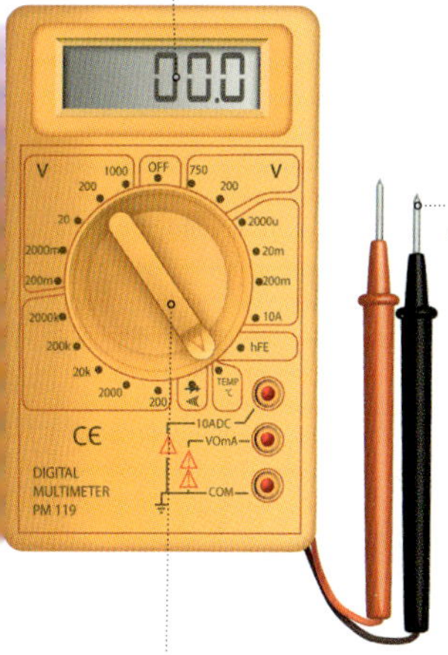

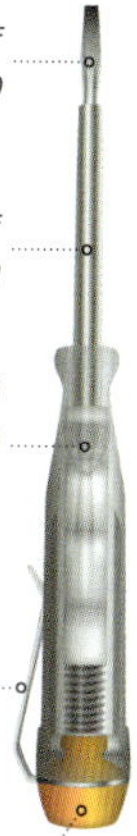

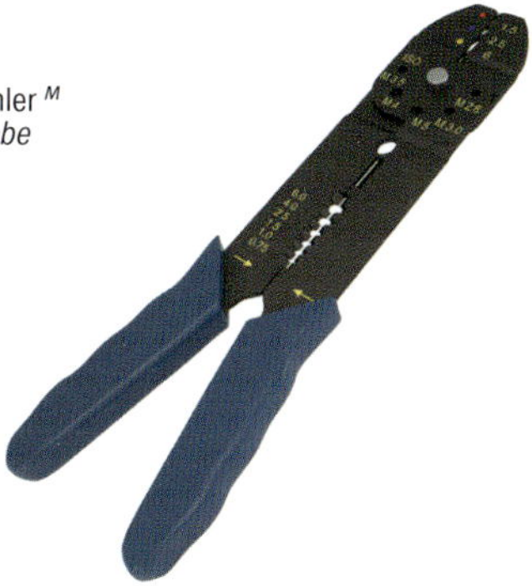

Drahtbinder [M]
wire stripper

Spannungsprüfer [M]
voltage tester

Spitze [F]
tip

Dämmung [F]
insulation

isolierter Griff [M]
insulated handle

Klammer [F]
clip

Kontrollleuchte [F]
indicator light

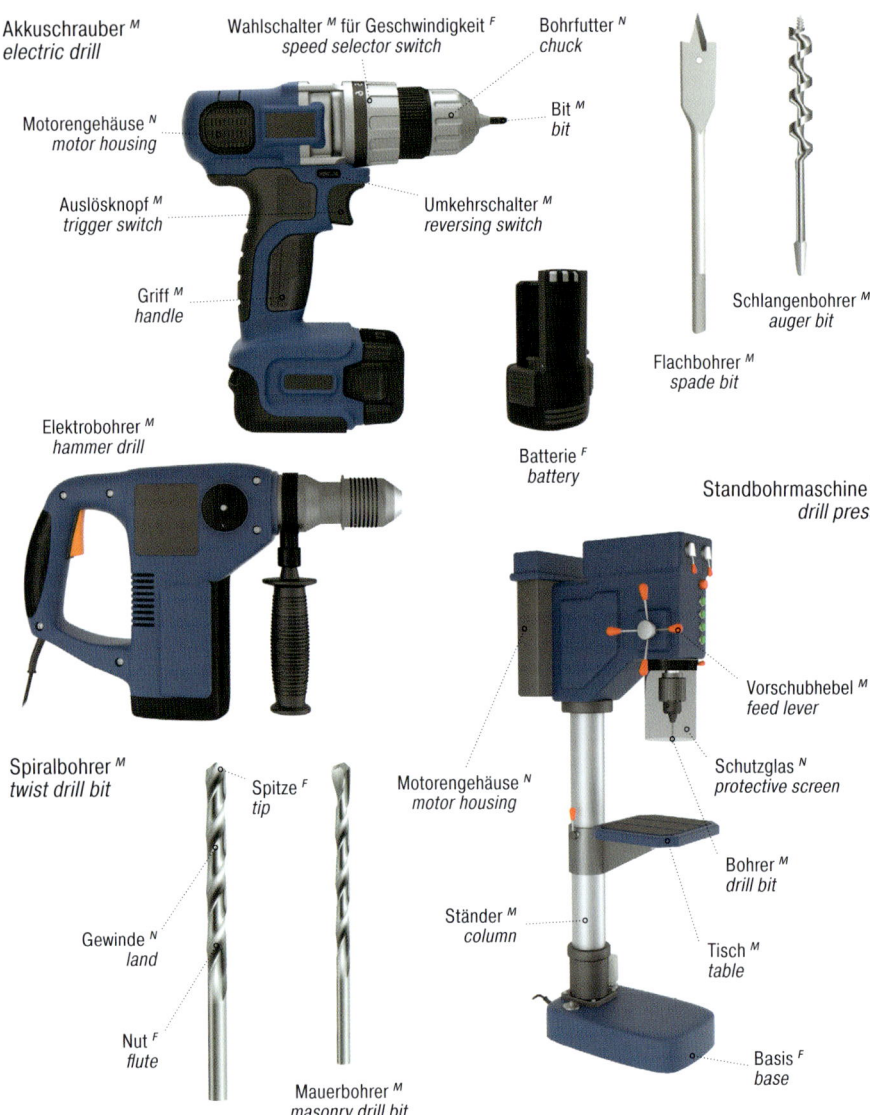

Akkuschrauber ^M
electric drill

Wahlschalter ^M für Geschwindigkeit ^F
speed selector switch

Bohrfutter ^N
chuck

Motorengehäuse ^N
motor housing

Bit ^M
bit

Auslösknopf ^M
trigger switch

Umkehrschalter ^M
reversing switch

Griff ^M
handle

Schlangenbohrer ^M
auger bit

Flachbohrer ^M
spade bit

Elektrobohrer ^M
hammer drill

Batterie ^F
battery

Standbohrmaschine ^F
drill press

Vorschubhebel ^M
feed lever

Schutzglas ^N
protective screen

Spiralbohrer ^M
twist drill bit

Spitze ^F
tip

Motorengehäuse ^N
motor housing

Bohrer ^M
drill bit

Gewinde ^N
land

Ständer ^M
column

Tisch ^M
table

Nut ^F
flute

Basis ^F
base

Mauerbohrer ^M
masonry drill bit

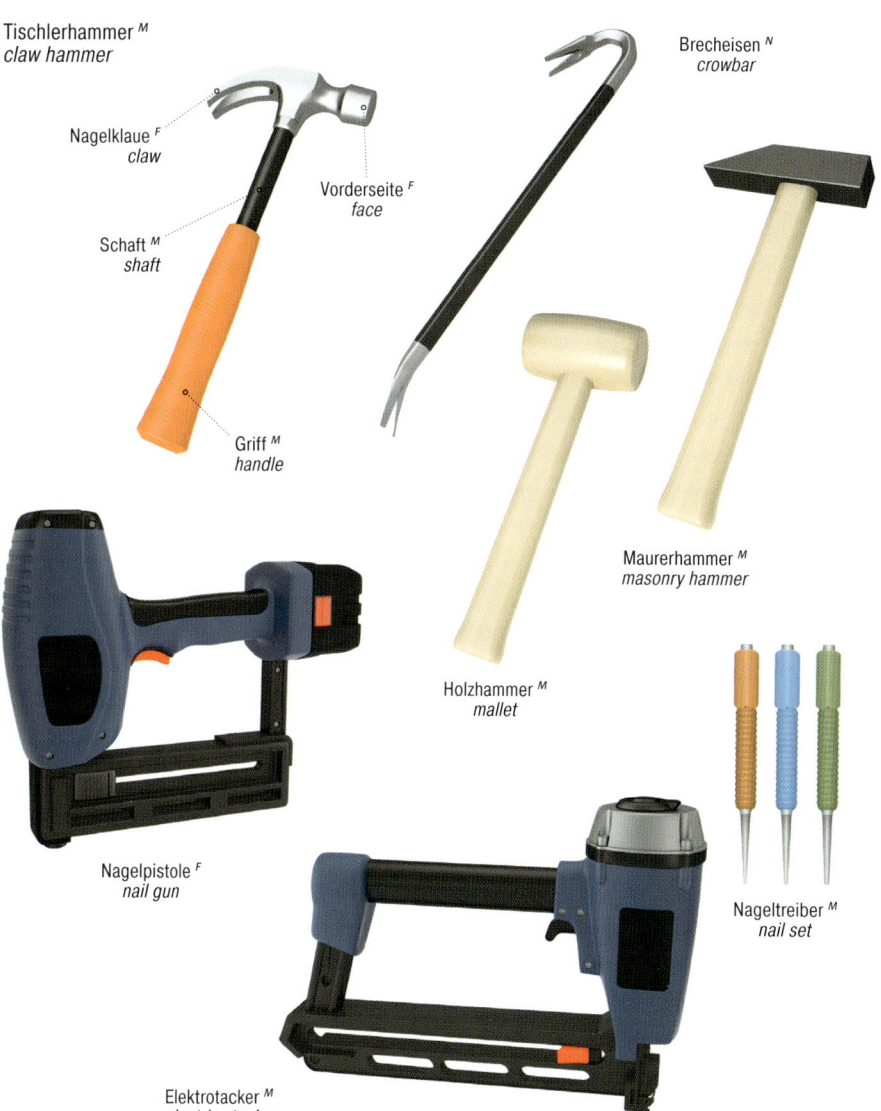

Tischlerhammer ^M
claw hammer

Nagelklaue ^F
claw

Vorderseite ^F
face

Schaft ^M
shaft

Griff ^M
handle

Brecheisen ^N
crowbar

Maurerhammer ^M
masonry hammer

Holzhammer ^M
mallet

Nagelpistole ^F
nail gun

Nageltreiber ^M
nail set

Elektrotacker ^M
electric stapler

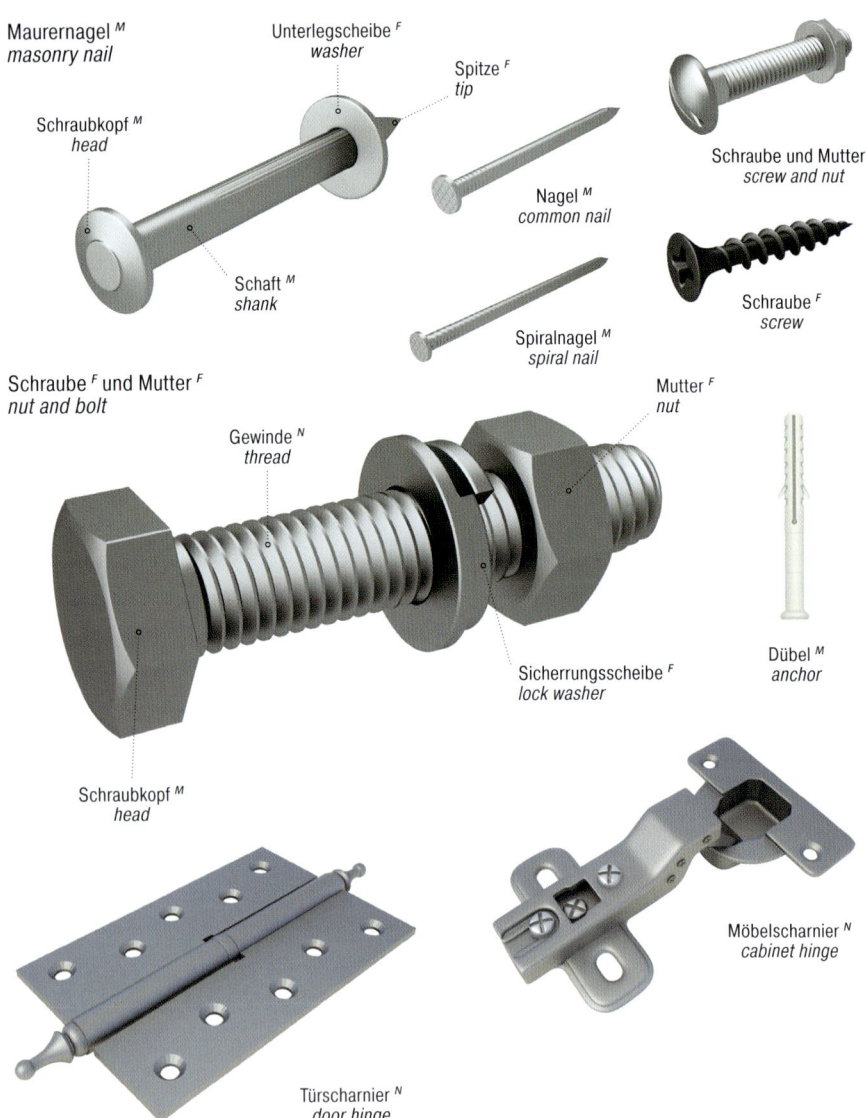

Maurernagel M
masonry nail

Unterlegscheibe F
washer

Spitze F
tip

Schraubkopf M
head

Schaft M
shank

Nagel M
common nail

Spiralnagel M
spiral nail

Schraube und Mutter F
screw and nut

Schraube F
screw

Schraube F und Mutter F
nut and bolt

Gewinde N
thread

Mutter F
nut

Sicherrungsscheibe F
lock washer

Dübel M
anchor

Schraubkopf M
head

Möbelscharnier N
cabinet hinge

Türscharnier N
door hinge

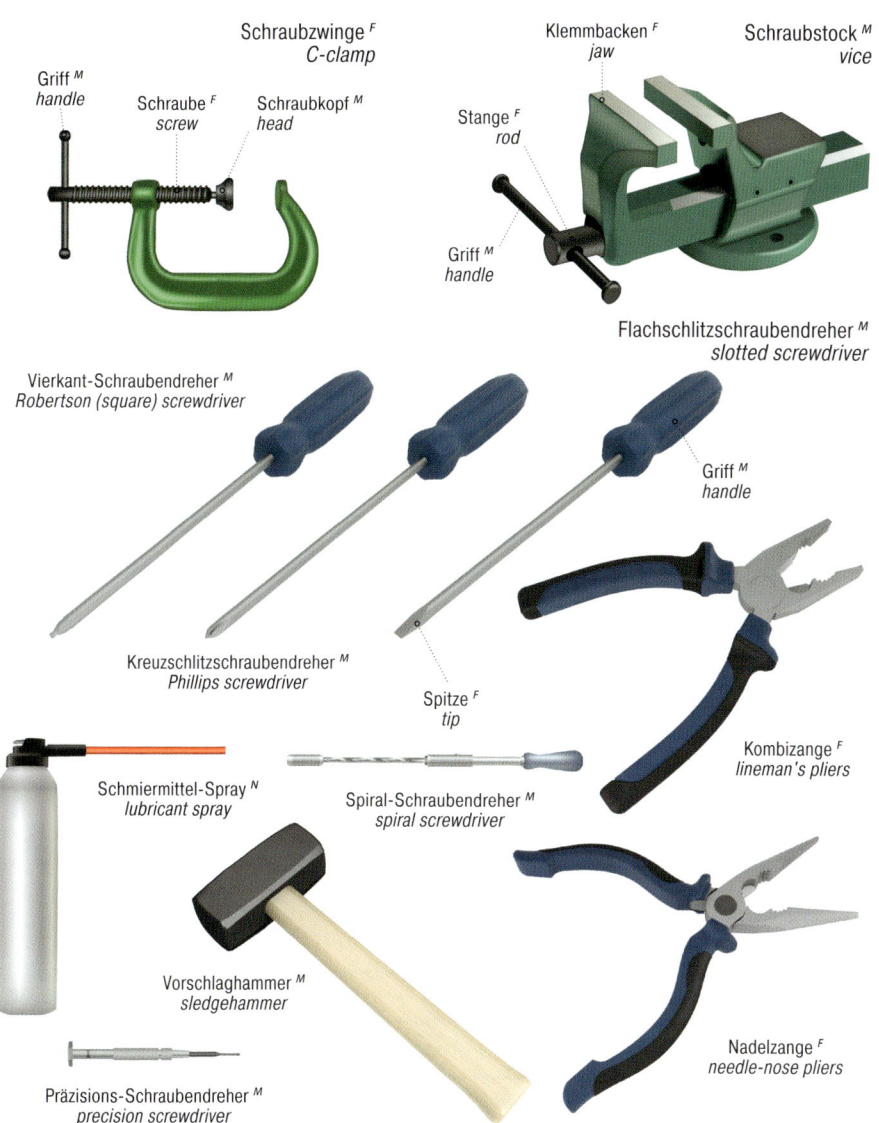

Schraubzwinge *F*
C-clamp

Griff *M*
handle

Schraube *F*
screw

Schraubkopf *M*
head

Klemmbacken *F*
jaw

Schraubstock *M*
vice

Stange *F*
rod

Griff *M*
handle

Flachschlitzschraubendreher *M*
slotted screwdriver

Vierkant-Schraubendreher *M*
Robertson (square) screwdriver

Griff *M*
handle

Kreuzschlitzschraubendreher *M*
Phillips screwdriver

Spitze *F*
tip

Kombizange *F*
lineman's pliers

Schmiermittel-Spray *N*
lubricant spray

Spiral-Schraubendreher *M*
spiral screwdriver

Vorschlaghammer *M*
sledgehammer

Nadelzange *F*
needle-nose pliers

Präzisions-Schraubendreher *M*
precision screwdriver

Heißluftpistole F
caulking gun

Pümpel M
plunger

Feder F
spring

Schlauch M
tube

Düse F
nozzle

Griff M
handle

Auslöser M
trigger

Abstreifgitter N
roller grid

Heißluftpistole F
heat gun

Glasschneider M
glass cutter

Farbtablett N
paint tray

Kelle F
mason's trowel

Fugenkelle F
tuck pointer

rechteckige Maurerkelle F
square trowel

digitaler Messschieber M
digital caliper

Winkelmaß N
framing square

Spachtel M
scraper

Betonmischmaschine _F_
cement mixer

Trittleiter _F_
platform stepladder

Stütze _F_
shelf

Standbein _N_
leg

Leiterfuß _M_
leg tip

Verlängerungsleiter _F_
extension ladder

Stufe _F_
step

Wasserwaage _F_
spirit level

Farbsprayer _M_
paint sprayer

Maurerhammer _M_
bricklayer's hammer

Farbpinsel _M_
paintbrush

Farbcontainer _M_
paint reservoir

Maßband _N_
tape measure

Farbrolle _F_
paint roller

Auslöser _M_
trigger

Verstellschraube _F_
fluid adjustment screw

Rolle _F_
roller

Düse _F_
nozzle

Griff _M_
handle

Griff _M_
handle

Rindfleisch [M]
Beef

Teilstücke vom Rind [N]
cuts of beef

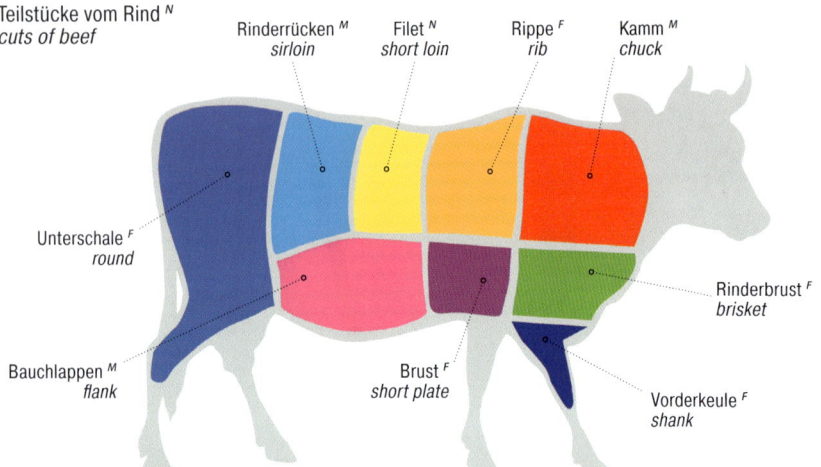

Rinderrücken [M]
sirloin

Filet [N]
short loin

Rippe [F]
rib

Kamm [M]
chuck

Unterschale [F]
round

Bauchlappen [M]
flank

Brust [F]
short plate

Vorderkeule [F]
shank

Rinderbrust [F]
brisket

Kronfleischsteak [N]
skirt steak

Rinderbraten [M]
tenderloin roast

Sirloin-Steak [N]
sirloin steak

Round Steak [N]
round steak

Rinderbeinscheibe [F]
shank

Rib Eye-Steak [N]
rib eye steak

Rinderhackfleisch [N]
ground beef

Chateaubriand [N]
Chateaubriand

Querrippe [F]
back ribs

Steak [N] aus der Flanke [F]
flank steak

Rib Roast [F]
rib roast

T-Bone-Steak [N]
T-bone steak

Schweinefleisch [N]

Pork

Teilstücke vom Schwein [N]
cuts of pork

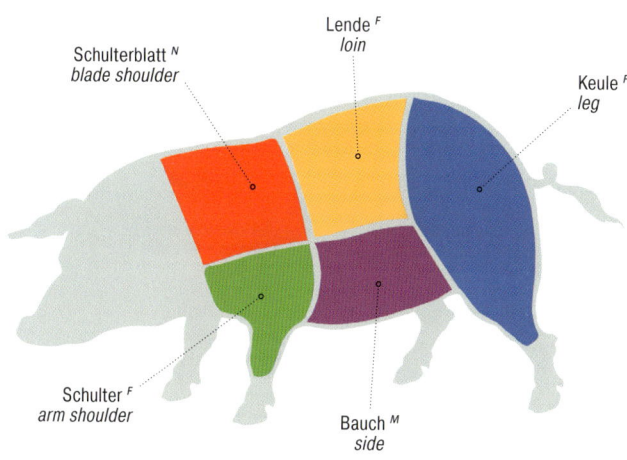

Schulterblatt [N]
blade shoulder

Lende [F]
loin

Keule [F]
leg

Schulter [F]
arm shoulder

Bauch [M]
side

Schweinshachse [F]
pork hock

Schweinekotelett [N]
pork chop

Schweinerippchen [N]
spare ribs

Schweinesteak [N]
blade steak

Schweinsfilet [N]
tenderloin

Schweinebraten [M]
picnic roast

Milch und Sahne ^{F}

Milk and cream

Kefir ^{M}
kefir

Kuhmilch ^{F}
cow's milk

Ziegenmilch ^{F}
goat's milk

laktosefreie Milch ^{F}
lactose-free milk

Kondensmilch ^{F}
evaporated milk

Sauerrahm ^{M}
sour cream

Schlagsahne ^{F}
whipped cream

Joghurt ^{M}
yogurt

Frischkäse ^{M}
cream cheese

Butter ^{F}
butter

Buttermilch ^{F}
buttermilk

Käse ^{M}

Cheeses

Mozzarella ^{M}
mozzarella

Quark ^{M}
cottage cheese

Parmesan ^{M}
Parmesan

Gouda ^{M}
Gouda

Emmentaler ^{M}
Emmental

Cheddar ^{M}
cheddar

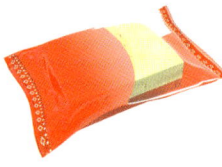

amerikanischer Käse ^{M}
American cheese

Ziegenkäse ^{M}
goat cheese

Gorgonzola ^{M}
Gorgonzola

dänischer Blauschimmelkäse ^{M}
Danish blue

Brie ^{M}
brie

Räucherkäse ^{M}
smoked cheese

Vegetarische Lebensmittel ^{N}
Vegetarian dairy alternatives

Tofu ^{M}
tofu

Margarine ^{F}
margarine

Sojamilch ^{F}
soy milk

Geflügel

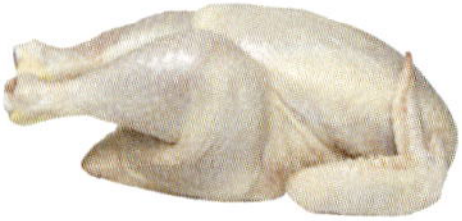

Hähnchen [N]
chicken

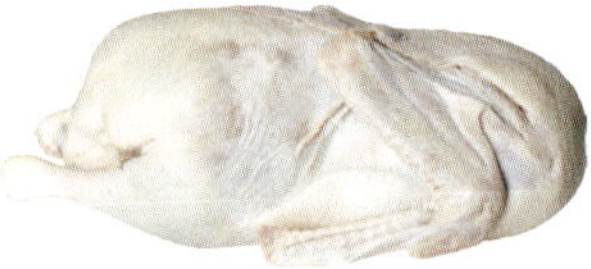

Ente [F]
duck

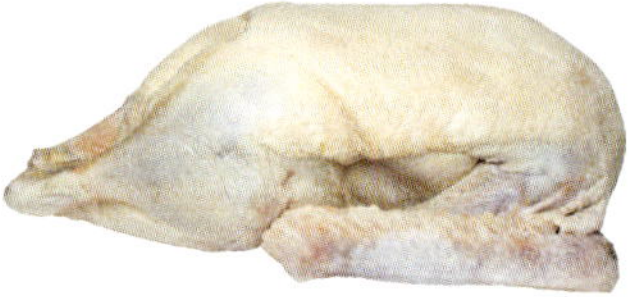

Gans [F]
goose

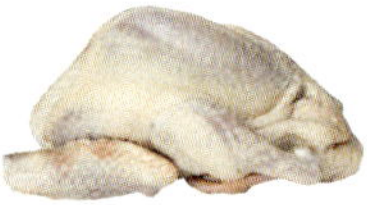

Taube [F]
pigeon

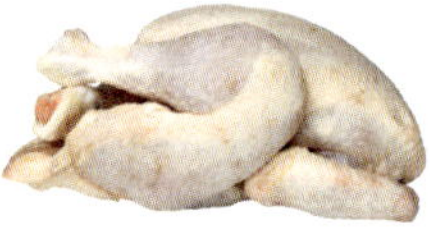

Stubenküken [N]
spring chicken

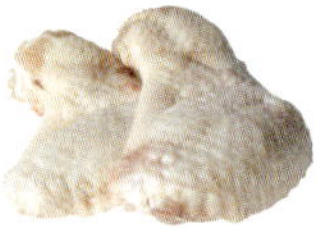

Hähnchenflügel [M]
chicken wing

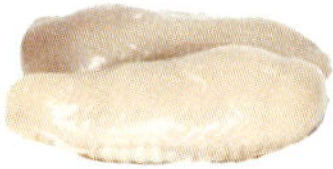

Hühnerbrust [F]
chicken breast

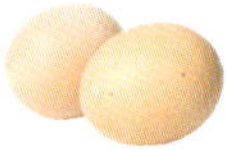

Hühnerei [N]
chicken egg

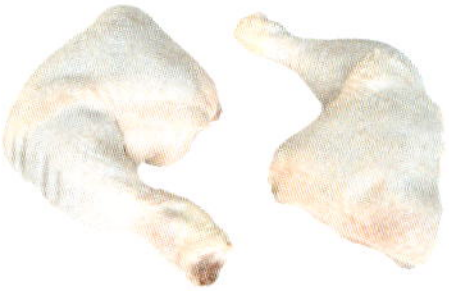

Hähnchenkeule [F]
chicken leg

Wildfleisch

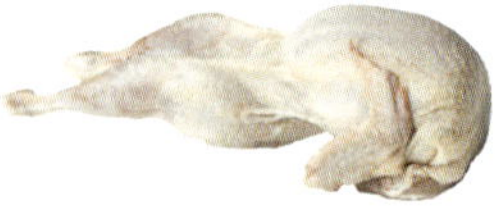

Wachtel [F]
quail

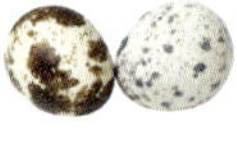

Wachtelei [N]
quail egg

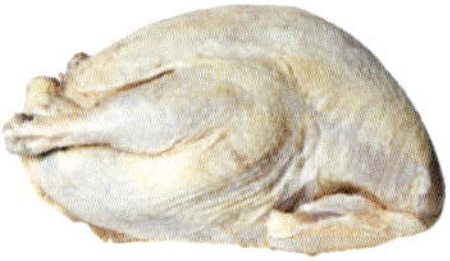

Fasan [M]
pheasant

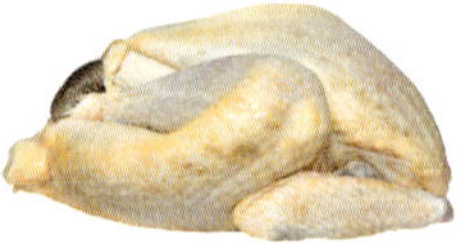

Perlhuhn [N]
guinea fowl

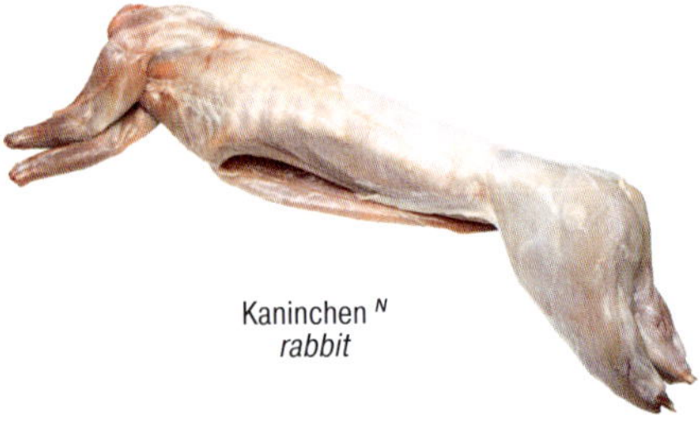

Kaninchen [N]
rabbit

stachelige Rückenflosse *F*
spiny ray

Kiemendeckel *M*
operculum

weiche Rückenflosse *F*
soft ray

Fisch *M*
fish

Schwanz *M*
tail

Kopf *M*
head

Brustflosse *F*
pectoral fin

Bauchflosse *F*
pelvic fin

Schuppe *F*
scale

Seitenlinie *F*
lateral line

Afterflosse *F*
anal fin

Schwanzflosse *F*
caudal fin

geräucherter Lachs *M*
smoked salmon

Lachssteak *N*
salmon steak

Lachsfilet *N*
salmon fillet

Konservenfisch *M*
canned fish

Lachsrogen *M*
salmon roe

Kaviar *M*
caviar

Ölsardine *F*
canned sardines

Blattgemüse [N]
Leaf vegetables

Rotkohl [M]
red cabbage

Rosenkohl [M]
Brussels sprout

Weißkraut [N]
white cabbage

Chicorée [M]
Belgian endive

Feldsalat [M]
corn salad

Grünkohl [M]
curly kale

Sauerampfer [M]
garden sorrel

Kopfsalat [M]
Boston lettuce

Chinakohl [M]
Chinese cabbage

Eisbergsalat [M]
iceberg lettuce

Radicchio [M]
radicchio

Rauke [F]
rocket

Römersalat [M]
romaine lettuce

Wirsing [M]
savoy cabbage

Spinat [M]
spinach

Mangold [M]
Swiss chard

Zwiebelgemüse *N*
Bulb vegetables

Knoblauch *M*
garlic

Speisezwiebel *F*
yellow onion

Zehe *F*
clove

rote Zwiebel *F*
red onion

Schnittlauch *M*
chives

Lauchzwiebel *F*
spring onion

Lauch *M*
leek

Blütengemüse *N*
Inflorescence vegetables

Brokkoli *M*
broccoli

Blumenkohl *M*
cauliflower

Artischocke *F*
artichoke

Knollengemüse *N*
Tuber vegetables

Topinambur *M/F*
Jerusalem artichoke

Kohlrabi *M*
kohlrabi

Kartoffel *F*
potato

Süßkartoffel *F*
sweet potato

Fruchtgemüse [N]
Fruit vegetables

schwarze Oliven [F]
black olive

grüne Oliven [F]
green olive

Tomate [F]
tomato

Patisson [M]
pattypan squash

Avocado [F]
avocado

Strauchtomate [F]
tomatoes on the vine

Stängel [M]
vine

roter Chili [M]
red chili pepper

Zucchini [F]
courgette

Paprikaschote [F]
sweet pepper

Okraschote [F]
okra

Gurke [F]
cucumber

gelber Paprika [M]
yellow pepper

grüner Chili [M]
green chili pepper

roter Paprika [M]
red pepper

grüner Paprika [M]
green pepper

Kürbis [M]
pumpkin

Aubergine [F]
aubergine

Eichelkürbis [M]
acorn squash

Wurzelgemüse N
Root vegetables

Karrote F
carrot

Karottengrün N
carrot tops

Schwarzrettich M
black radish

Rote Bete F
beet

Meerrettich M
horseradish

Radieschen N
radish

Pastinak M
parsnip

weißer Rettich M
watermelon radish

Kohlrübe F
swede

Daikon-Rettich M
daikon

Rübe F
turnip

Stangengemüse N
Stalk vegetables

Rhabarber M
rhubarb

Fenchel M
fennel

Spargel M
asparagus

Sellerie M
celery

Hülsenfrüchte ᶠ

Legumes

weiße Kidneybohne ᶠ
white kidney bean

rote Kidneybohne ᶠ
red kidney bean

Augenbohne ᶠ
black-eyed pea

Ackerbohne ᶠ
broad bean

Sojabohnen ᶠ
soybeans

Flageolet Bohnen ᶠ
flageolet beans

Wachtelbohne ᶠ
pinto bean

Adzukibohne ᶠ
adzuki bean

Schwarze Bohnen ᶠ
black beans

Mungbohne ᶠ
mung bean

Kichererbse ᶠ
chickpea

Grüne Schälerbsen ᶠ
green split peas

Linse ᶠ
lentil

Grüne Linsen ᶠ
green lentils

Belugalinsen ᶠ
beluga lentils

Erdnuss ᶠ
peanut

Erbse ᶠ
pea

Brechbohne ᶠ
green bean

Bohnensprossen ᶠ
bean sprouts

Steinpilz ^M
porcini mushroom

Stiel ^M
stem

Hut ^M
cap

Austernpilz ^M
oyster mushroom

Birken-Röhrling ^M
birch bolete

Brauner Champignon ^M
cremini

Champignon ^M
button mushroom

Pfifferling ^M
chanterelle

Enoki ^M
enoki

Kräuterseitling ^M
Pleurotus eryngii

Mu-Err ^M
wood ear

Trüffel ^M
truffle

Täubling ^M
russula

Edel-Reizker ^M
saffron milk cap

Shiitake ^M
shiitake

Wimpern-Milchling ^M
Lactarius resimus

PFLANZLICHE LEBENSMITTEL
Nüsse

Walnuss *F*
walnut

Schale *F*
shell

Mandel *F*
almond

Haselnuss *F*
hazelnut

Kokosnuss *F*
coconut

Pinienkern *M*
pine nut

Paranuss *F*
Brazil nut

Cashewnuss *F*
cashew

Macadamia *F*
macadamia nut

Esskastanie *F*
chestnut

Pistazie *F*
pistachio

Pekannuss *F*
pecan

Kolanuss *F*
Kola nut

Getreide

Weizen *M*
wheat

Hirse *F*
millet

Roggen *M*
rye

Gerste *F*
barley

Wildreis *M*
wild rice

Leinsaat *F*
Flax

Hafer *M*
oats

Grünkern *M*
Grünkern

schwarzer Senf *M*
black mustard

weißer Senf *M*
white mustard

schwarzer Pfeffer *M*
black pepper

weißer Pfeffer *M*
white pepper

gemahlener Pfeffer *M*
ground pepper

Jalapeño-Chilischote *F*
jalapeño

Bird's Eye Chili *M*
bird's eye chili pepper

getrocknete Chilischote *F*
dried chili

Ingwer *M*
ginger

Zimt *M*
cinnamon

Kardamom *M/N*
cardamom

Wacholderbeere *F*
juniper berry

Muskat *M*
nutmeg

Piment *M*
Allspice

Rosenpfeffer *M*
pink peppercorn

Mohn *M*
poppy seed

Nelke *F*
clove

Safran *M*
saffron

Kümmel *M*
caraway

Cayennepfeffer *M*
cayenne pepper

Paprikapulver *N*
paprika

Currypulver *N*
curry powder

Speisesalz *N*
table salt

Meersalz *N*
sea salt

Anis *M*
anise

Basilikum *M*
basil

Lorbeerblatt *N*
bay leaf

Kaper *F*
caper

Koriander *M*
coriander

Dill *M*
dill

Rosmarin *M*
rosemary

Fenchel *M*
fennel

Gartenkresse *F*
garden cress

Petersilie *F*
parsley

Zitronengras *N*
lemongrass

Minze *F*
mint

Beifuß *M*
mugwort

Salbei *M*
sage

Thymian *M*
thyme

Estragon *M*
tarragon

Tropenfrüchte F
Tropical fruits

Bananenschale F
skin

Fruchtfleisch N
flesh

Banane F
banana

Fruchtfleisch N
flesh

Papaya F
papaya

Litschi F
lychee

Samen M
seeds

Baumtomate F
tamarillo

Guave F
guava

Sternfrucht F
starfruit

Kiwi F
kiwifruit

Durianfrucht F
durian

Horngurke F
horned melon

Drachenfrucht F
dragon fruit

Rambutan M
rambutan

Feige F
fig

Maracuja F
passion fruit

Nashi-Birne F
Asian pear

Ananas F
pineapple

Zitrusfrüchte [F]
Citrus fruits

Clementine [F]
clementine

Blatt [N]
leaf

Schale [F]
rind

Spalte [F]
segment

Apfelsine [F]
orange

Limette [F]
lime

Grapefruit [F]
grapefruit

Zitrone [F]
lemon

Mandarine [F]
tangerine

Blutorange [F]
blood orange

Zitronatzitrone [F]
citron

Kumquat [F]
kumquat

Pomelo [F]
pomelo

Beeren ^F
Berries

rote Weintraube ^F
red grape

weiße Weintraube ^F
white grape

Moltebeere ^F
cloudberry

Moosbeere ^F
cranberry

Brombeere ^F
blackberry

Stachelbeere ^F
gooseberry

rote Johannisbeere ^F
red currant

Himbeere ^F
raspberry

Erdbeere ^F
strawberry

Wald-Erdbeere ^F
Woodland strawberry

Heidelbeere ^F
blueberry

schwarze Johannisbeere ^F
black currant

Holunderbeere ^F
elderberry

Physalis ^F
cape gooseberry

Preiselbeere ^F
lingonberry

Melonen ^{F}
Melons

Wassermelone ^{F}
watermelon

gelbe Wassermelone ^{F}
yellow watermelon

Pepino ^{F}
Solanum muricatum

Futuro-Melone ^{F}
Santa Claus melon

Cantaloupe-Melone ^{F}
cantaloupe

Bittermelone ^{F}
bitter melon

Zuckermelone ^{F}
honeydew melon

Honigmelone ^{F}
canary melon

Kernobst ^N
Pome fruits

roter Apfel ^M
red apple

Birne ^F
pear

Stiel ^M
stalk

Blatt ^N
leaf

Kern ^M
seed

Fruchtfleisch ^N
flesh

Schale ^F
skin

Blütenrest ^M
stamen

japanische Wollmispel ^F
loquat

grüner Apfel ^M
green apple

Steinfrüchte ^F
Stone fruits

Pflaume ^F
plum

Pfirsich ^M
peach

Nektarine ^F
nectarine

späte Traubenkirsche ^F
black cherry

Stein ^M
seed

Reneklode ^F
greengage

Aprikose ^F
apricot

Kirsche ^F
cherry

Acerolakirsche ^F
acerola

Plattpfirsich ^M
Saturn peach

Sauerkirsche ^F
sour cherry

Dattel ^F
date

Spaghetti ^F
spaghetti

Lasagne ^F
lasagne

Bandnudel ^F
udon

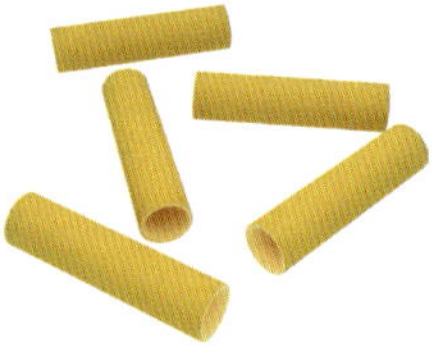

Cannelloni ^F
cannelloni

Ramen ^F
ramen

Tagliatelle ^F
tagliatelle

Reisnudeln ^F
rice noodles

Fusilli ^M
fusilli

Penne ^F
penne

Conchiglie ^F
conchiglie

Rigatoni ^M
rigatoni

Gnocchi ^M
gnocchi

Ravioli ^M
ravioli

Tortellini ^F
tortellini

Farfalle ^F
farfalle

Baguette [N]
baguette

Kruste [F]
crust

Mehrkornbrot [N]
multi-grain bread

Scheibe [F]
slice

Sonnenblumenkerne [M]
sunflower seed

Krümel [M]
crumb

Weißbrot [N]
white bread

Toastbrot [N]
toast

Hefezopf [M]
challah

Bagel [M]
bagel

Brezel [F]
pretzel

Teigtasche [F]
stuffed pastry

Vollkornbrötchen [N]
whole wheat roll

Roggenbrot [N]
coarse rye bread

Sauerteigbrot [N]
sourdough bread

Zitronenlimonade *F*
lemonade

Ananassaft *M*
pineapple juice

Orangensaft *M*
orange juice

Pfirsichsaft *M*
peach juice

Granatapfelsaft *M*
pomegranate juice

Apfelsaft *M*
apple juice

Traubensaft *M*
grape juice

Tomatensaft *M*
tomato juice

Tafelwasser *N*
bottled water

Flaschenverschluss *M*
cap

Mineralwasser *N*
mit Kohlensäure *F*
sparkling water

stilles Mineralwasser *N*
still mineral water

Etikett *N*
label

Strichcode *M*
barcode

Getränkedose *F*
canned pop

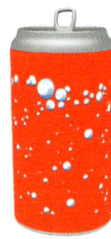

Weinflaschenverschluss *M*
wine stopper

Rotwein *M*
red wine

Weißwein *M*
white wine

Champagner *M*
champagne

Whisky *M*
whiskey

Cognac *M*
cognac

Wodka *M*
vodka

Garnierung *F*
garnish

Cocktail *M*
cocktail

Cocktailglas *N*
cocktail glass

Bier *N*
beer

Mantel *M*
coat

Kragen *M*
collar

Ärmel *M*
sleeve

Tasche *F*
pocket

Knopf *M*
button

Jacke *F*
jacket

Trenchcoat *M*
trench coat

Fleecejacke *F*
fleece jacket

Sportanzug *M*
sweat suit

Weste *F*
waistcoat

doppelreihiger Mantel *M*
double-breasted jacket

Anzug *M*
suit

Fliege *F*
bow tie

Krawatte *F*
tie

Hosen und Gürtel

Jeans *F*
jeans

Hosenbund *M*
waistband

Gürtelschlaufe *F*
belt loop

Hosentasche *F*
pocket

Hosenstall *M*
zip

Hosenbein *N*
trouser leg

Gürtel *M*
belt

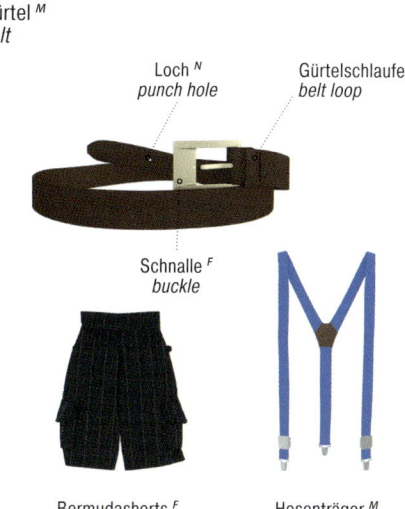

Loch *N*
punch hole

Gürtelschlaufe *F*
belt loop

Schnalle *F*
buckle

Bermudashorts *F*
Bermuda shorts

Hosenträger *M*
suspenders

Kapuzenpullover ᴹ
hoodie

Sweatshirt ᴺ
sweatshirt

Pullover ᴹ mit drei Knöpfen ᴹ
three-button sweater

Jacke ᶠ mit Reißverschluss ᴹ
zip-front cardigan

Pullover ᴹ
sweater

Kapuzenjacke ᶠ
zip hoodie

Herrenstrickjacke ᶠ
cardigan

Oberhemd [N]
dress shirt

Kragen [M]
collar

Knopf [M]
button

Ärmel [M]
sleeve

Manschette [F]
cuff

Holzfällerhemd [N]
plaid shirt

Polohemd [N]
polo shirt

V-Ausschnitt [M]
V-neck

kurzer Ärmel [M]
short sleeve

T-Shirt [N]
T-shirt

Hemd [N] mit Brusttaschen [F]
double-pocket shirt

kurzärmliges Hemd [N]
short-sleeved shirt

Jeansjacke [F]
denim jacket

Wollmantel [M]
wool coat

zweireihiger Mantel [M]
double-breasted overcoat

Lammfelljacke [F]
sheepskin jacket

Mantel [M]
overcoat

Daunenmantel [M]
down coat

Umstandshose ^F
maternity trousers

schmal geschnittene Hose ^F
slim-fit trousers

Jeggings ^F
jeggings

Hose ^F mit weitem Bein ^N
wide-leg trousers

Gürtelschlaufe ^F
belt loop

Hosenbund ^M
waistband

Hosentasche ^F
pocket

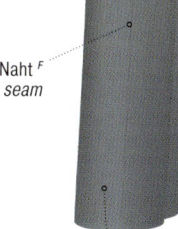

Naht ^F
seam

Hosenbein ^N
trouser led

Jeans ^F mit Schlag ^M
bell-bottomed jeans

klassische gerade Jeans ^F
straight-leg jeans

Röhrenjeans ^F
slim-fit jeans

klassische Shorts
shorts

A-Linien-Kleid [N]
A-line dress

Ärmel [M]
sleeve

Cocktailkleid [N]
jersey dress

trägerloses Kleid [N]
strapless gown

langer Rock [M]
maxi skirt

Overall [M]
jumpsuit

leichtes Sommerkleid [N]
sundress

kurzärmlige Bluse *F*
short-sleeved blouse

Ärmel *M*
sleeve

Knopf *M*
button

Bolero *M*
bolero

Pullover *M*
tunic sweater

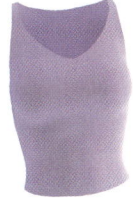

Oberteil *N*
tank top

Rüschenbluse *F*
ruffled top

Spenzer *M*
spencer

Tunika *F*
peasant blouse

lange Bluse *F*
blouse

Blazer *M*
blazer

Pullover *M* mit Fledermausärmeln *M*
batwing-sleeve top

Tasche *F*
pocket

lange Strickjacke *F*
long cardigan

T-Shirt *N*
T-shirt

Polohemd *N*
polo shirt

Oberteil *N* mit Dreiviertelarm *M*
three-quarter sleeve top

kurze Strickjacke *F*
short cardigan

Pullunder *M*
sweater vest

Top *N* mit Gummizug *M* im Taillenbereich *M*
elastic-waist top

Tunika *F*
cover-up

Push-Up-BH *M* und Höschen *N*
push-up bra and panties

Schulterträger *M*
shoulder strap

BH *M*
bra

Körbchen *N*
cup

Höschenbund *M*
waistband

Höschen *N*
panties

Trainingsanzug *M*
sweat suit

Sport-BH *M*
sports bra

Nachthemd *N*
nightgown

Body *M*
teddy

Pyjama *M*
pyjamas

Anzugschuh [M]
dress shoes

Zunge [F]
tongue

Ferse [F]
backstay

Viertel [N]
quarter

Sohle [F]
sole

Absatz [M]
heel

Schnürsenkel [M]
lace

Zehenspitze [F]
toe cap

Turnschuh [M]
trainers

Basketballschuh [M]
basketball shoe

Turnschuh [M]
trainers

High Top Sneaker [M]
high-top sneaker

Schnürschuh [M]
oxford shoes

Hausschuh *M*
slippers

Peeptoe Stiefelette *F*
open-toe ankle boot

Peeptoe Ballerinas *F*
open-toe flat

Biker-Stiefel *M*
biker boots

Stiefelette *F*
ankle boots

Stiefel *M* mit Keilabsatz *M*
wedge boot

Peep-Toe-Schuh *M*
open-toe heels

Pumps *M*
heels

Sandale *F* mit Keilabsatz *M*
wedge sandal

Mütze _F_
bobble hat

Pompon _M_
pom-pom

Sonnenhut _M_
sun hat

Hutband _N_
hatband

Krone _F_
crown

Krempe _F_
brim

Strohhut _M_
straw hat

Filzhut _M_
fedora

Damenhut _M_
cloche

Kappe _F_
cap

Schiebermütze _F_
flatcap

Mütze _F_ mit Ohrenklappen _F_
earflap hat

Baseballkappe _F_
baseball cap

Damenschal _M_
scarf

Handschuhe _M_
gloves

Halbfinger-Handschuhe _F_
fingerless gloves

Sonnenbrille *F*
sunglasses

Seitensteg *M*
nose pad

Brücke *F*
bridge

Bügel *M*
temple

Rahmen *M*
frame

Glas *N*
lens

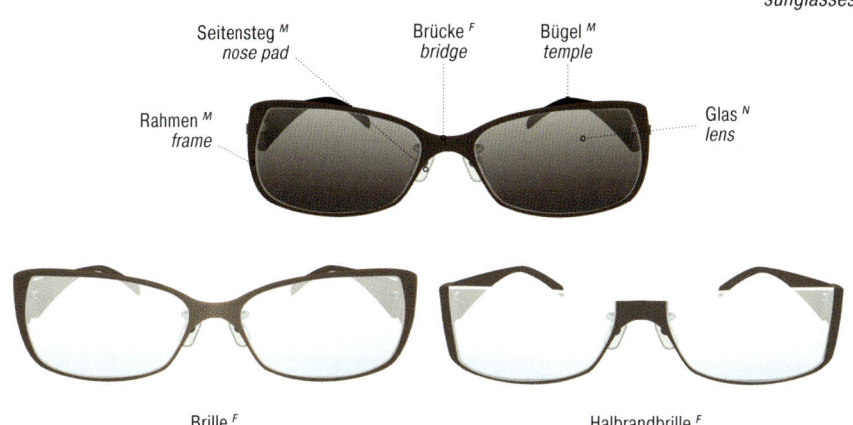

Brille *F*
glasses

Halbrandbrille *F*
half-rimmed glasses

Sonnenbrillen-Clip *N*
clip-on sunglasses

Mehrstärkenglas *N*
bifocal lens

3D-Brille *F*
3D glasses

Monokel *N*
monocle

weiche Kontaktlinse [F]
soft contact lenses

harte Kontaktlinse [F]
hard contact lenses

Einweg-Kontaktlinse [F]
disposable contact lenses

Kontaktlinsenbehälter [M]
lens case

Rasterbrille [F]
pinhole glasses

Mehrzwecklösung [F]
multipurpose solution

Augentropfen [M]
lubricant eye drops

Brillenputztuch [N]
cleaning cloth

Brillenetui [N]
glasses case

Brillenband [N]
glasses cord

Ohrring mit Schraubverschluss *M*
screw earring

Ohrgehänge *N*
drop earring

Creole *F*
hoop earring

Ohrstecker *M*
stud

Herren-Accessoires

Krawattenhalter *M*
tie bar

Manschettenknöpfe *M*
cuff link

Krawattennadel *F*
tiepin

Ringe

Ring *M*
band

Absolventenring *M*
class ring

Ehering *M*
wedding ring

Platinring *M*
platinum ring

Solitär-Ring *M*
solitaire ring

Siegelring *M*
signet ring

Verlobungsring *M*
engagement ring

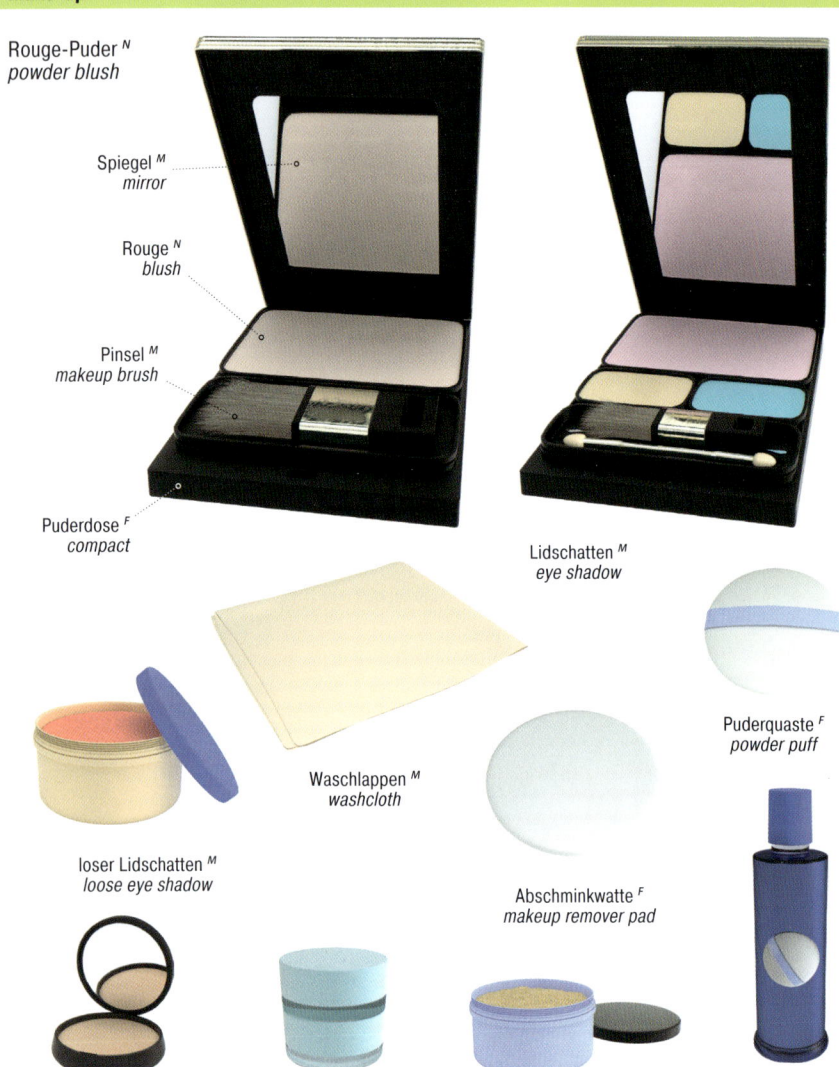

Rouge-Puder *N*
powder blush

Spiegel *M*
mirror

Rouge *N*
blush

Pinsel *M*
makeup brush

Puderdose *F*
compact

Lidschatten *M*
eye shadow

Puderquaste *F*
powder puff

Waschlappen *M*
washcloth

loser Lidschatten *M*
loose eye shadow

Abschminkwatte *F*
makeup remover pad

Kompaktpuder *N*
pressed face powder

Gesichtscreme *F*
face cream

loses Puder *N*
loose face powder

Make-up-Entferner *M*
makeup remover

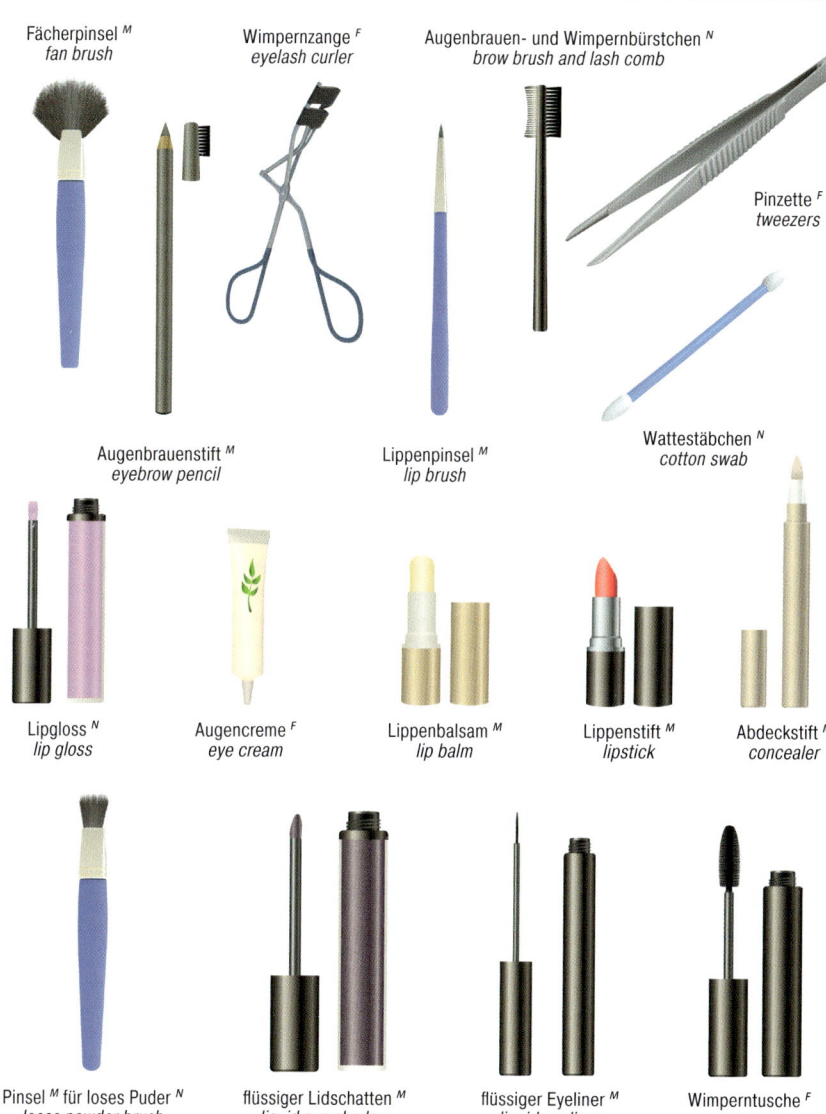

Fächerpinsel _M_
fan brush

Wimpernzange _F_
eyelash curler

Augenbrauen- und Wimpernbürstchen _N_
brow brush and lash comb

Pinzette _F_
tweezers

Wattestäbchen _N_
cotton swab

Augenbrauenstift _M_
eyebrow pencil

Lippenpinsel _M_
lip brush

Lipgloss _N_
lip gloss

Augencreme _F_
eye cream

Lippenbalsam _M_
lip balm

Lippenstift _M_
lipstick

Abdeckstift _M_
concealer

Pinsel _M_ für loses Puder _N_
loose powder brush

flüssiger Lidschatten _M_
liquid eye shadow

flüssiger Eyeliner _M_
liquid eyeliner

Wimperntusche _F_
mascara

Nagellack *M*
nail polish

Nagellackentferner *M*
nail polish remover

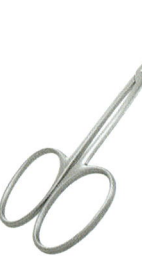

Zehennagelschere *F*
toenail scissors

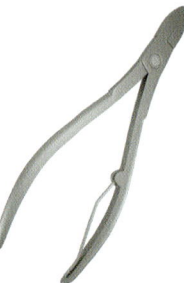

Nagelhautzange *F*
cuticle nippers

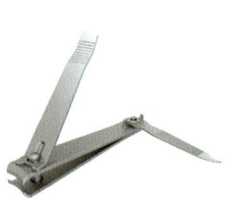

Nagelzange *F*
nail clippers

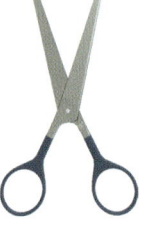

Sicherheitsschere *F*
safety scissors

Nagelschere *F*
nail scissors

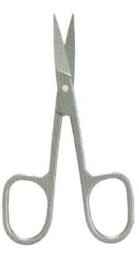

Nagelhautschere *F*
cuticle scissors

Sandblattfeile *F*
emery board

Nagelhautschieber *M*
cuticle pusher

Nagelaufhellstift *M*
nail whitening pencil

Nagelfeile *F*
nail file

Nagelhauttrimmer *M*
cuticle trimmer

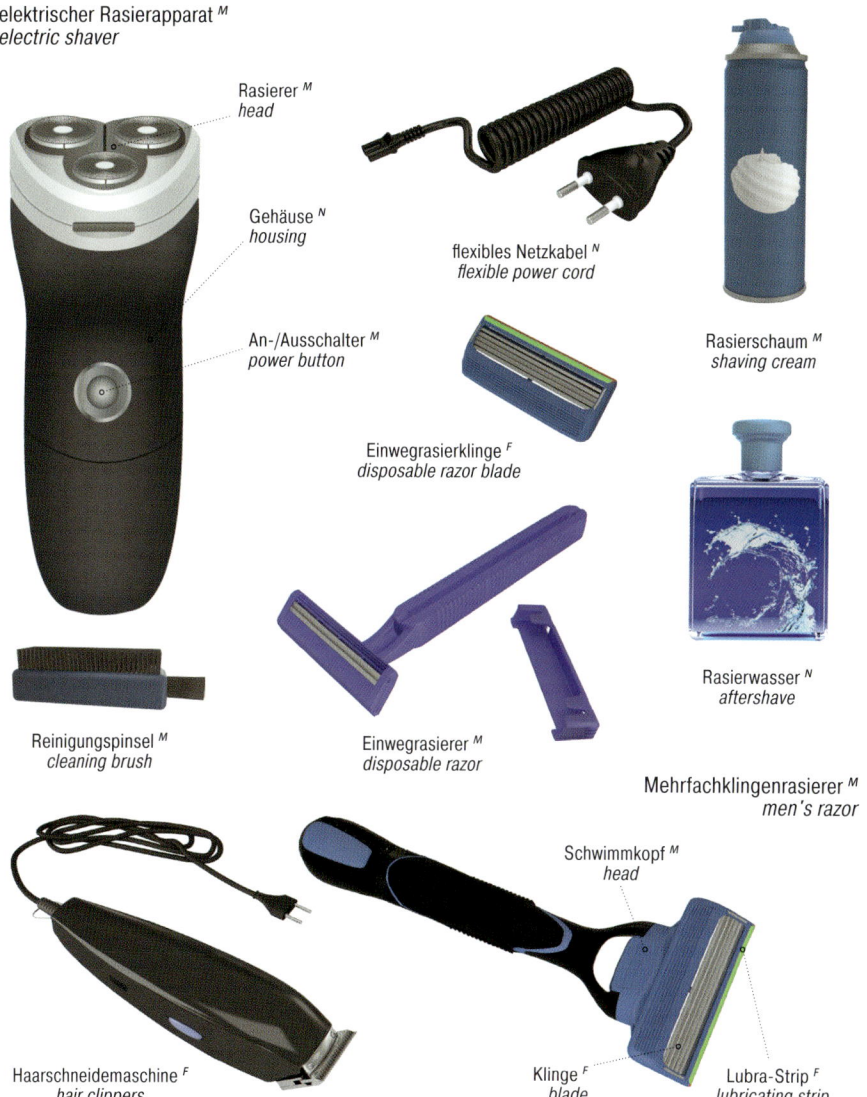

elektrischer Rasierapparat *M*
electric shaver

Rasierer *M*
head

Gehäuse *N*
housing

An-/Ausschalter *M*
power button

flexibles Netzkabel *N*
flexible power cord

Rasierschaum *M*
shaving cream

Einwegrasierklinge *F*
disposable razor blade

Reinigungspinsel *M*
cleaning brush

Einwegrasierer *M*
disposable razor

Rasierwasser *N*
aftershave

Mehrfachklingenrasierer *M*
men's razor

Schwimmkopf *M*
head

Haarschneidemaschine *F*
hair clippers

Klinge *F*
blade

Lubra-Strip *F*
lubricating strip

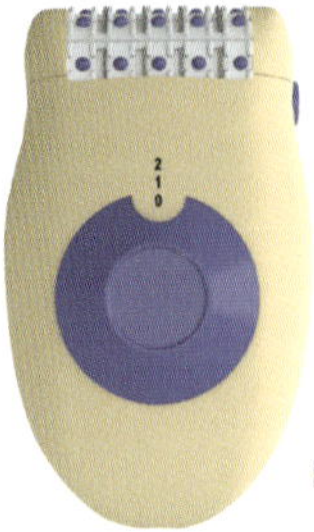

KÖRPERPFLEGE
Rasierprodukte

Rasierpinsel ^M
shaving brush

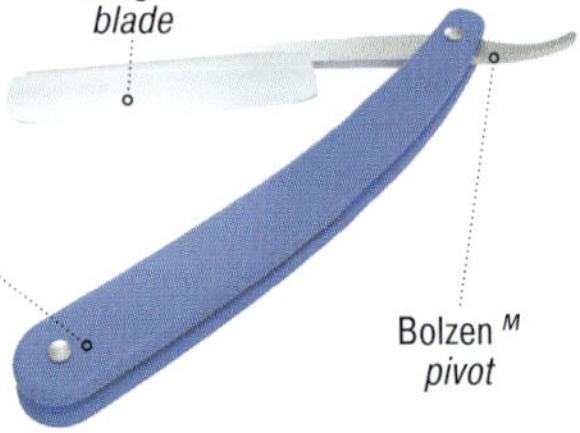

offenes Rasiermesser ^N
straight razor

Klinge ^F
blade

Griff ^M
handle

Bolzen ^M
pivot

Epilierer ^M
epilator

Haarpflege

Lockenstab ^M
curling iron

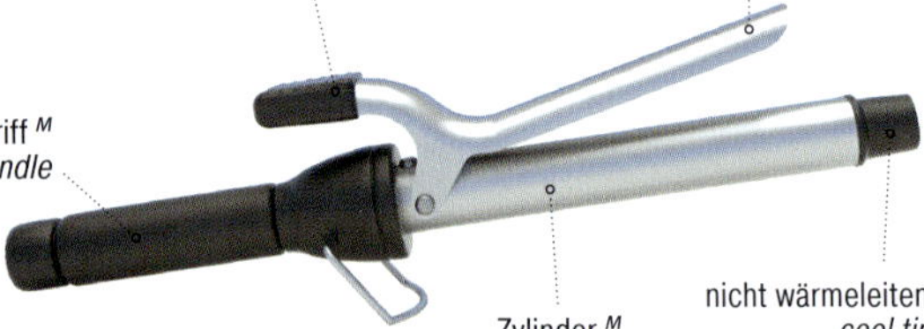

Hebel ^M für den
Klemmbügel ^M
clamp lever

Klemmbügel ^M
clamp

geformter Griff ^M
handle

nicht wärmeleitende Spitze ^F
cool tip

Zylinder ^M
barrel

Haarreif ^M
headband

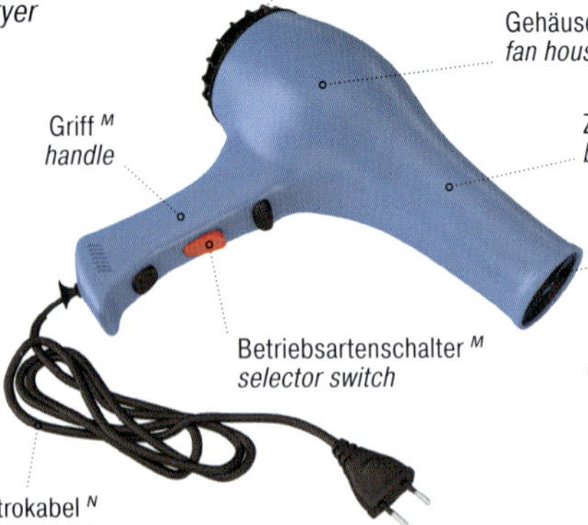

Lufteinlass ^M
air inlet grille

Haartrockner ^M
hair-dryer

Gehäuse ^N
fan housing

Griff ^M
handle

Zylinder ^M
barrel

Haarspange ^F
barrette

Düse ^F
air outlet grille

Betriebsartenschalter ^M
selector switch

Elektrokabel ^N
electric cord

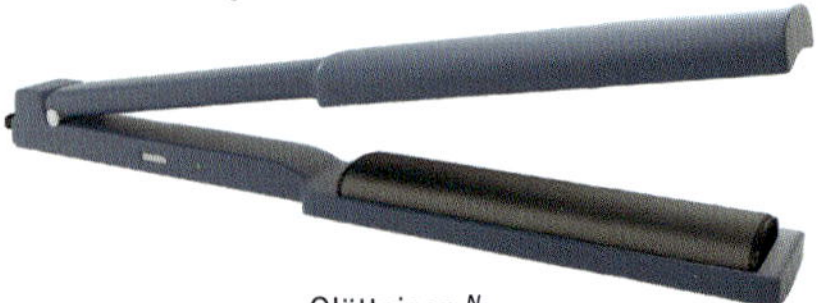

Glätteisen ^N
straightening iron

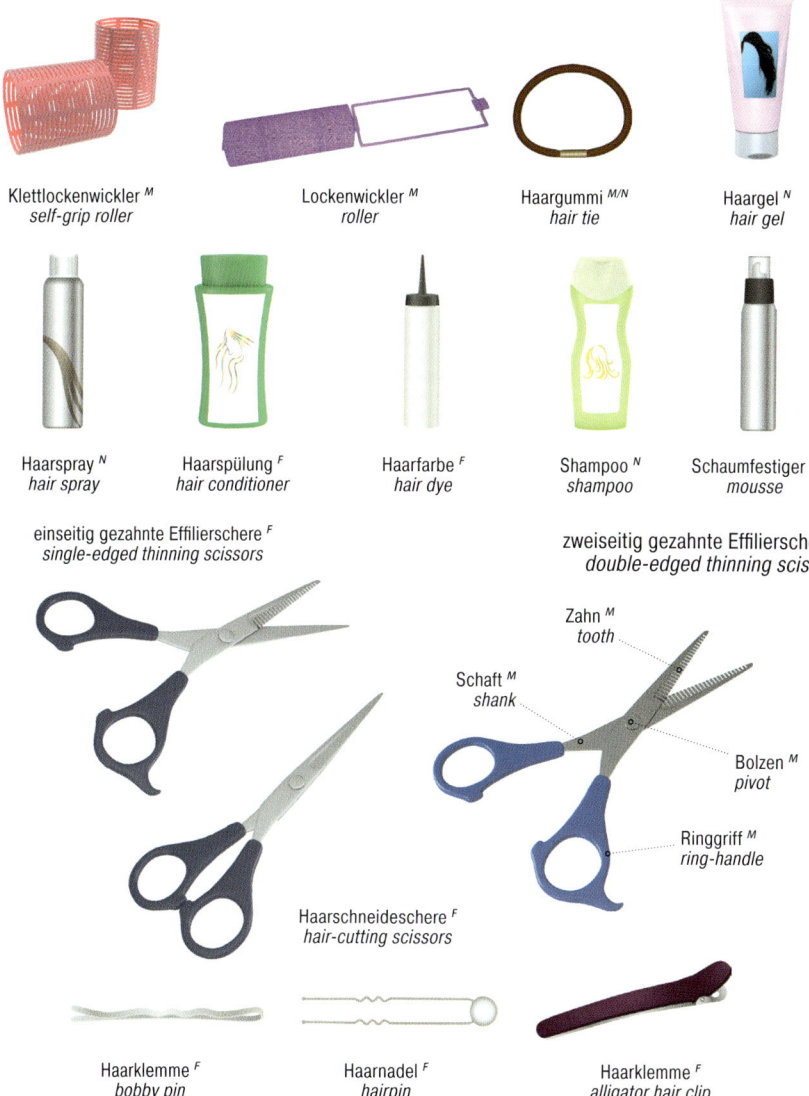

Klettlockenwickler ^M
self-grip roller

Lockenwickler ^M
roller

Haargummi ^{M/N}
hair tie

Haargel ^N
hair gel

Haarspray ^N
hair spray

Haarspülung ^F
hair conditioner

Haarfarbe ^F
hair dye

Shampoo ^N
shampoo

Schaumfestiger ^M
mousse

einseitig gezahnte Effilierschere ^F
single-edged thinning scissors

zweiseitig gezahnte Effilierschere ^F
double-edged thinning scissors

Zahn ^M
tooth

Schaft ^M
shank

Bolzen ^M
pivot

Ringgriff ^M
ring-handle

Haarschneideschere ^F
hair-cutting scissors

Haarklemme ^F
bobby pin

Haarnadel ^F
hairpin

Haarklemme ^F
alligator hair clip

Rechenkamm ᴹ
rake comb

Massage-Haarbürste ᶠ
quill brush

Skelettbürste ᶠ
vent brush

Rundbürste ᶠ
round brush

Färbepinsel ᴹ
tint brush

Haarklammer ᶠ
wave clip

Afro-Kamm ᴹ
afro comb

Flachbürste ᶠ
paddle brush

Stielkamm ᴹ
tail comb

Gabelkamm ᴹ
pitchfork comb

Barbierkamm ᴹ
barber comb

Toupierkamm ᴹ
teaser comb

Eau de Parfum ^{N}
eau de parfum

Badeschaum ^{M}
bubble bath

Duschgel ^{N}
shower gel

Zahnpasta ^{F}
toothpaste

Deospray ^{N}
spray-on deodorant

Eau de Toilette ^{N}
eau de toilette

Nagelbürste ^{F}
nail brush

Zahnbürste ^{F}
toothbrush

Deodorant ^{N}
solid deodorant

Zahnseide ^{F}
dental floss

Feuchtigkeitscreme ^{F}
moisturiser

Kulturbeutel ^{M}
toiletry bag

Badelaken ^{N}
bath sheet

Peelinghandschuh ^{M}
exfoliating glove

Badetuch ^{N}
bath towel

Eltern N und Kinder N
parents and children

Eltern N
parents

Vater M
father

Mutter F
mother

Tochter F
daughter

Sohn M
son

Kinder N
children

Großeltern N und Enkelkinder N
grandparents and grandchildren

Großeltern N
grandparents

Großvater M
grandfather

Großmutter F
grandmother

Enkelin F
granddaughter

Enkel M
grandson

Enkelkinder N
grandchildren

Brüder M und Schwestern F
brothers and sisters

Bruder M
brother

Schwester F
sister

Baby N
baby

Zwillinge M
twins

Lebensabschnitte ^{M} : Frau ^{F}
stages of life: female

Lebensabschnitte ^{M} : Mann ^{M}
stages of life: male

Frau ^{F}
woman

Mädchen ^{N}
girl

kleines Mädchen ^{N}
toddler

kleiner Junge ^{M}
toddler

Junge ^{M}
boy

Mann ^{M}
man

Verschiedene Körpertypen ^{M}
Body types

übergewichtig
overweight

durchschnittlich
average

mager
slim

sportlich
athletic

Schulklassenzimmer [N]
classroom

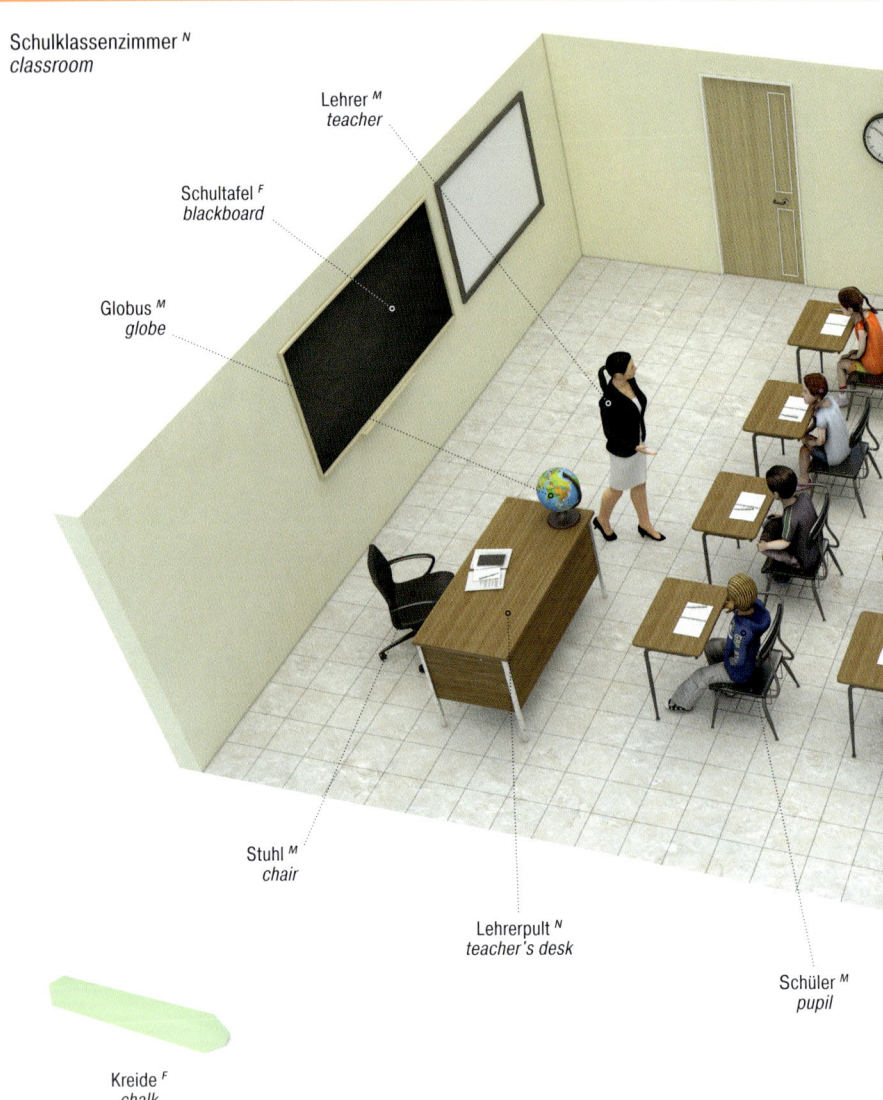

Lehrer [M]
teacher

Schultafel [F]
blackboard

Globus [M]
globe

Stuhl [M]
chair

Lehrerpult [N]
teacher's desk

Schüler [M]
pupil

Kreide [F]
chalk

Schwarzes Brett [N]
bulletin board

Bücherregal [N]
bookcase

Schulbank [F]
desk

Hörsaal *M*
lecture hall

Redner *M*
lecturer

Tafel *F*
blackboard

Schreibtisch *M*
desk

Sitz *M*
seat

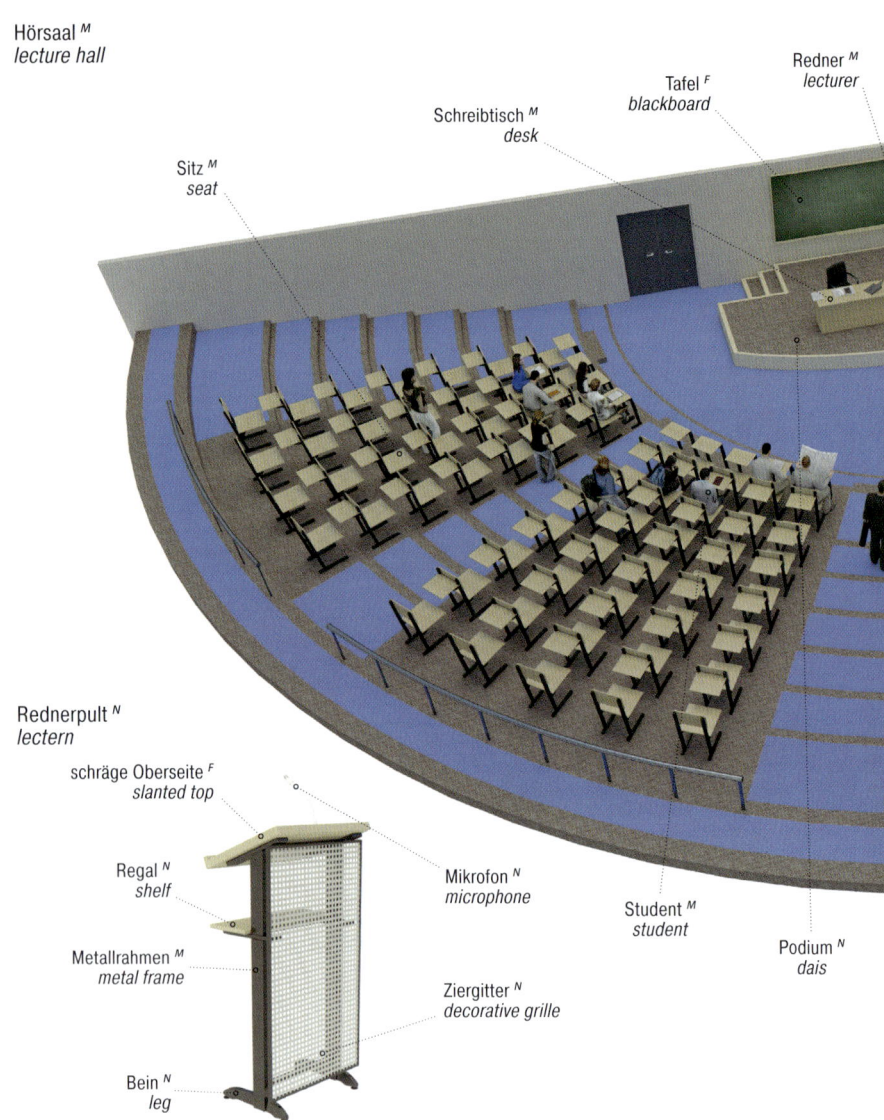

Rednerpult *N*
lectern

schräge Oberseite *F*
slanted top

Regal *N*
shelf

Mikrofon *N*
microphone

Metallrahmen *M*
metal frame

Ziergitter *N*
decorative grille

Student *M*
student

Podium *N*
dais

Bein *N*
leg

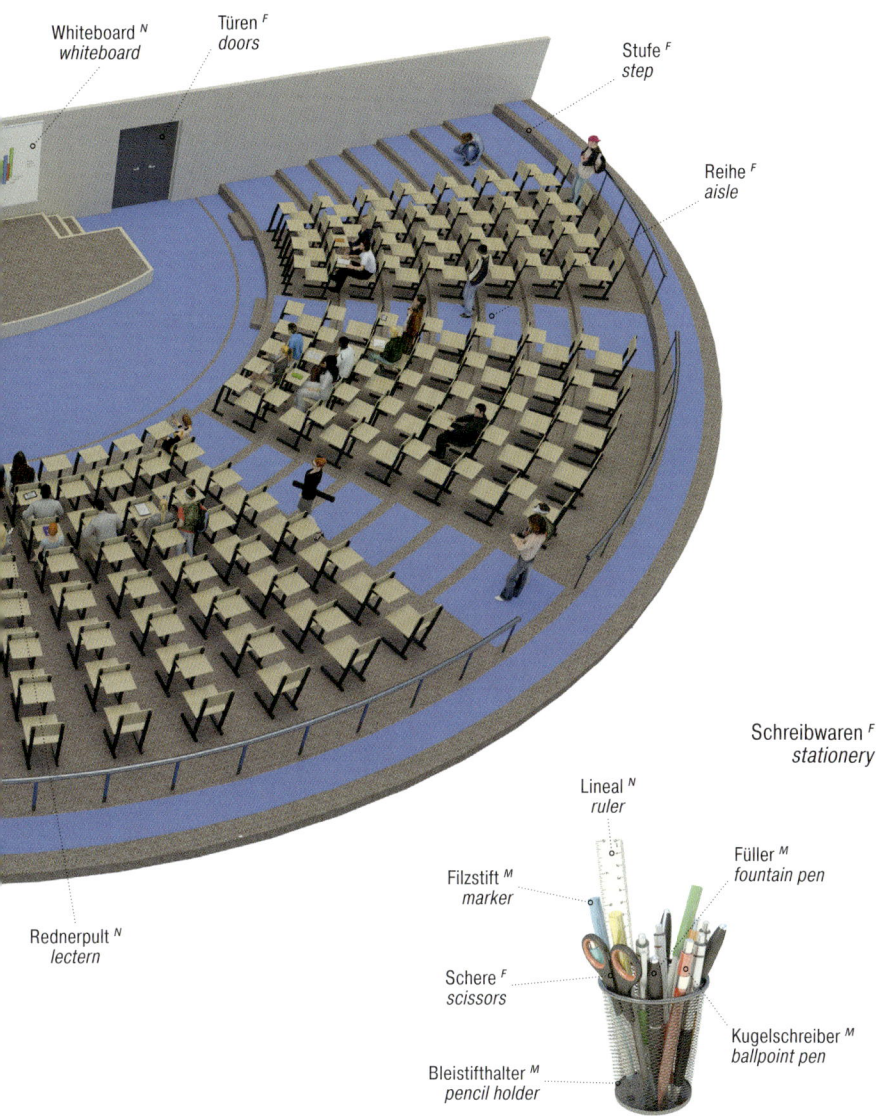

Whiteboard ^N
whiteboard

Türen ^F
doors

Stufe ^F
step

Reihe ^F
aisle

Rednerpult ^N
lectern

Schreibwaren ^F
stationery

Lineal ^N
ruler

Filzstift ^M
marker

Füller ^M
fountain pen

Schere ^F
scissors

Kugelschreiber ^M
ballpoint pen

Bleistifthalter ^M
pencil holder

Wohngebiet [N]
residential neighbourhood

Wohnhochhaus [N]
high-rise block of flats

Kreuzung [F]
crossroad

Parkplatz [M]
car park

Reihenhaus [N]
townhouse

Vorgarten [M]
front garden

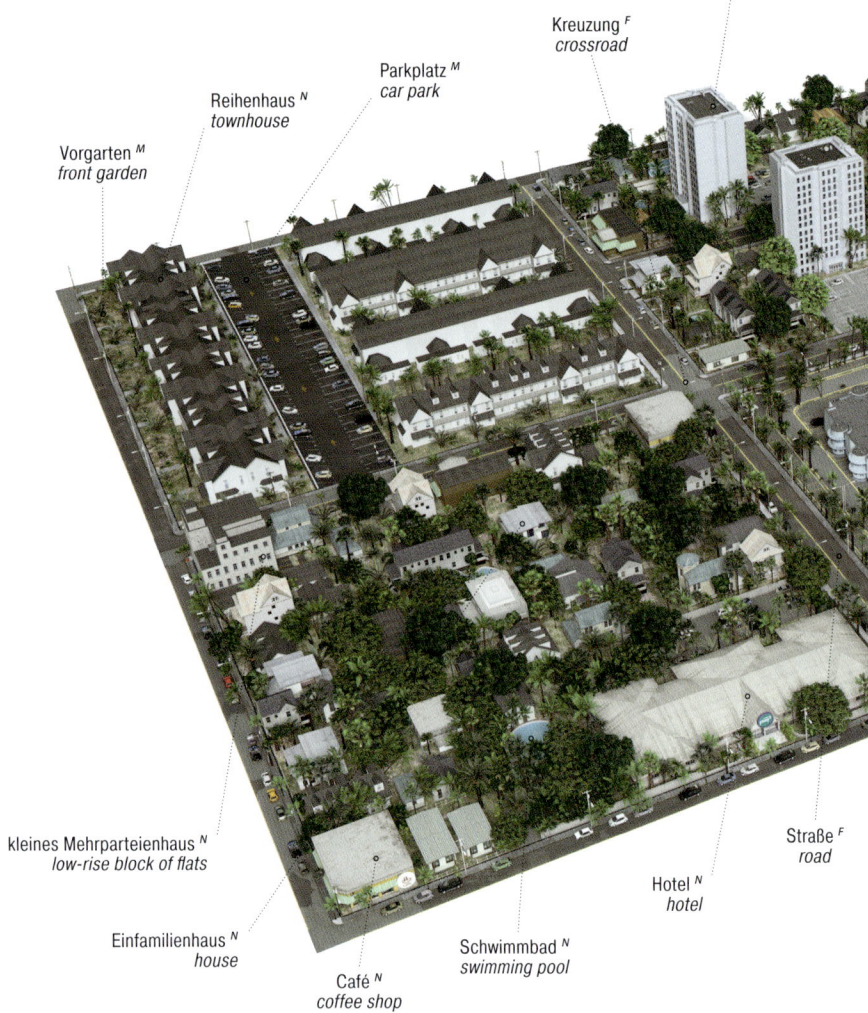

kleines Mehrparteienhaus [N]
low-rise block of flats

Einfamilienhaus [N]
house

Café [N]
coffee shop

Schwimmbad [N]
swimming pool

Hotel [N]
hotel

Straße [F]
road

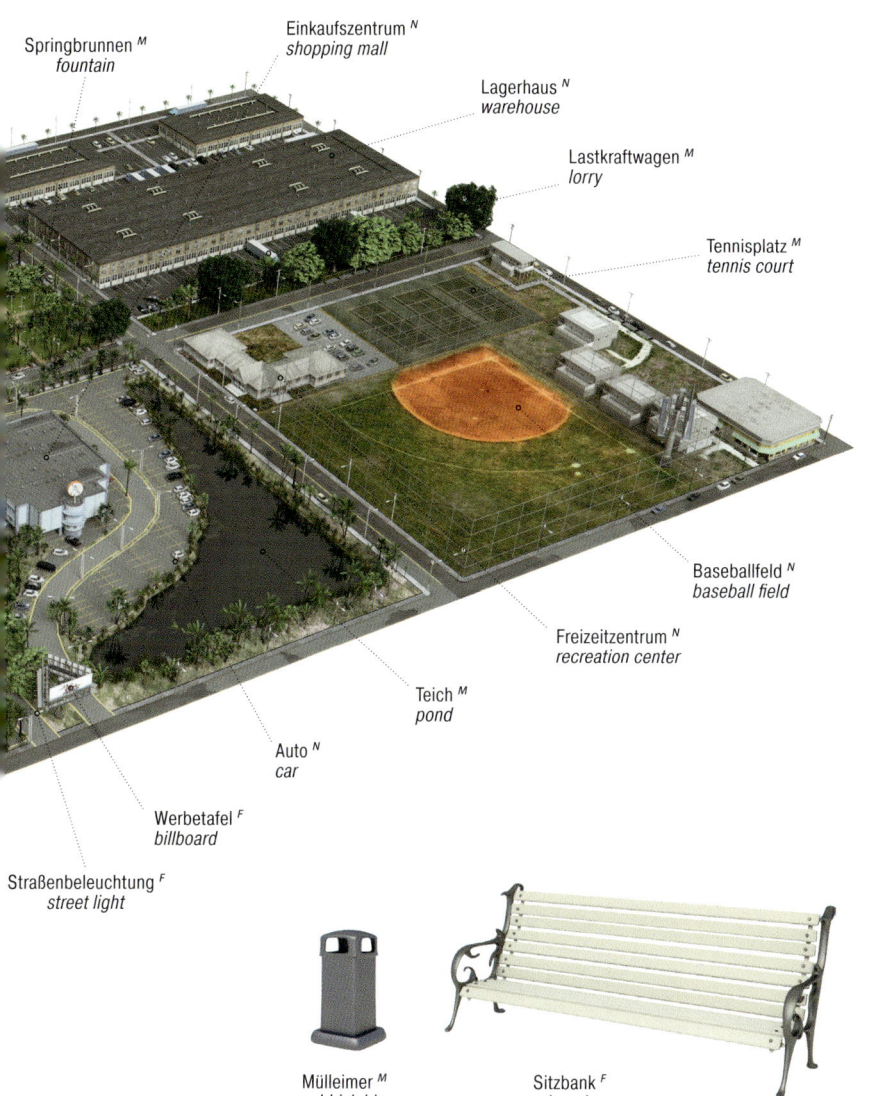

Springbrunnen ^M
fountain

Einkaufszentrum ^N
shopping mall

Lagerhaus ^N
warehouse

Lastkraftwagen ^M
lorry

Tennisplatz ^M
tennis court

Baseballfeld ^N
baseball field

Freizeitzentrum ^N
recreation center

Teich ^M
pond

Auto ^N
car

Werbetafel ^F
billboard

Straßenbeleuchtung ^F
street light

Mülleimer ^M
rubbish bin

Sitzbank ^F
bench

Innenstadt ^F
city centre

Kran ^M
crane

Hubschrauberlandeplatz ^M
helipad

Baustelle ^F
construction site

Restaurant ^N
restaurant

Hubschrauber ^M
helicopter

Gebäude ^N
building

Wolkenkratzer ^M
skyscraper

Museum ^N
museum

Container ^M
container

Lastkraftwagen ^M
truck

Betonmischer ^M
cement truck

Satellitenschüssel ^F
satellite dish

Solarmodul ^N
solar panel

Auto ^N
car

Straße ^F
road

Krankenhaus ^N
hospital

Supermarkt ^M
supermarket

Antennenmast ^M
antenna

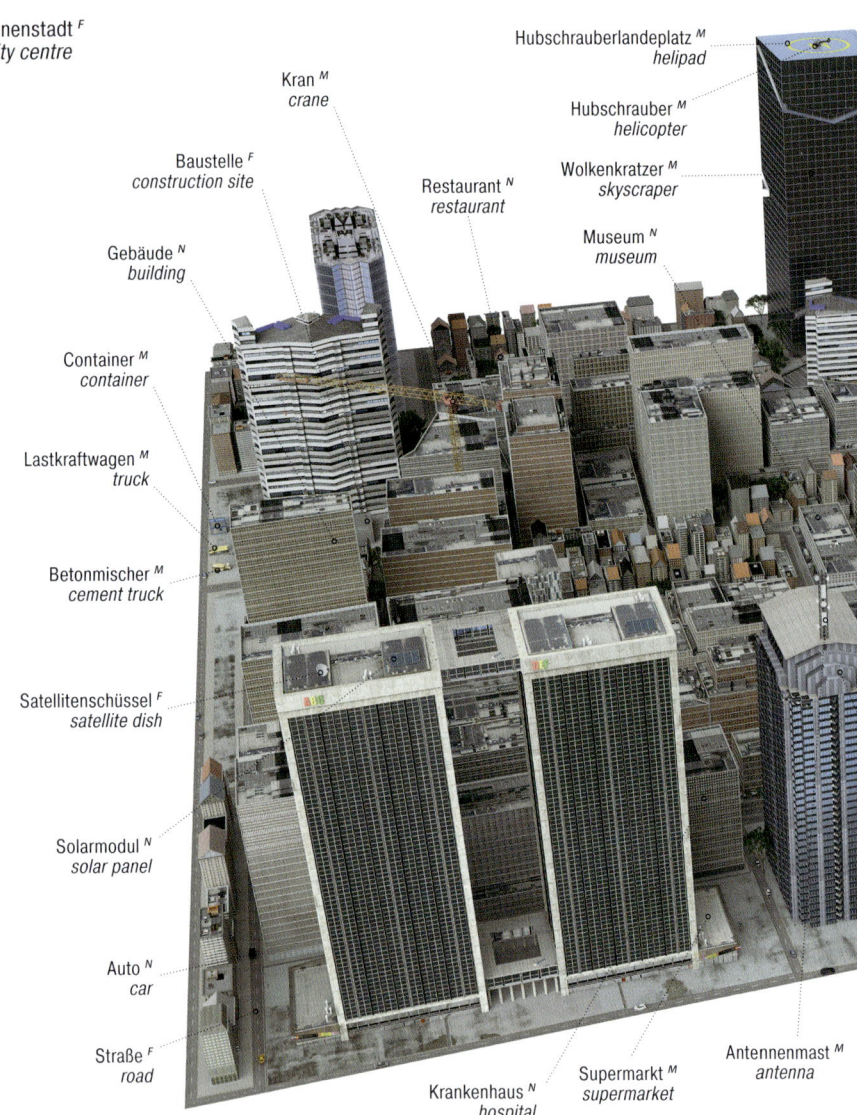

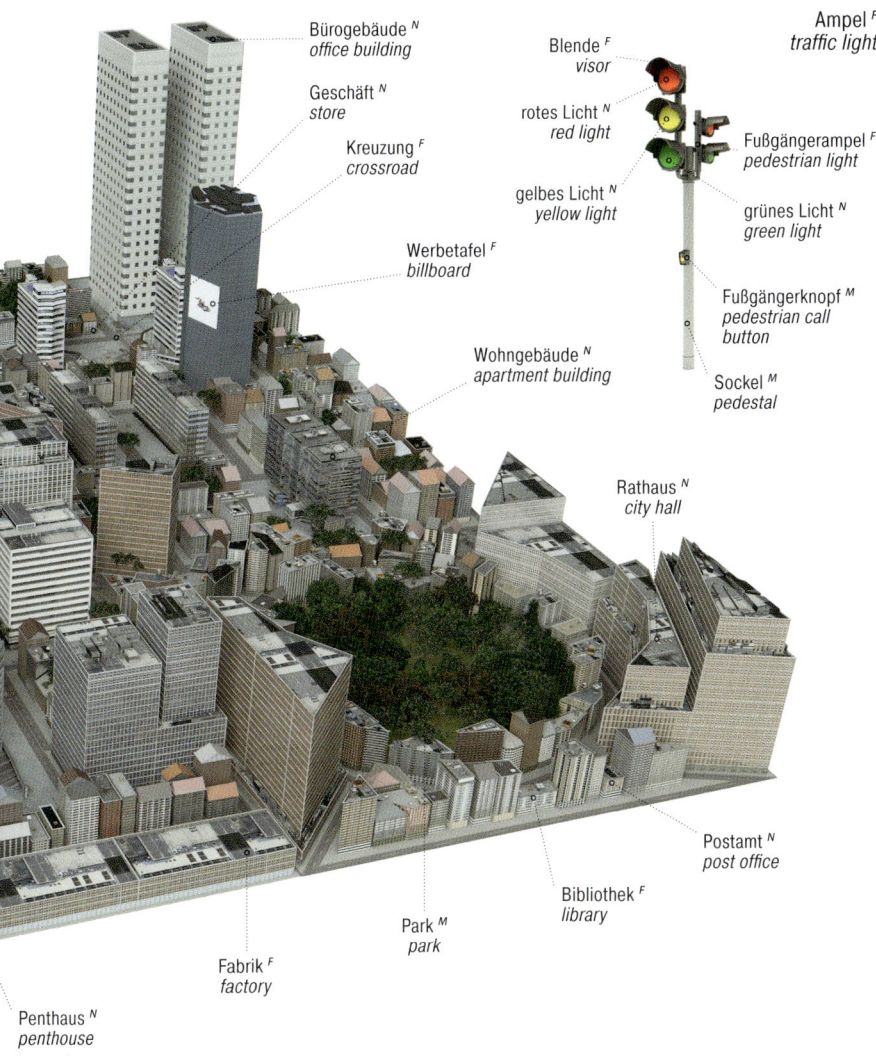

Bürogebäude ^N
office building

Geschäft ^N
store

Kreuzung ^F
crossroad

Werbetafel ^F
billboard

Wohngebäude ^N
apartment building

Blende ^F
visor

rotes Licht ^N
red light

gelbes Licht ^N
yellow light

Ampel ^F
traffic light

Fußgängerampel ^F
pedestrian light

grünes Licht ^N
green light

Fußgängerknopf ^M
pedestrian call button

Sockel ^M
pedestal

Rathaus ^N
city hall

Postamt ^N
post office

Bibliothek ^F
library

Park ^M
park

Fabrik ^F
factory

Penthaus ^N
penthouse

Einkaufszentrum N
shopping mall

Reisebüro N
travel agency

Kosmetikgeschäft N
cosmetics shop

Sportgeschäft N
sporting goods shop

Wartungsarbeiter M
maintenance worker

Juweliergeschäft N
jewellery shop

Dachfenster N
skylight

Geländer N
railing

Topfpflanze F
potted plant

Brücke F
bridge

Bekleidungsgeschäft N
clothing shop

Haushaltswaren F
housewares shop

Verkaufsautomat M
vending machine

Wachmann M
security guard

Sitzbank F
bench

Herrenausstatter M
menswear shop

Kaufhaus M
department store

Mülleimer M
rubbish bin

Kunde M
customer

Informationsstand M
information stand

Spielzeuggeschäft *N*
toy shop

Elektronikgeschäft *N*
electronics shop

Beleuchtungsgeschäft *N*
lighting shop

Informationsanzeige *F*
information display

Café *N*
coffee shop

Zeitungskiosk *M*
newsstand

Geldautomat *M*
automated teller machine (ATM)

Bäckerei *F*
bakery

Tisch *M* und Stühle *M*
table and chairs

Wickelraum *M*
baby-changing room

Toilette *F*
toilet

Hausmeisterin *F*
janitor

Supermarkt *M*
supermarket

Backwaren *F*
baked goods

Getränkekühlschrank *M*
drinks fridge

Kühlvitrine *F*
display freezer

Fertiggerichte *N*
prepared foods

Tiefkühlkost *F*
frozen foods

Schließfach *N*
locker

Getränke *N*
drinks

Sicherheitswachmann *M*
security guard

Fließband *N*
conveyor belt

Kassiererin *F*
cashier

Stuhl *M*
chair

Theke *F*
counter

Warenkorb *M*
basket

Kundin *F*
customer

Geländer *N*
railing

Ladeneingang/Ausgang *M*
shop entrance/exit

Antidiebstahlsensor *M*
anti-theft sensor

Obst *N* und Gemüse *N*
fruits and vegetables

Einkaufswagen *M*
shopping trolley

Zeitschriftenständer *M*
magazine stand

Zeitungen *F* und Zeitschriften *F*
newspaper and magazine rack

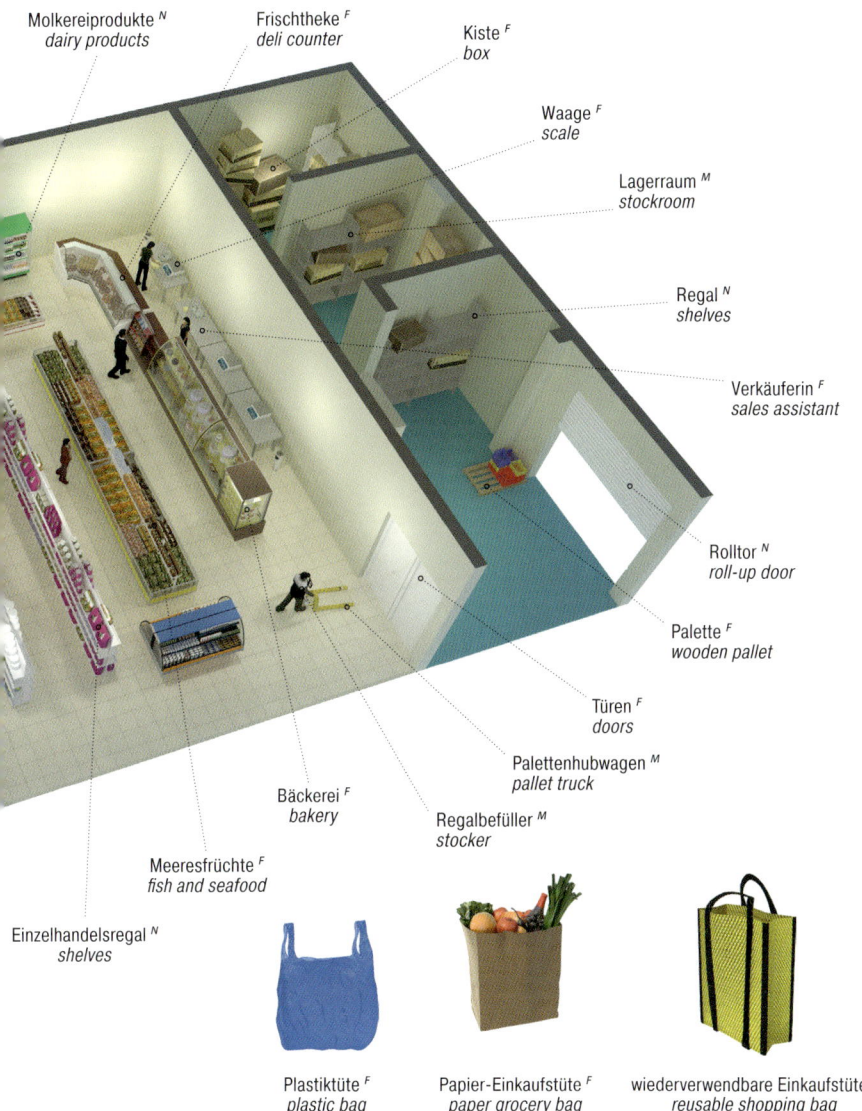

Molkereiprodukte [N]
dairy products

Frischtheke [F]
deli counter

Kiste [F]
box

Waage [F]
scale

Lagerraum [M]
stockroom

Regal [N]
shelves

Verkäuferin [F]
sales assistant

Rolltor [N]
roll-up door

Palette [F]
wooden pallet

Türen [F]
doors

Palettenhubwagen [M]
pallet truck

Regalbefüller [M]
stocker

Bäckerei [F]
bakery

Meeresfrüchte [F]
fish and seafood

Einzelhandelsregal [N]
shelves

Plastiktüte [F]
plastic bag

Papier-Einkaufstüte [F]
paper grocery bag

wiederverwendbare Einkaufstüte [F]
reusable shopping bag

Bekleidungsgeschäft ^N
clothing shop

Kleiderhaken ^M
hooks

Vorhang ^M
curtain

Kleiderbügel ^M
hangers

Umkleidekabine ^F
fitting room

Sitzbank ^F
bench

großer Spiegel ^M
full-length mirror

Tischaufsteller ^M
display table

Kleiderstange *F*
clothes rod

Mannequin *N*
mannequin

Regale *N*
shelves

Kassencomputer *M*
checkout computer

Verkaufs- und Warenbereich *M*
sales and merchandise area

Kasse *F*
counter

Bar ^{F}
bar

Bierzapfanlage ^{F}
draft beer taps

Gast ^{M}
patron

Kellnerin ^{F}
waitress

Bartresen ^{M}
bar counter

Barhocker ^{M}
bar stool

Spirituosenflasche *F*
liquor bottle

Kaffeemaschine *F*
coffee machine

Kassen-Computer *M*
point-of-sale computer

Weinregal *N*
wine rack

Barkeeper *M*
bartender

Ablage *F* für Gläser *N*
rack of glasses

Serviettenhalter *M*
napkin dispenser

Kühlschrank *M*
refrigerator

Restaurant [N]
restaurant

Koch [M]
chef

Arbeitsplatte [F]
prep table

Küche [F]
kitchen

Servierwagen [M]
bus cart

Lagerraum [M]
storage room

Kühlraum [M]
walk-in cooler

Flügel [M]
grand piano

Barkeeper [M]
bartender

Bartresen [M]
bar counter

Pianobar [F]
piano bar

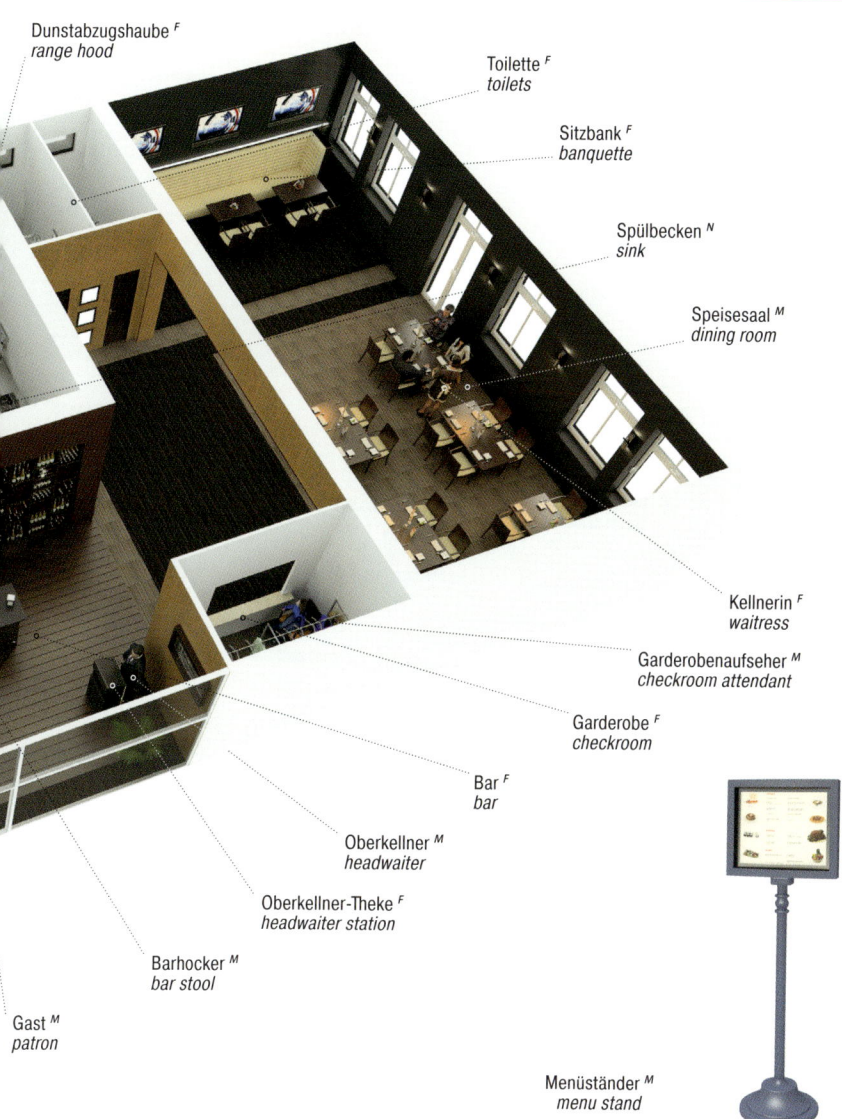

Dunstabzugshaube ^F
range hood

Toilette ^F
toilets

Sitzbank ^F
banquette

Spülbecken ^N
sink

Speisesaal ^M
dining room

Kellnerin ^F
waitress

Garderobenaufseher ^M
checkroom attendant

Garderobe ^F
checkroom

Bar ^F
bar

Oberkellner ^M
headwaiter

Oberkellner-Theke ^F
headwaiter station

Barhocker ^M
bar stool

Gast ^M
patron

Menüständer ^M
menu stand

Rezeption *F*
reception

Topfpflanze *F*
potted plant

Treppeneingang *M*
entrance to stairs

Zeitung *F*
newspaper

Wandgemälde *N*
mural

Sofa *N*
sofa

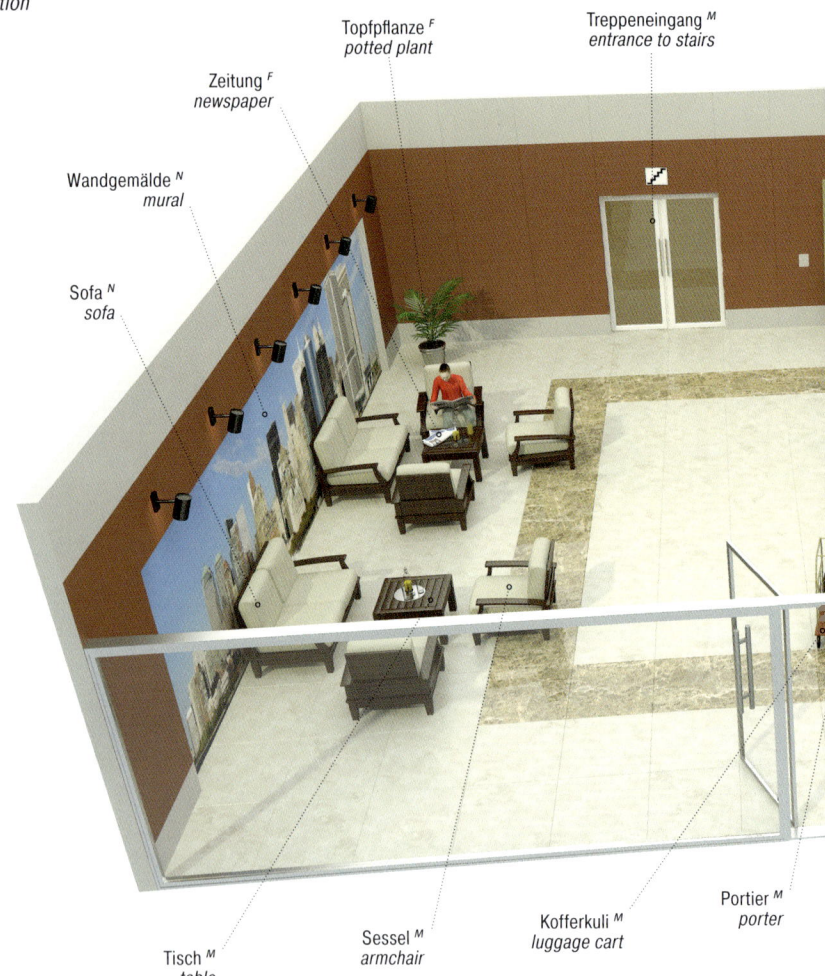

Tisch *M*
table

Sessel *M*
armchair

Kofferkuli *M*
luggage cart

Portier *M*
porter

Fahrstuhl *M*
elevator

Fahrstuhlknopf *M*
elevator call button

Gast *M*
guest

Schlüsselkasten *M*
key cabinet

Rezeptionist *M*
front desk clerk

Stuhl *M*
chair

Zeitschriftenständer *M*
magazine stand

Mülleimer *M*
rubbish bin

Koffer *M*
suitcase

Vordereingang *M*
front entrance

Hotelzimmer ^N
hotel room

Lüftung ^F
ventilation fan

Toilettenpapier ^N
toilet paper

Wasserspülung ^F
flush buttons

Toilettenbürste ^F
toilet brush

Toilette ^F
pan

Badewanne ^F
bathtub

Handtuch ^N
towel

Mülleimer ^M
rubbish bin

Spiegel ^M
mirror

Waschbecken ^N
sink

Bademate ^F
bath mat

Vordertür ^F
front door

Fliesenboden ^M
tiled floor

Kleiderhaken ^M
coat hook

Regal ^N
shelf

Duschkabine ^F
shower enclosure

Kleiderschrank ^M
closet

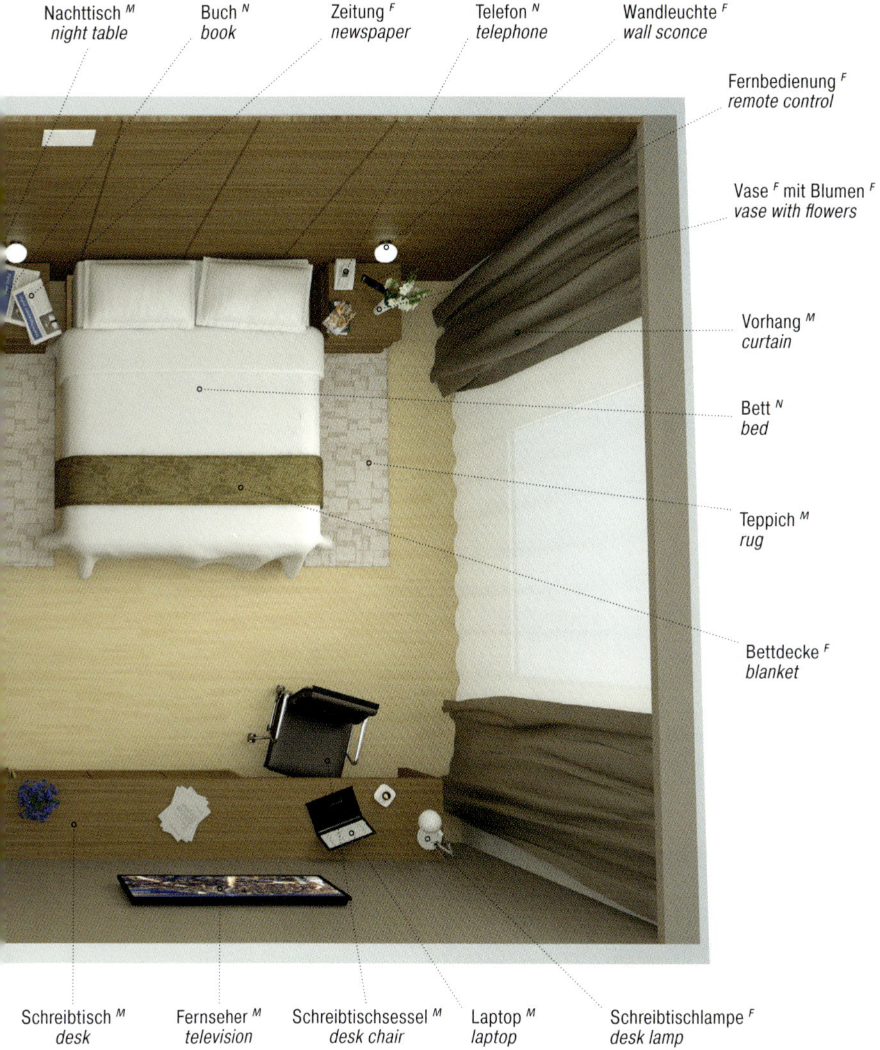

Nachttisch ᴹ
night table

Buch ᴺ
book

Zeitung ꟳ
newspaper

Telefon ᴺ
telephone

Wandleuchte ꟳ
wall sconce

Fernbedienung ꟳ
remote control

Vase ꟳ mit Blumen ꟳ
vase with flowers

Vorhang ᴹ
curtain

Bett ᴺ
bed

Teppich ᴹ
rug

Bettdecke ꟳ
blanket

Schreibtisch ᴹ
desk

Fernseher ᴹ
television

Schreibtischsessel ᴹ
desk chair

Laptop ᴹ
laptop

Schreibtischlampe ꟳ
desk lamp

Polizei ^F
Police

Polizeibeamter ^M
police officer

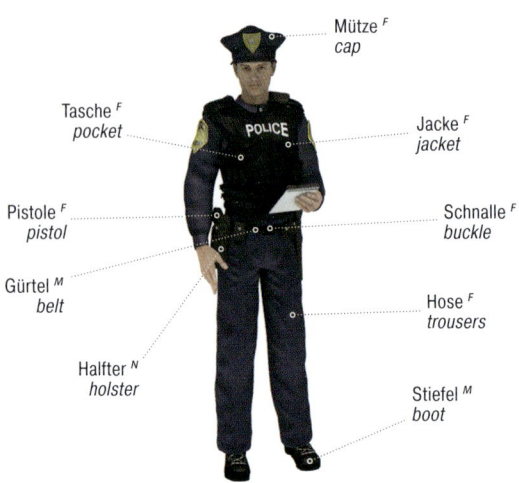

Mütze ^F
cap

Tasche ^F
pocket

Jacke ^F
jacket

Pistole ^F
pistol

Schnalle ^F
buckle

Gürtel ^M
belt

Hose ^F
trousers

Halfter ^N
holster

Stiefel ^M
boot

Polizeiauto ^N
police car

Rundumleuchte ^F
light bar

Windschutzscheibe ^F
windshield

Fenster ^N
window

Scheinwerferlicht ^N
headlight

Rammschutzbügel ^M
bull bar

Kühlergrill ^M
grille

Tür ^F
door

Stoßstange ^F
bumper

Rotornabe ^{F}
rotor hub

Rotorblatt ^{N}
rotor blade

Rumpf ^{M}
fuselage

Polizeihubschrauber ^{M}
police helicopter

Heckrotor ^{M}
anti-torque tail rotor

Suchscheinwerfer ^{M}
searchlight

Tür ^{F}
door

Kufen ^{F}
skid

Heckausleger ^{M}
tail boom

Höhenleitwerk ^{N}
horizontal stabiliser

Polizeimotorrad ^{N}
police motorcycle

Rückspiegel ^{M}
mirror

Windschutzscheibe ^{F}
windshield

Rundumleuchte ^{F}
beacon

Lenker ^{M}
handlebars

Sitz ^{M}
seat

Kotflügel ^{M}
fender

Sturzbügel ^{M}
crash bar

Fußablage ^{F}
footrest

Reifen ^{M}
tyre

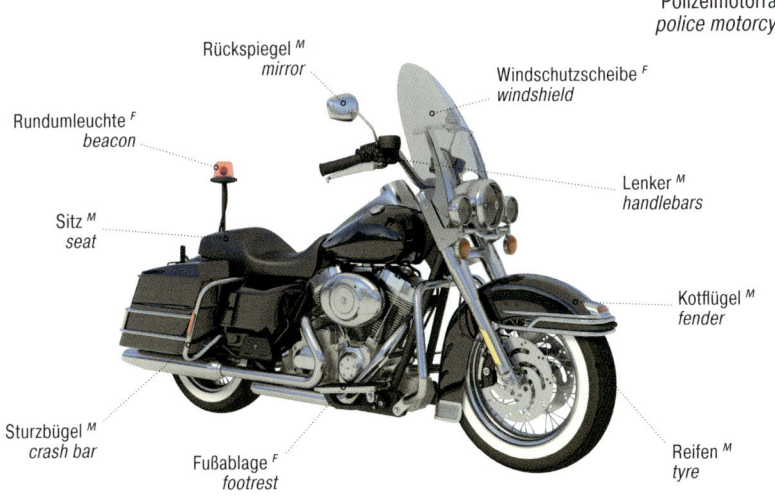

Feuerwehr ^F

Fire service

Feuerwehrmann ^M
firefighter

Helm ^M
helmet

Gesichtsmaske ^F
face mask

Signalstreifen ^M
reflective band

Schutzkleidung ^F
turnouts

Gummistiefel ^M
rubber boot

Feuerwehrfahrzeug ^N : von vorne betrachtet
fire engine: front view

Fach ^N
storage compartment

Rückspiegel ^M
rearview mirror

Rundumleuchte ^F
light bar

Blindspiegel ^M
blind-spot mirror

Kühlergrill ^M
grille

Scheinwerfer ^M
spotlight

Stoßstange ^F
front step

Frontstütze ^F
front outrigger

Haltegriff ^M
grab handle

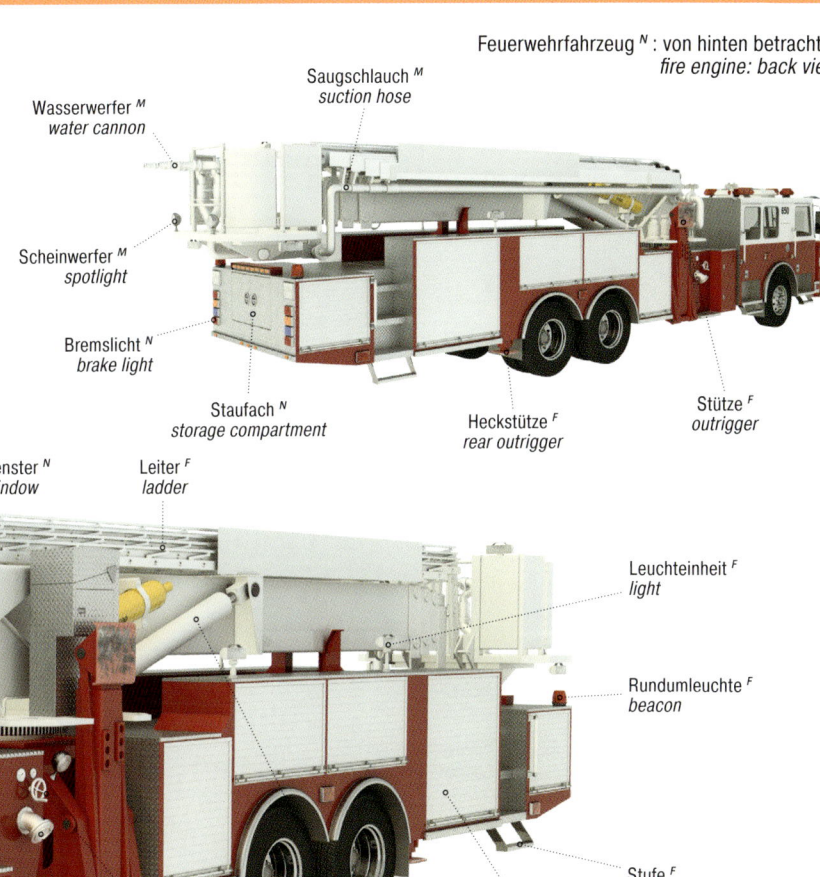

Feuerwehrfahrzeug *N* : von hinten betrachtet
fire engine: back view

Saugschlauch *M*
suction hose

Wasserwerfer *M*
water cannon

Scheinwerfer *M*
spotlight

Bremslicht *N*
brake light

Staufach *N*
storage compartment

Heckstütze *F*
rear outrigger

Stütze *F*
outrigger

Fenster *N*
window

Leiter *F*
ladder

Leuchteinheit *F*
light

Rundumleuchte *F*
beacon

Stufe *F*
step

Staufach *N*
storage compartment

Hub- und Knickzylinder *M*
elevating cylinder

Steuerventil *N*
control valve

Tür *F*
door

Hydrant-Zufuhr *F*
hydrant intake

Hydrant *M*
fire hydrant

Geldzählmaschine *F*
money counter

Bankautomat *M*
automatic teller machine (ATM)

Funktionstasten *F*
function keys

Einzahlungsschlitz *M*
deposit slot

LEXI24 Cashpoint

Cashpoint

Please insert your card

Dollar *M*
dollar

Euro *M*
euro

Pfund *N*
pound

alphanumerische Tastatur *F*
alphanumeric keypad

Geldscheinausgabe *F*
cash dispenser

Kartenlese-Slot *M*
card reader slot

Scheck *M*
cheque

Bezogener *M*
financial institution

Ausgabedatum *N*
date of issue

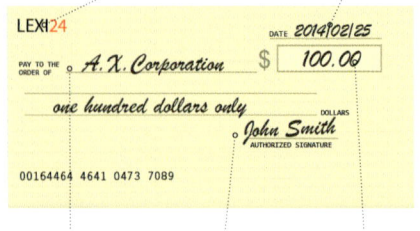

LEXI24
PAY TO THE ORDER OF A. X. Corporation $ 100.00
DATE 2014|02|25
one hundred dollars only DOLLARS
John Smith
AUTHORIZED SIGNATURE
00164464 4641 0473 7089

Geldscheinstapel *M*
stack of bills

Zahlungsempfänger *M*
payee

Währungsbetrag *M*
amount of currency

Unterschrift *F* des Ausstellers *M*
signature of drawer

Banknote *F*
paper money

Münzrolle *F*
roll of pennies

Kreditkate F : hinten
credit card: front view

Kreditkate F : vorne
credit card: back view

Chip M
chip

Kartennummer F
card number

Megnetstreifen M
magnetic strip

LEXI24

9010 1234 5678 4000
5041

VALID THRU 03/18

JOHN SMITH

Name M des Inhabers M
cardholder's name

Verfallsdatum N
expiration date

J. Smith 0146 215

9010 1234 5678 4000

03/18

LEXI24 JOHN SMITH

Unterschrift F des Inhabers M
holder's signature

Sicherheitscode M
security code

elektronisches Zahlungsterminal N
electronic payment terminal

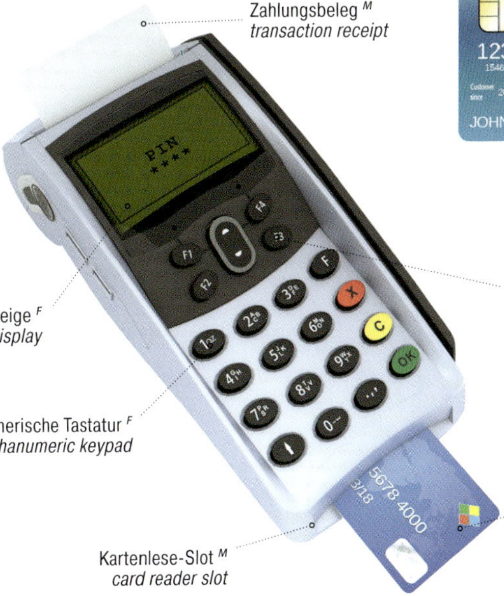

Zahlungsbeleg M
transaction receipt

LEXI24

1234 9010 4000 5678
1546

Customer since 2010

Expires End 02/19

JOHN SMITH

Scheckkarte F
debit card

PIN
****

Anzeige F
display

alphanumerische Tastatur F
alphanumeric keypad

Funktionstaste F
operation key

Kreditkarte F
credit card

5678 4000
3/18

Kartenlese-Slot M
card reader slot

Pistole ^F
pistol

Korn ^N
front sight

Gewehrrohr ^N
barrel

Take-Down-Hebel ^M
takedown lever

Kimme ^F
rear sight

Hahn ^M
hammer

Mündung ^F
muzzle

Verschluss ^M
slide

Abzug ^M
trigger

Sicherungsflügel ^M
safety catch

Abzugsbügel ^M
trigger guard

Ladestreifen ^M
magazine

Magazinhalter ^M
magazine catch

Griff ^M
butt

Grifffeld ^N
grip panel

Patronenhülse ^F
cartridge case

Magazin ^M
magazine

Kugel ^F
bullet

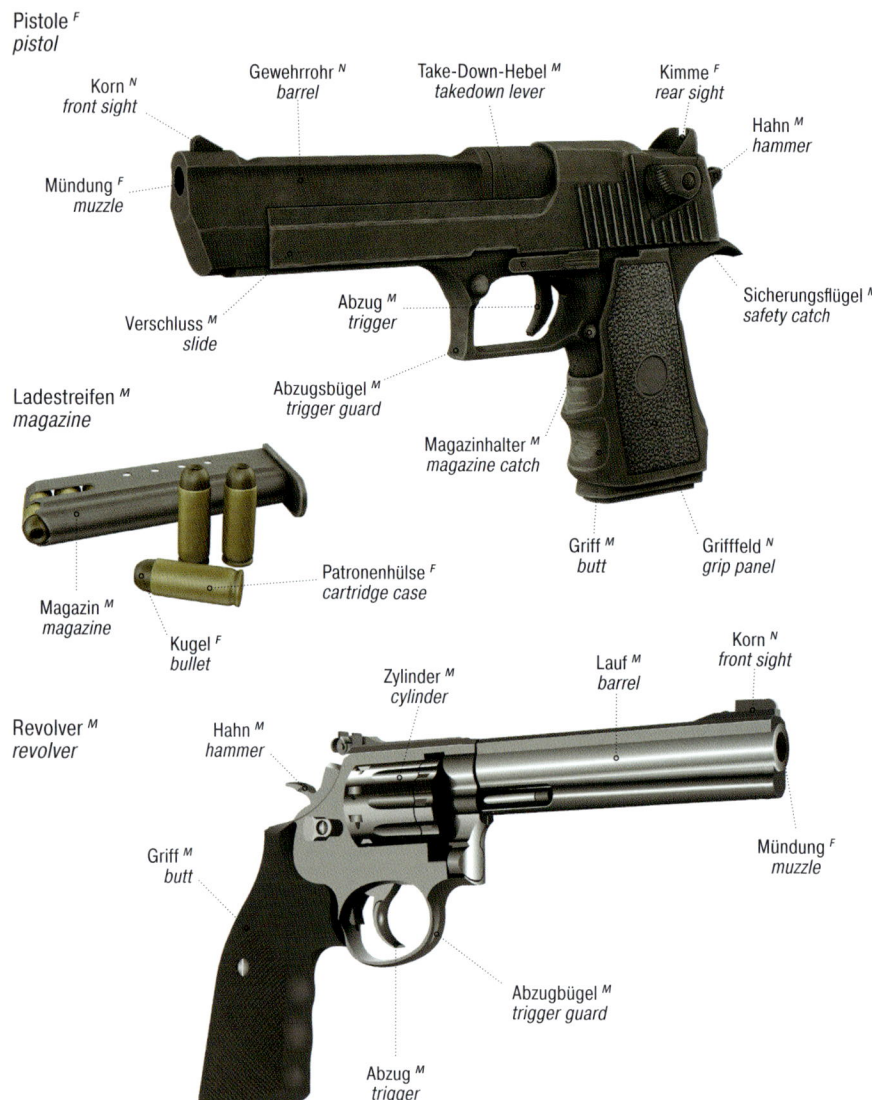

Korn ^N
front sight

Zylinder ^M
cylinder

Lauf ^M
barrel

Revolver ^M
revolver

Hahn ^M
hammer

Griff ^M
butt

Mündung ^F
muzzle

Abzugbügel ^M
trigger guard

Abzug ^M
trigger

Gasabzug *M*
gas tube

automatisches Gewehr *N*
assault rifle

Kornhalter *M*
front sight housing

Visier *N*
rear sight

Abzug *M*
trigger

Sicherheitsschloss *N* und Feuerhebel *M*
safety lever

Lauf *M*
barrel

Handschutz *M*
handguard

Schaft *M*
stock

Pistolengriff *M*
pistol grip

Magazin *N*
magazine

Patrone *F*
cartridge

Kugel *F*
bullet

Patronenhülse *F*
cartridge case

Primer *M*
primer

Sturmgewehr *N* mit Klappschaft *M*
assault rifle with folding stock

leichtes Maschinengewehr *N*
light machine gun

Soldat *M*
soldier

Soldat *M* der Spezialeinsatzkräfte *F*
special forces soldier

Helm *M*
helmet

Pistole *F*
pistol

kugelsichere Weste *F*
bulletproof vest

Halfter *N*
holster

Tarnuniform *F*
camouflage uniform

Stiefel *M*
boot

Handschuh *M*
glove

Helm *M*
helmet

Sturmhaube *F*
balaclava

kugelsichere Weste *F*
bulletproof vest

Gürtel *M*
belt

Pistole *F*
pistol

Halfter *N*
holster

Tasche *F*
pocket

Stiefel *M*
boot

Tarnuniform *F*
camouflage uniform

Zelt *N*
tent

Dach *N*
roof

Abspannleine *F*
guy line

Fensteröffnung *F*
window vent

Mückennetz *N*
mosquito net

Kampfpanzer ^{M}
main battle tank (MBT)

Panzerturm ^{M}
turret

Sehrohr ^{N}
periscope

Kanone ^{F}
cannon

Panzerung ^{F}
armour

Frontscheinwerfer ^{M}
headlight

Rad ^{N}
wheel

Luke ^{F}
hatch

Gleiskette ^{F}
track

Schützenpanzer ^{M}
infantry fighting vehicle (IFV)

schwerer Panzer ^{M}
heavy tank

Flugzeuge [N]
Aeroplanes

Abfangjäger [M]
interceptor

Rumpf [M]
fuselage

Heckflosse [F]
fin

Stabilisator [M]
horizontal stabiliser

Cockpit [N]
cockpit

Radarkuppel [F]
radome

00118

gepanzertes Metallüberzug [M]
armour plating

Fahrwerk [N]
landing gear

Flügel [M]
wing

Landeklappe [F]
flap

Düsenjäger [M]
jet fighter

Bombenflugzeug [N]
bomber

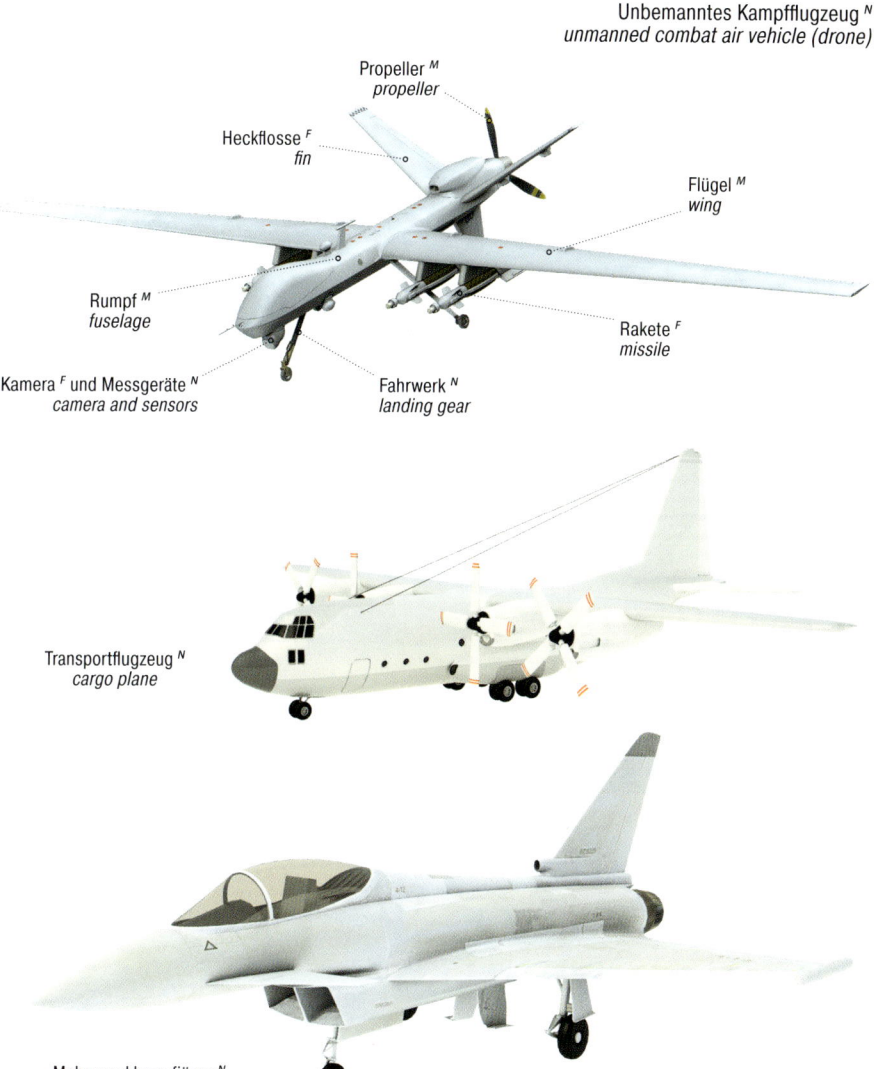

Unbemanntes Kampfflugzeug N
unmanned combat air vehicle (drone)

Propeller M
propeller

Heckflosse F
fin

Flügel M
wing

Rumpf M
fuselage

Rakete F
missile

Kamera F und Messgeräte N
camera and sensors

Fahrwerk N
landing gear

Transportflugzeug N
cargo plane

Mehrzweckkampfjäger N
multi-role fighter

Hubschrauber *M*
Helicopter

Rettungshubschrauber *M*
search and rescue (SAR) helicopter

Seitenansicht *F* eines Mehrzweckhubschraubers *M*
utility helicopter: side view

Motor *M*
engine

Rotorblatt *N*
rotor blade

Rotornabe *F*
rotor hub

Rumpf *M*
fuselage

Cockpit *N*
cockpit

Cockpittür *F*
cockpit door

Landefenster *N*
landing window

Fahrwerk *N*
landing gear

Rundumleuchte ^F
light

Heckrotor ^M
tail rotor

Heckausleger ^M
tail boom

Seitenfenster ^N
window

Heckrotor ^M
tail rotor pylon

Höhenleitwerk ^N
horizontal stabiliser

Kampfhubschrauber ^M
attack helicopter

Stufe ^F
step

Rad ^N
wheel

Transporthubschrauber ^M
transport helicopter

Küstenwachschiff [N]
patrol coastal ship

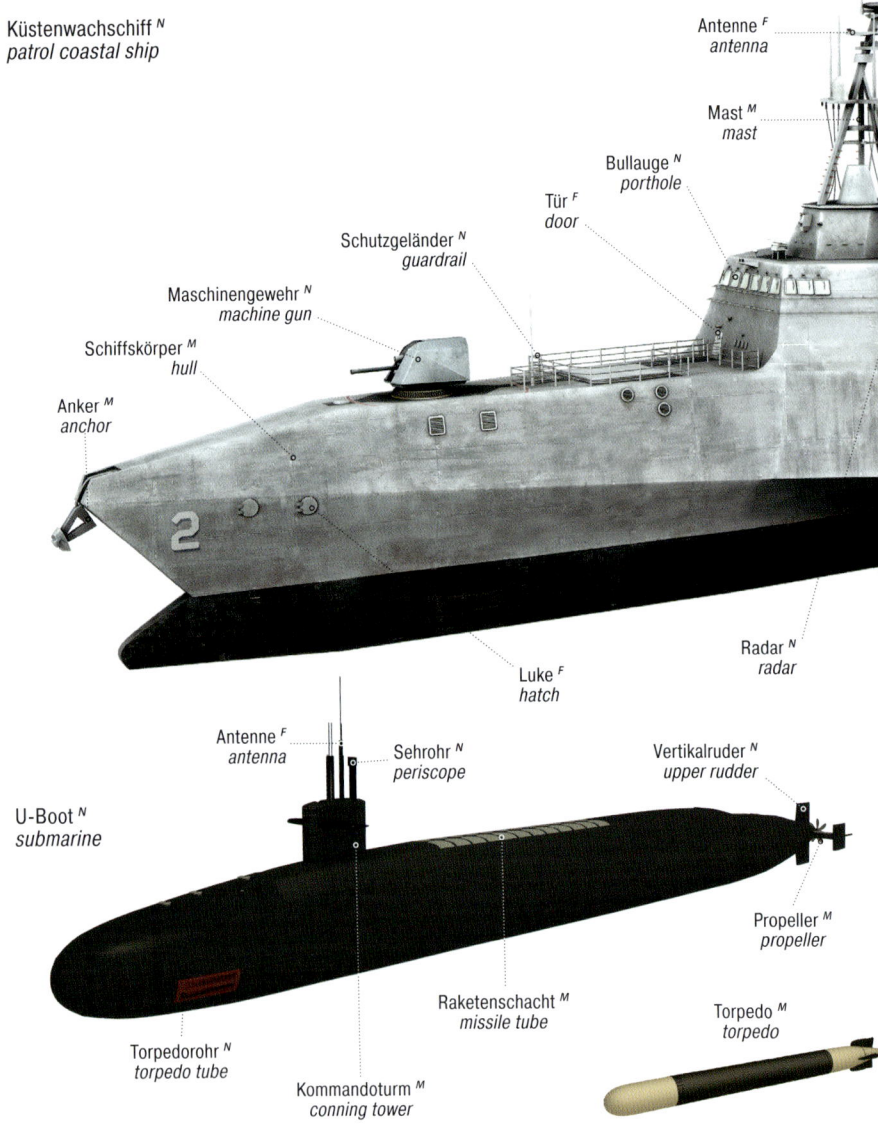

Antenne [F]
antenna

Mast [M]
mast

Bullauge [N]
porthole

Tür [F]
door

Schutzgeländer [N]
guardrail

Maschinengewehr [N]
machine gun

Schiffskörper [M]
hull

Anker [M]
anchor

Luke [F]
hatch

Radar [N]
radar

Antenne [F]
antenna

Sehrohr [N]
periscope

Vertikalruder [N]
upper rudder

U-Boot [N]
submarine

Propeller [M]
propeller

Torpedorohr [N]
torpedo tube

Raketenschacht [M]
missile tube

Kommandoturm [M]
conning tower

Torpedo [M]
torpedo

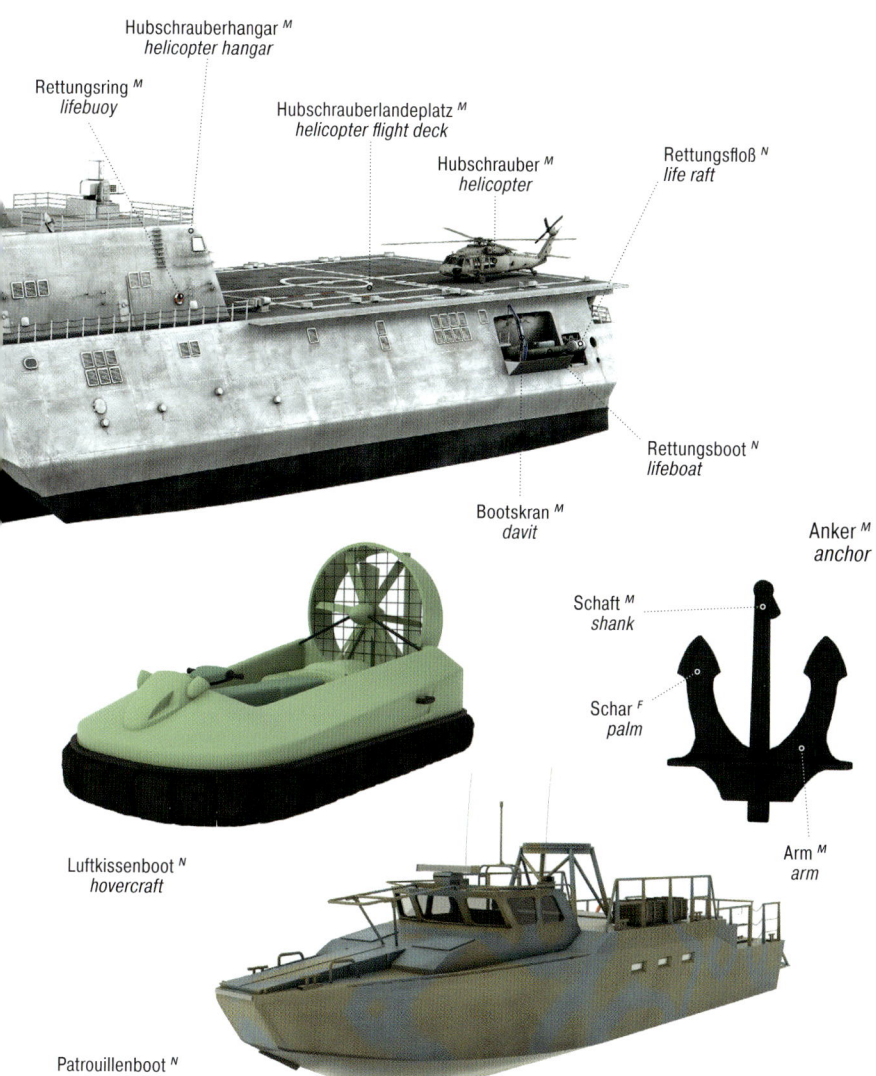

Hubschrauberhangar *M*
helicopter hangar

Rettungsring *M*
lifebuoy

Hubschrauberlandeplatz *M*
helicopter flight deck

Hubschrauber *M*
helicopter

Rettungsfloß *N*
life raft

Rettungsboot *N*
lifeboat

Bootskran *M*
davit

Anker *M*
anchor

Schaft *M*
shank

Schar *F*
palm

Arm *M*
arm

Luftkissenboot *N*
hovercraft

Patrouillenboot *N*
fast attack craft

Musikband ^F
band

Lichtset ^N
block of lights

PAR-Scheinwerfer ^M
parabolic aluminised
reflector light

Gitarrist ^M
guitarist

Gitarre ^F
electric guitar

Lautsprecher ^M
loudspeaker

Kabel ^N
cable

Monitor ^M
monitor

Synthesizer ^M
synthesizer

Keyboardspieler ^M
keyboardist

Toningenieu
audio engine

Sänger ᴹ
singer

Schlagzeuger ᴹ
drummer

Schlagzeug ᴺ
drum kit

Bassgitarrist ᴹ
bassist

Traverse ꜰ
trussing

Mischpult ᴹ
console

Stuhl ᴹ
chair

Laptop ᴹ
laptop computer

Tisch ᴹ
table

Bassgitarre ꜰ
bass guitar

Bühne ꜰ
stage

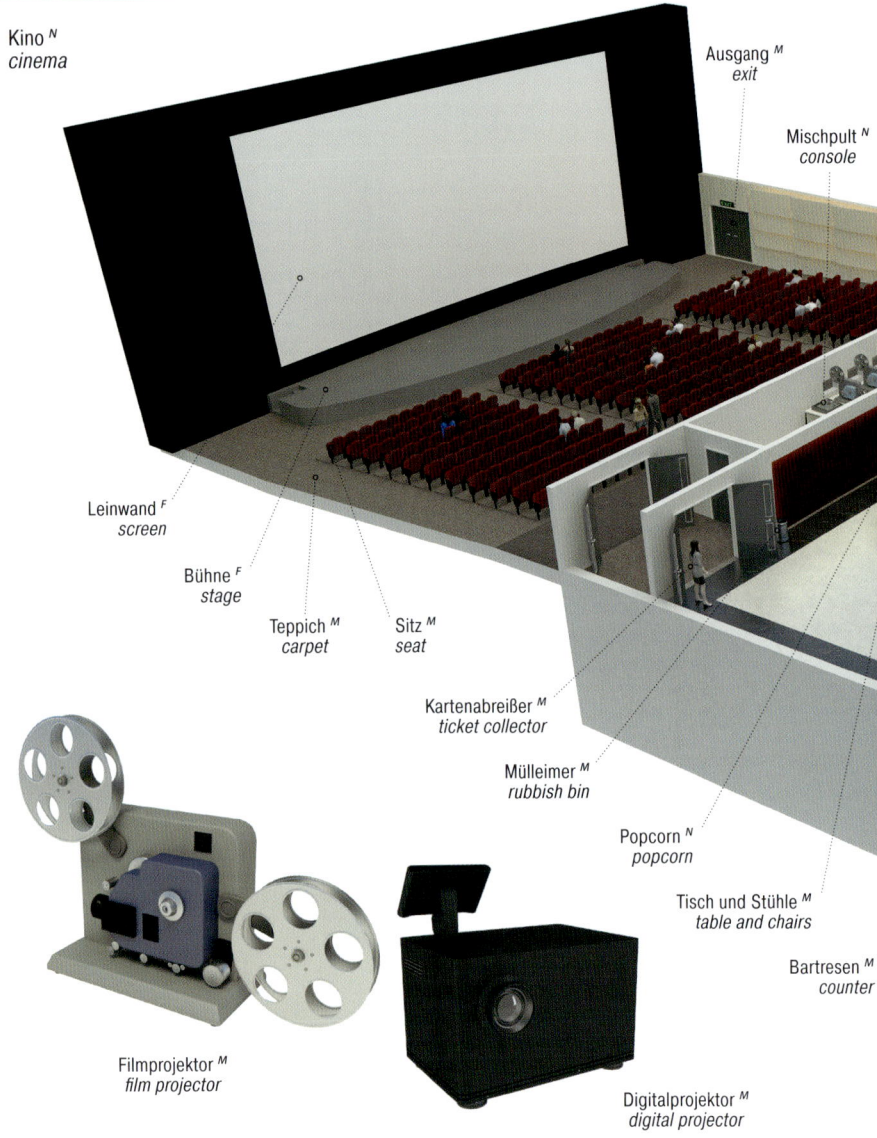

Kino [N]
cinema

Ausgang [M]
exit

Mischpult [N]
console

Leinwand [F]
screen

Bühne [F]
stage

Teppich [M]
carpet

Sitz [M]
seat

Kartenabreißer [M]
ticket collector

Mülleimer [M]
rubbish bin

Popcorn [N]
popcorn

Tisch und Stühle [M]
table and chairs

Bartresen [M]
counter

Filmprojektor [M]
film projector

Digitalprojektor [M]
digital projector

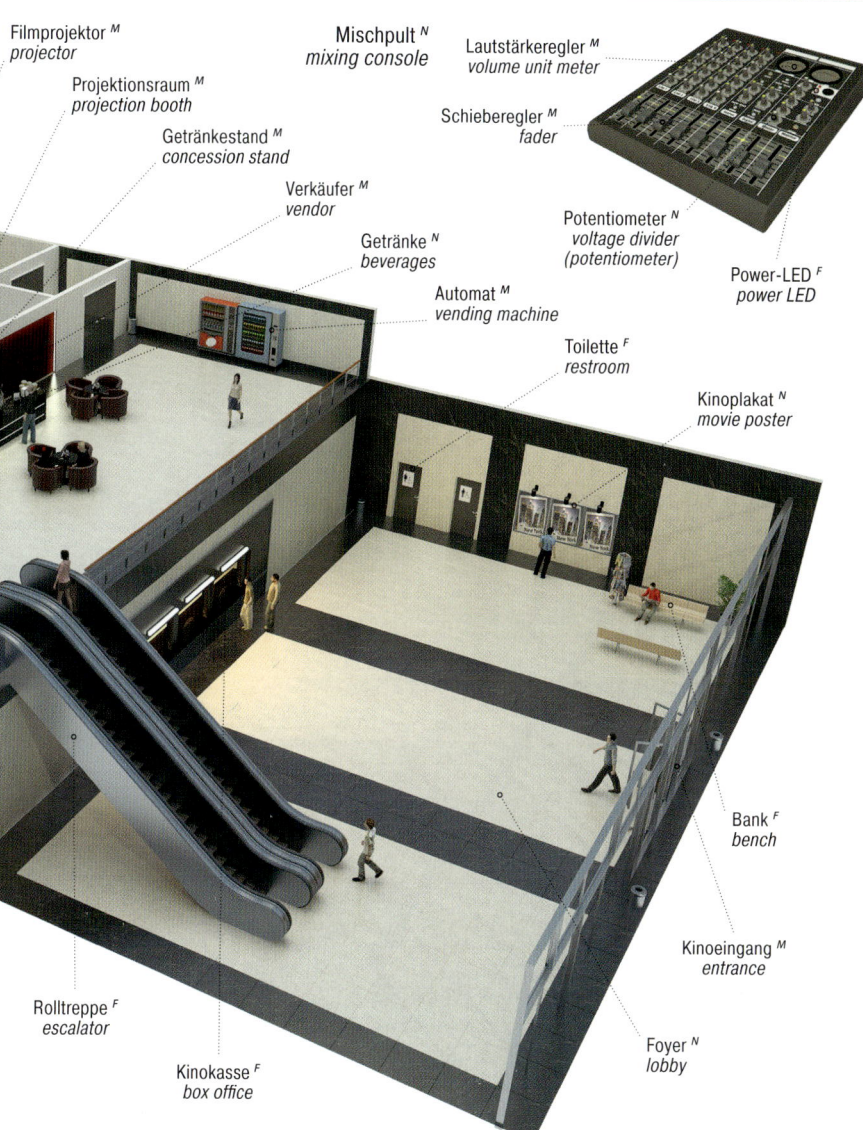

Filmprojektor *M*
projector

Mischpult *N*
mixing console

Lautstärkeregler *M*
volume unit meter

Projektionsraum *M*
projection booth

Schieberegler *M*
fader

Getränkestand *M*
concession stand

Verkäufer *M*
vendor

Potentiometer *N*
voltage divider
(potentiometer)

Getränke *N*
beverages

Power-LED *F*
power LED

Automat *M*
vending machine

Toilette *F*
restroom

Kinoplakat *N*
movie poster

Bank *F*
bench

Kinoeingang *M*
entrance

Rolltreppe *F*
escalator

Kinokasse *F*
box office

Foyer *N*
lobby

Fernsehshow ^F
television show

Podium ^N
stage

Tisch ^M
desk

Kulisse ^F
scenery

Moderator ^M
host

Bildschirm ^M
monitor

Studiogast ^{M}
guest

Stuhl ^{M}
chair

E-Gitarre ^{F}
electric guitar

Schlagzeug ^{N}
drum kit

Mikrofon ^{N}
microphone

Bühne ᶠ
stage

Lichter ᴺ
spotlight

Vorbühne ᶠ
proscenium

Hauptvorhang ᴹ
stage curtain

Schauspielerin ᶠ
actress

Orchestergraben ᴹ
orchestra pit

Dirigent ᴹ
orchestra conductor

Zierleiste ^F
upper auxiliary decoration

Hintergrund ^M
backdrop

Schauspieler ^M
actor

Schaubühne ^F
stage

Publikum ^N
audience

Klavier ^N
upright piano

Korpus ^M
cabinet

obere Platte ^F
upper panel

Deckel ^M
lid

Notenständer ^M
music stand

Tastenklappe ^F
fallboard

Taste ^F
key

Tastenblock ^M
keyblock

Klaviaturboden ^M
keybed

Standbein ^N
leg

untere Platte ^F
lower panel

Synthesizer ^M
synthesizer

Zeigertasten ^F
cursor buttons

Zehblock ^M
toe block

Pianopedal ^N
soft pedal

Tonhaltepedal ^N
muffler pedal

Fortepedal ^N
damper pedal

LCD ^N
liquid-crystal display (LCD)

Bedienfeld ^N
system buttons

Skala ^F
dial

Tonhöhenregler ^M
pitch switch

Sequenztasten
sequencer buttons

Funktionstasten ^F
function buttons

Schlagzeug N
drum kit

Hi-Hat F
high-hat cymbal

Schlagfell N
drumhead

Ridebecken N
ride cymbal

Tom-Tom N
tom-tom

Crashbecken N
crash cymbal

Basstrommel F
bass drum

Rand M
rim

Tenor Drum F
tenor drum

hohes Becken N
superior cymbal

tiefes Becken N
inferior cymbal

Hocker M
stool

Dreifußstand M
tripod stand

Standbein N
leg

Hammer M
bass drum hammer

Hi-Hat-Ständer M
high-hat stand

Basstrommelpedal N
pedal

Lasche F
lug

Snare F
snare drum

Stand M
stand

Basstrommel F
bass drum

Basstrommelschlägel M
bass drum hammer

Schlägel M
mallet

Djembe F
djembe

Becken *M*
cymbals

Triangel *F*
triangle

Tamburine *F*
tambourine

Gong *M*
gong

Trommelstöcke *M*
drumsticks

Schlittenglocke *F*
sleigh bells

Kastagnetten *F*
castanets

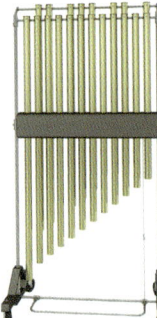

Röhrenglocken *F*
tubular bells

Stahlbesen *M*
wire brush

Xylophon *N*
xylophone

Vibrafon *N*
vibraphone

Blechblasinstrumente [N]
Brass instruments

Posaune [F]
trombone

Schallbechersteg [M]
bell brace

Überwurfmutter [F]
bell lock ring

Gegengewicht [N]
counterweight

Glocke [F]
bell

Stimmzug [M]
tuning slide

Knopf [M]
slide bumper

Wasserklappe [F]
water key

Mundstück [N]
mouthpiece

Quersteg [M]
second slide brace

Zug [M]
slide

Trompete [N]
trumpet

Stimmzug [M]
tuning slide

Waldhorn [N]
French horn

Ventilbogen [M]
valve slide

Mundstück [N]
mouthpiece

Mundstückaufnahme [F]
mouthpiece receiver

Schallbecher [M]
bell

Ventiltaste [F]
valve key

Schallbecher [M]
bell pipe

Drehventil [N]
rotary valve

Fingerhaken [M] (vierter Hebel [M])
thumb key (fourth lever)

Signalhorn [N]
bugle

Tuba ^{F}
tuba

Saxhorn ^{N}
saxhorn

Flügelhorn ^{N}
flugelhorn

Kornett ^{N}
cornet

Holzblasinstrumente ^{N}

Woodwind instruments

Saxophon ^{N}
saxophone

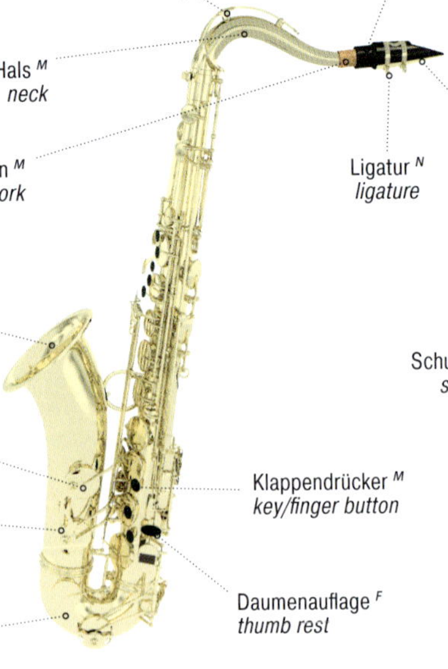

Oktavklappen ^{F}
octave key

Mundstück ^{N}
mouthpiece

Hals ^{M}
neck

Rohrblattinstrument ^{N}
reed

Halskorken ^{M}
neck cork

Ligatur ^{N}
ligature

Blockflöte ^{F}
recorder

Schallbecher ^{M}
bell

Panflöte ^{F}
panpipe

Schuh ^{M}
shoe

Klappe ^{F}
key

Klappendrücker ^{M}
key/finger button

Abdeckung ^{F}
key guard

Bogen ^{M}
bow

Daumenauflage ^{F}
thumb rest

Röhrchen ^{N}
tube

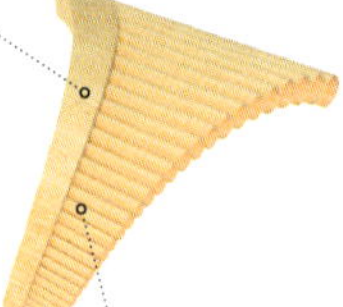

Englischhorn [N]
English horn

Fagott [N]
bassoon

Kontrafagott [N]
contrabassoon

Konzertflöte [F]
concert flute

Klarinette [F]
clarinet

Bassklarinette [F]
bass clarinet

Querflöte [F]
treble flute

Oboe [F]
oboe

Piccolo [N]
piccolo

Cello ^N
cello

Geige ^F und Geigenbogen ^M
violin and bow

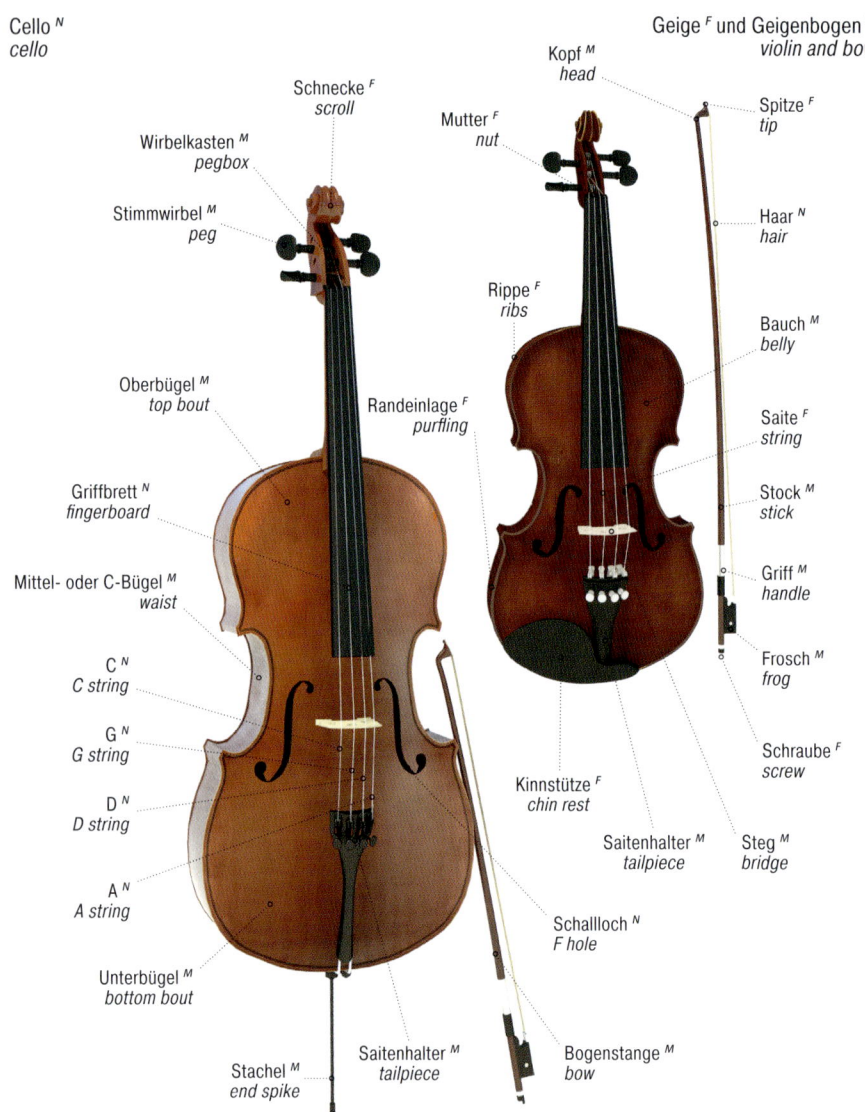

Schnecke ^F
scroll

Wirbelkasten ^M
pegbox

Stimmwirbel ^M
peg

Kopf ^M
head

Mutter ^F
nut

Spitze ^F
tip

Haar ^N
hair

Rippe ^F
ribs

Bauch ^M
belly

Oberbügel ^M
top bout

Randeinlage ^F
purfling

Saite ^F
string

Griffbrett ^N
fingerboard

Stock ^M
stick

Mittel- oder C-Bügel ^M
waist

Griff ^M
handle

C ^N
C string

Frosch ^M
frog

G ^N
G string

D ^N
D string

Kinnstütze ^F
chin rest

Schraube ^F
screw

A ^N
A string

Saitenhalter ^M
tailpiece

Steg ^M
bridge

Unterbügel ^M
bottom bout

Schallloch ^N
F hole

Stachel ^M
end spike

Saitenhalter ^M
tailpiece

Bogenstange ^M
bow

Bassgitarre ^{F}
bass guitar

E-Gitarre ^{F}
electric guitar

Wirbelbrett ^{N}
headstock

Stimmstift ^{M}
tuning peg

Positionsmarkierung ^{F}
position marker

Bund ^{M}
fret

zwölfte Bundmarkierung ^{F}
twelfth fret marker

Griffbrett ^{N}
fingerboard

Bandsystem ^{N}
strap button

Cutaway ^{M}
cutaway

Schlagbrett ^{N}
pickguard

Saite ^{F}
string

Tonabnehmer ^{M}
pickup

Ausgangsbuchse ^{F}
output jack

Steg ^{M}
bridge

Mutter ^{F}
nut

Antriebskopf ^{M}
headstock

Hals ^{M}
neck

Hals-Tonabnehmer ^{M}
neck pickup

mittlerer Tonabnehmer ^{M}
middle pickup

Steg-Tonabnehmer ^{M}
bridge pickup

Tremolo ^{N}
whammy bar

Abnehmerwahlschalter ^{M}
pickup selector

Tonregler ^{M}
tone control

Lautstärkeregler ^{M}
volume control

Korpus ^{M}
body

Akustikgitarre ^F
acoustic guitar

Stimmwirbel ^M
peg

Antriebskopf ^M
headstock

Mutter ^F
nut

Bund ^M
fret

Hals ^M
neck

Absatz ^M
heel

Rippe ^F
ribs

Rosette ^F
rosette

Schallloch ^N
sound hole

Halbresonanzgitarre ^F
semi-acoustic guitar

Bindung ^F
purfling

Saite ^F
string

Steg ^M
bridge

Verstimmungspedal ^N
distortion pedal

Resonanzboden ^M
soundboard

Gitarrenverstärker ^M
amplifier

Gitarrenkoffer ^M
guitar case

Konzertina ^F
concertina

Harmonium ^N
harmonium

Melodica ^F
melodica

Harmonika ^F
harmonica

Akkordeon ^N
accordion

Bajan ^N
bayan

Staffelei ^F
easel

Leinwand ^F
canvas

Neigungseinstellknopf ^M
tilt-adjustment knob

verschiebbares
Mittelstück ^N
sliding shaft

Passepartout ^N
mount

Hinterbein ^N
rear leg

Vorderbein ^N
front leg

Basis ^F
base

Rad ^N
wheel

Querlatte ^F
crossbar

Leinwand ^F
canvas

Öl- oder Acrylfarbe ^F
oil or acrylic paint

Pastellkreiden ^F
dry pastel

Wasserfarbe ^F
watercolor

Palette ^F
palette

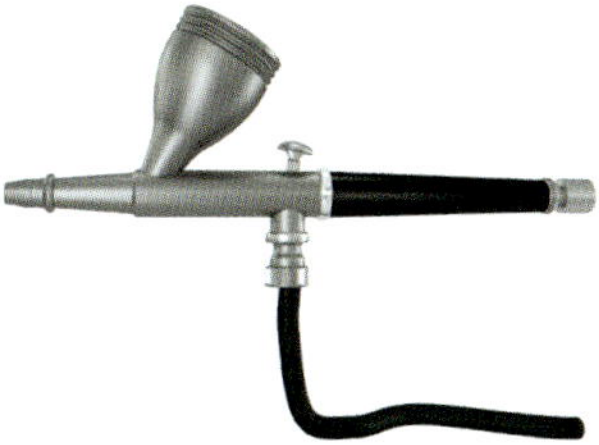

Airbrush *F*
airbrush

Wachsmalstift *M*
wax crayon

Pinsel *M*
brush

Flachpinsel *M*
flat brush

Gouache *F*
gouache

Farbstift *M*
coloured pencil

Terpentin *N*
turpentine

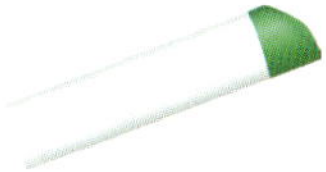

Ölpastell *N*
oil pastel

Mosaik *N*
Mosaic work

Mosaikkleber *M*
glue

Mosaik *N*
mosaic

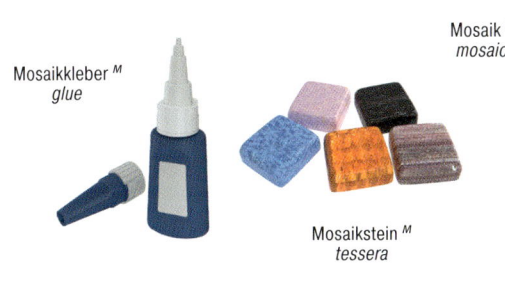

Mosaikstein *M*
tessera

Stickerei ^F
Embroidery

Plattstich ^M
satin stitch

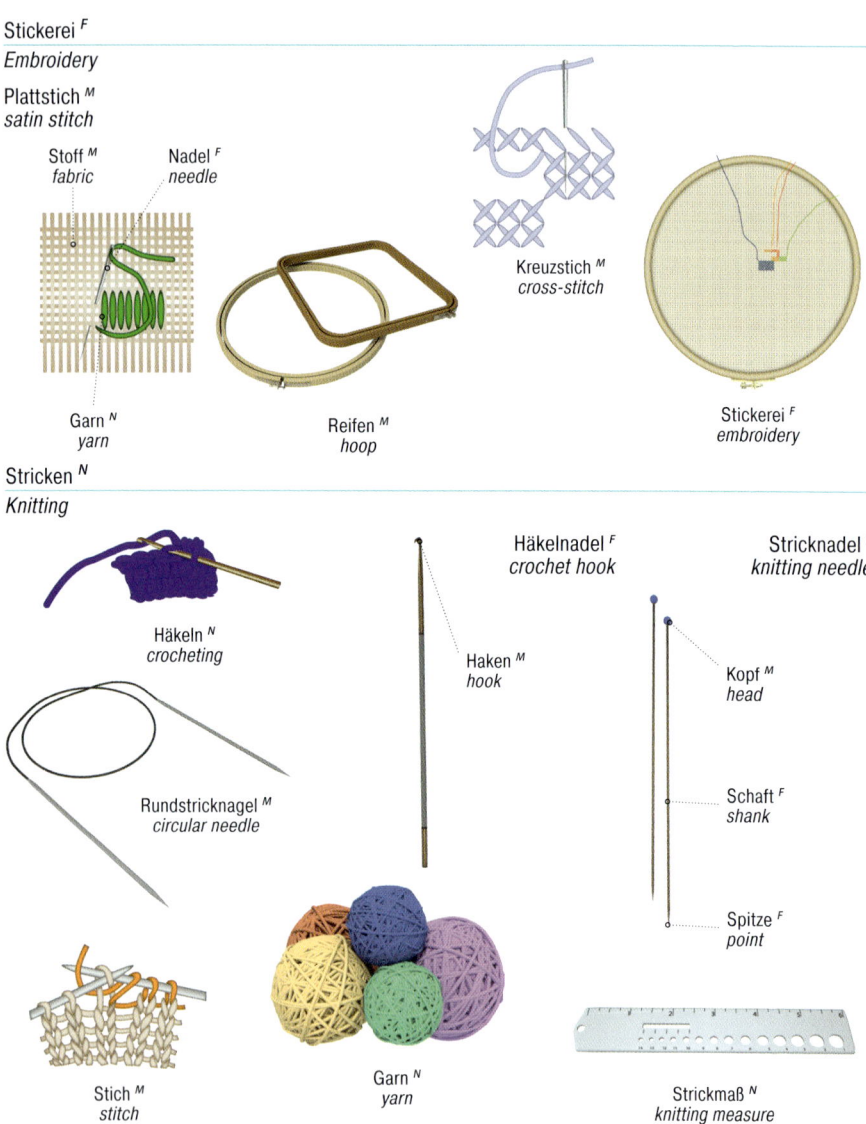

Stoff ^M
fabric

Nadel ^F
needle

Kreuzstich ^M
cross-stitch

Garn ^N
yarn

Reifen ^M
hoop

Stickerei ^F
embroidery

Stricken ^N
Knitting

Häkeln ^N
crocheting

Häkelnadel ^F
crochet hook

Stricknadel ^F
knitting needle

Haken ^M
hook

Kopf ^M
head

Rundstricknagel ^M
circular needle

Schaft ^F
shank

Spitze ^F
point

Stich ^M
stitch

Garn ^N
yarn

Strickmaß ^N
knitting measure

Nähen ^N
Sewing

Nähmaschine ^F
sewing machine

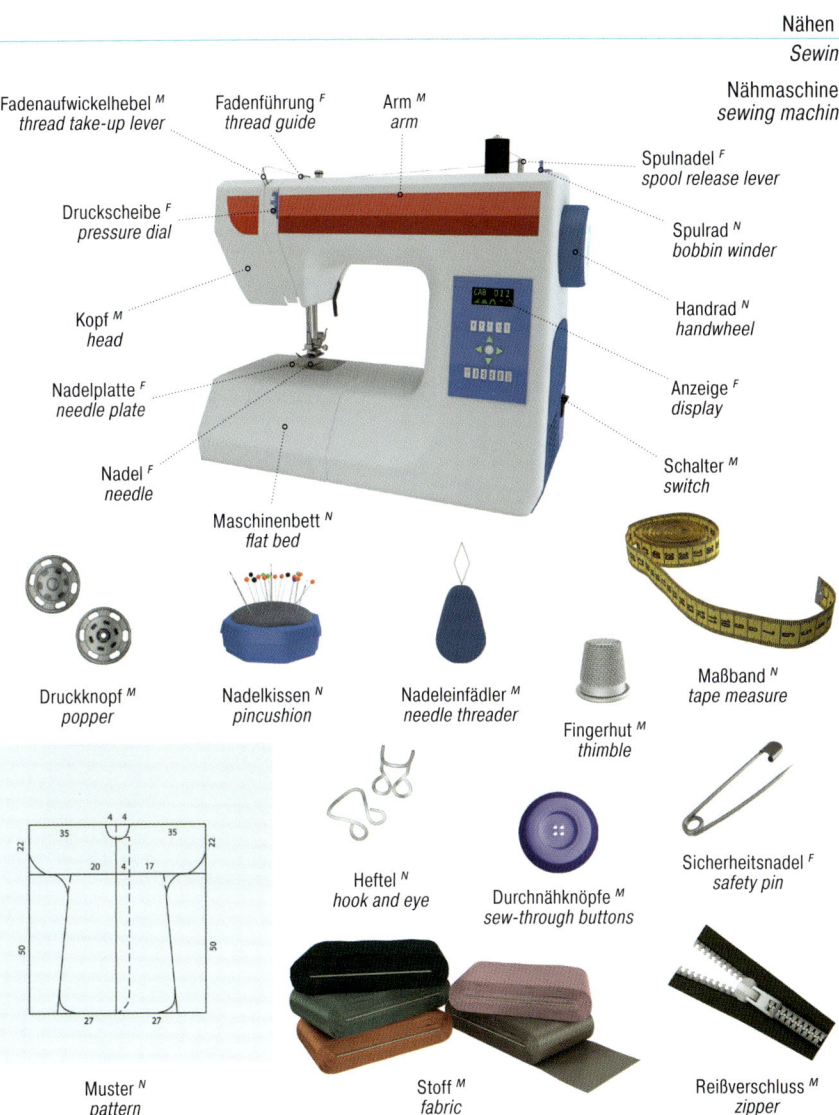

Fadenaufwickelhebel ^M
thread take-up lever

Fadenführung ^F
thread guide

Arm ^M
arm

Spulnadel ^F
spool release lever

Druckscheibe ^F
pressure dial

Spulrad ^N
bobbin winder

Kopf ^M
head

Handrad ^N
handwheel

Nadelplatte ^F
needle plate

Anzeige ^F
display

Nadel ^F
needle

Schalter ^M
switch

Maschinenbett ^N
flat bed

Druckknopf ^M
popper

Nadelkissen ^N
pincushion

Nadeleinfädler ^M
needle threader

Fingerhut ^M
thimble

Maßband ^N
tape measure

Heftel ^N
hook and eye

Durchnähknöpfe ^M
sew-through buttons

Sicherheitsnadel ^F
safety pin

Muster ^N
pattern

Stoff ^M
fabric

Reißverschluss ^M
zipper

Kathedrale *F*
cathedral

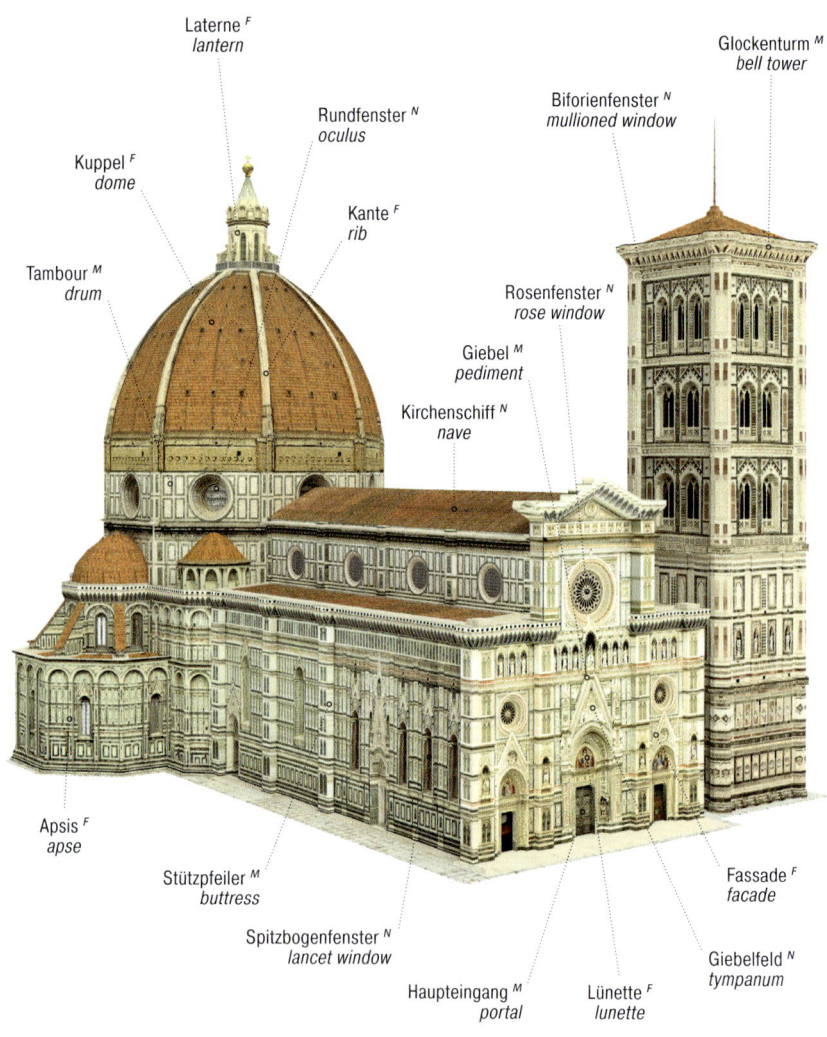

Laterne *F*
lantern

Rundfenster *N*
oculus

Glockenturm *M*
bell tower

Biforienfenster *N*
mullioned window

Kuppel *F*
dome

Kante *F*
rib

Tambour *M*
drum

Rosenfenster *N*
rose window

Giebel *M*
pediment

Apsis *F*
apse

Kirchenschiff *N*
nave

Stützpfeiler *M*
buttress

Spitzbogenfenster *N*
lancet window

Fassade *F*
facade

Haupteingang *M*
portal

Lünette *F*
lunette

Giebelfeld *N*
tympanum

Moschee ^F
mosque

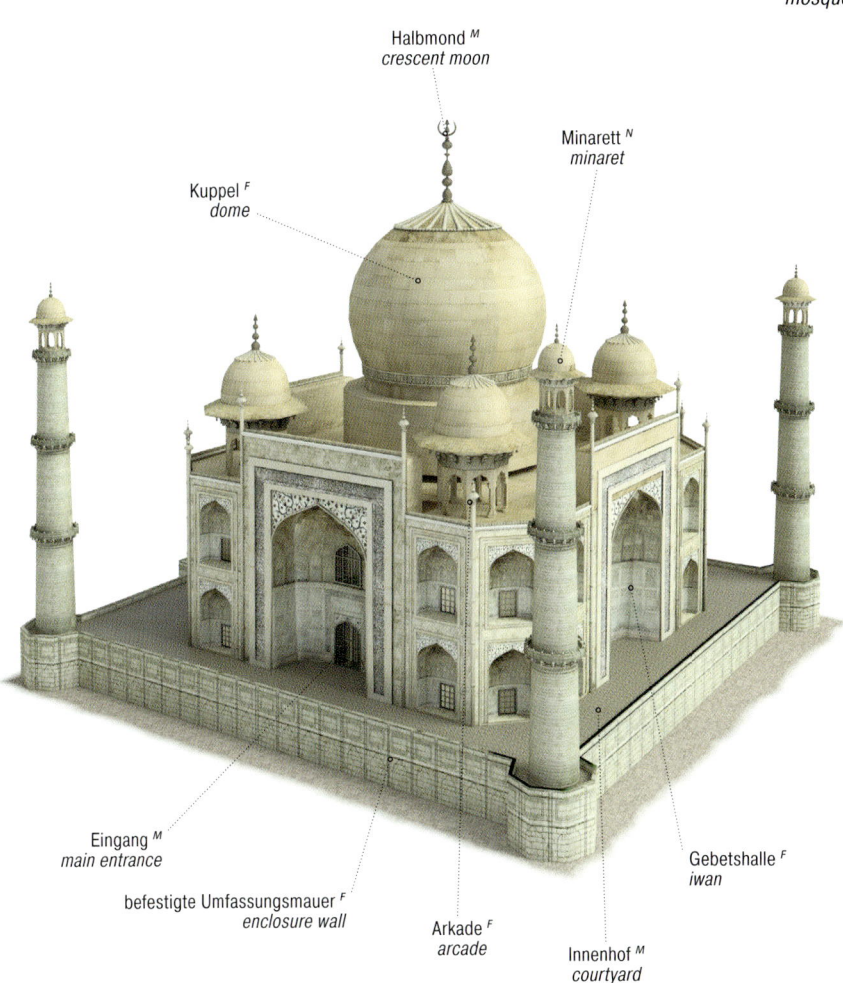

Halbmond ^M
crescent moon

Minarett ^N
minaret

Kuppel ^F
dome

Eingang ^M
main entrance

befestigte Umfassungsmauer ^F
enclosure wall

Arkade ^F
arcade

Gebetshalle ^F
iwan

Innenhof ^M
courtyard

Synagoge ^F
synagogue

Davidstern ^M
Star of David

Eingang ^M
main entrance

griechischer Tempel ^M
Greek temple

Ziegel ^F
tile

Fries ^M
frieze

Architrav ^M
architrave

Euthynterie ^F
euthynteria

Stylobat ^M
stylobate

Peristyl ^N
peristyle

Säule ^F
column

Gebälk ^N
entablature

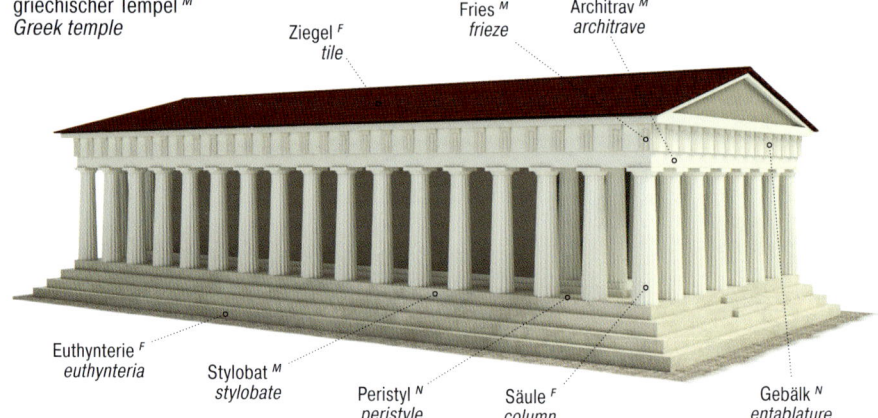

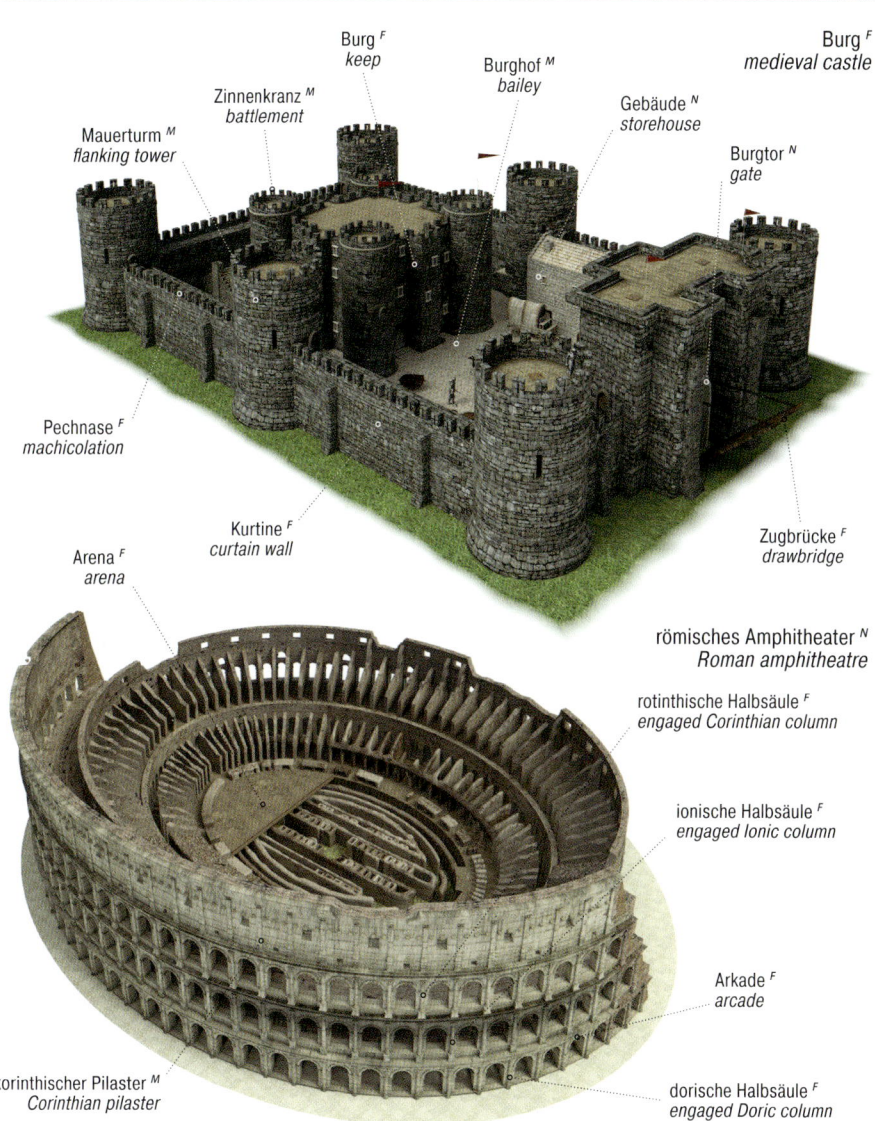

Burg *F*
keep

Burghof *M*
bailey

Burg *F*
medieval castle

Zinnenkranz *M*
battlement

Gebäude *N*
storehouse

Mauerturm *M*
flanking tower

Burgtor *N*
gate

Pechnase *F*
machicolation

Zugbrücke *F*
drawbridge

Kurtine *F*
curtain wall

Arena *F*
arena

römisches Amphitheater *N*
Roman amphitheatre

rotinthische Halbsäule *F*
engaged Corinthian column

ionische Halbsäule *F*
engaged Ionic column

Arkade *F*
arcade

korinthischer Pilaster *M*
Corinthian pilaster

dorische Halbsäule *F*
engaged Doric column

Fußballfeld [N]
football field

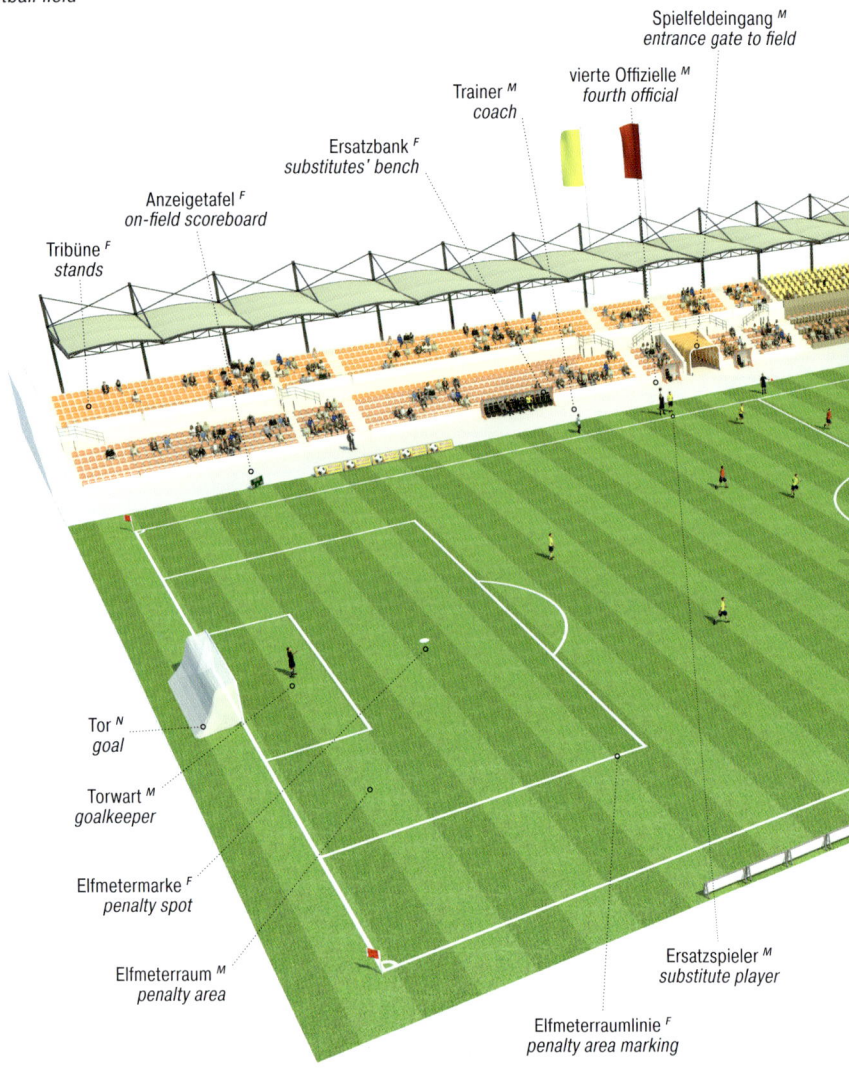

Spielfeldeingang [M]
entrance gate to field

Trainer [M]
coach

vierte Offizielle [M]
fourth official

Ersatzbank [F]
substitutes' bench

Anzeigetafel [F]
on-field scoreboard

Tribüne [F]
stands

Tor [N]
goal

Torwart [M]
goalkeeper

Elfmetermarke [F]
penalty spot

Elfmeterraum [M]
penalty area

Ersatzspieler [M]
substitute player

Elfmeterraumlinie [F]
penalty area marking

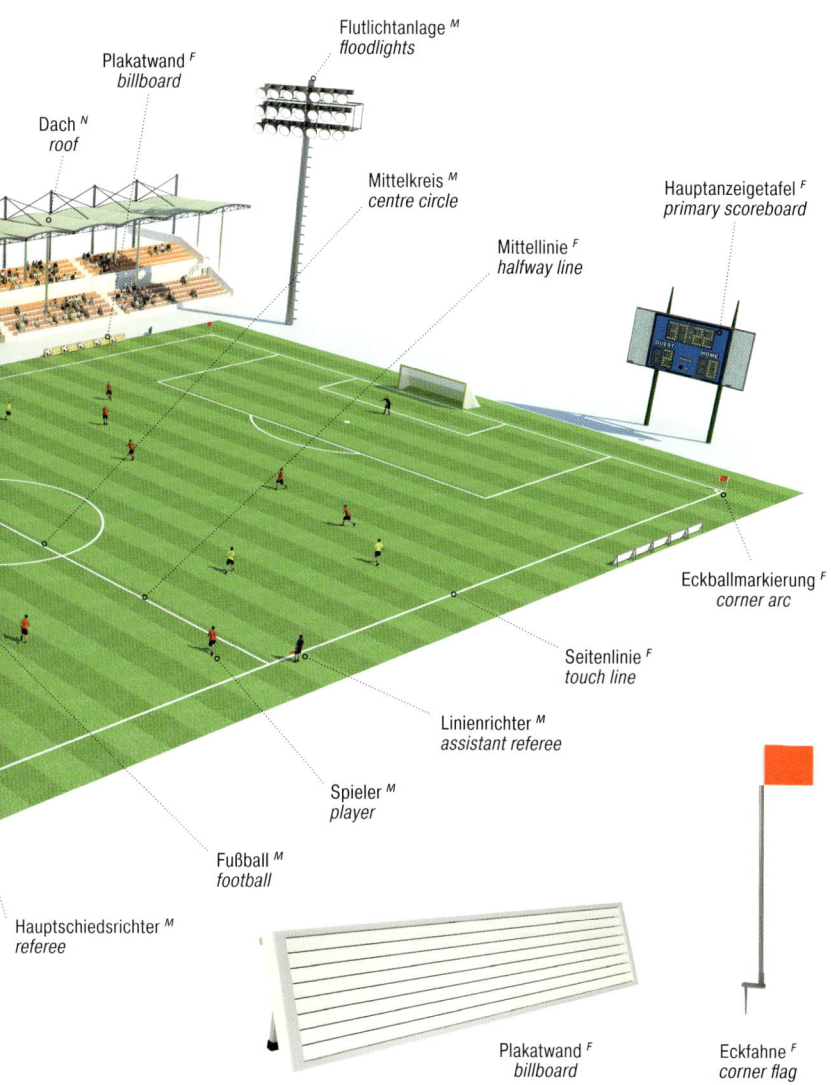

Plakatwand ^F
billboard

Dach ^N
roof

Flutlichtanlage ^M
floodlights

Mittelkreis ^M
centre circle

Hauptanzeigetafel ^F
primary scoreboard

Mittellinie ^F
halfway line

Eckballmarkierung ^F
corner arc

Seitenlinie ^F
touch line

Linienrichter ^M
assistant referee

Spieler ^M
player

Fußball ^M
football

Hauptschiedsrichter ^M
referee

Plakatwand ^F
billboard

Eckfahne ^F
corner flag

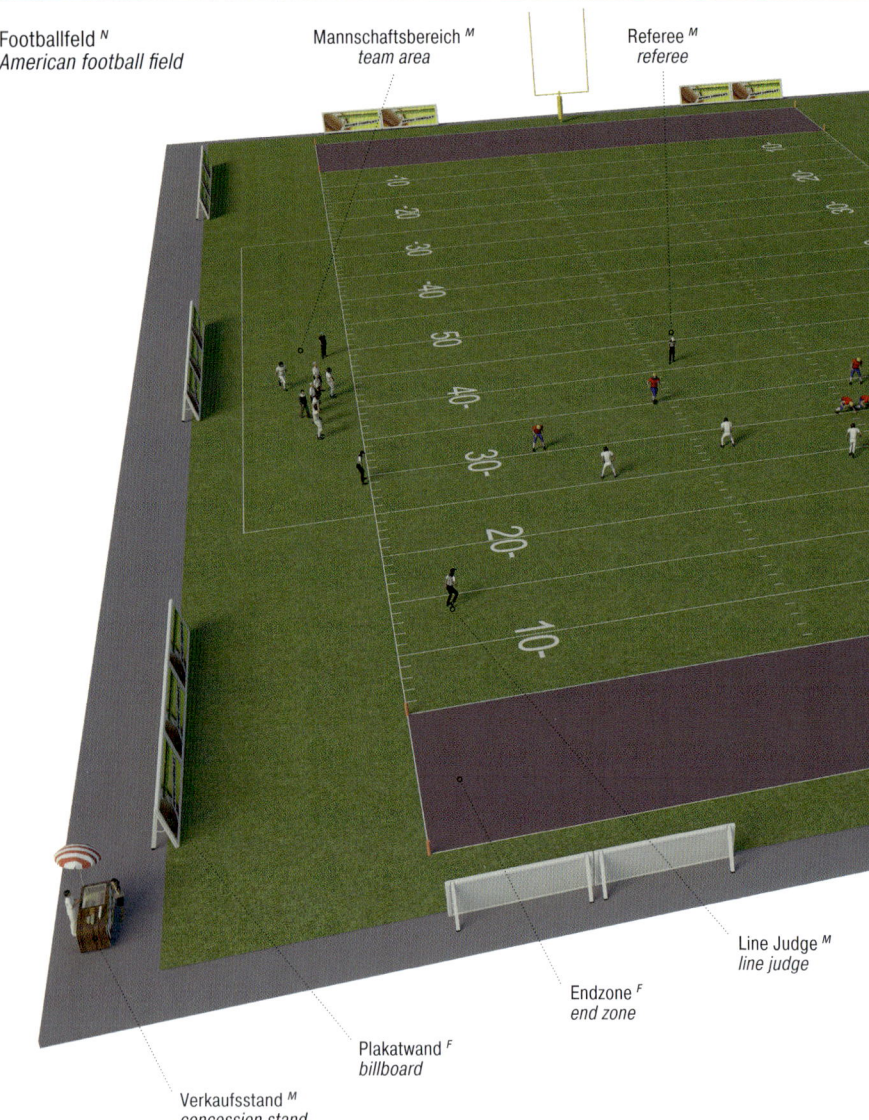

Footballfeld [N]
American football field

Mannschaftsbereich [M]
team area

Referee [M]
referee

Line Judge [M]
line judge

Endzone [F]
end zone

Plakatwand [F]
billboard

Verkaufsstand [M]
concession stand

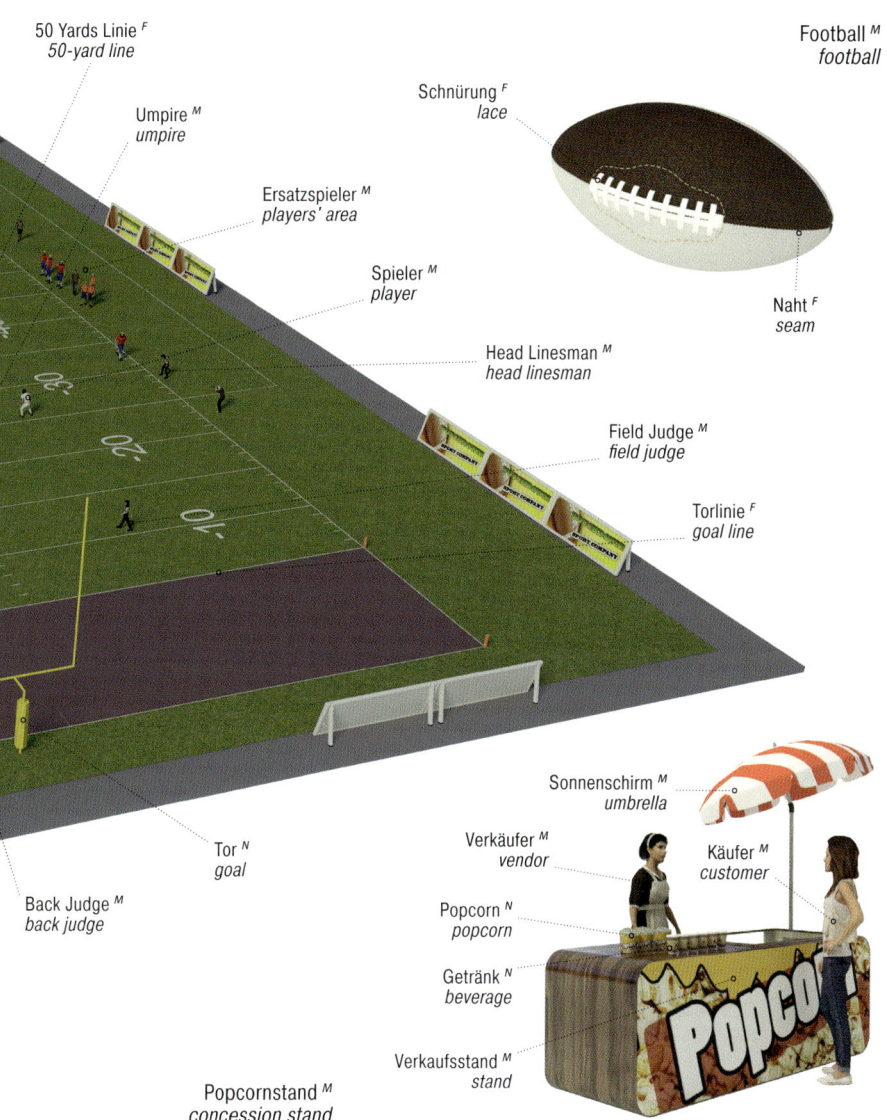

50 Yards Linie ᶠ
50-yard line

Umpire ᴹ
umpire

Ersatzspieler ᴹ
players' area

Spieler ᴹ
player

Head Linesman ᴹ
head linesman

Field Judge ᴹ
field judge

Torlinie ᶠ
goal line

Football ᴹ
football

Schnürung ᶠ
lace

Naht ᶠ
seam

Back Judge ᴹ
back judge

Tor ᴺ
goal

Sonnenschirm ᴹ
umbrella

Verkäufer ᴹ
vendor

Käufer ᴹ
customer

Popcorn ᴺ
popcorn

Getränk ᴺ
beverage

Verkaufsstand ᴹ
stand

Popcornstand ᴹ
concession stand

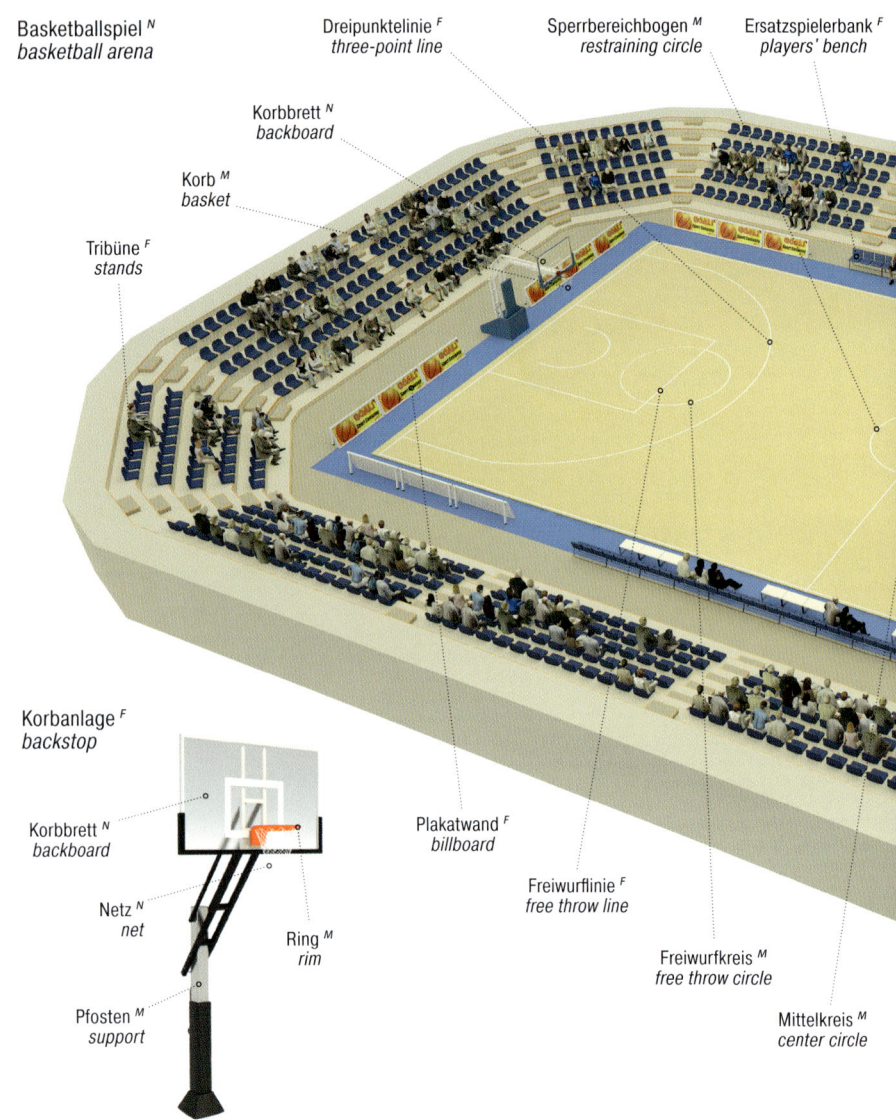

Basketballspiel [N]
basketball arena

Dreipunktelinie [F]
three-point line

Sperrbereichbogen [M]
restraining circle

Ersatzspielerbank [F]
players' bench

Korbbrett [N]
backboard

Korb [M]
basket

Tribüne [F]
stands

Korbanlage [F]
backstop

Korbbrett [N]
backboard

Netz [N]
net

Ring [M]
rim

Pfosten [M]
support

Plakatwand [F]
billboard

Freiwurflinie [F]
free throw line

Freiwurfkreis [M]
free throw circle

Mittelkreis [M]
center circle

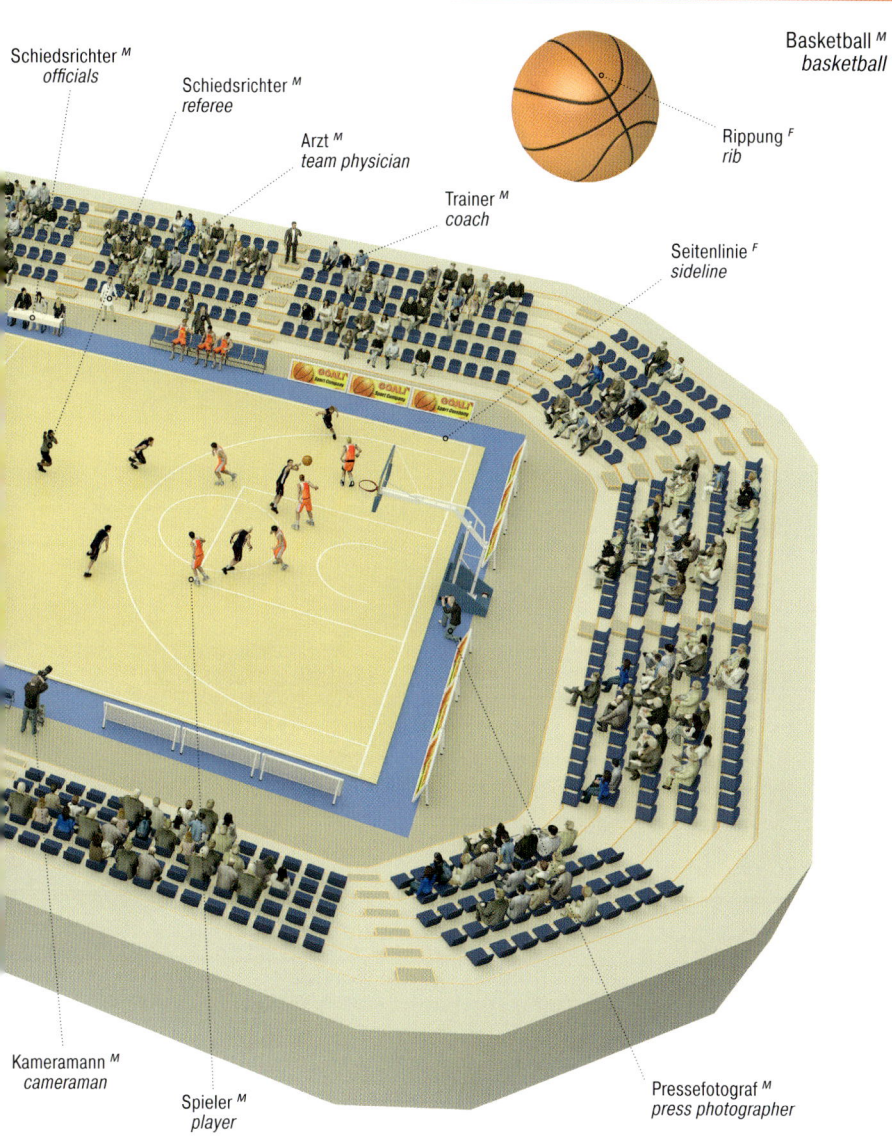

Schiedsrichter ^M
officials

Schiedsrichter ^M
referee

Arzt ^M
team physician

Trainer ^M
coach

Basketball ^M
basketball

Rippung ^F
rib

Seitenlinie ^F
sideline

Kameramann ^M
cameraman

Spieler ^M
player

Pressefotograf ^M
press photographer

Baseballfeld [N]
baseball field

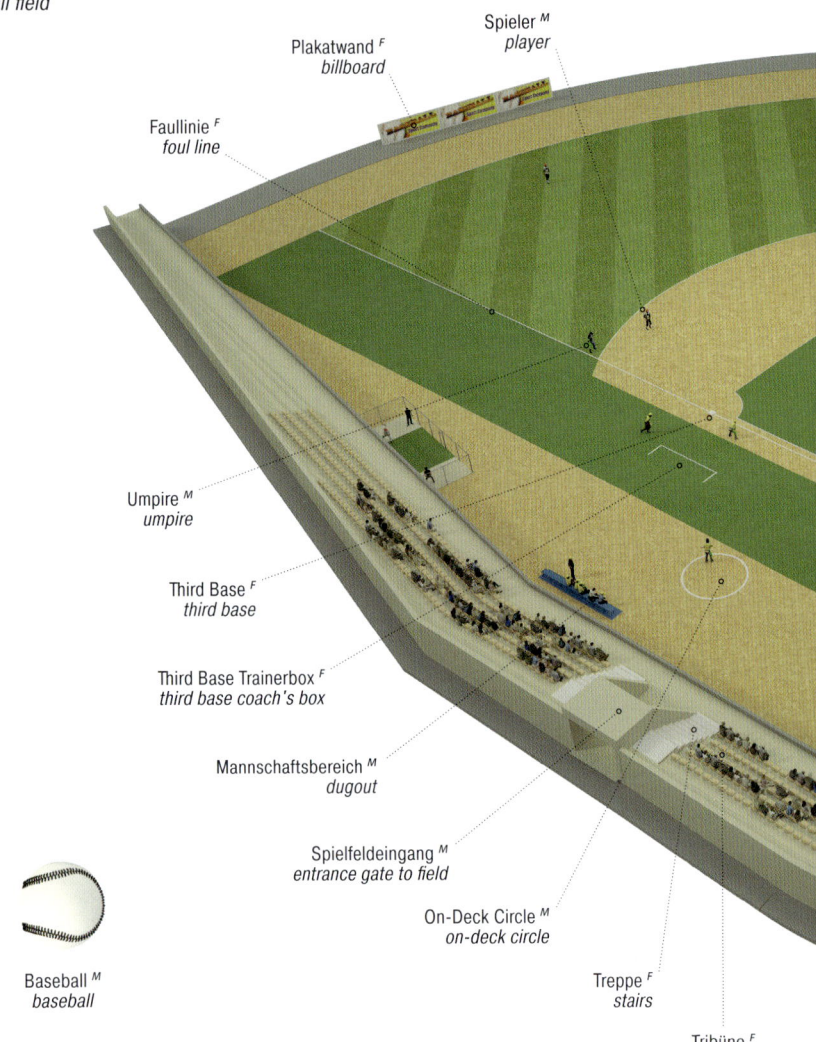

Plakatwand [F]
billboard

Spieler [M]
player

Faullinie [F]
foul line

Umpire [M]
umpire

Third Base [F]
third base

Third Base Trainerbox [F]
third base coach's box

Mannschaftsbereich [M]
dugout

Spielfeldeingang [M]
entrance gate to field

On-Deck Circle [M]
on-deck circle

Treppe [F]
stairs

Tribüne [F]
stands

Baseball [M]
baseball

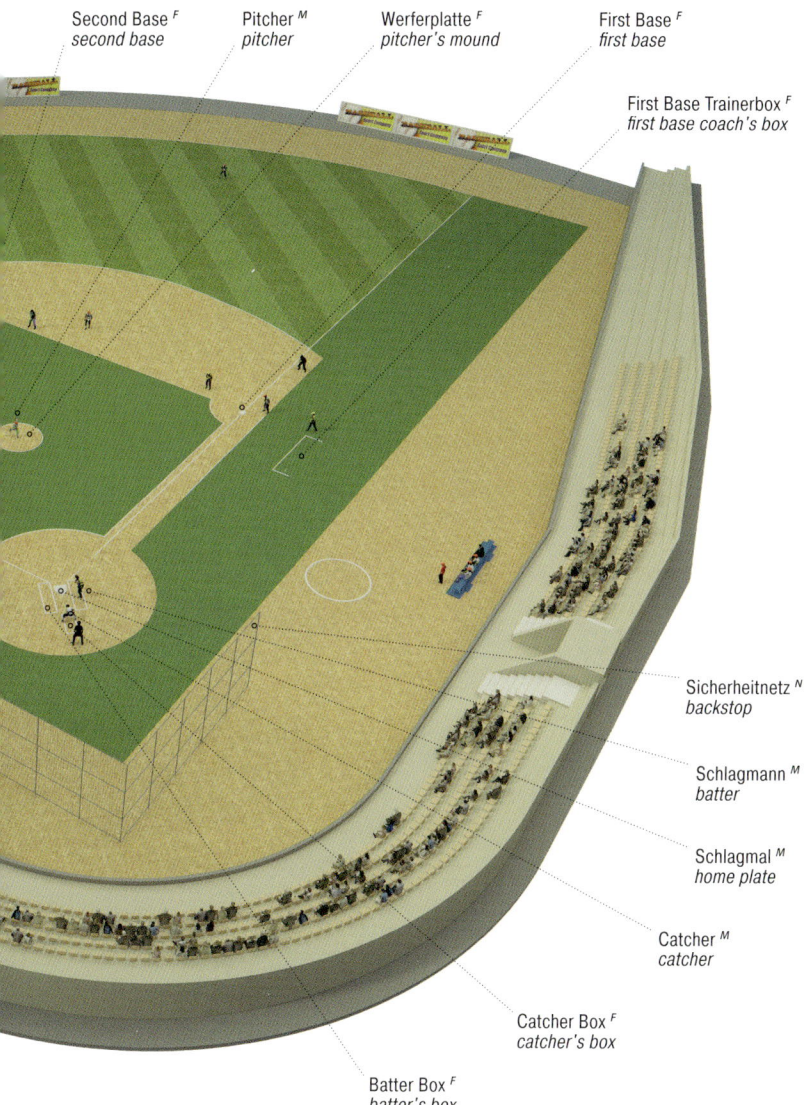

Second Base *F*
second base

Pitcher *M*
pitcher

Werferplatte *F*
pitcher's mound

First Base *F*
first base

First Base Trainerbox *F*
first base coach's box

Sicherheitnetz *N*
backstop

Schlagmann *M*
batter

Schlagmal *M*
home plate

Catcher *M*
catcher

Catcher Box *F*
catcher's box

Batter Box *F*
batter's box

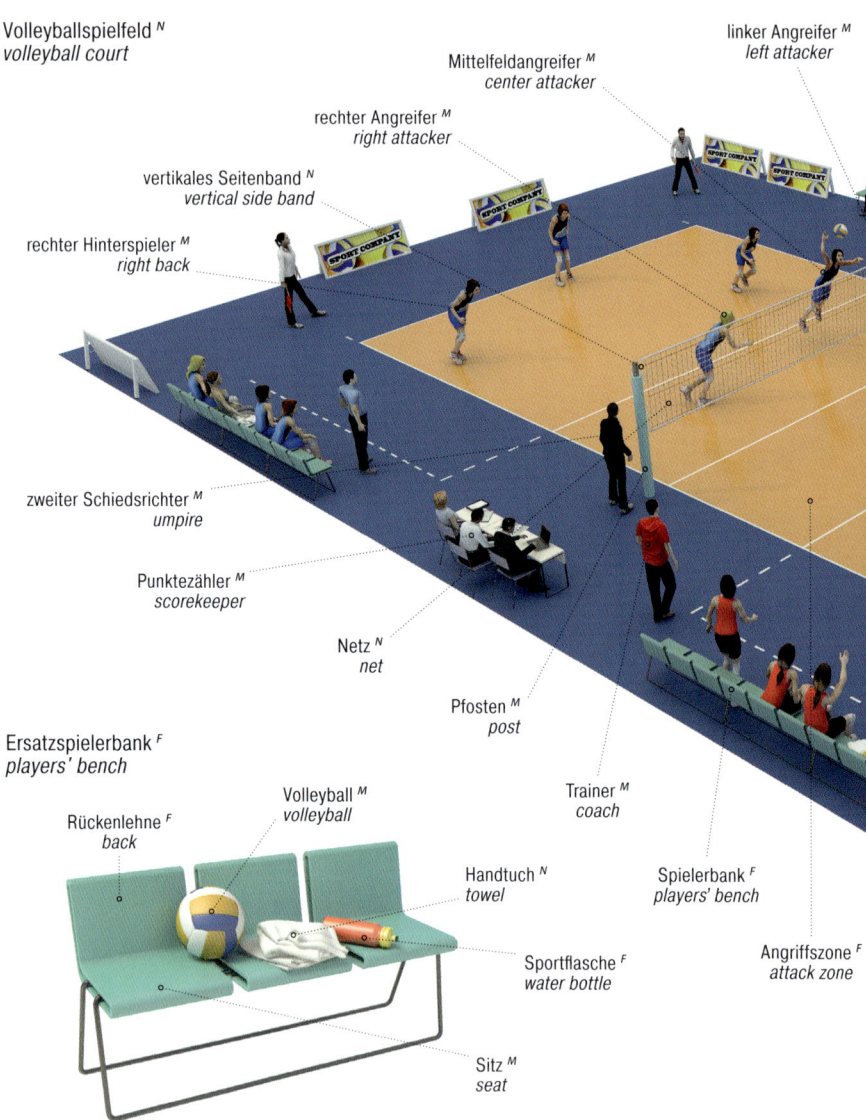

Volleyballspielfeld [N]
volleyball court

Mittelfeldangreifer [M]
center attacker

linker Angreifer [M]
left attacker

rechter Angreifer [M]
right attacker

vertikales Seitenband [N]
vertical side band

rechter Hinterspieler [M]
right back

zweiter Schiedsrichter [M]
umpire

Punktezähler [M]
scorekeeper

Netz [N]
net

Pfosten [M]
post

Ersatzspielerbank [F]
players' bench

Rückenlehne [F]
back

Volleyball [M]
volleyball

Handtuch [N]
towel

Sportflasche [F]
water bottle

Sitz [M]
seat

Trainer [M]
coach

Spielerbank [F]
players' bench

Angriffszone [F]
attack zone

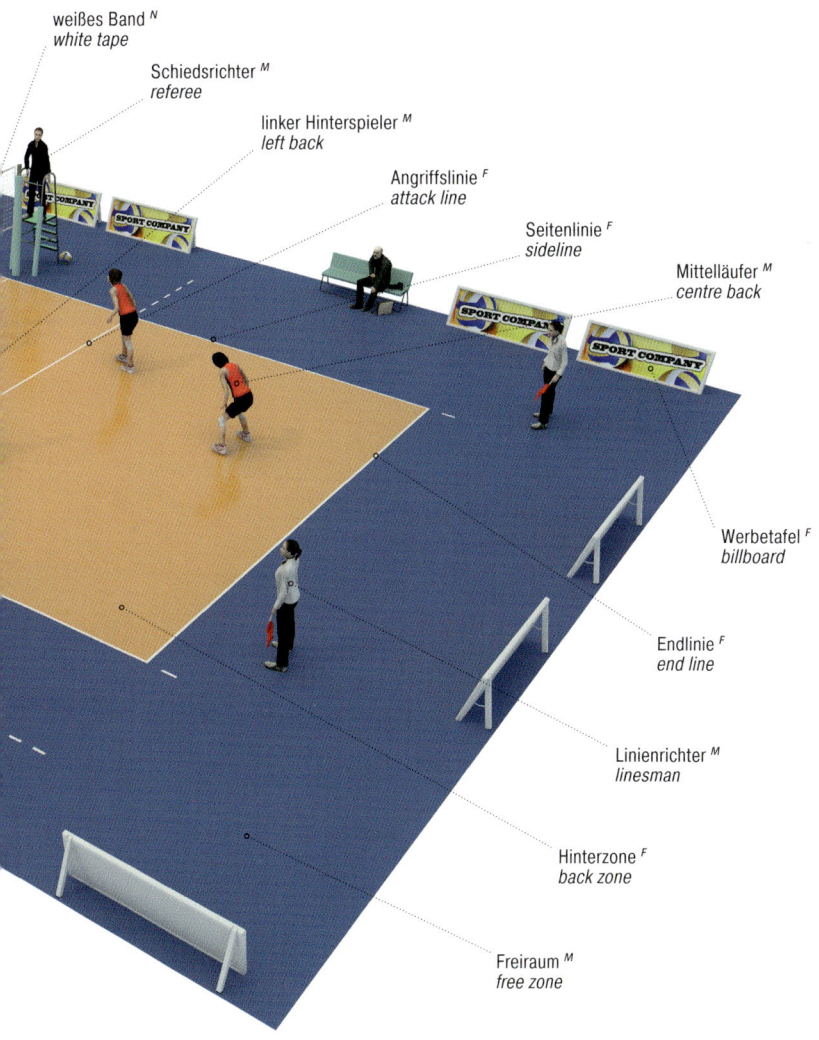

weißes Band [N]
white tape

Schiedsrichter [M]
referee

linker Hinterspieler [M]
left back

Angriffslinie [F]
attack line

Seitenlinie [F]
sideline

Mittelläufer [M]
centre back

Werbetafel [F]
billboard

Endlinie [F]
end line

Linienrichter [M]
linesman

Hinterzone [F]
back zone

Freiraum [M]
free zone

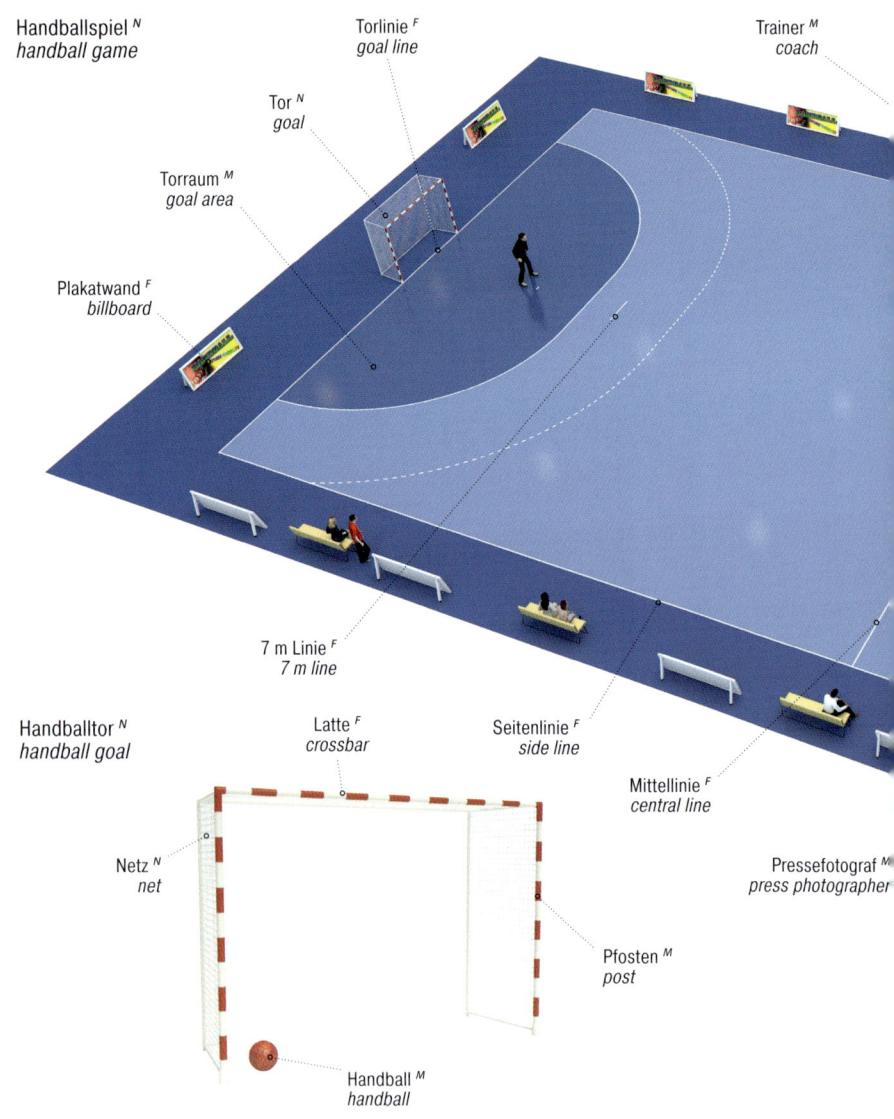

Handballspiel *N*
handball game

Torlinie *F*
goal line

Trainer *M*
coach

Tor *N*
goal

Torraum *M*
goal area

Plakatwand *F*
billboard

7 m Linie *F*
7 m line

Handballtor *N*
handball goal

Latte *F*
crossbar

Seitenlinie *F*
side line

Mittellinie *F*
central line

Netz *N*
net

Pressefotograf *M*
press photographer

Pfosten *M*
post

Handball *M*
handball

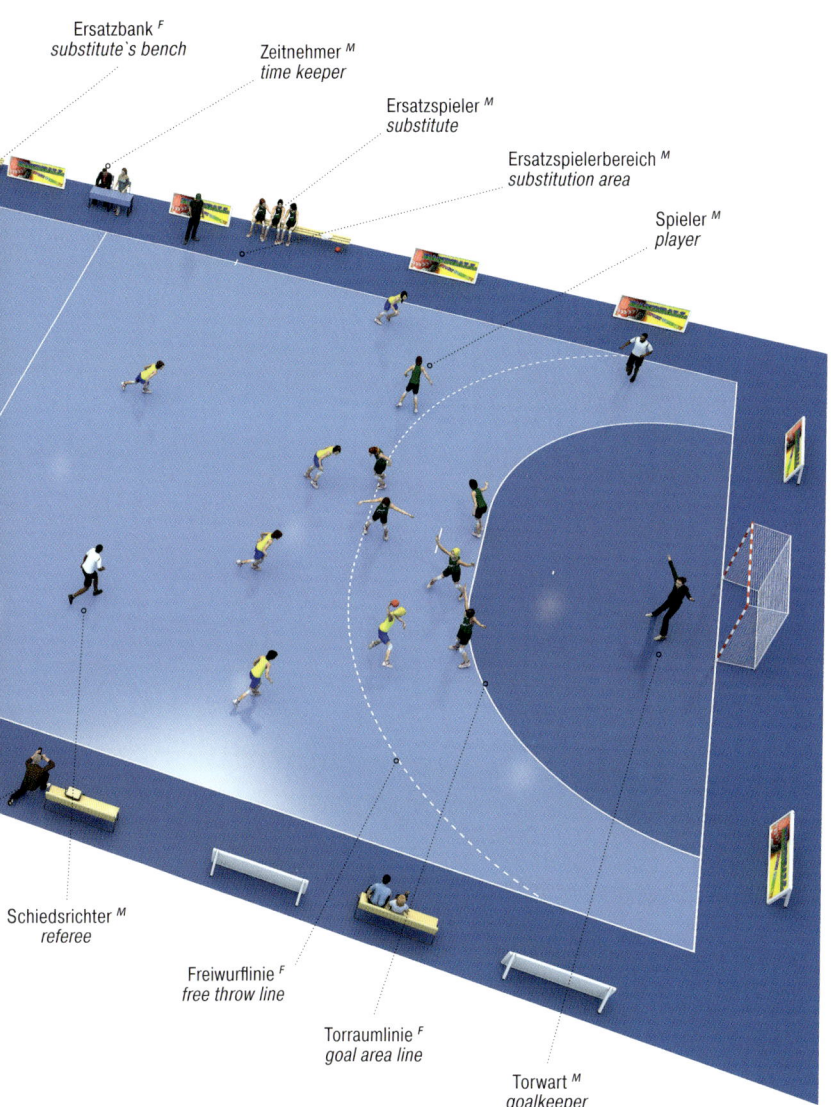

Ersatzbank *F*
substitute`s bench

Zeitnehmer *M*
time keeper

Ersatzspieler *M*
substitute

Ersatzspielerbereich *M*
substitution area

Spieler *M*
player

Schiedsrichter *M*
referee

Freiwurflinie *F*
free throw line

Torraumlinie *F*
goal area line

Torwart *M*
goalkeeper

Badmintonplatz [M]
badminton court

Schiedsrichterstuhl [M]
umpire

Handtuch [N]
towel

Wasserflasche [F]
water bottle

hintere Aufschlaglinie [F]
für das Doppelspiel [N]
long service line

Schlägertasche [F]
racket bag

Plakatwand [F]
billboard

Mittellinie [F]
centre line

Abwehrlinie [F]
back boundary line

Linienrichter [M]
linesman

Seitelinie für Einzelspiele [F]
singles sideline

vordere Aufschlaglinie [F]
short service line

Seitenlinie [F] Doppel [N]
doubles sideline

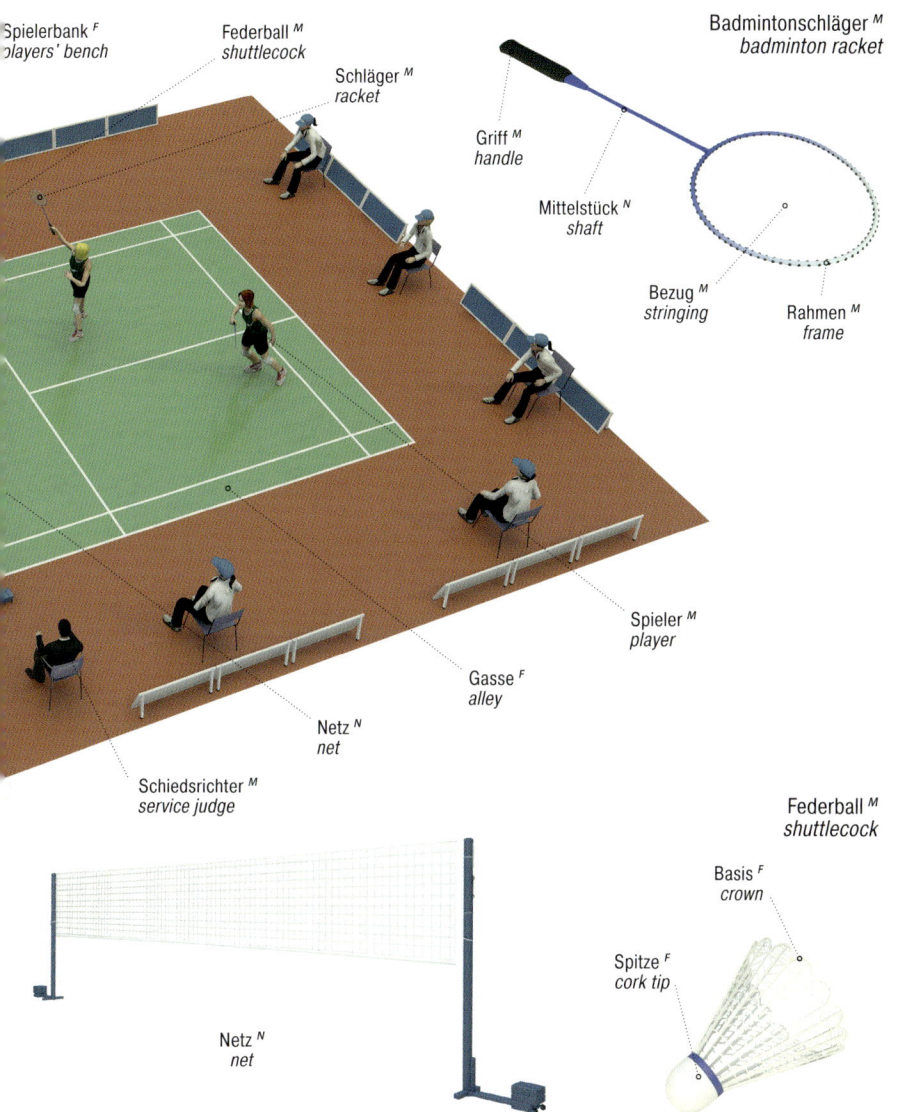

Spielerbank ^F
players' bench

Federball ^M
shuttlecock

Schläger ^M
racket

Badmintonschläger ^M
badminton racket

Griff ^M
handle

Mittelstück ^N
shaft

Bezug ^M
stringing

Rahmen ^M
frame

Spieler ^M
player

Gasse ^F
alley

Netz ^N
net

Schiedsrichter ^M
service judge

Netz ^N
net

Federball ^M
shuttlecock

Basis ^F
crown

Spitze ^F
cork tip

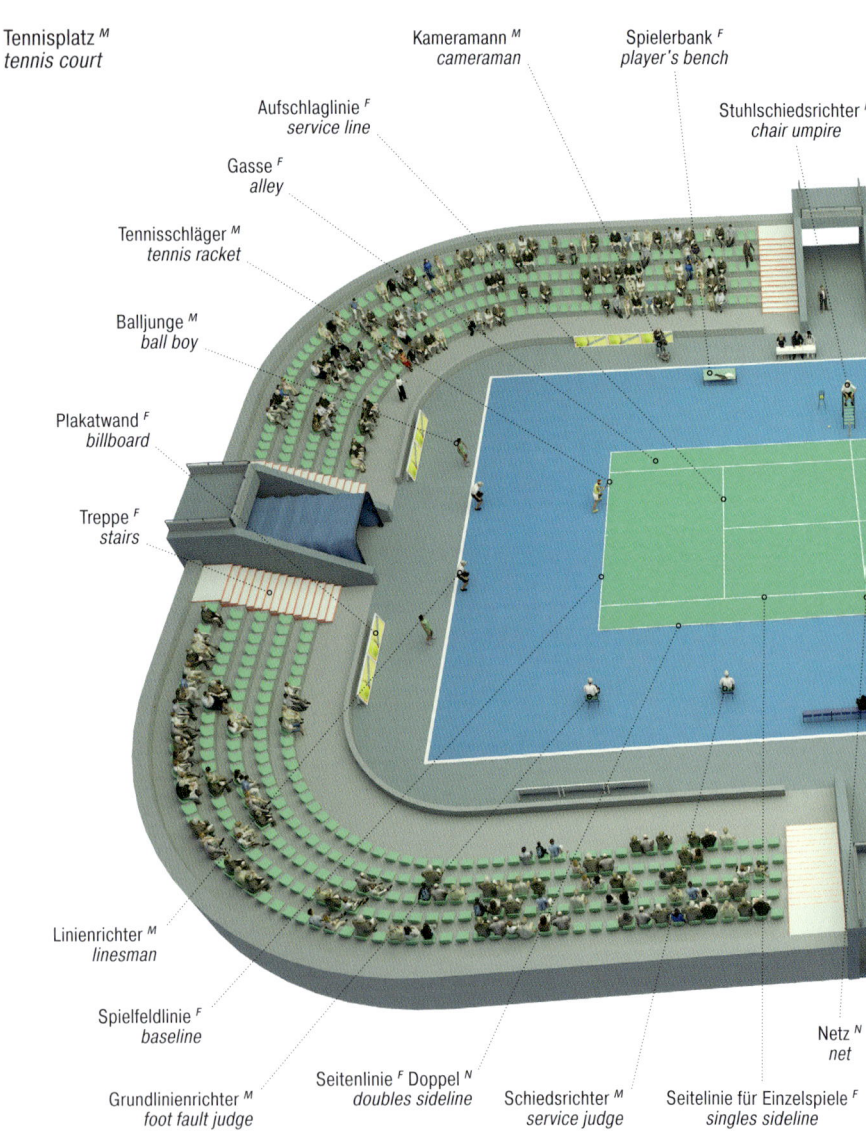

Tennisplatz ^{M}
tennis court

Kameramann ^{M}
cameraman

Spielerbank ^{F}
player's bench

Aufschlaglinie ^{F}
service line

Stuhlschiedsrichter ^{M}
chair umpire

Gasse ^{F}
alley

Tennisschläger ^{M}
tennis racket

Balljunge ^{M}
ball boy

Plakatwand ^{F}
billboard

Treppe ^{F}
stairs

Linienrichter ^{M}
linesman

Spielfeldlinie ^{F}
baseline

Grundlinienrichter ^{M}
foot fault judge

Seitenlinie ^{F} Doppel ^{N}
doubles sideline

Schiedsrichter ^{M}
service judge

Seitenlinie für Einzelspiele ^{F}
singles sideline

Netz ^{N}
net

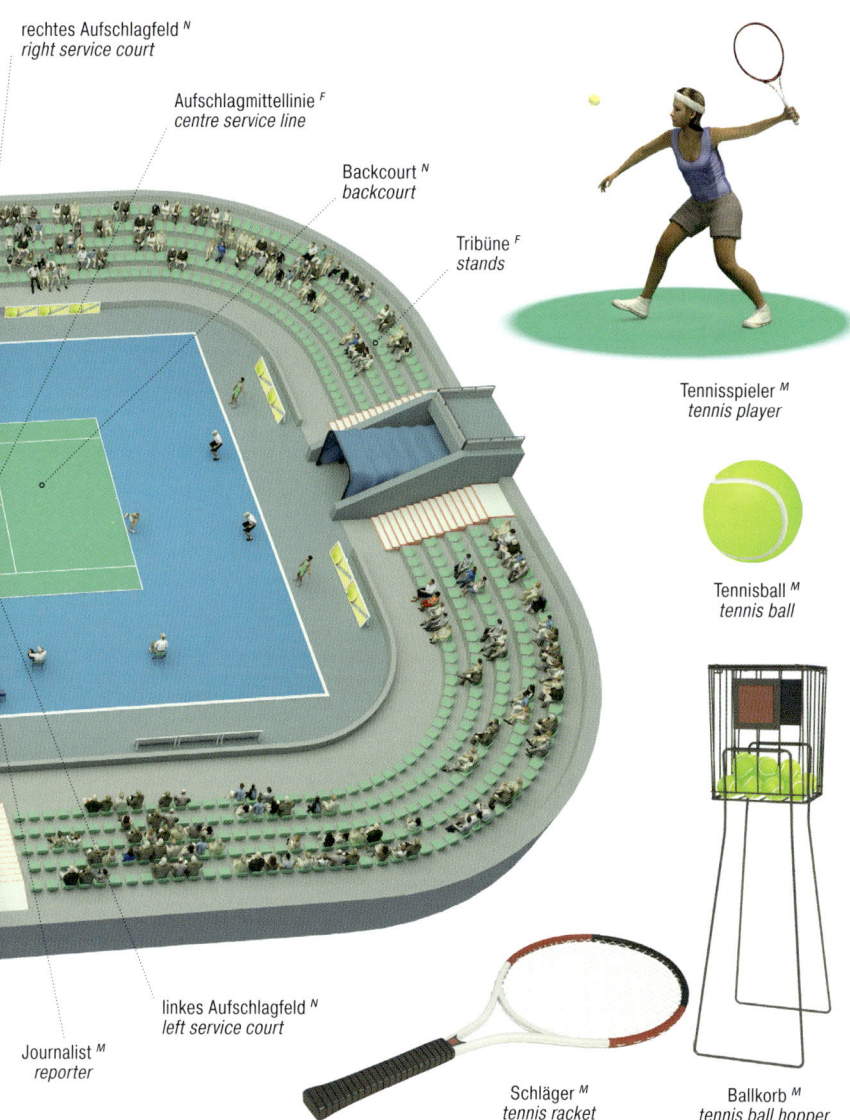

rechtes Aufschlagfeld ^{N}
right service court

Aufschlagmittellinie ^{F}
centre service line

Backcourt ^{N}
backcourt

Tribüne ^{F}
stands

Tennisspieler ^{M}
tennis player

Tennisball ^{M}
tennis ball

linkes Aufschlagfeld ^{N}
left service court

Journalist ^{M}
reporter

Schläger ^{M}
tennis racket

Ballkorb ^{M}
tennis ball hopper

Tischtennisturnier ^N
table tennis court

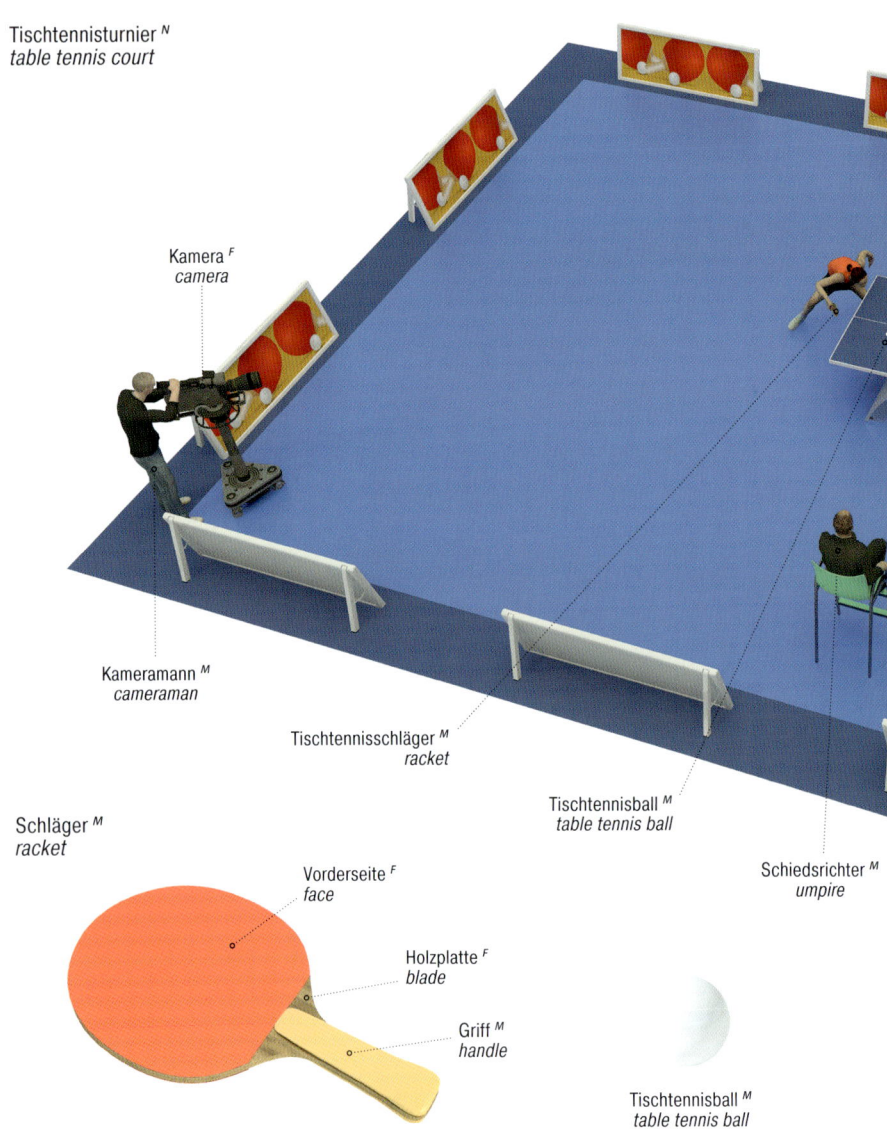

Kamera ^F
camera

Kameramann ^M
cameraman

Tischtennisschläger ^M
racket

Tischtennisball ^M
table tennis ball

Schiedsrichter ^M
umpire

Schläger ^M
racket

Vorderseite ^F
face

Holzplatte ^F
blade

Griff ^M
handle

Tischtennisball ^M
table tennis ball

Punktezähler ᴹ
scorekeeper

Anzeigetafel ꟳ
scoreboard

Plakatwand ꟳ
billboard

Netz ᴺ
net

Tischtennisplatte ꟳ
tennis table

Spieler ᴹ
player

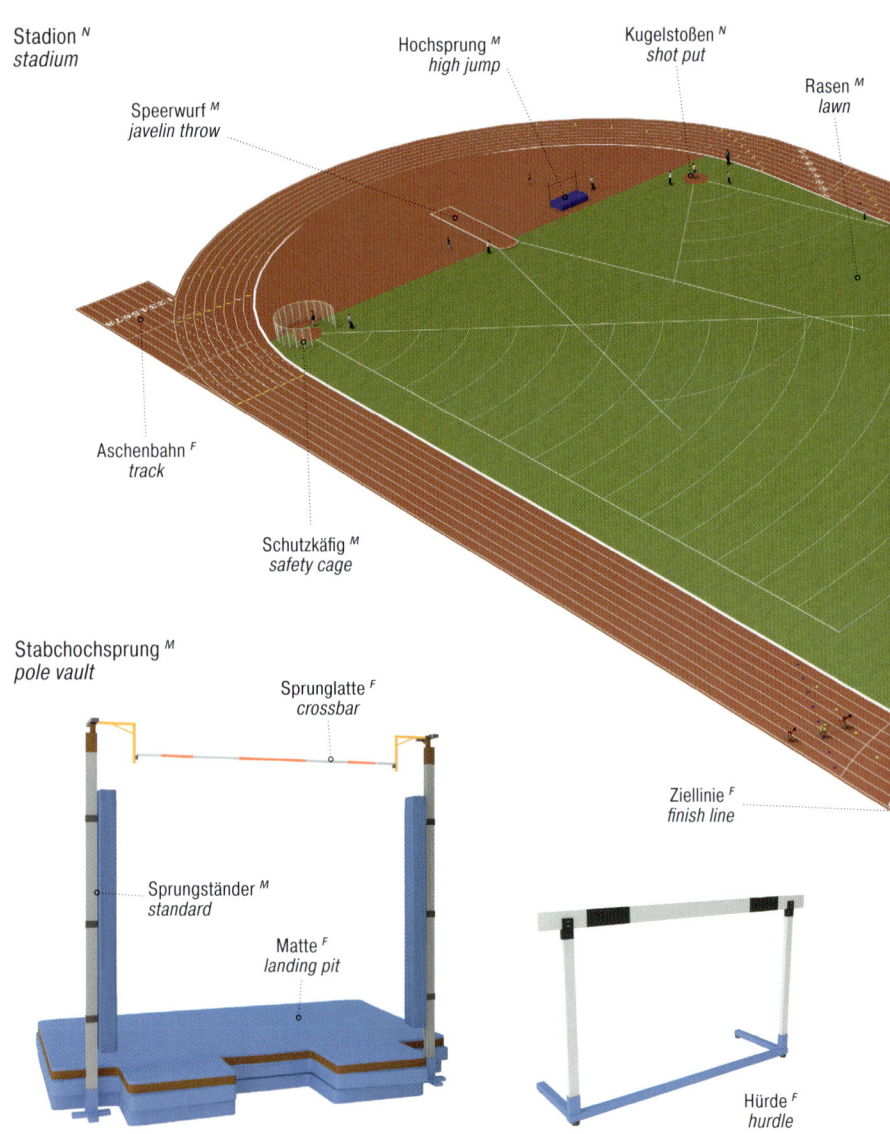

Stadion [N]
stadium

Speerwurf [M]
javelin throw

Hochsprung [M]
high jump

Kugelstoßen [N]
shot put

Rasen [M]
lawn

Aschenbahn [F]
track

Schutzkäfig [M]
safety cage

Stabchochsprung [M]
pole vault

Sprunglatte [F]
crossbar

Ziellinie [F]
finish line

Sprungständer [M]
standard

Matte [F]
landing pit

Hürde [F]
hurdle

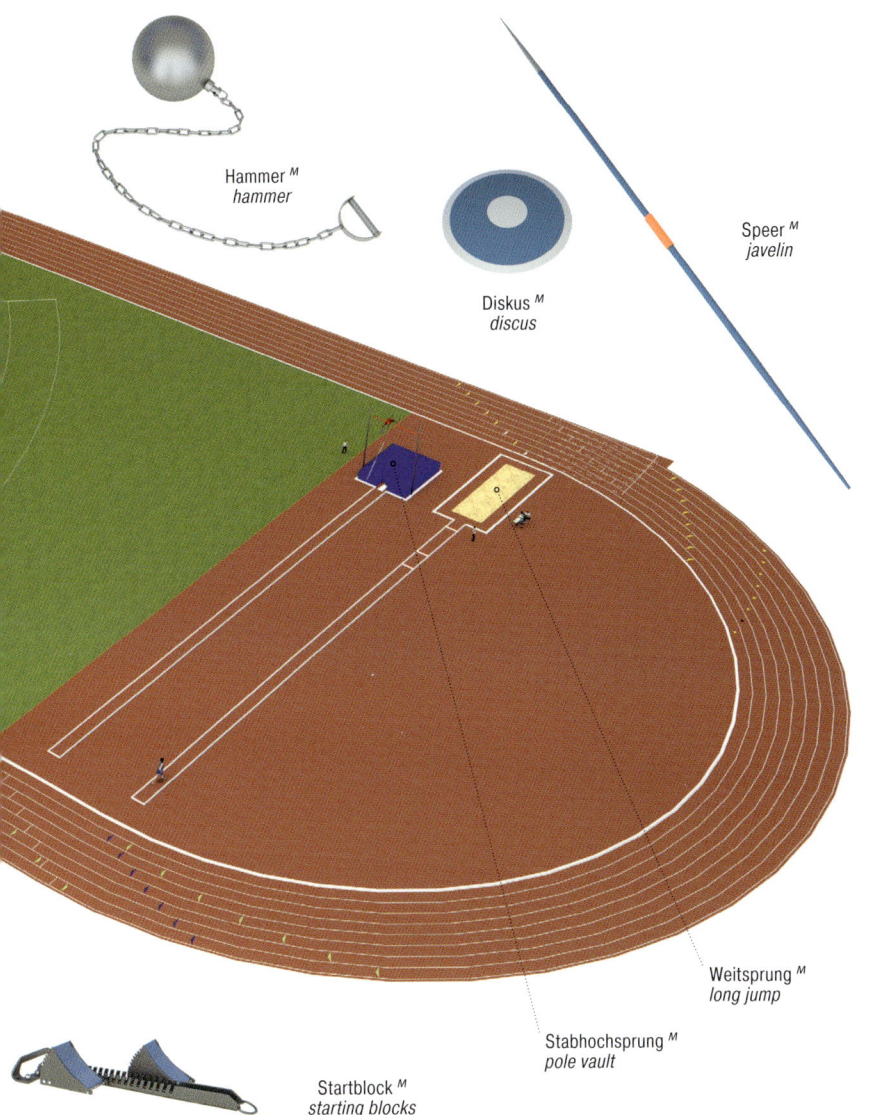

Hammer ^M
hammer

Diskus ^M
discus

Speer ^M
javelin

Weitsprung ^M
long jump

Stabhochsprung ^M
pole vault

Startblock ^M
starting blocks

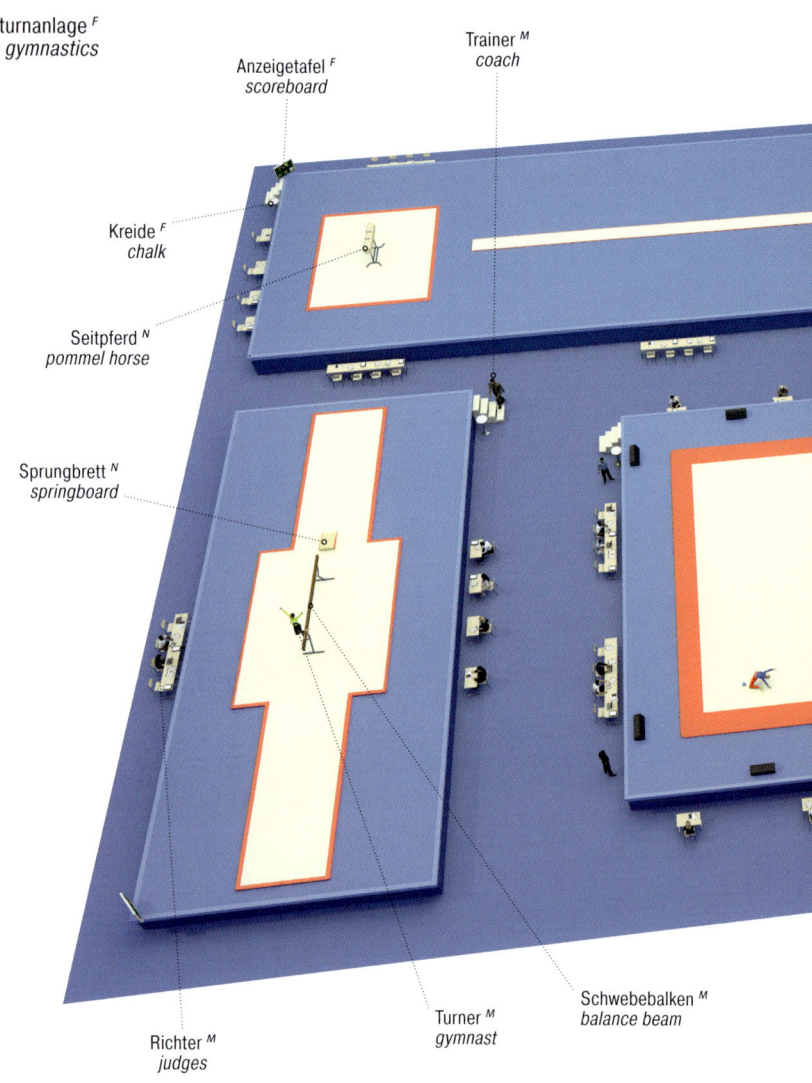

Geräteturnanlage _F_
artistic gymnastics

Anzeigetafel _F_
scoreboard

Trainer _M_
coach

Kreide _F_
chalk

Seitpferd _N_
pommel horse

Sprungbrett _N_
springboard

Richter _M_
judges

Turner _M_
gymnast

Schwebebalken _M_
balance beam

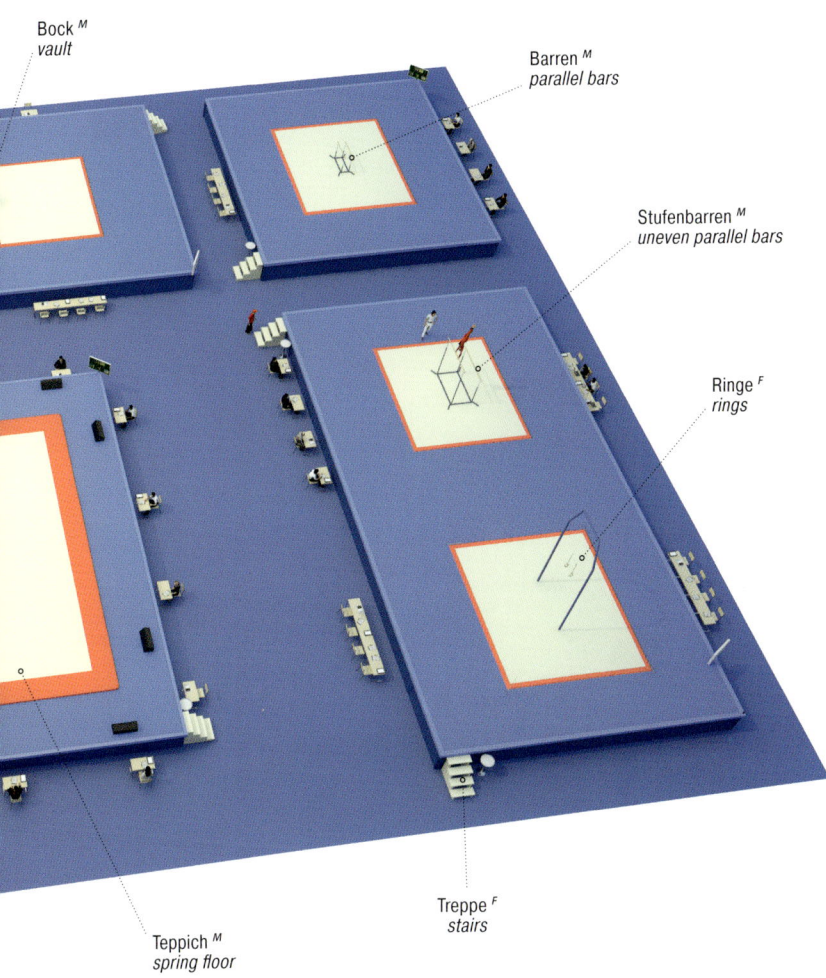

Bock ^M
vault

Barren ^M
parallel bars

Stufenbarren ^M
uneven parallel bars

Ringe ^F
rings

Teppich ^M
spring floor

Treppe ^F
stairs

Golfspieler ^M
golfer

Golfschläger ^M
golf club

Golfhandschuh ^M
golf glove

Golfschuhe ^M
golf shoes

Golfball ^M
golf ball

Golftasche ^F
golf bag

Reißverschluss ^M
zipper

Tasche ^F
pocket

Standbein ^N
stand

Golfspiel ^N
golf course

Grün ^N
green

Wasserhindernis ^N
water hazard

Rasen ^M
grass

Zufahrtsweg ^M
cart path

Golfjunge ^M
caddie

Loch ^N
hole

umsetzbare Flagge ^F
removable flag pole

Golfspieler ^M
golfer

Golfwagen ^M
golf trolley

elektrischer Golfwagen ^M
electric golf cart

Boxring ^M
boxing ring

Boxringeckenpolster ^N
corner pad

Wasserflasche ^F
water bottle

Kopfschutz ^M
headgear

Schiedsrichter ^M
referee

Trainer ^M
trainer

Zeitnehmer ^M
timekeeper

Treppe ^F
stairs

Arzt ^M
physician

Richter ^M
judge

Ecke ^F
corner

Boxboden ^M
canvas

Boxhandschuh ^M
boxing glove

Boxer ^M
boxer

Seilverspannung ^F
turnbuckle

Seil ^N
rope

Mundschutz ^M
mouth guard

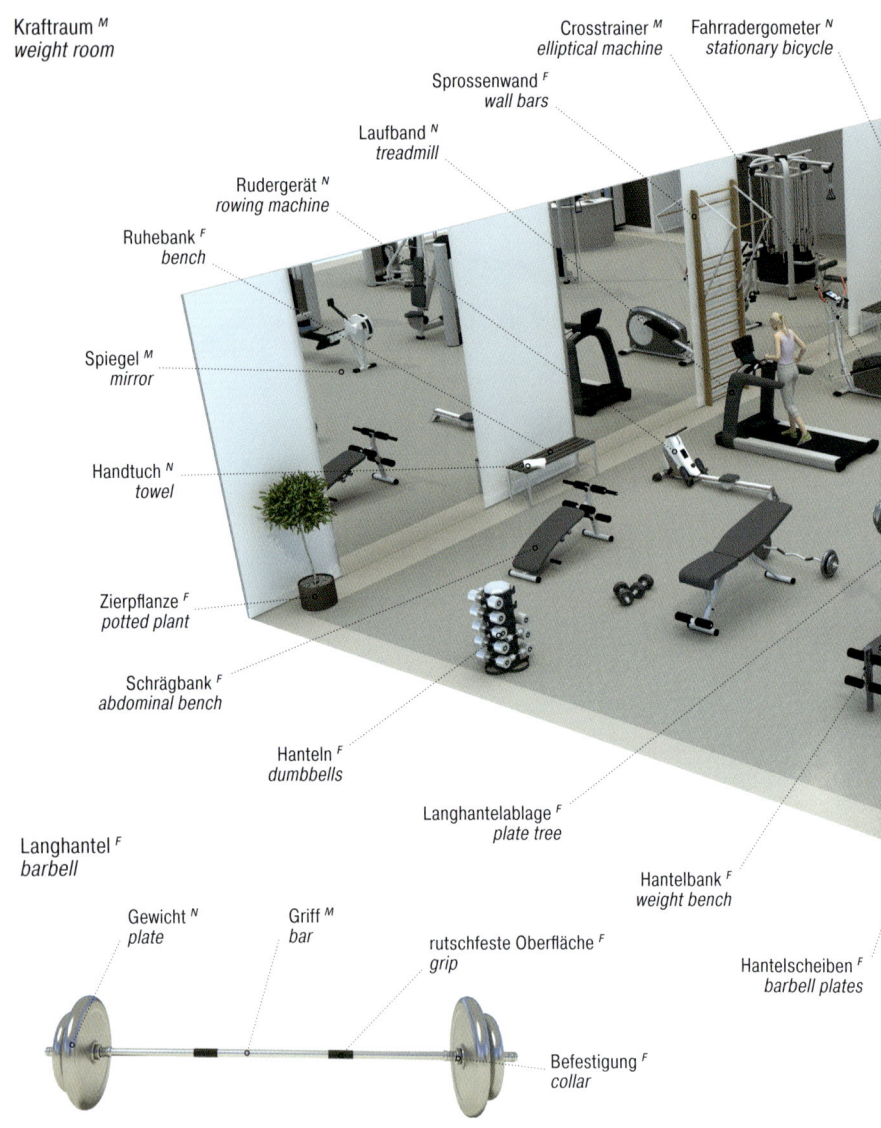

Kraftraum ^M
weight room

Crosstrainer ^M
elliptical machine

Fahrradergometer ^N
stationary bicycle

Sprossenwand ^F
wall bars

Laufband ^N
treadmill

Rudergerät ^N
rowing machine

Ruhebank ^F
bench

Spiegel ^M
mirror

Handtuch ^N
towel

Zierpflanze ^F
potted plant

Schrägbank ^F
abdominal bench

Hanteln ^F
dumbbells

Langhantelablage ^F
plate tree

Hantelbank ^F
weight bench

Langhantel ^F
barbell

Hantelscheiben ^F
barbell plates

Gewicht ^N
plate

Griff ^M
bar

rutschfeste Oberfläche ^F
grip

Befestigung ^F
collar

Fitnesstation *F*
weight machine

Spind *M*
locker

Uhr *F*
clock

2 Block-Multistation *F*
stack machine

Eingangstür *F*
entry door

Getränkeautomat *M*
vending machine

Rezeption *F*
reception

Tisch mit Stühlen *M*
table and chairs

Oberschenkelmuskulaturtrainer *M*
leg abduction machine

Kabelzugstation *F*
cable crossover machine

Desinfektionsmittel *N*
disinfectants

Regal *N*
shelving

Papiertuch *N*
paper towel

Papierkorb *M*
waste bin

Brustmuskeltrainer *M*
pec machine

Beinbeugermaschine *F*
leg extension machine

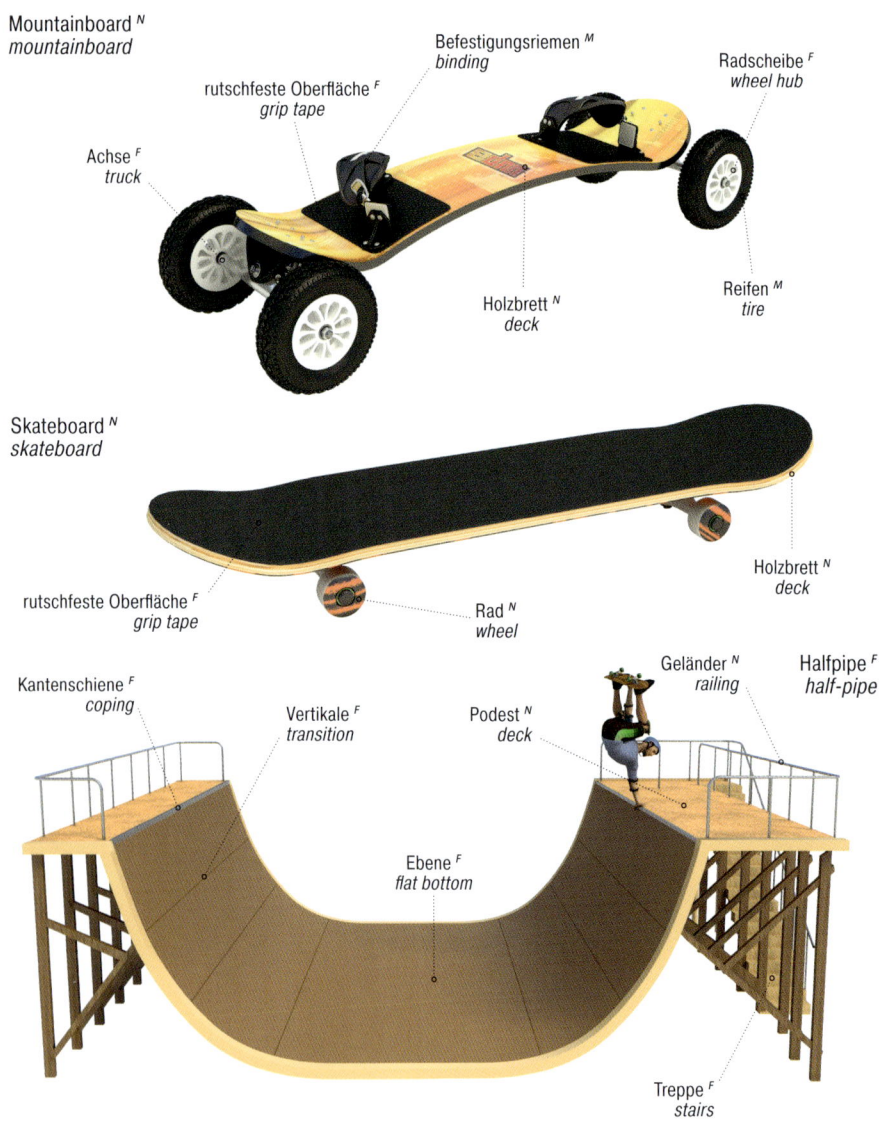

Mountainboard ^N
mountainboard

Befestigungsriemen ^M
binding

rutschfeste Oberfläche ^F
grip tape

Radscheibe ^F
wheel hub

Achse ^F
truck

Holzbrett ^N
deck

Reifen ^M
tire

Skateboard ^N
skateboard

Holzbrett ^N
deck

rutschfeste Oberfläche ^F
grip tape

Rad ^N
wheel

Kantenschiene ^F
coping

Vertikale ^F
transition

Podest ^N
deck

Geländer ^N
railing

Halfpipe ^F
half-pipe

Ebene ^F
flat bottom

Treppe ^F
stairs

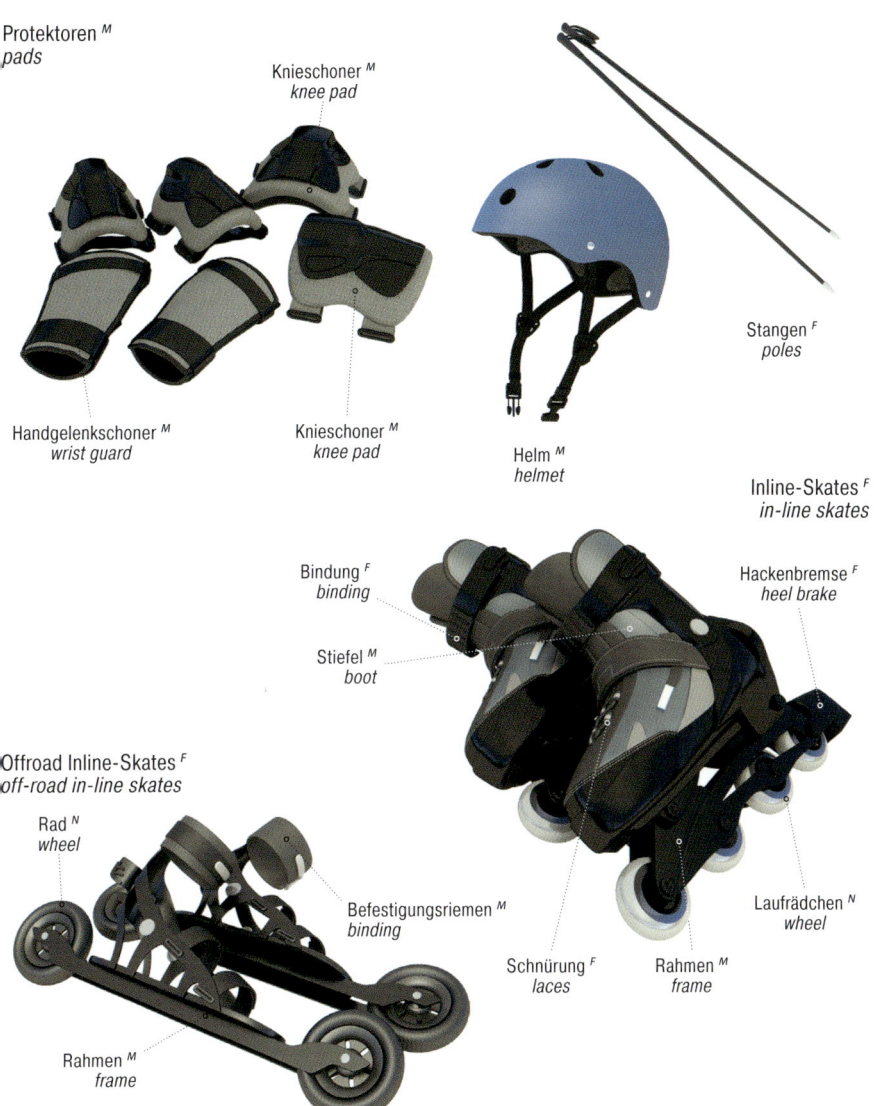

Protektoren ᴹ
pads

Knieschoner ᴹ
knee pad

Handgelenkschoner ᴹ
wrist guard

Knieschoner ᴹ
knee pad

Helm ᴹ
helmet

Stangen ꟳ
poles

Inline-Skates ꟳ
in-line skates

Bindung ꟳ
binding

Stiefel ᴹ
boot

Hackenbremse ꟳ
heel brake

Offroad Inline-Skates ꟳ
off-road in-line skates

Rad ᴺ
wheel

Befestigungsriemen ᴹ
binding

Schnürung ꟳ
laces

Rahmen ᴹ
frame

Laufrädchen ᴺ
wheel

Rahmen ᴹ
frame

Mountainbike N
mountain bicycle

Lenker M
handlebars

Vorderbremsenkurbel F
front brake lever

Schalthebel M
shifter

Rücktrittkurbel F
rear brake lever

Stoßdämpfergabel F
front fork

Vorderbremse F
front brake

Nabe F
hub

Reifen M
tire

Felge F
rim

Speiche F
spoke

Sattel *M*
seat

Rahmen *M*
frame

Rennrad *N*
road-racing bicycle

hintere Felgenbremse *F*
rear brake

Kettenschaltung *F*
rear derailleur

Kette *F*
chain

Kettenblattumwerfer *M*
front derailleur

Pedal *N*
pedal

Fahrradständer *M*
stand

Antriebskettenrad *N*
crankset

Englischer Sattel ^{M}
English saddle

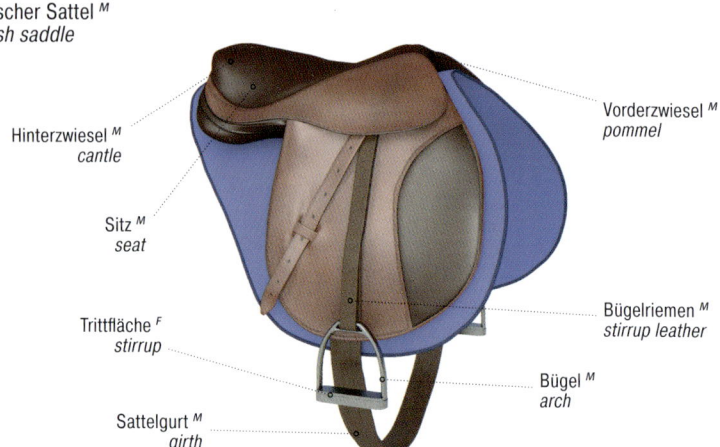

Hinterzwiesel ^{M}
cantle

Sitz ^{M}
seat

Trittfläche ^{F}
stirrup

Sattelgurt ^{M}
girth

Vorderzwiesel ^{M}
pommel

Bügelriemen ^{M}
stirrup leather

Bügel ^{M}
arch

Reiter ^{M}
rider

Reitjacke ^{F}
riding jacket

Reithelm ^{M}
riding helmet

Woilach ^{M}
saddle pad

Sattel ^{M}
saddle

Reithose ^{F}
jodhpurs

Bauchgurt ^{M}
girth

Steigbügel ^{M}
stirrup

Hufglocke ^{F}
coronet boot

Pferderennen [N]
mounted racing

Sattel [M]
saddle

Reithelm [M]
riding cap

Woilach [M]
saddlecloth

Zügel [M]
rein

Reitgerte [F]
riding crop

Bauchgurt [M]
girth

Westernsattel [M]
western saddle

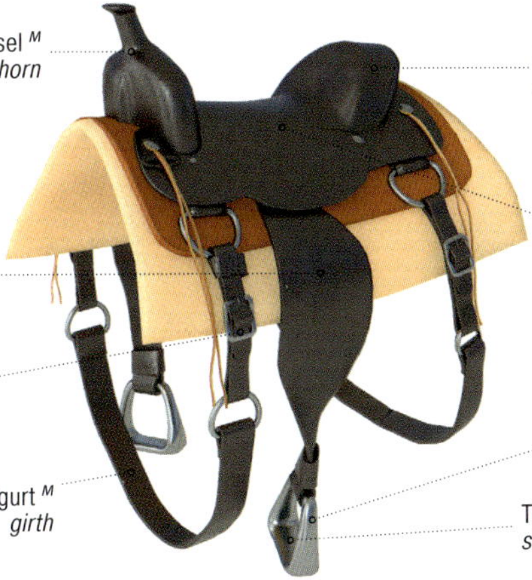

Vorderzwiesel [M]
saddle horn

Hinterzwiesel [M]
cantle

Sitz [M]
seat

Bügelriemen [M]
stirrup leather

Gurtschnalle [F]
girth buckle

Bügel [M]
arch

Sattelgurt [M]
girth

Trittfläche [F]
stirrup

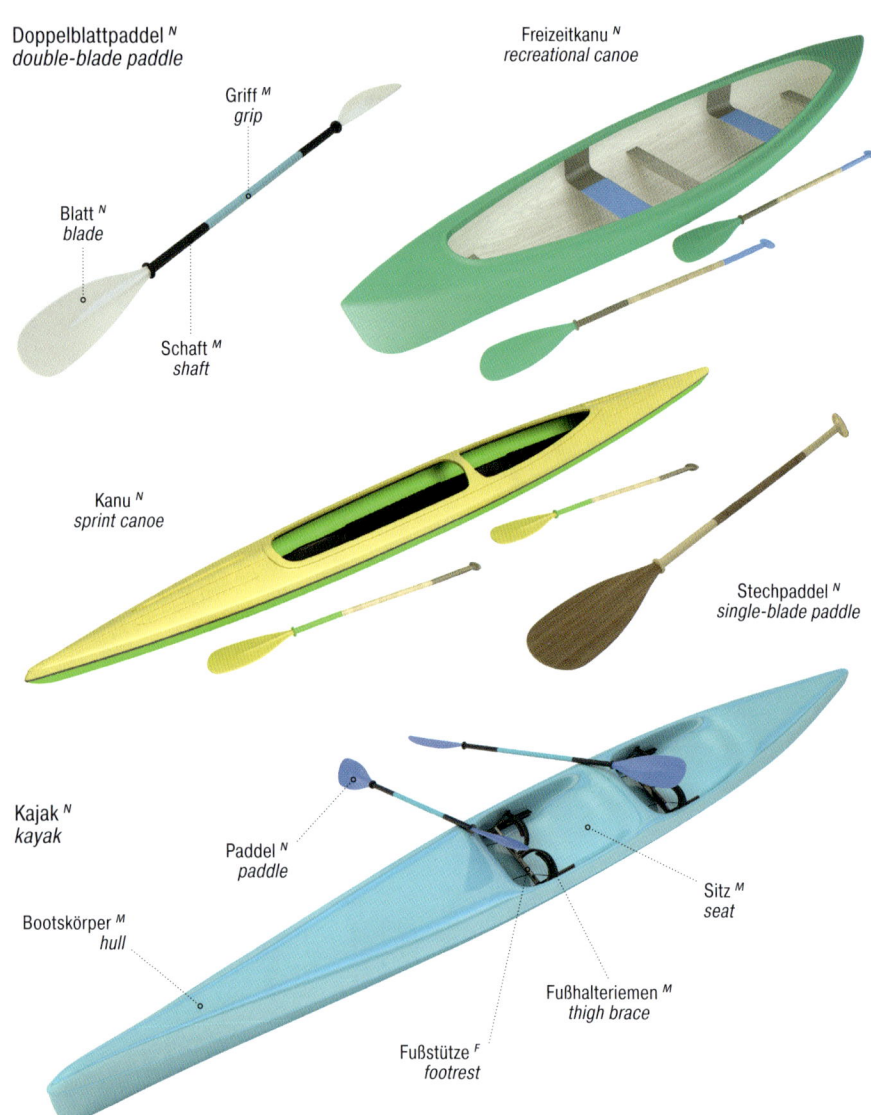

Doppelblattpaddel ^N
double-blade paddle

Freizeitkanu ^N
recreational canoe

Griff ^M
grip

Blatt ^N
blade

Schaft ^M
shaft

Kanu ^N
sprint canoe

Stechpaddel ^N
single-blade paddle

Kajak ^N
kayak

Paddel ^N
paddle

Sitz ^M
seat

Bootskörper ^M
hull

Fußhalteriemen ^M
thigh brace

Fußstütze ^F
footrest

Windsurfbrett und Segel [N]
sailboard

Surfbrett [N]
surfboard

Segel [N]
sail

Schlaufe [F]
harness line

Lattentasche [F]
batten pocket

Ausleger [M]
boom

Großsegel [N]
mainsail

Segelboot [N]
sailboat

Want [F]
shroud

Mast [M]
mast

Mast [M]
mast

Unterlegscheibe [F]
mast foot

Fock [F]
jib

Deck [N]
deck

Tow-in Surfboard [N]
tow-in surfboard

Anti-Rutsch-Oberfläche [F]
traction pad

Riemen [M]
foot strap

Surfbrett [N]
deck

Rumpf [M]
hull

Flosse [F]
fin

Baum [M]
boom

Bullauge [N]
porthole

Steuerruder [N]
wheel

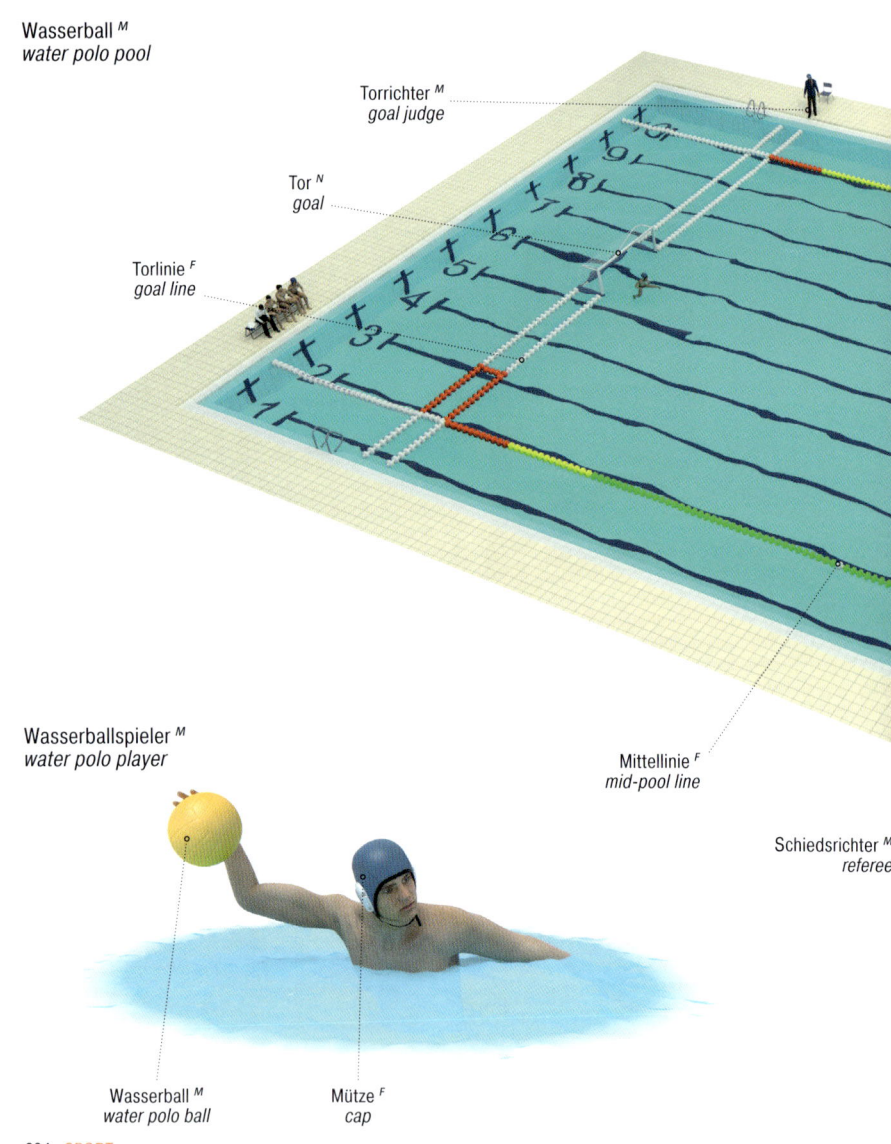

Wasserball [M]
water polo pool

Torrichter [M]
goal judge

Tor [N]
goal

Torlinie [F]
goal line

Wasserballspieler [M]
water polo player

Mittellinie [F]
mid-pool line

Schiedsrichter [M]
referee

Wasserball [M]
water polo ball

Mütze [F]
cap

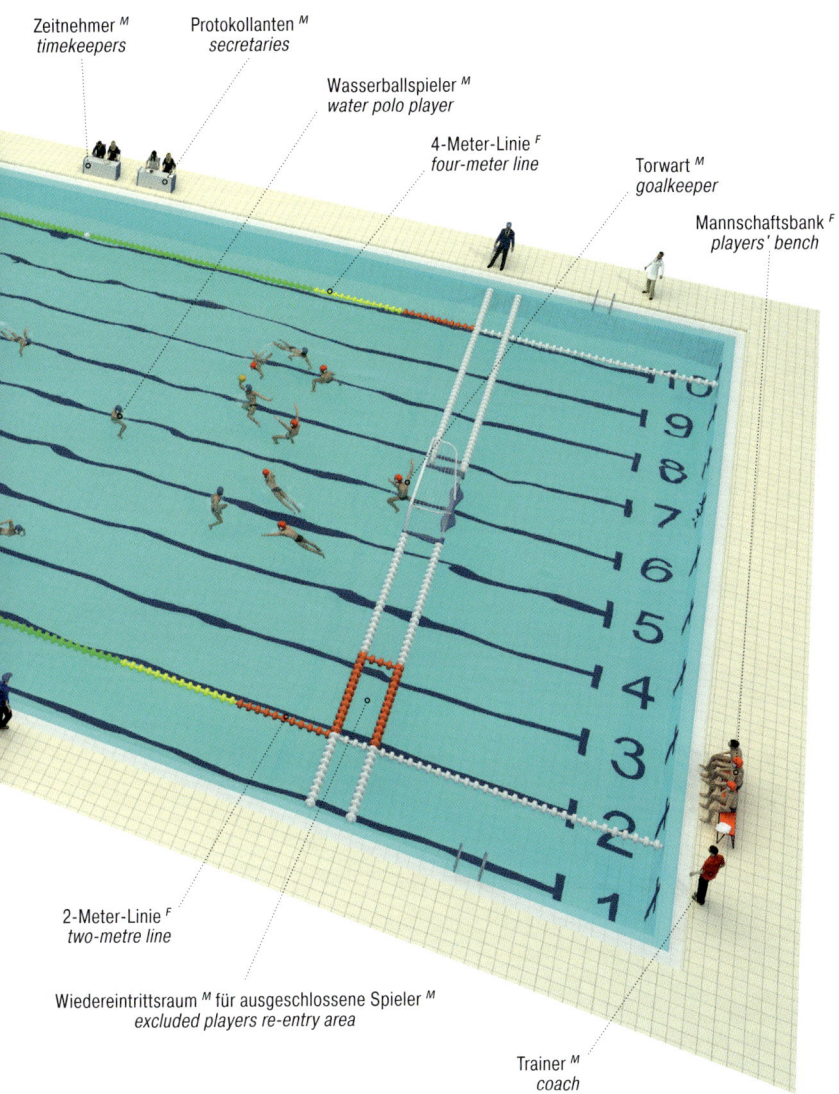

Zeitnehmer ^M
timekeepers

Protokollanten ^M
secretaries

Wasserballspieler ^M
water polo player

4-Meter-Linie ^F
four-meter line

Torwart ^M
goalkeeper

Mannschaftsbank ^F
players' bench

2-Meter-Linie ^F
two-metre line

Wiedereintrittsraum ^M für ausgeschlossene Spieler ^M
excluded players re-entry area

Trainer ^M
coach

Wettkampfbecken N
Olympic-sized pool

Rückenschwimmerflaggen F
backstroke turn indicator

Schwimmrichter M
stroke judge

Schwimmbahn F
lane

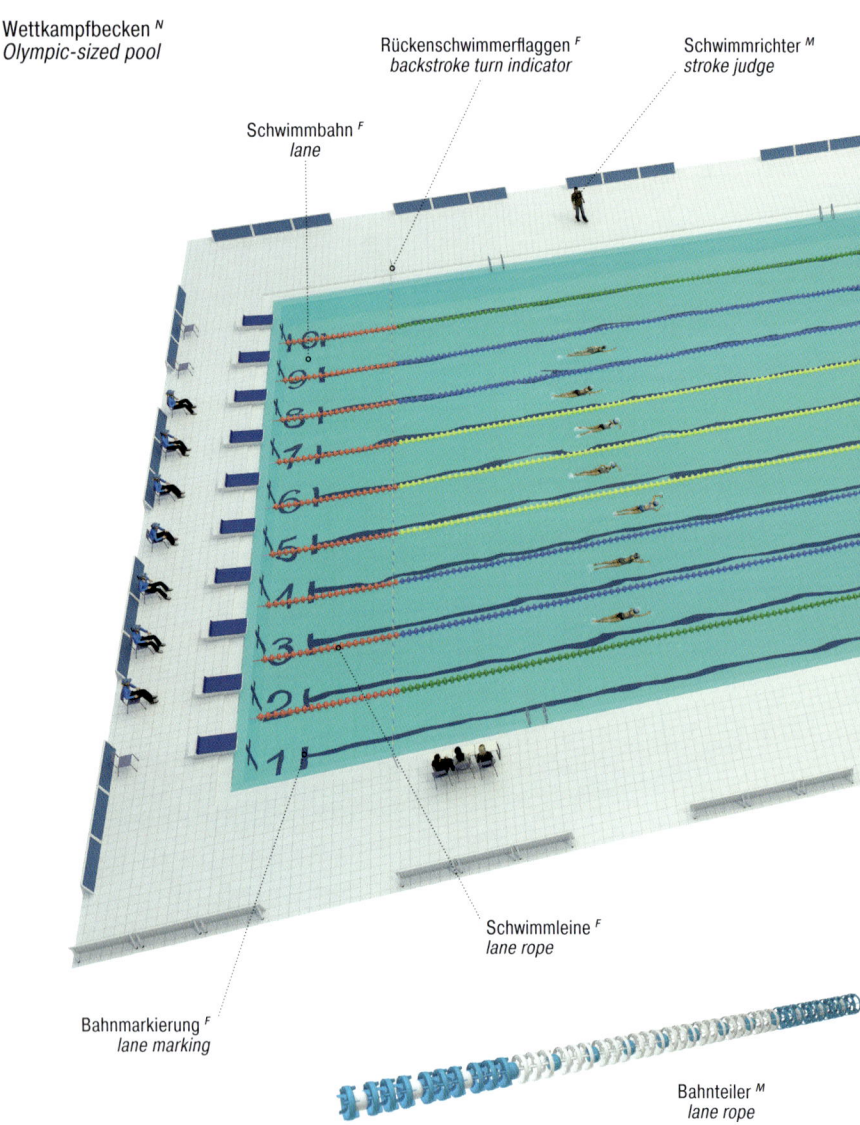

Schwimmleine F
lane rope

Bahnmarkierung F
lane marking

Bahnteiler M
lane rope

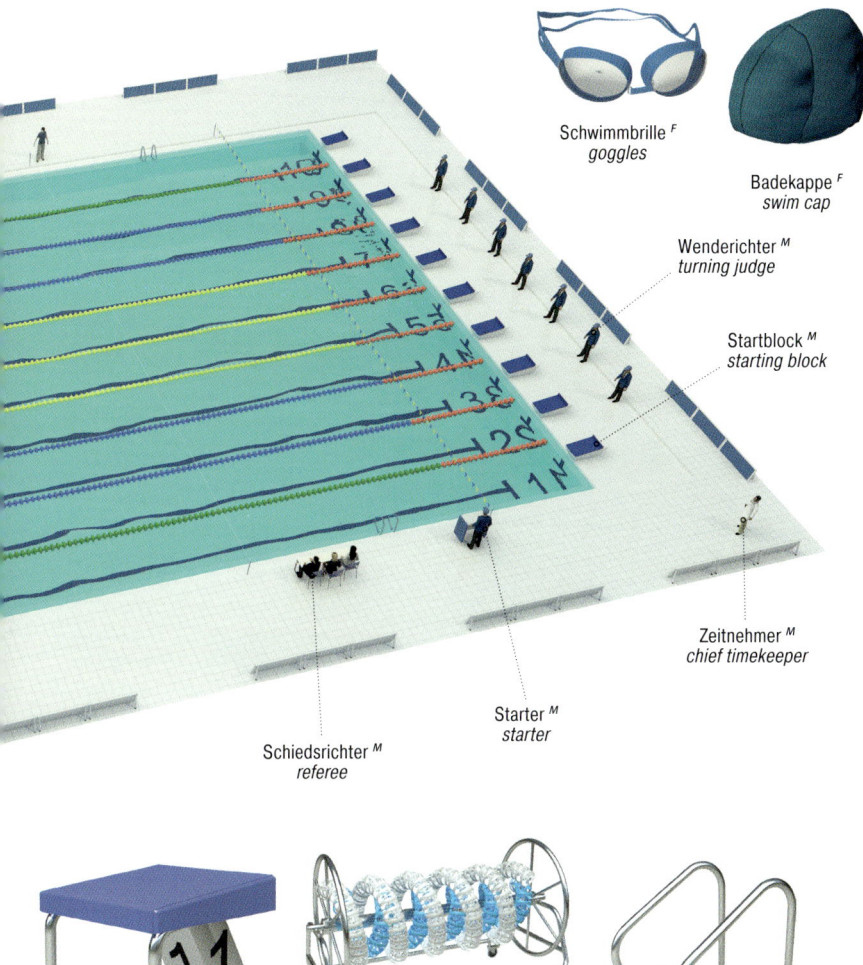

Schwimmbrille *F*
goggles

Badekappe *F*
swim cap

Wenderichter *M*
turning judge

Startblock *M*
starting block

Zeitnehmer *M*
chief timekeeper

Starter *M*
starter

Schiedsrichter *M*
referee

Startblock *M*
starting block

Seilspule *F*
lane rope storage reel

Ausstiegsgeländer *N*
handrails

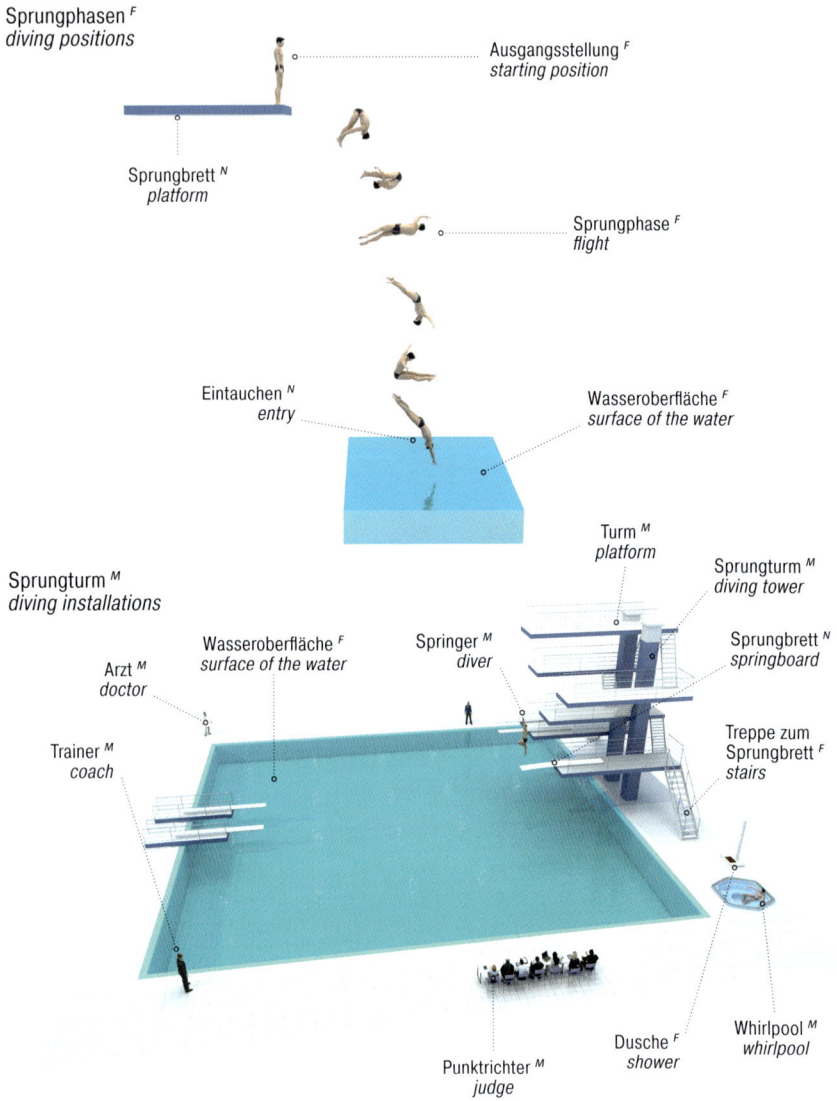

Sprungphasen ^F
diving positions

Ausgangsstellung ^F
starting position

Sprungbrett ^N
platform

Sprungphase ^F
flight

Eintauchen ^N
entry

Wasseroberfläche ^F
surface of the water

Turm ^M
platform

Sprungturm ^M
diving tower

Sprungturm ^M
diving installations

Wasseroberfläche ^F
surface of the water

Springer ^M
diver

Sprungbrett ^N
springboard

Arzt ^M
doctor

Treppe zum
Sprungbrett ^F
stairs

Trainer ^M
coach

Punktrichter ^M
judge

Dusche ^F
shower

Whirlpool ^M
whirlpool

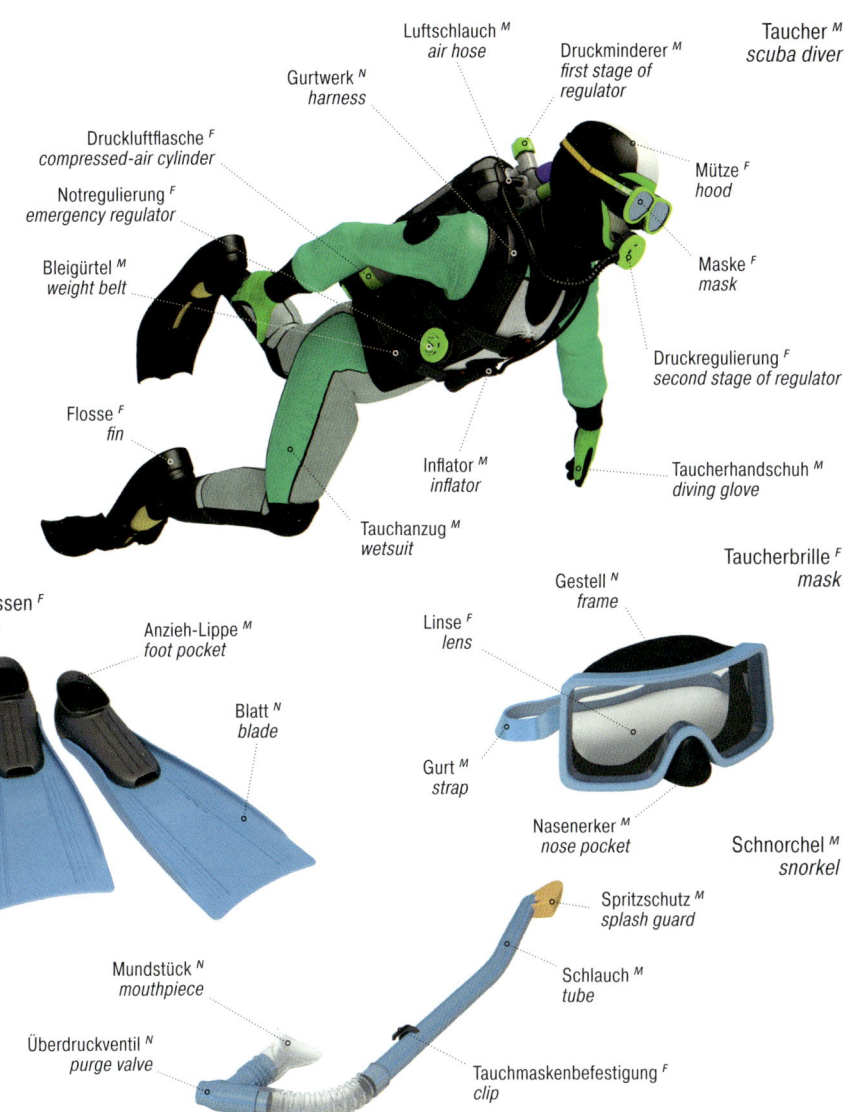

Luftschlauch ^{M}
air hose

Druckminderer ^{M}
first stage of regulator

Taucher ^{M}
scuba diver

Gurtwerk ^{N}
harness

Druckluftflasche ^{F}
compressed-air cylinder

Mütze ^{F}
hood

Notregulierung ^{F}
emergency regulator

Maske ^{F}
mask

Bleigürtel ^{M}
weight belt

Druckregulierung ^{F}
second stage of regulator

Flosse ^{F}
fin

Inflator ^{M}
inflator

Taucherhandschuh ^{M}
diving glove

Tauchanzug ^{M}
wetsuit

Taucherbrille ^{F}
mask

Flossen ^{F}
fins

Anzieh-Lippe ^{M}
foot pocket

Gestell ^{N}
frame

Linse ^{F}
lens

Blatt ^{N}
blade

Gurt ^{M}
strap

Nasenerker ^{M}
nose pocket

Schnorchel ^{M}
snorkel

Spritzschutz ^{M}
splash guard

Mundstück ^{N}
mouthpiece

Schlauch ^{M}
tube

Überdruckventil ^{N}
purge valve

Tauchmaskenbefestigung ^{F}
clip

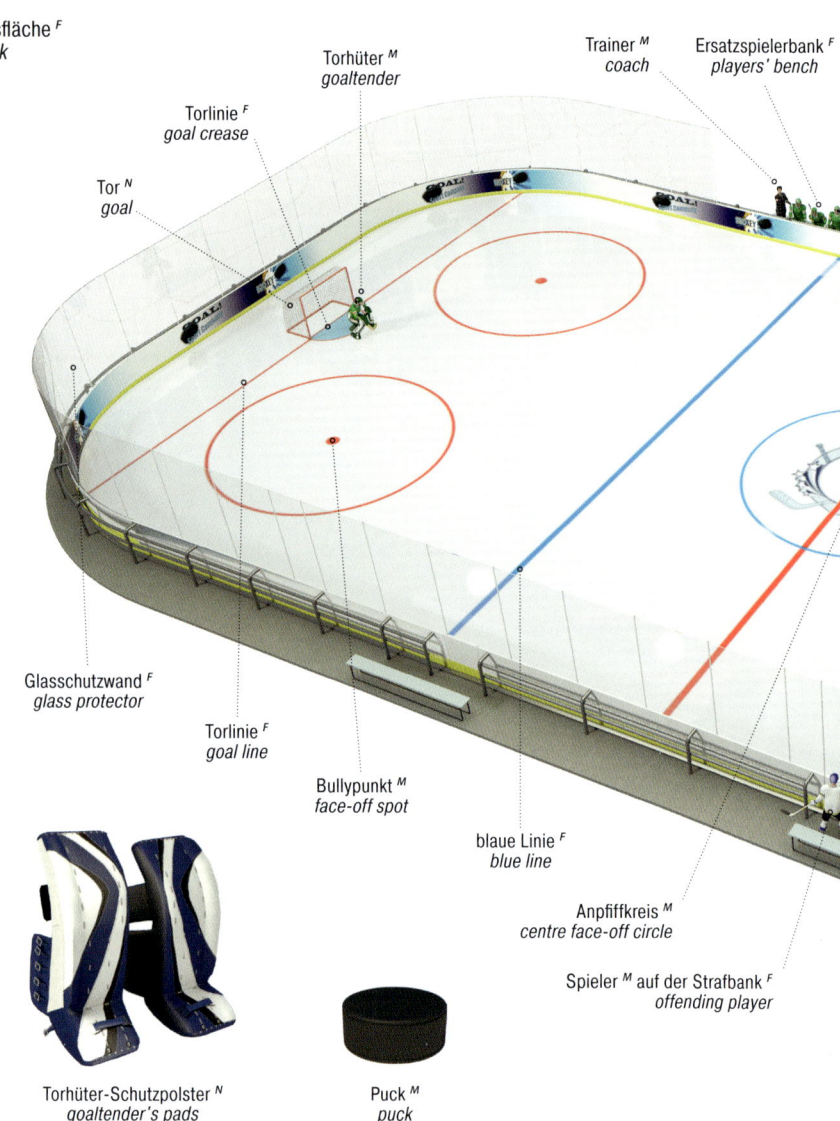

Eisfläche ^F
rink

Torhüter ^M
goaltender

Trainer ^M
coach

Ersatzspielerbank ^F
players' bench

Torlinie ^F
goal crease

Tor ^N
goal

Glasschutzwand ^F
glass protector

Torlinie ^F
goal line

Bullypunkt ^M
face-off spot

blaue Linie ^F
blue line

Anpfiffkreis ^M
centre face-off circle

Spieler ^M auf der Strafbank ^F
offending player

Torhüter-Schutzpolster ^N
goaltender's pads

Puck ^M
puck

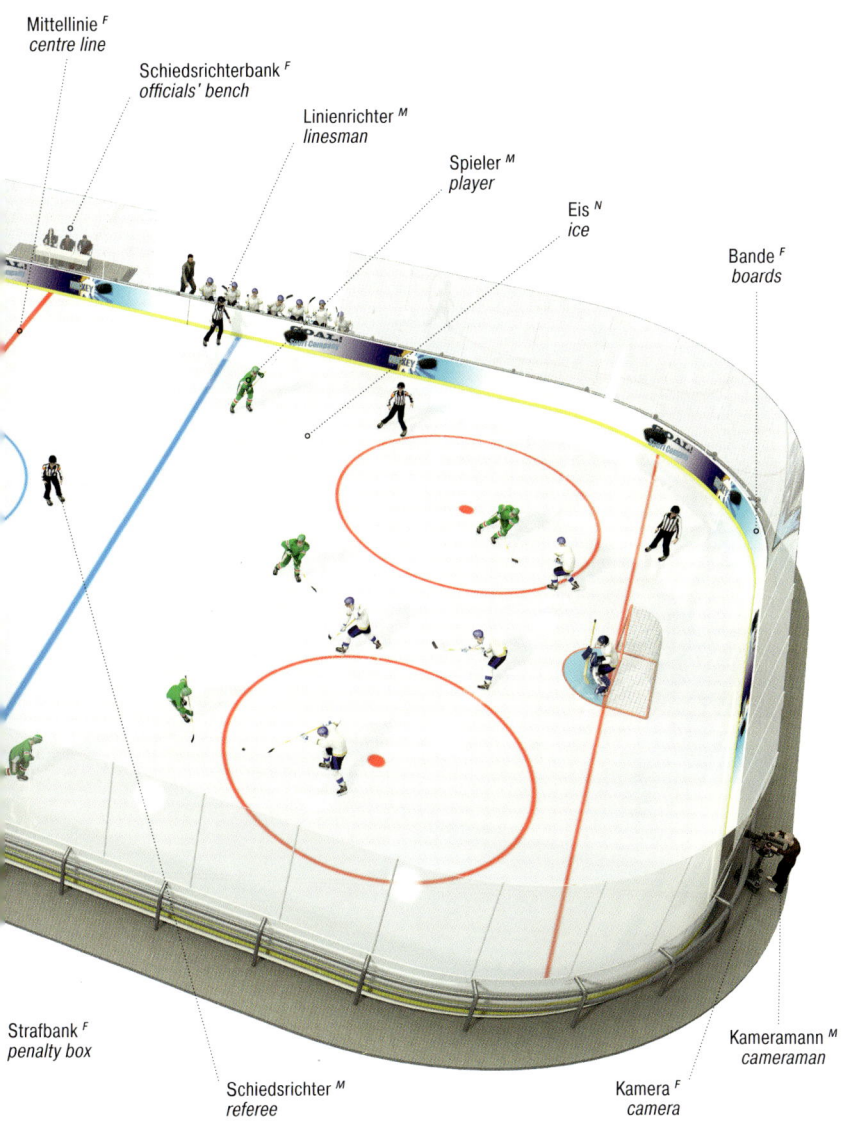

Mittellinie ^F
centre line

Schiedsrichterbank ^F
officials' bench

Linienrichter ^M
linesman

Spieler ^M
player

Eis ^N
ice

Bande ^F
boards

Strafbank ^F
penalty box

Schiedsrichter ^M
referee

Kamera ^F
camera

Kameramann ^M
cameraman

Eiskunstlaufschuhe ^{M}
figure skates

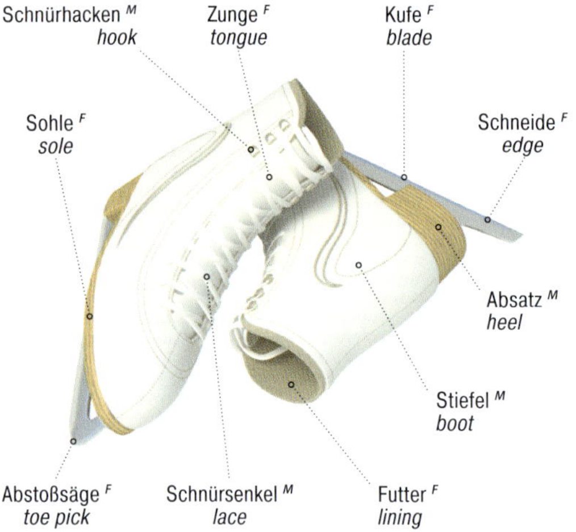

Eiskunstläuferin ^{F}
figure skater

Schnürhacken ^{M}
hook

Zunge ^{F}
tongue

Kufe ^{F}
blade

Kleid ^{N}
dress

Sohle ^{F}
sole

Schneide ^{F}
edge

Absatz ^{M}
heel

Stiefel ^{M}
boot

Abstoßsäge ^{F}
toe pick

Schnürsenkel ^{M}
lace

Futter ^{F}
lining

Stiefel ^{M}
boot

Bob

Schlitten ^{M}
sled

Vollmetallrahmen ^{M}
shell

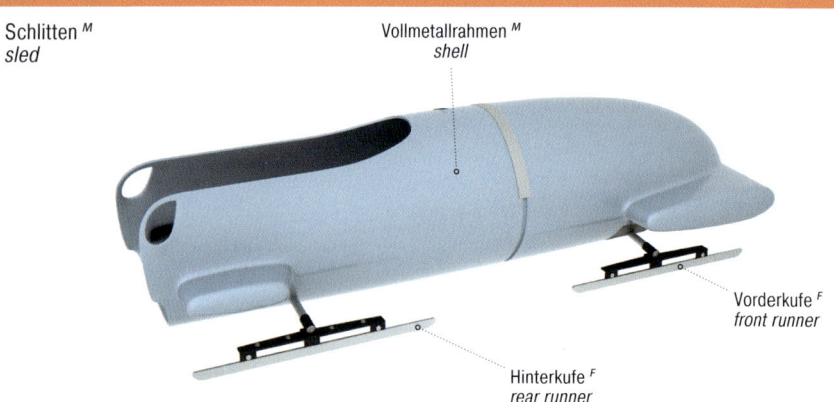

Vorderkufe ^{F}
front runner

Hinterkufe ^{F}
rear runner

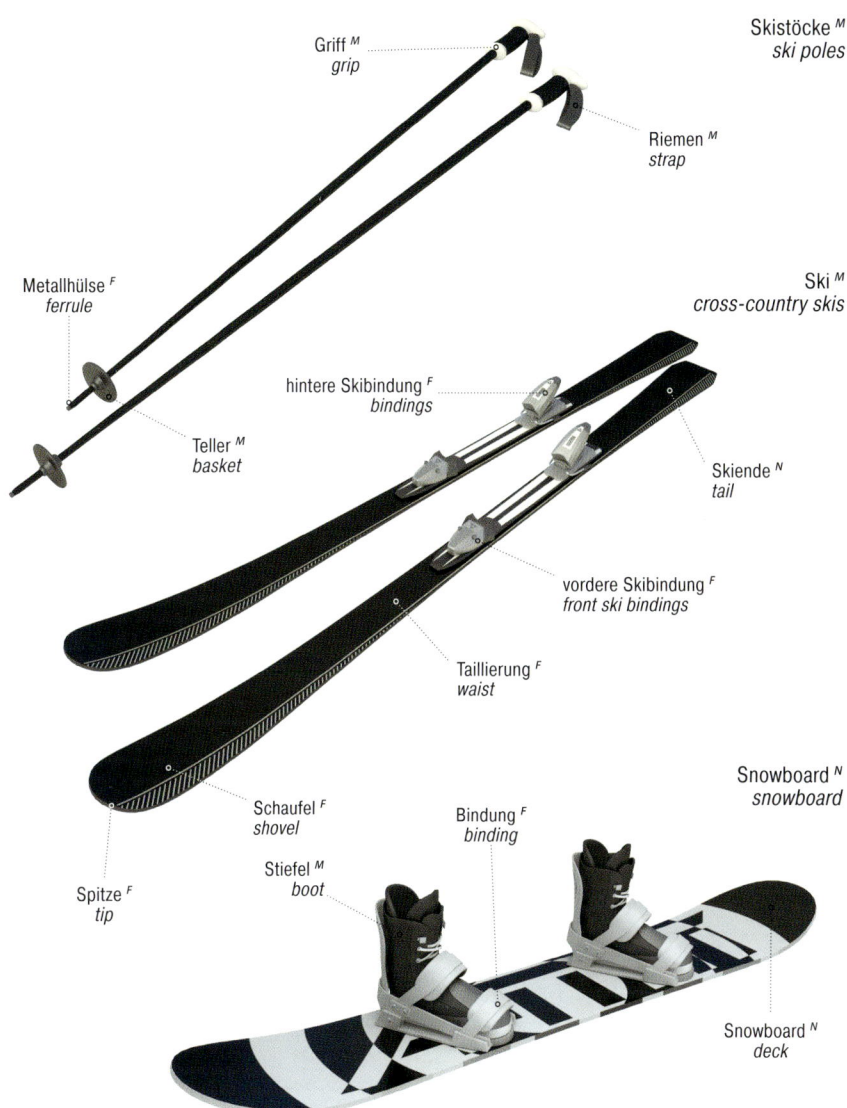

Skistöcke _M_
ski poles

Griff _M_
grip

Riemen _M_
strap

Metallhülse _F_
ferrule

Ski _M_
cross-country skis

hintere Skibindung _F_
bindings

Skiende _N_
tail

Teller _M_
basket

vordere Skibindung _F_
front ski bindings

Taillierung _F_
waist

Snowboard _N_
snowboard

Schaufel _F_
shovel

Bindung _F_
binding

Stiefel _M_
boot

Spitze _F_
tip

Snowboard _N_
deck

Plüschwürfel *M*
plush block

interaktives Spielzeug *N*
interactive toy

Würfel *M*
blocks

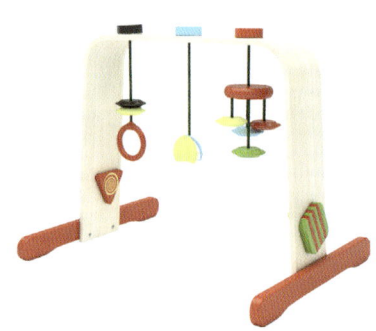

Babyspielbogen *M*
activity gym

Mobile *N*
mobile

Plüschtier *N*
stuffed animal

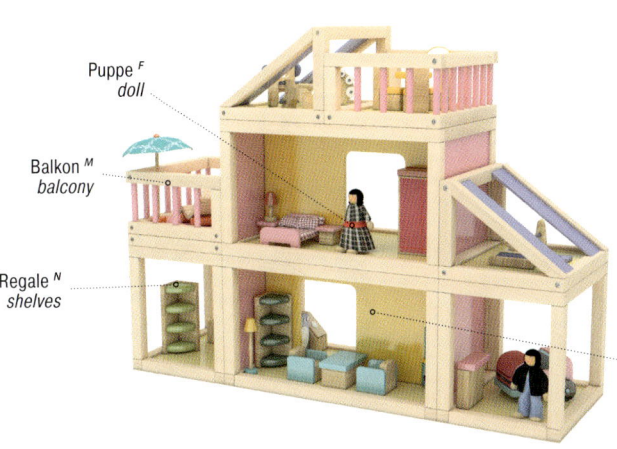

Puppenhaus *N*
dollhouse

Puppe *F*
doll

Balkon *M*
balcony

Regale *N*
shelves

Zimmer *N*
room

Spielzeugfeuerwehrauto *N*
toy fire engine

Spielzeugzug *M*
toy train

Zugset *N*
train set

Bauklötze *M*
building blocks

Dreirad _N_
tricycle

Griffe _M_
handlebars

Korb _M_
basket

Sitz _M_
seat

Pedal _N_
pedal

Schaukelspielzeug _N_
rocking toy

Griff _M_
handle

Sitz _M_
seat

Wippe _F_
rocker

Kinderfahrrad _N_
child's bicycle

Griffe _M_
handlebars

Sattel _M_
seat

Rahmen _M_
frame

Rad _N_
wheel

Hüpfball _M_
hopper ball

Kletterturmgerüst ^N mit Rutschen ^F
play climber

Sandkasten ^M
sandbox

Planschbecken ^N
kiddie pool

Federwippe ^F
spring rider

Griff ^M
handle

Sitz ^M
seat

Feder ^F
spring

Fußablage ^F
footrest

Schaukelset N
swing set

Querbalken M
top rail

Pfosten M
post

Sitz M
seat

Kette F
chain

Klettergerüst N
jungle gym

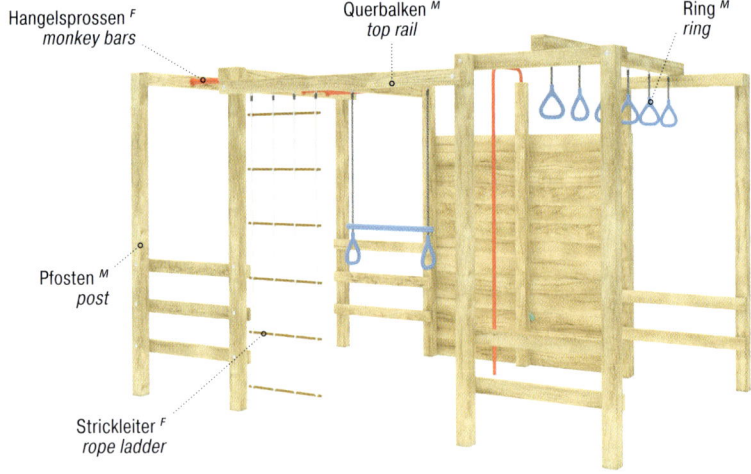

Hangelsprossen F
monkey bars

Querbalken M
top rail

Ring M
ring

Pfosten M
post

Strickleiter F
rope ladder

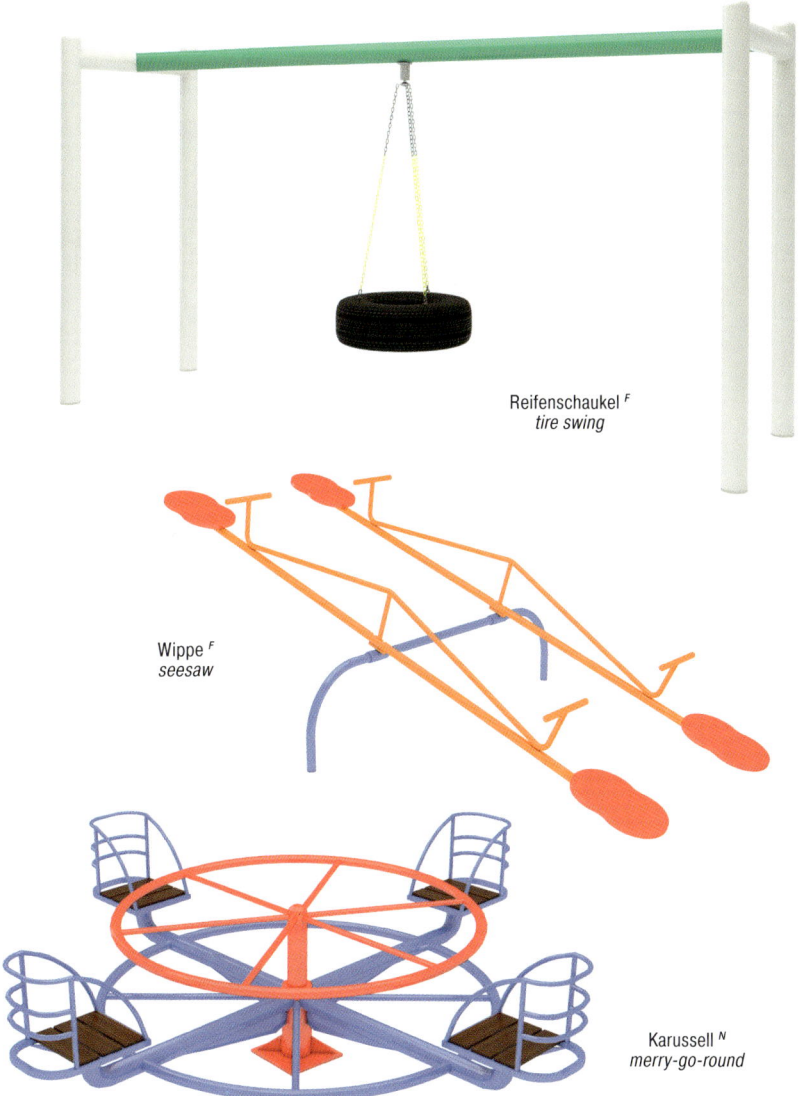

Reifenschaukel *F*
tire swing

Wippe *F*
seesaw

Karussell *N*
merry-go-round

Schach [N]

Chess

schwarzes Feld [N]
black square

Schachbrett [N]
chessboard

weißes Feld [N]
white square

Schachfigur [F]
chess piece

Bauer [M]
pawn

Springer [M]
knight

Turm [M]
rook

Läufer [M]
bishop

König [M]
king

Dame [F]
queen

Damespiel ^{N}
Checkers

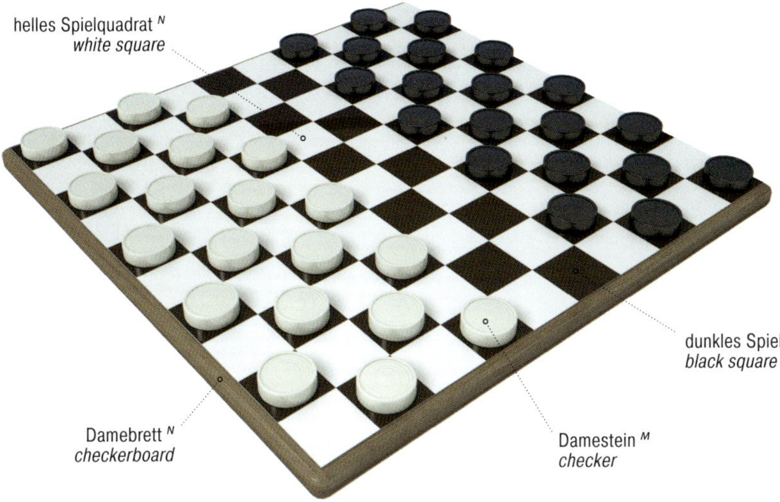

helles Spielquadrat ^{N}
white square

dunkles Spielquadrat ^{N}
black square

Damebrett ^{N}
checkerboard

Damestein ^{M}
checker

Backgammon ^{N}
Backgammon

Spitze ^{F}
point

Damestein ^{M}
checker

Würfel ^{M}
die

Brett ^{N}
bar

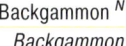

Bowling N
bowling

Punktestandanzeige F
score screen

Kugelrückgabe F
ball return

Stuhl M
chair

Schuhregal N
shoe rack

Schuhverleihschalter M
shoe rental counter

Eingabebildschirm M
score console

Tisch M
table

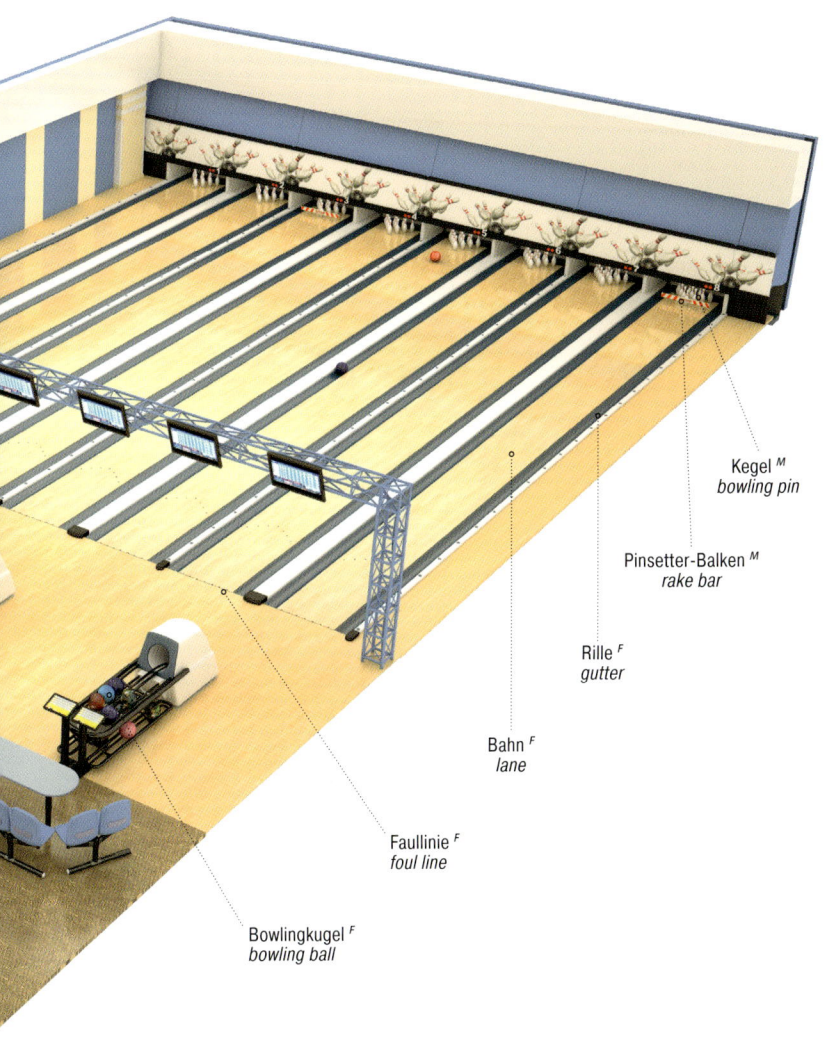

Kegel ^{M}
bowling pin

Pinsetter-Balken ^{M}
rake bar

Rille ^{F}
gutter

Bahn ^{F}
lane

Faullinie ^{F}
foul line

Bowlingkugel ^{F}
bowling ball

Kugelrückgabe ^F
ball return

Rückgabefenster ^N
ball return window

Bahn ^F
track

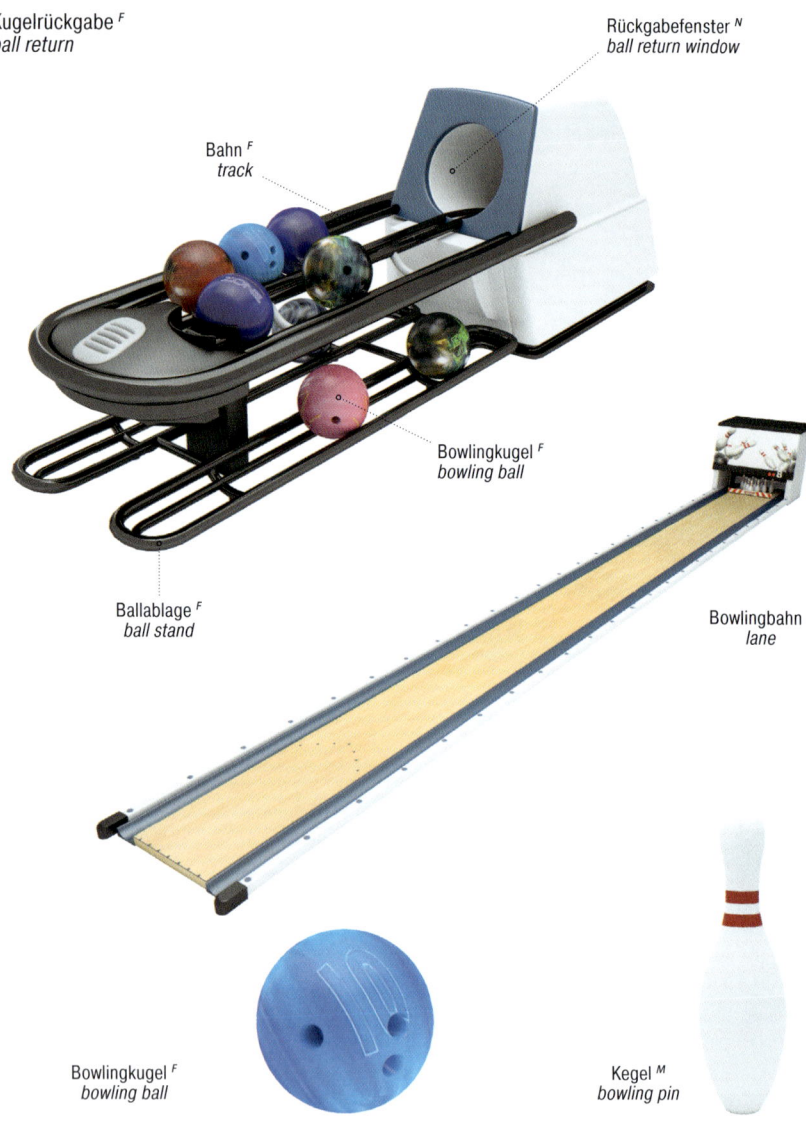

Bowlingkugel ^F
bowling ball

Ballablage ^F
ball stand

Bowlingbahn ^F
lane

Bowlingkugel ^F
bowling ball

Kegel ^M
bowling pin

Billiardtisch ^M
billiard table

Tasche ^F
pocket

Queue ^N
pool cue

Tischbein ^N
table leg

Billiardkugel ^F
ball

Bandenspiegel ^M
rail

Filz ^M
felt

Snookertisch ^M
snooker table

Dreieck ^N
billiards rack

Kreide ^F
billiards chalk

elektronisches Dartbrett [N]
electronic dartboard

Segmentpunktzahl [F]
segment score number

Bull's eye [N]
bull's-eye

Treble [M]
triple ring

Double [M]
double ring

Punkteanzeige [F]
score display

Bedienknopf [M]
control button

Dart [M]
dart

Arcade-Spiele

Bowlingsimulator [M]
bowling game

Greiferspielautomat [M]
claw crane machine

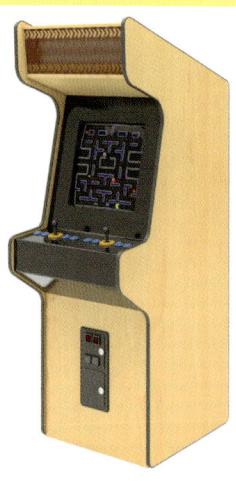

Labyrinthspiel [N]
maze game

Airhockeytisch ^{M}
air hockey table

Punktestandanzeige ^{F}
score display

Torwart ^{M}
goalie mallet

Tor ^{N}
goal

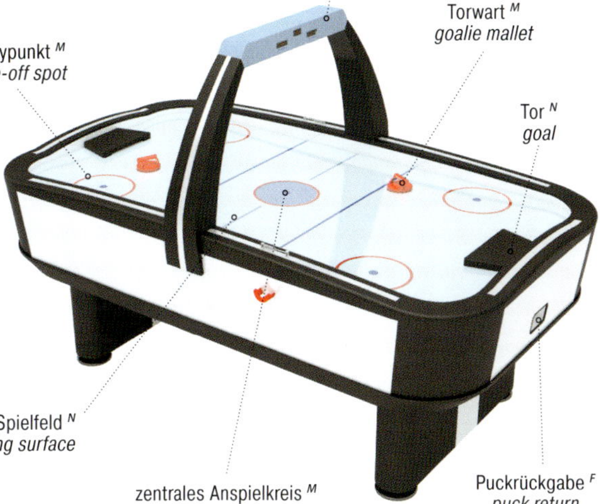

Bullypunkt ^{M}
face-off spot

Spielfeld ^{N}
playing surface

zentrales Anspielkreis ^{M}
center face-off circle

Puckrückgabe ^{F}
puck return

elektronisches Dartbrett ^{N}
electronic dartboard

Tischfußball ^{M}
football table

Kampfsimulator ^{M}
fighting game

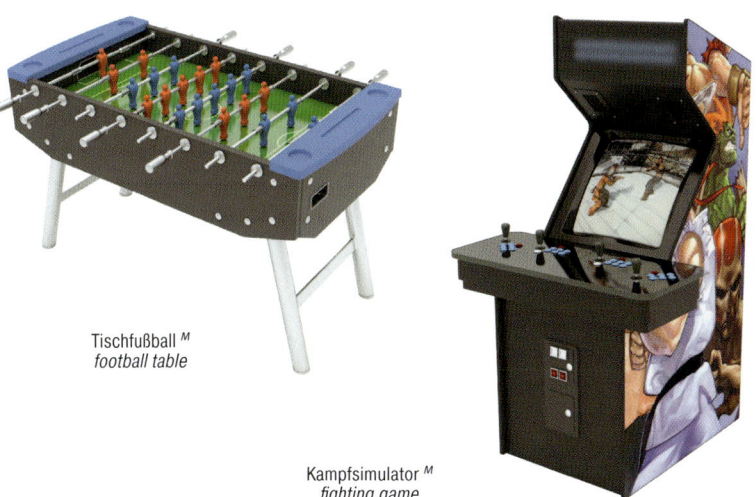

Tischhockey *N*
table hockey

Schutzkuppel *F*
dome

Lampe *F*
light

Tor *N*
goal

Bande *F*
bumper

Spieler *M*
player

Startknopf *M*
start button

Stange *F*
rod

Boxsimulator *M*
boxing simulator

Motorradrennensimulator *M*
motorcycle racing game

Zweipersonen-Schießsimulator *M*
two-person shooter game

elektronisches Basketballspiel *N*
electronic basketball game

Spielchip ^M
chip

Roulettetisch ^M
roulette table

Spielfeld ^N
layout

Croupierbereich ^M
croupier's area

Chipsockel ^M
chip holder

Rouletterad ^N
roulette wheel

Glücksspielautomat ^M
slot machine

Kartentisch ^M
card table

Crapstisch ^M
craps table

Pokertisch ^M
poker table

Casino-Pokertisch ^M
casino poker table

Spielkartenfarben F
Suits

Herz N
hearts

Karo N
diamonds

Kreuz N
clubs

Pik N
spades

Bildkarten F und spezielle Karten F
Face cards and special cards

Bube M
jack

Dame F
queen

König M
king

Ass N
ace

Joker M
joker

Pokerkombinationen F
Standard poker hands

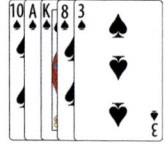

Paar N
one pair

Zwei Paare F
two pairs

Drilling M
three of a kind

Straße F
straight

Flush M
flush

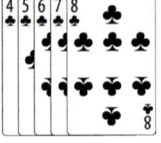

Full House N
full house

Vierling M
four of a kind

Straße in einer Farbe F
straight flush

Royal Flush M
royal flush

Zelt ^N
tent

Terassenschirm ^M
patio umbrella

Stange ^F
pole

Abspannleine ^F
guy line

Kühltasche ^F
cooler

Boden ^M
floor

Zeltwand ^F
wall

Laterne ^F
lantern

Haken ^M
hook

Griff ^M
handle

Klappstuhl ^M
folding camp stool

Lampe ^F
lamp

Sitz ^M
seat

Glas ^N
globe

Standbein ^N
leg

An/Aus Schalter
on/off button

Gehäuse ^N
housing

Rutschschutz ^M
skid-proof foot

Rucksack ^M
backpack

Taschenmesser ^N
pocket knife

Taschenlampe ^F
torch

Schlafsack ^M
sleeping bag

Thermoskanne ^F
thermal jug

Liegestuhl ^M
lounge chair

Jagdgewehr ^N
rifle

Gewehrpatrone ^F
rifle cartridge

Zielfernrohr ^N
optical sight

Magazin ^N
magazine

Visier ^N
sight

Lauf ^M
barrel

Schaft ^M
stock

Gewehrkolben ^M
butt plate

Abzug ^M
trigger

Abzugsbügel ^M
trigger guard

Jagdschrotflinte ^F
shotgun

Vorderschaft ^M
forearm

Empfänger ^M
breech

Sicherung ^F
hammer

Griff ^M
pistol grip

Abzugsbügel ^M
trigger guard

Schiene ^F
rib

Lauf ^M
barrel

Fernglas ^N
binoculars

Scharfstellring ^M
focusing ring

Okular ^N
eyepiece

Linsensystem ^N
lens system

Abzug ^M
trigger

Schaft ^M
stock

Gewehrkolben ^M
butt plate

zentrales Scharfstellrad ^N
central focusing wheel

Tubus ^M
body

Brücke ^F
bridge

Porro-Prisma ^N
Porro prism

Objektiv ^N
objective lens

Schrotflintenpatrone ^F
shotgun cartridge

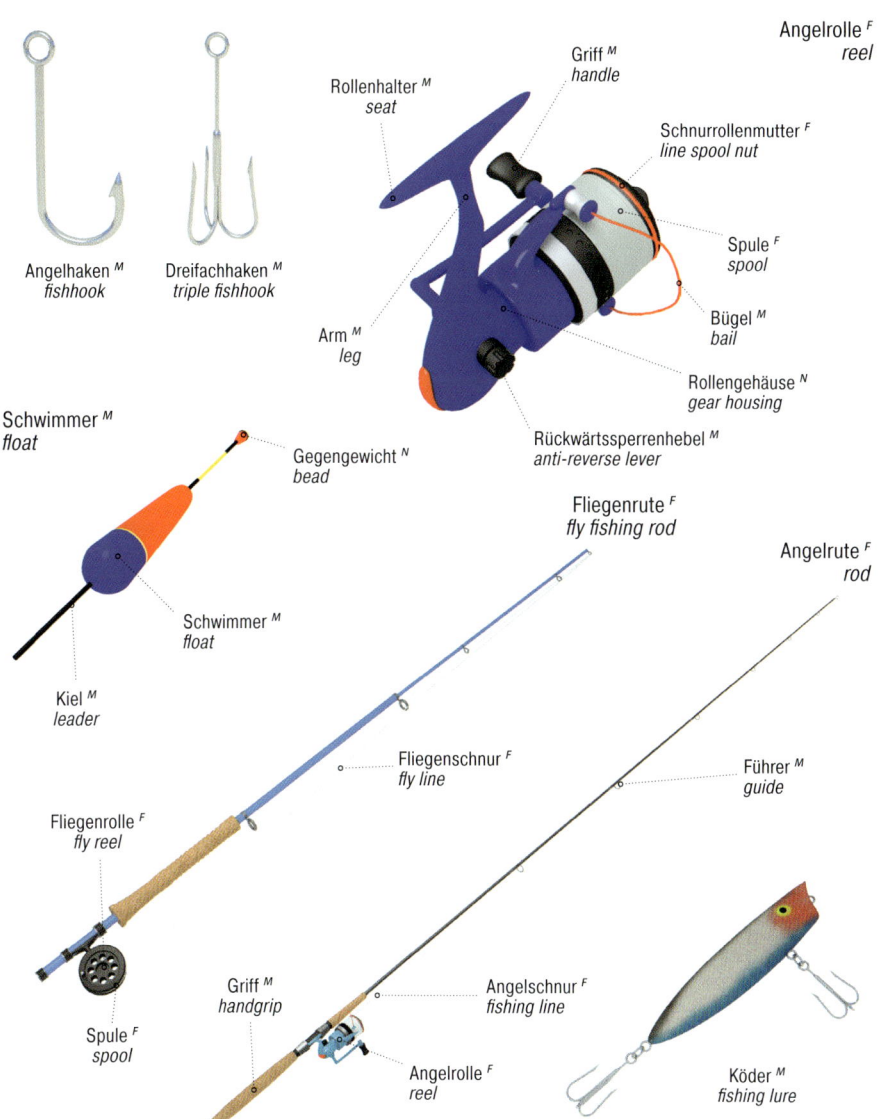

Angelrolle ^F
reel

Griff ^M
handle

Rollenhalter ^M
seat

Schnurrollenmutter ^F
line spool nut

Spule ^F
spool

Bügel ^M
bail

Rollengehäuse ^N
gear housing

Arm ^M
leg

Rückwärtssperrenhebel ^M
anti-reverse lever

Angelhaken ^M
fishhook

Dreifachhaken ^M
triple fishhook

Schwimmer ^M
float

Gegengewicht ^N
bead

Schwimmer ^M
float

Kiel ^M
leader

Fliegenrute ^F
fly fishing rod

Angelrute ^F
rod

Fliegenschnur ^F
fly line

Führer ^M
guide

Fliegenrolle ^F
fly reel

Spule ^F
spool

Griff ^M
handgrip

Angelschnur ^F
fishing line

Angelrolle ^F
reel

Köder ^M
fishing lure

Großraumbüro [N]
cubicles

Monitor [M]
monitor

Kuli- und Stiftehalter [M]
pen and pencil cup

Klebezettel [M]
sticky note

Postein- und ausgangsablage [F]
letter organiser

Ablagebox [F]
file box

Ablage [F]
letter tray

Trennwand [F]
partition

Schreibtisch [M]
desk

Desktop-Computer [M]
desktop computer

Maus [F]
mouse

Telefon [N]
telephone

Tastatur [F]
keyboard

Drucker [M]
printer

Schreibtischstuhl [M]
task chair

Uhr [F]
clock

fahrbarer Aktenschrank [M]
mobile filing cabinet

Callcenter [N]
call centre

Aktenschrank [M]
storage cabinet

Schreibtischstuhl [M]
task chair

Headset [N]
headset

Trennwand [F]
partition

Monitor [M]
monitor

Desktop-Computer [M]
desktop computer

Kuli [M] und Papier [N]
pen and paper

Tastatur [F]
keyboard

Registratur [F]
filing cabinet

Griff [M]
handle

Schublade [F]
drawer

Etikettenträger [M]
label holder

Tischuhr [F]
desk clock

Rezeption *F*
reception

Heftmappe *F*
binder

Aktenschrank *M*
storage cabinet

Papier *N*
paper

Sessel *M*
armchair

Tasse *F*
cup

Couchtisch *M*
coffee table

Chefsessel *M*
executive armchair

Bücherregal *N*
bookcase

Armlehne *F*
armrest

Rückenlehne *F*
backrest

Sitz *M*
seat

Basis *F*
base

Höhenverstellhebel *M*
height adjustment lever

Rad *N*
wheel

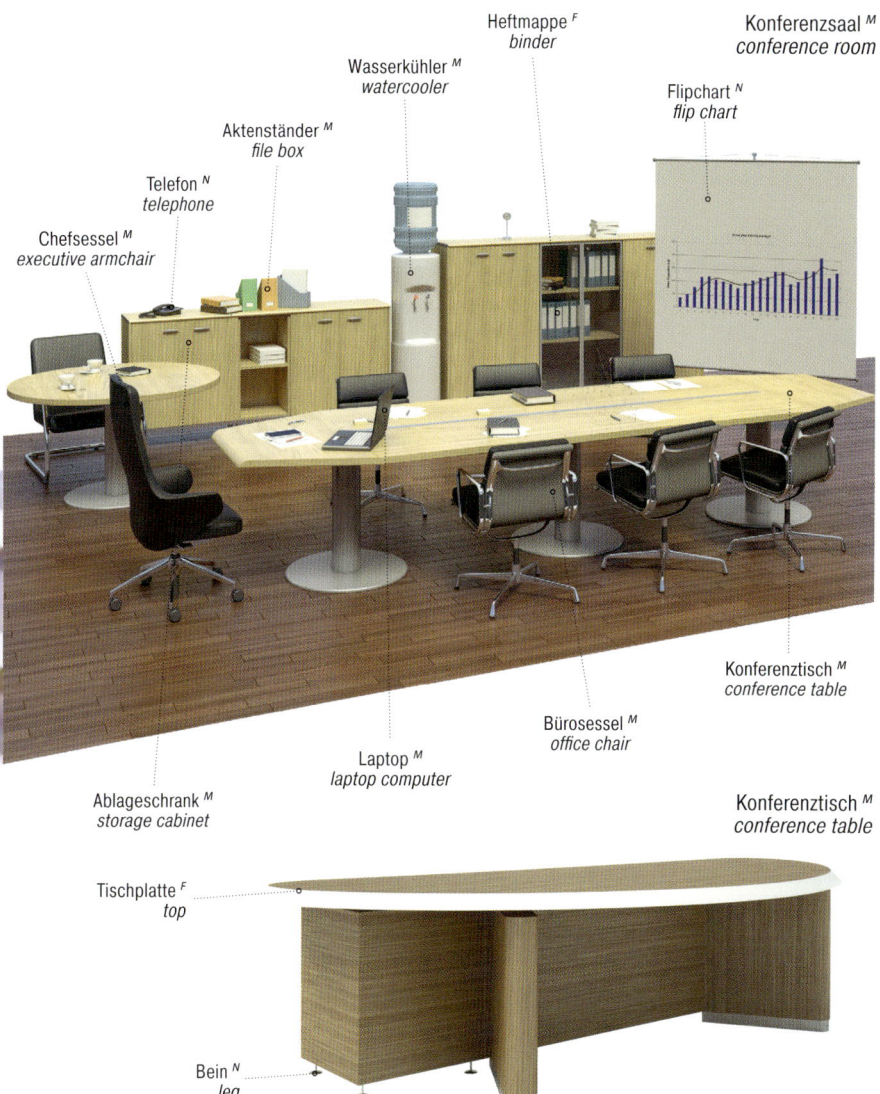

Heftmappe ^F
binder

Wasserkühler ^M
watercooler

Konferenzsaal ^M
conference room

Aktenständer ^M
file box

Flipchart ^N
flip chart

Telefon ^N
telephone

Chefsessel ^M
executive armchair

Konferenztisch ^M
conference table

Ablageschrank ^M
storage cabinet

Laptop ^M
laptop computer

Bürosessel ^M
office chair

Konferenztisch ^M
conference table

Tischplatte ^F
top

Bein ^N
leg

Laptop ^M
laptop computer

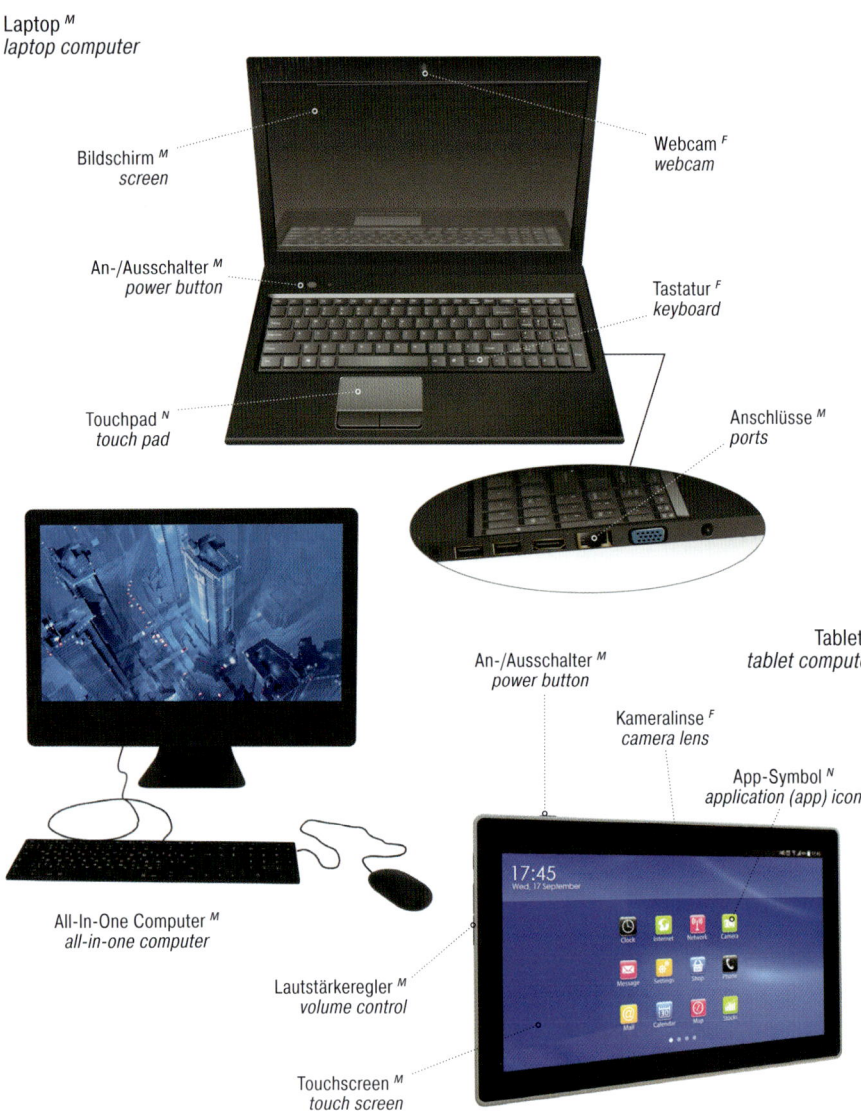

Bildschirm ^M
screen

Webcam ^F
webcam

An-/Ausschalter ^M
power button

Tastatur ^F
keyboard

Touchpad ^N
touch pad

Anschlüsse ^M
ports

An-/Ausschalter ^M
power button

Tablet ^N
tablet computer

Kameralinse ^F
camera lens

App-Symbol ^N
application (app) icon

All-In-One Computer ^M
all-in-one computer

Lautstärkeregler ^M
volume control

Touchscreen ^M
touch screen

Netzteilschalter *M*
PSU switch

Desktop-Computer *M*
desktop computer

Netzteilkühler *M*
power supply fan

Stromanschluss *M*
power cable connector

Anschluss *M* für Maus *F*
und Tastatur *F*
mouse or keyboard port

An-/Ausschalter *M*
power button

Lüftungsschlitz *M*
case fan

Netzwerkadapteranschluss *M*
network port

USB-Anschluss *M*
USB port

Audio-Anschluss *M*
audio jack

Monitoranschluss *M*
video port

Erweiterungssteckplatz *M*
expansion slot

kabellose Maus *F*
cordless mouse

Maus *F*
mouse

Tastatur *F*
keyboard

Grafiktablett *N*
graphics tablet

Spielecontroller *M*
gaming controller

Drucker ^M, Kopierer ^M und Scanner ^M
Printers, copiers and scanners

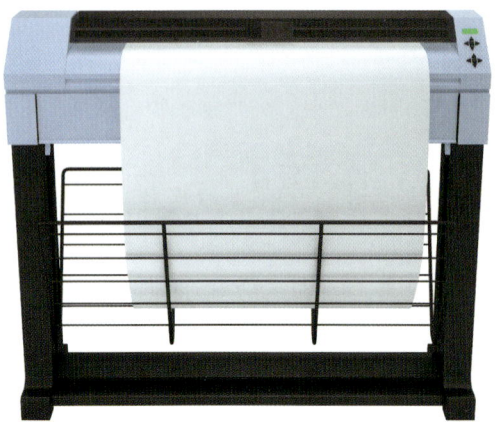

Plotter ^M
plotter

Druckerpatrone ^F
ink cartridge

Laserdrucker ^M
laser printer

Tonerkartusche ^F
toner cartridge

Einzelblatt-Scanner ^M
sheetfed scanner

Flachbettscanner ^M
flatbed scanner

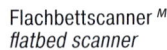

Papierfach ^N
paper tray

Deckel ^M
cover

Flachband ^N
belt

Abtastkopf ^M
scan head

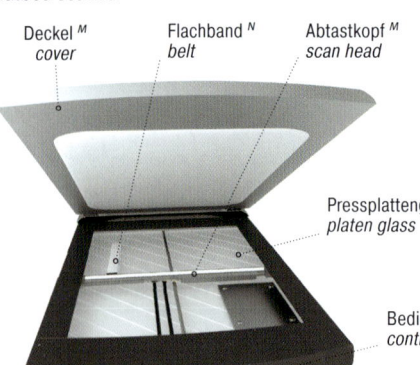

Pressplattenglas ^N
platen glass

Bedienfeld ^N
control panel

An-/Ausschalter ^M
power button

Ausgabefach ^N
output tray

Tintenstrahldrucker [M]
ink-jet printer

Bedienfeld [N]
control panel
Anzeige [F]
display
Speicherkarte [F]
memory card
An-/Ausschalter [M]
power button

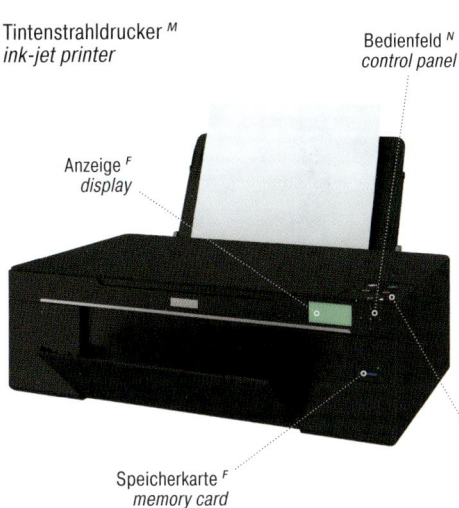

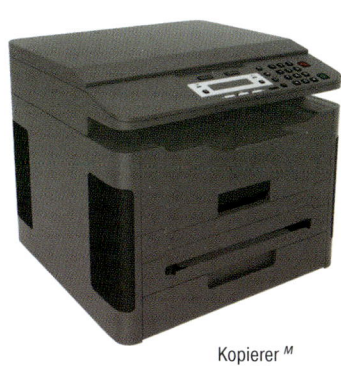

Kopierer [M]
copier

Kommunikationsgeräte

Headset [N]
headset

Kopfbügel [M]
headband
Hörer [M]
earpiece
Mikrofon [N]
microphone
Kabel [N]
cable

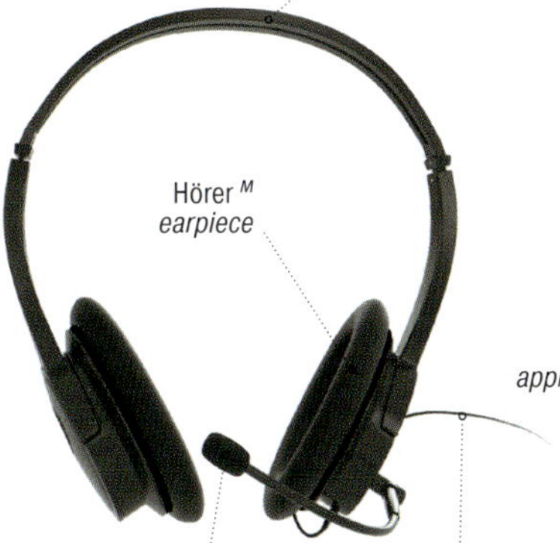

Smartphone [N]
smartphone

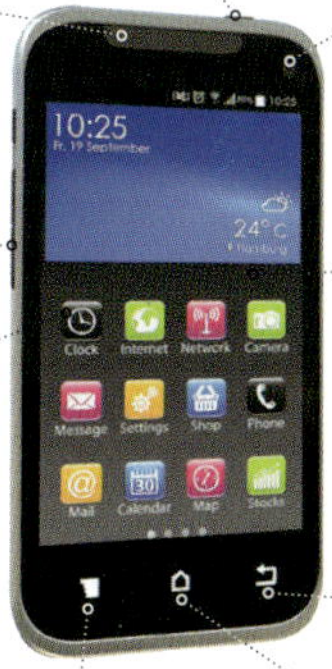

An-/Ausschalter [M]
power button
Lautsprecher [M]
receiver
Kameralinse [F]
camera lens
Lautstärketaste [F]
volume control
Touchscreen [M]
touch screen
App-Symbol [N]
application (app) icon
Zurück-Taste [F]
back button
Home-Taste [F]
home button
Menütaste [F]
menu button

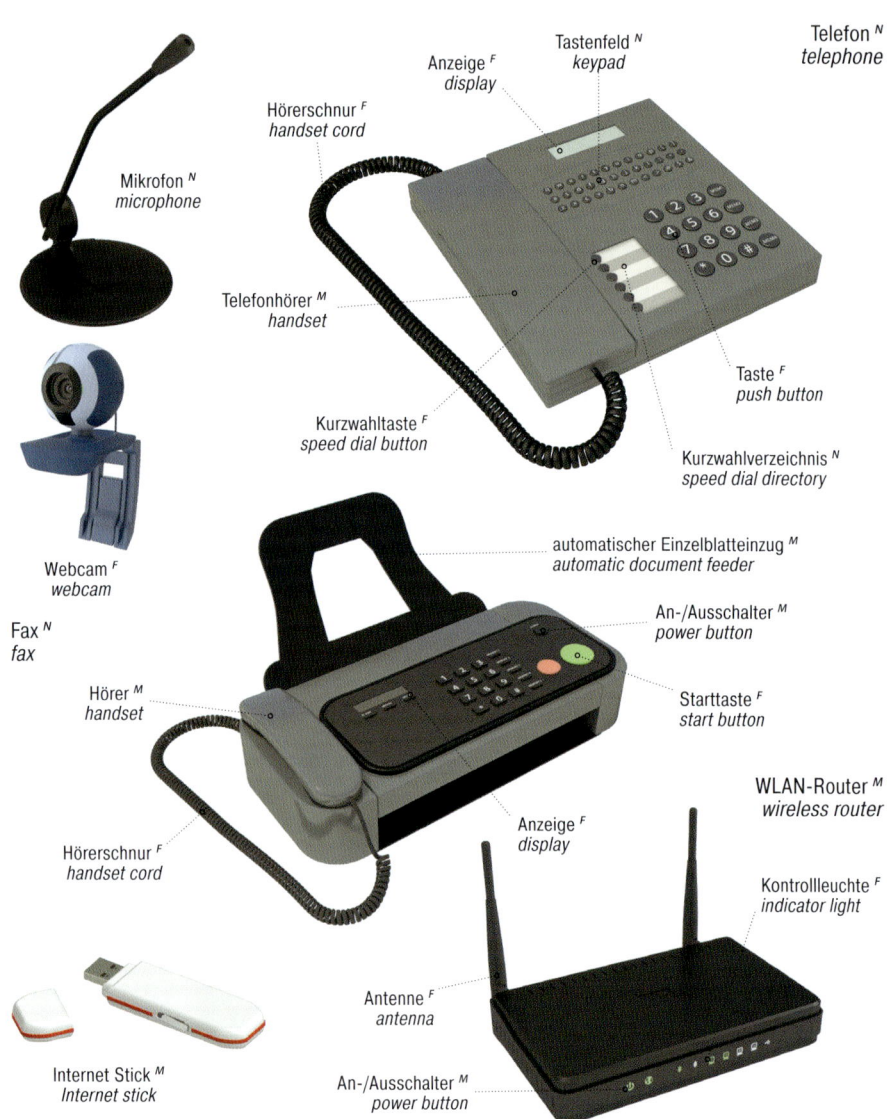

Mikrofon *N*
microphone

Webcam *F*
webcam

Fax *N*
fax

Internet Stick *M*
Internet stick

Hörerschnur *F*
handset cord

Anzeige *F*
display

Tastenfeld *N*
keypad

Telefon *N*
telephone

Telefonhörer *M*
handset

Kurzwahltaste *F*
speed dial button

Taste *F*
push button

Kurzwahlverzeichnis *N*
speed dial directory

automatischer Einzelblatteinzug *M*
automatic document feeder

An-/Ausschalter *M*
power button

Starttaste *F*
start button

WLAN-Router *M*
wireless router

Hörer *M*
handset

Anzeige *F*
display

Kontrollleuchte *F*
indicator light

Hörerschnur *F*
handset cord

Antenne *F*
antenna

An-/Ausschalter *M*
power button

Etikettiergerät [N]
label maker

Externe Festplatte [F]
external hard drive

Anzeige [F]
display

Navigationstasten [F]
navigation buttons

USB-Stick [M]
USB flash drive

Stecker [M]
connector

Tastatur [F]
keypad

Gehäuse [N]
case

Kappe [F]
cap

Bedientaste [F]
control button

digitales Diktiergerät [N]
digital voice recorder

Anzeige [F]
display

02/02

01.28:05

Bedientaste [F]
control button

Lautsprecher [M]
loudspeaker

E-Book-Reader [M]
e-reader

Karteikarten *F*
index card

Klebezettel *M*
sticky note

Briefumschlag *M* mit Fenster *N*
window envelope

Klappseite *F*
flip page

Spiralheftung *F*
spiral binding

Kalender *M*
calendar

Monat *M*
month

Wochentag *M*
day

Datum *N*
date

Umschlag *M*
envelope

Kartonunterlage *F*
cardboard base

Blatt *N* Papier *N*
sheet of paper

Terminplaner *M*
day planner

Einband *M*
binder

Seitentrenner *M*
divider

Unterteiler *M*
divider

Klebeetiketten *N*
label

Bleistiftanspitzer ^M
pencil sharpener

Zeichenwinkel ^M
set square

Klinge ^F
blade

Handlocher ^M
paper punch

Teppichmesser ^N
box cutter

Korrekturband ^N
correction tape

Klebstift ^M
glue stick

Schiebersperre ^F
slide lock

Klinge ^F
blade

Griff ^M
handle

Radierer ^M
eraser

Büroklammer ^F
paper clip

Lineal ^N
ruler

Reißzwecke ^F
pushpin

Gummistempel ^M
rubber stamp

Heftklammerentferner ^M
staple remover

Hefter ^M
stapler

Klebebandabroller ^M
tape dispenser

Schere ^F
scissors

BÜROMATERIAL
Bürozubehör

Kugelschreiber *M*
ballpoint pen

Spitze *F*
point

Schaft *M*
barrel

Clip *M*
clip

Drücker *M*
push button

Bleistift *M*
pencil

Textmarker *M*
highlighter

Marker *M*
marker

Korrekturstift *M*
correction pen

Dokumentenaufbewahrung

Ablage *F*
tray

Ablagekasten *M*
letter tray

Papier *N*
paper

Heftmappe *F*
ring binder

Ordner *M*
fastener binder

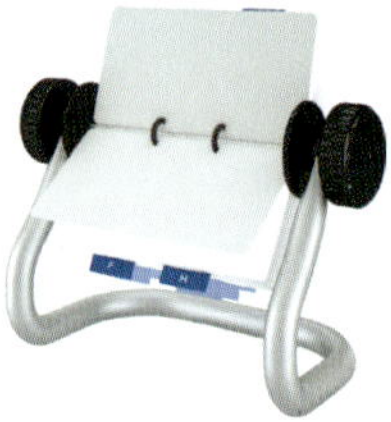

Karteilift *M*
rotary file

Dokumententasche *F*
portable expanding file

Heftmappe *F*
binder

Griff *M*
handle

Aufkleber *M*
label

Ordnerdeckel *M*
cover

Verschluss *M*
clasp

Ordner *M*
file folder

Ringmappe *F*
spiral binder

Hülle *F*
sheet protector

Hängemappe *F*
hanging file

Aktenständer *M*
file box

Straßenkreuzung [F]
interchange

Auto [N]
car

Bogenbrücke [F]
arch bridge

Straßenmarkierung [F]
road marking

Verkehrszeichen [N]
traffic sign

Straße [F]
roadway

Plakatwand [F]
billboard

Schutzgeländer [N]
safety railing

Straßenbauarbeiter [M]
road worker

Straßenbauarbeiter ^M
road worker

Fußgänger ^M
pedestrian

Schutzhelm ^M
hard hat

Leitplanke ^F
guardrail

Baustellenschild ^N
roadwork ahead sign

Sicherheitsschuhe ^M
safety boot

Schallwand ^F
sound barrier

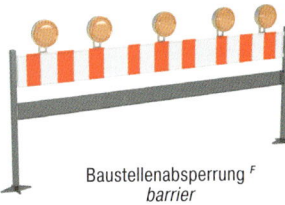

Baustellenabsperrung ^F
barrier

Querschnitt ^M einer Straße
cross section of road

Tragschicht ^F
base course

Straßenbelag ^M
surface course

Binderschicht ^F
binding course

Geschwindigkeits-
begrenzungszeichen ^N
speed limit sign

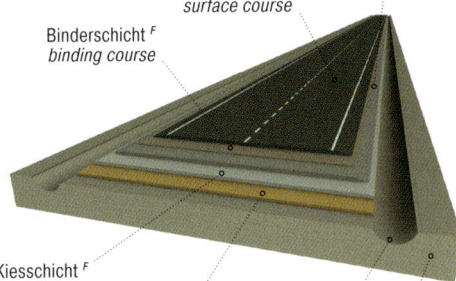

Kiesschicht ^F
gravel layer

Sandschicht ^F
sand layer

Drainage ^F
ditch

Erdboden ^M
bank

Leitkegel ^M
traffic cone

Tankstelle F Übersicht F
overview of petrol station

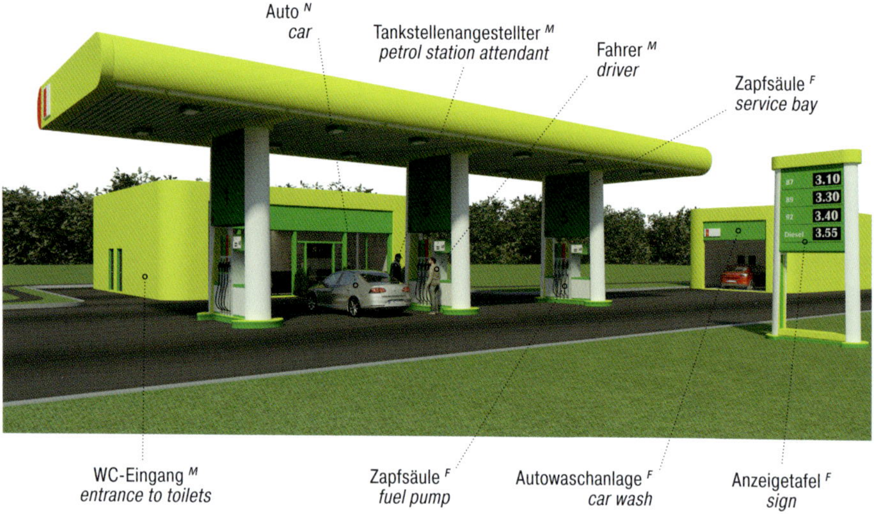

Auto N
car
Tankstellenangestellter M
petrol station attendant
Fahrer M
driver
Zapfsäule F
service bay
87
3.10
89
3.30
92
3.40
Diesel
3.55
WC-Eingang M
entrance to toilets
Zapfsäule F
fuel pump
Autowaschanlage F
car wash
Anzeigetafel F
sign

Zapfsäule F
petrol pump

Preis pro Liter Kraftstoff M
price per litre
Kraftstoffartanzeige F
type of fuel
87
89
92
Diesel
4
SB-Bezahlterminal M
self-service payment terminal
Zapfsäulennummer F
service bay number
Gesamtbetragsanzeige F
total sale display
Zapfpistole F
pump nozzle
Literanzahl F
volume display
Schlauch M
hose

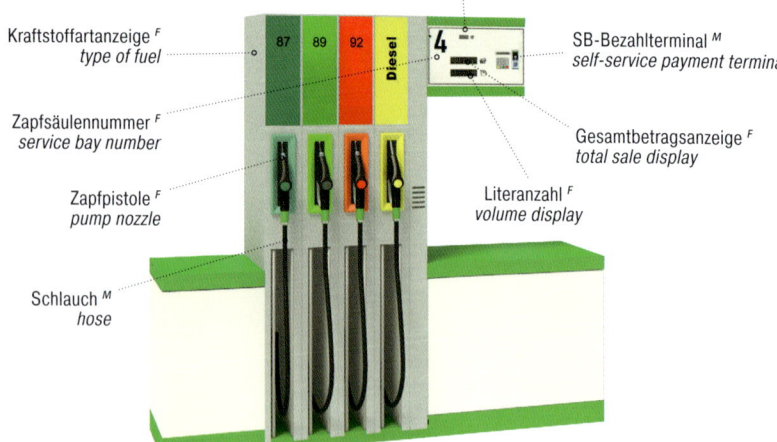

Autozubehör ^{N}
Car accessories

Wagenheber ^{M}
jack

Gummimatte ^{F}
floor mat

Starthilfekabel ^{N}
jumper cables

Feuerlöscher ^{M}
fire extinguisher

Sonnenblendschutz ^{M}
sun visor

Anhängerkupplung ^{F}
tow bar

Eiskratzer ^{M}
scraper

Skiträger ^{M}
ski rack

Fahrradträger ^{M}
bicycle rack

Eiskratzer mit Schneefeger ^{M}
snow brush with scraper

Sonnenrollos ^{N}
roller shade

Babyschale ^{F}
infant car seat

Sitzerhöhung ^{F}
booster car seat

Kindersicherheitssitz ^{M}
child car seat

Heckschürze ^{F}
rear fascia

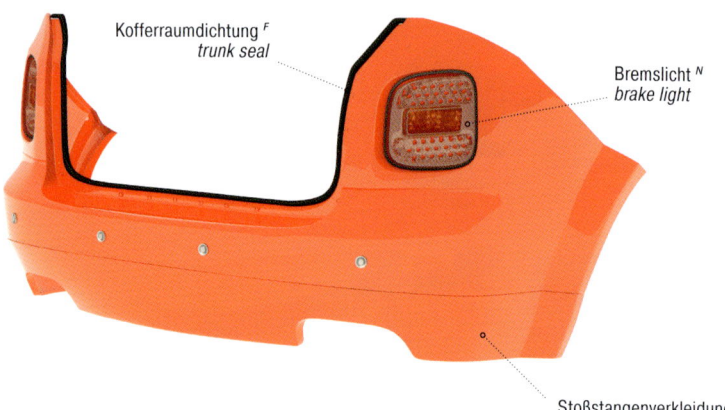

Kofferraumdichtung ^{F}
trunk seal

Bremslicht ^{N}
brake light

Stoßstangenverkleidung ^{F}
bumper molding

Frontschürze ^{F}
front fascia

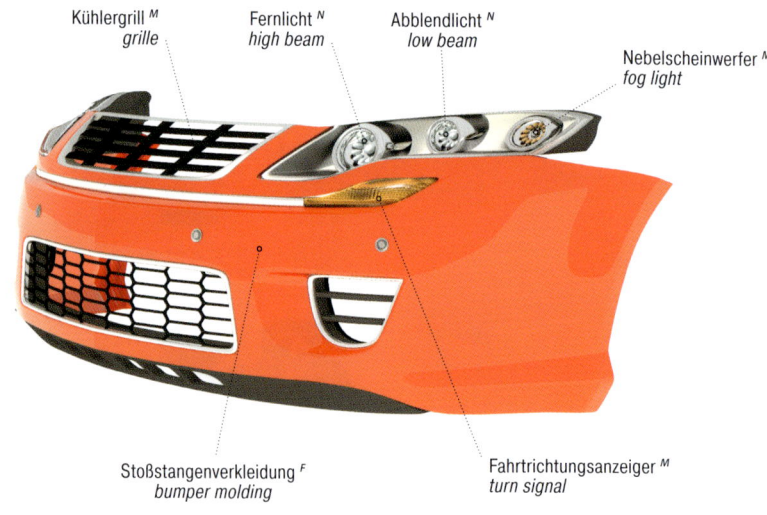

Kühlergrill ^{M}
grille

Fernlicht ^{N}
high beam

Abblendlicht ^{N}
low beam

Nebelscheinwerfer ^{M}
fog light

Stoßstangenverkleidung ^{F}
bumper molding

Fahrtrichtungsanzeiger ^{M}
turn signal

Tür *F*
door

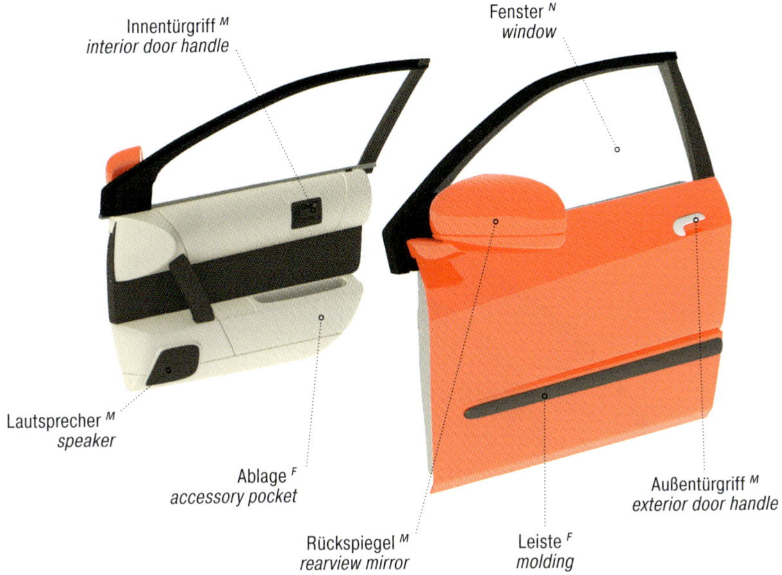

Innentürgriff *M*
interior door handle

Fenster *N*
window

Lautsprecher *M*
speaker

Ablage *F*
accessory pocket

Rückspiegel *M*
rearview mirror

Leiste *F*
molding

Außentürgriff *M*
exterior door handle

Klauenhalter *M*
bracket

Scheibenwischer *M*
windshield wiper

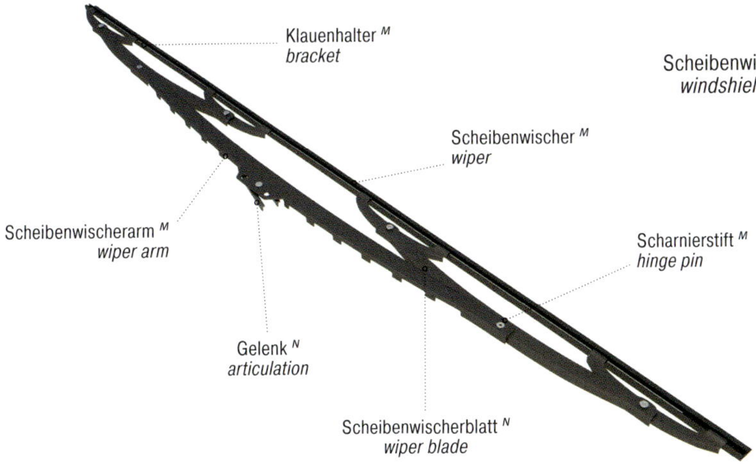

Scheibenwischer *M*
wiper

Scheibenwischerarm *M*
wiper arm

Scharnierstift *M*
hinge pin

Gelenk *N*
articulation

Scheibenwischerblatt *N*
wiper blade

Instrumententafel *F*
instrument panel

Lichtmaschinenwarnanzeige *F*
alternator warning light

linkes Blinklicht *N*
left turn signal indicator

Warnanzeige *F*
warning light

Drehzahlmesser *M*
tachometer

Skala *F*
scale

Tachonadel *F*
needle

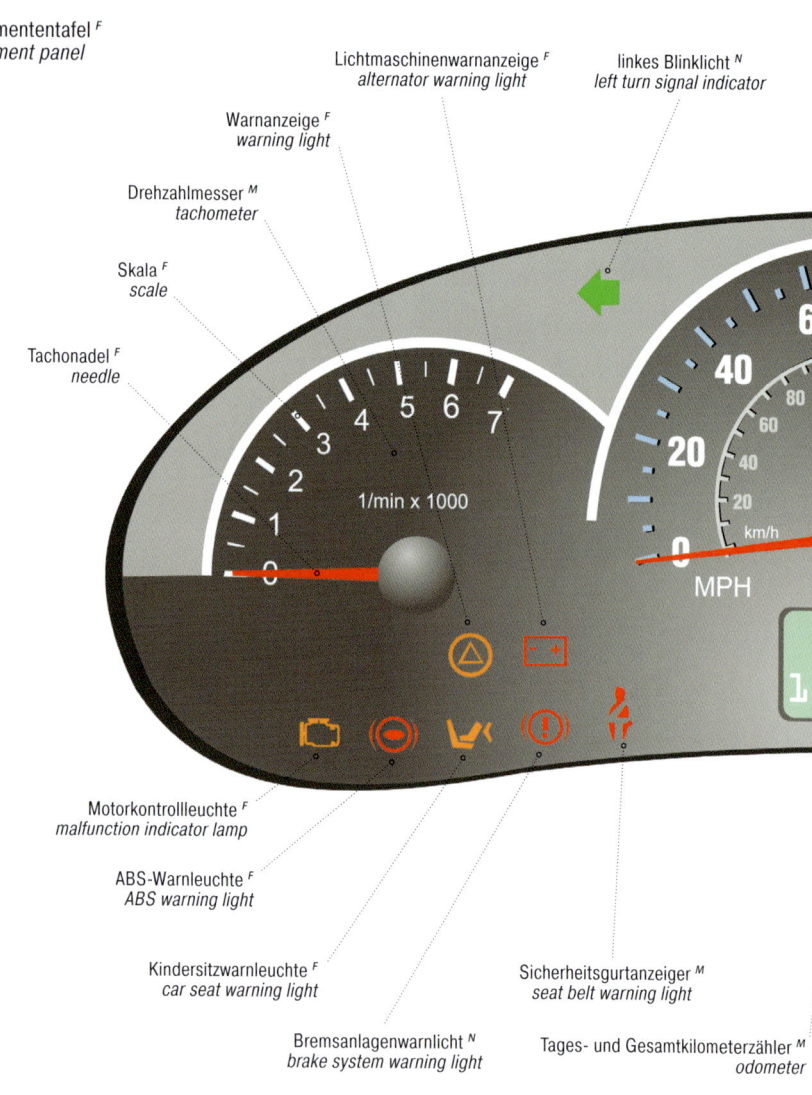

1/min x 1000

MPH

km/h

Motorkontrollleuchte *F*
malfunction indicator lamp

ABS-Warnleuchte *F*
ABS warning light

Kindersitzwarnleuchte *F*
car seat warning light

Bremsanlagenwarnlicht *N*
brake system warning light

Sicherheitsgurtanzeiger *M*
seat belt warning light

Tages- und Gesamtkilometerzähler *M*
odometer

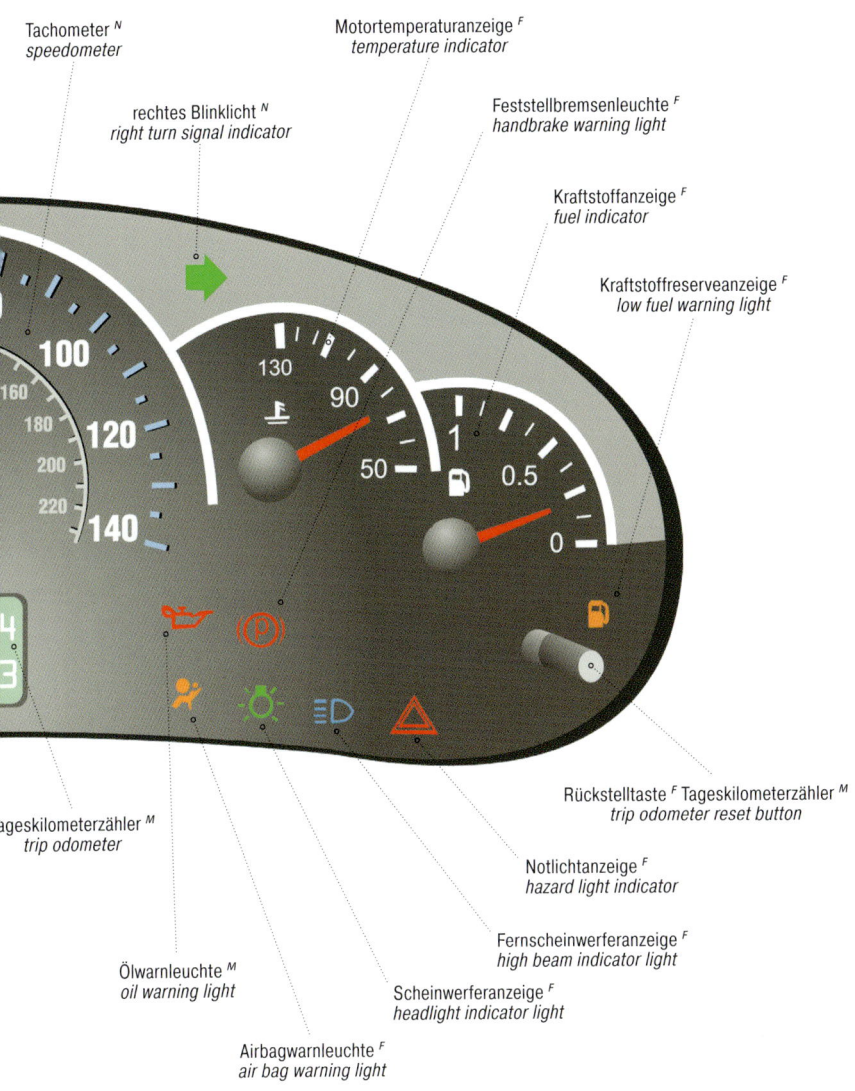

Tachometer [N]
speedometer

Motortemperaturanzeige [F]
temperature indicator

rechtes Blinklicht [N]
right turn signal indicator

Feststellbremsenleuchte [F]
handbrake warning light

Kraftstoffanzeige [F]
fuel indicator

Kraftstoffreserveanzeige [F]
low fuel warning light

Tageskilometerzähler [M]
trip odometer

Rückstelltaste [F] Tageskilometerzähler [M]
trip odometer reset button

Notlichtanzeige [F]
hazard light indicator

Fernscheinwerferanzeige [F]
high beam indicator light

Scheinwerferanzeige [F]
headlight indicator light

Ölwarnleuchte [M]
oil warning light

Airbagwarnleuchte [F]
air bag warning light

Räder *N*
wheels

Radkappe *F*
hubcap

Reifenprofil *N*
tread

Bolzen *M*
bolt

Katalysator *M*
catalytic converter

Stoßdämpfer *M*
shock absorber

Federaufhängung *F*
suspension coil spring

Blattfeder *F*
leaf spring

Bremsbeläge *M*
brake pads

Bremsscheibe *F*
disc brake

Ölfilter *M*
oil filter

Luftfilter *M*
air filter

Batterie *F*
battery

Innenraumfilter *M*
cabin air filter

Reifen *M*
tyre

Armaturenbrett ^N
dashboard

Zündschloss ^N
ignition switch

Bordcomputer ^M
onboard computer

Schminkspiegel ^M
vanity mirror

Armaturenbrett ^N
instrument panel

Audiosystem ^N
audio system

Rückspiegel ^M
rearview mirror

Lenkrad ^N
steering wheel

Sonnenblende ^F
sun visor

Kupplungspedal ^N
clutch pedal

Lüftungsgitter ^N
vent

Frontplatte ^F
panel

Windschutzscheibenwischer ^M
windshield wiper

Bremspedal ^N
brake pedal

Handschuhfach ^N
glove compartment

Gaspedal ^N
accelerator pedal

Feststellbremsentaste ^F
parking brake button

Fahrmodusauswahl ^F
driving mode selector

Schaltknüppel ^M
gearshift lever

Mittelkonsole ^F
center console

Autoaußenansicht *F*
exterior view of a car

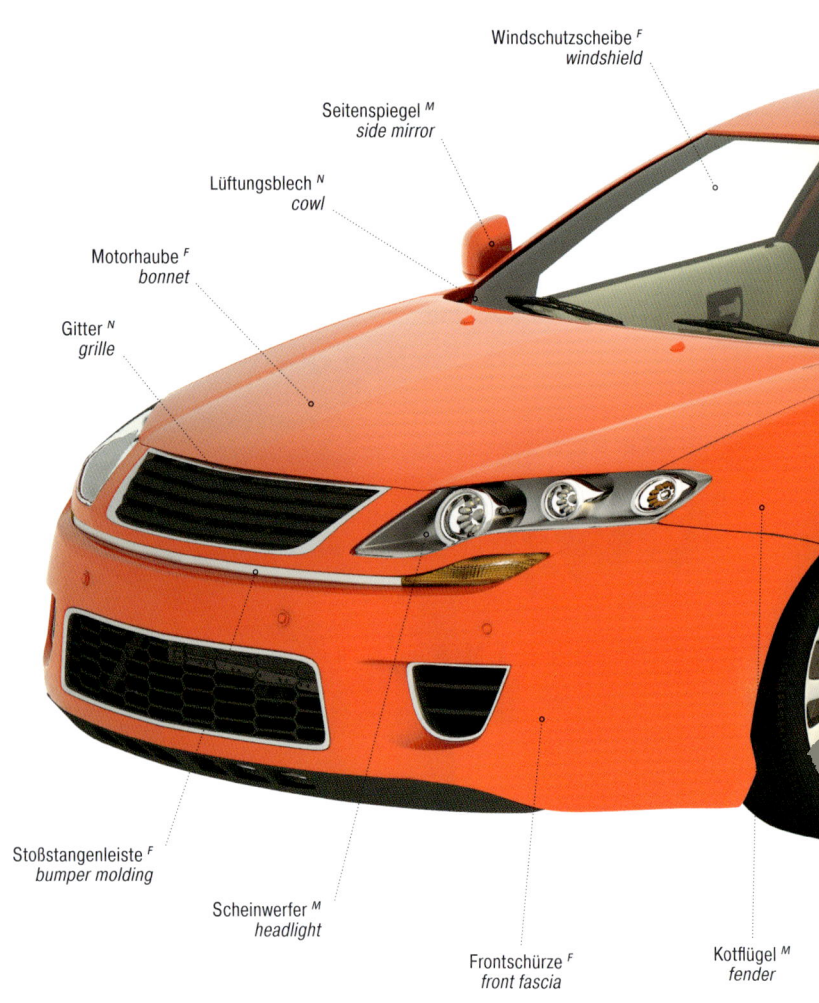

Windschutzscheibe *F*
windshield

Seitenspiegel *M*
side mirror

Lüftungsblech *N*
cowl

Motorhaube *F*
bonnet

Gitter *N*
grille

Stoßstangenleiste *F*
bumper molding

Scheinwerfer *M*
headlight

Frontschürze *F*
front fascia

Kotflügel *M*
fender

Dach [N]
roof

Antenne [F]
antenna

Ausstellfenster [N]
quarter window

Kofferraum [M]
boot

Tankklappe [F]
fuel door

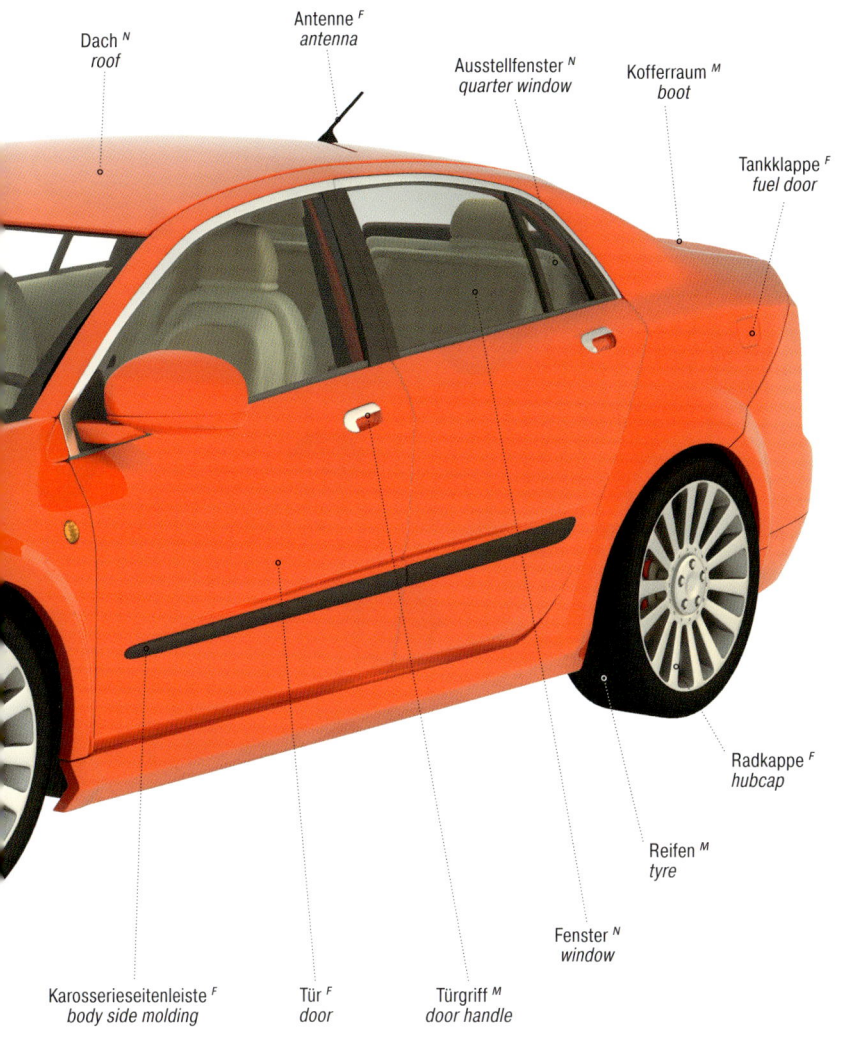

Radkappe [F]
hubcap

Reifen [M]
tyre

Fenster [N]
window

Karosserieseitenleiste [F]
body side molding

Tür [F]
door

Türgriff [M]
door handle

Fahrzeugarten *F*
Types of cars

Elektroauto *N*
electric car

Dachgepäckträger *M*
roof box

Dachboxdeckel *M*
lid

Befestigung *F*
mount

Stecker *M*
plug

Ladestation *F*
charging station

Kompaktwagen *M*
compact car

Pickup *M*
pickup truck

Kombilimousine *F*
hatchback

Minivan *M*
minivan

Limousine *F*
limousine

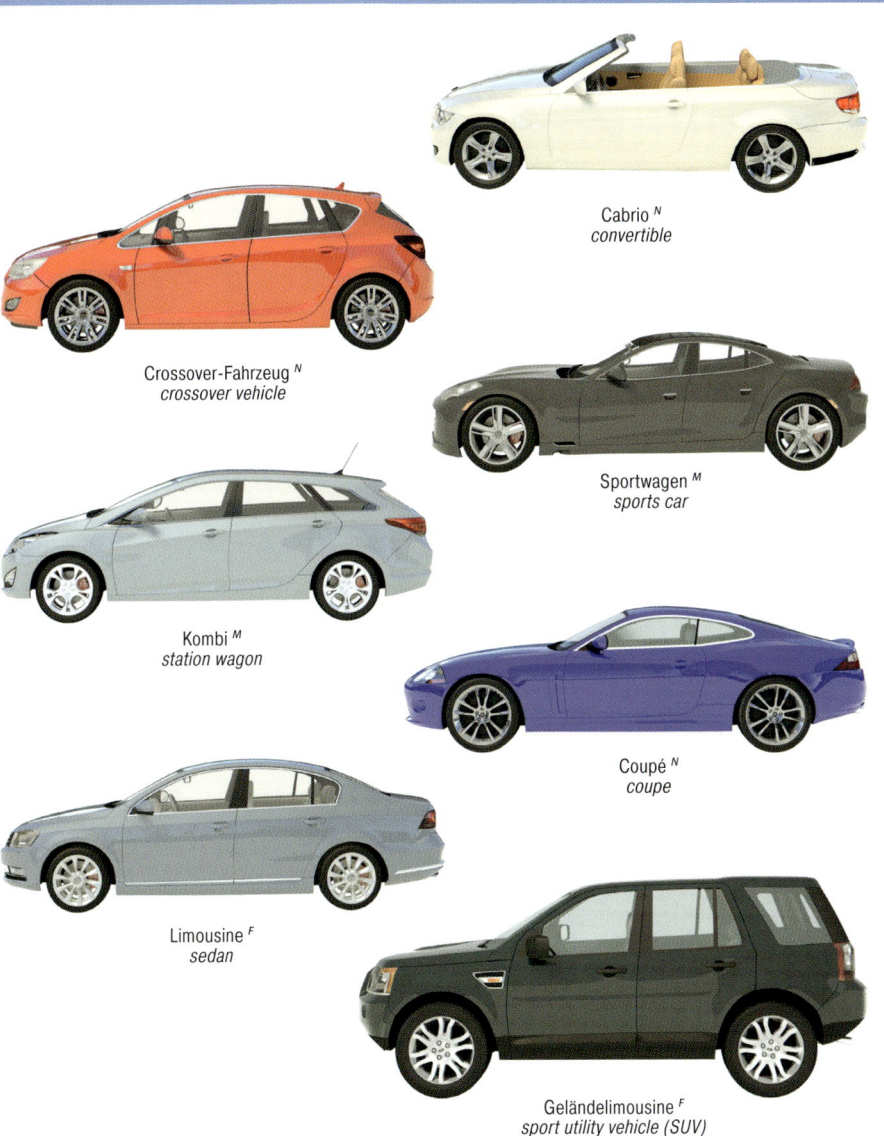

Cabrio [N]
convertible

Crossover-Fahrzeug [N]
crossover vehicle

Sportwagen [M]
sports car

Kombi [M]
station wagon

Coupé [N]
coupe

Limousine [F]
sedan

Geländelimousine [F]
sport utility vehicle (SUV)

Lieferwagen *M*
full-size van

Wohnmobile *N* und Anhänger *N*
Recreational vehicles

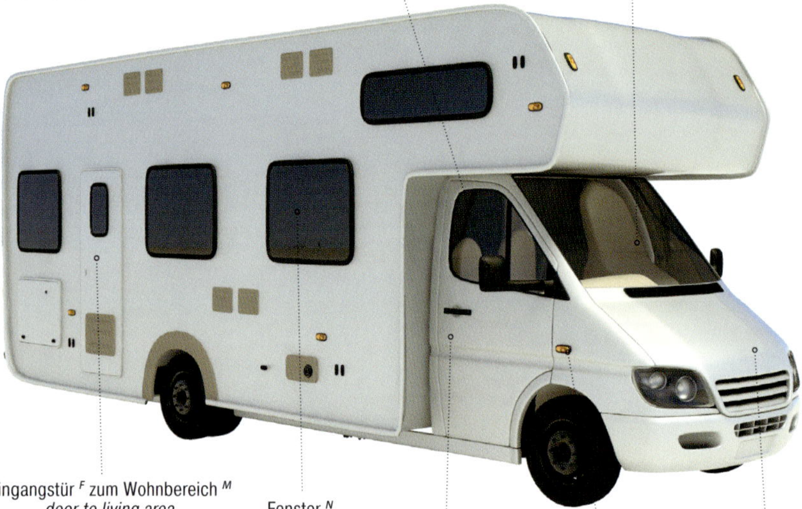

Wohnmobil *F*
motor home

Rückspiegel *M*
mirror

Windschutzscheibe *F*
windshield

Eingangstür *F* zum Wohnbereich *M*
door to living area

Fenster *N*
window

Fahrertür *F*
door to cab

Fahrtrichtungsanzeiger *M*
turn signal

Motorhaube *F*
hood

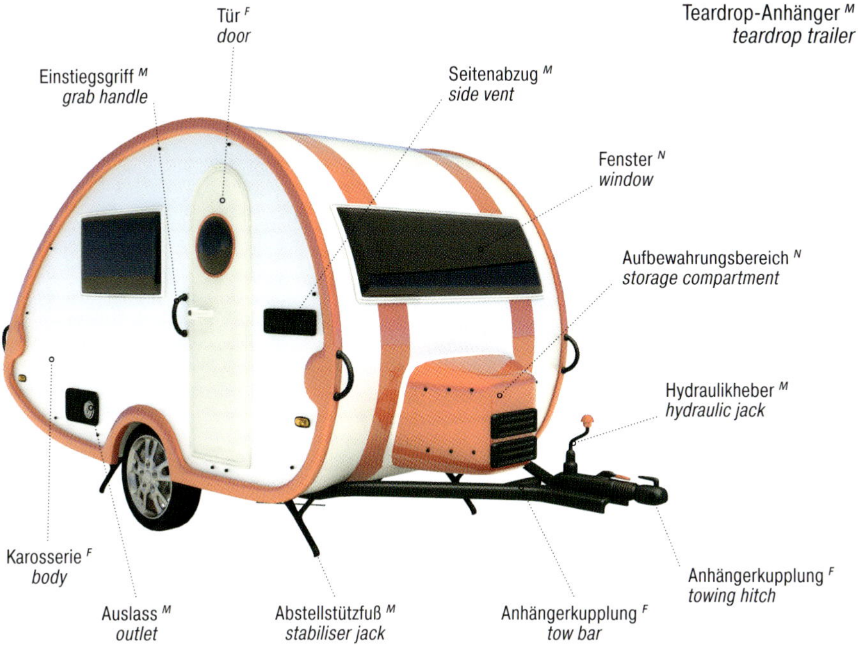

Tür ^{F}
door

Teardrop-Anhänger ^{M}
teardrop trailer

Einstiegsgriff ^{M}
grab handle

Seitenabzug ^{M}
side vent

Fenster ^{N}
window

Aufbewahrungsbereich ^{N}
storage compartment

Hydraulikheber ^{M}
hydraulic jack

Karosserie ^{F}
body

Auslass ^{M}
outlet

Abstellstützfuß ^{M}
stabiliser jack

Anhängerkupplung ^{F}
tow bar

Anhängerkupplung ^{F}
towing hitch

Wohnanhänger ^{M}
trailer

Naked Bike
naked bike

Rückspiegel [M]
mirror

Bremshebel [M]
brake lever

Kupplungshebel [M]
clutch lever

Handgriff [M]
handgrip

Sitz [M]
seat

Kraftstofftank [M]
fuel tank

Armaturenbrett [N]
dashboard

Fahrtrichtungsanzeiger [M]
turn signal

Scheinwerfer [M]
headlight

Vorderkotflügel [M]
front fender

Schalldämpfer [M]
muffler

Gestell [N]
frame

Auspuffrohr [N]
exhaust pipe

V-Motor [M]
V-twin engine

Vorderradgabel [F]
front fork

Bremssattel [M]
brake caliper

Scheibenbremse [F]
disc brake

Motocross-Motorrad [N]
motocross motorcycle

Cruiser [M]
cruiser motorcycle

Motorroller [M]
motor scooter

Chopper [M]
chopper

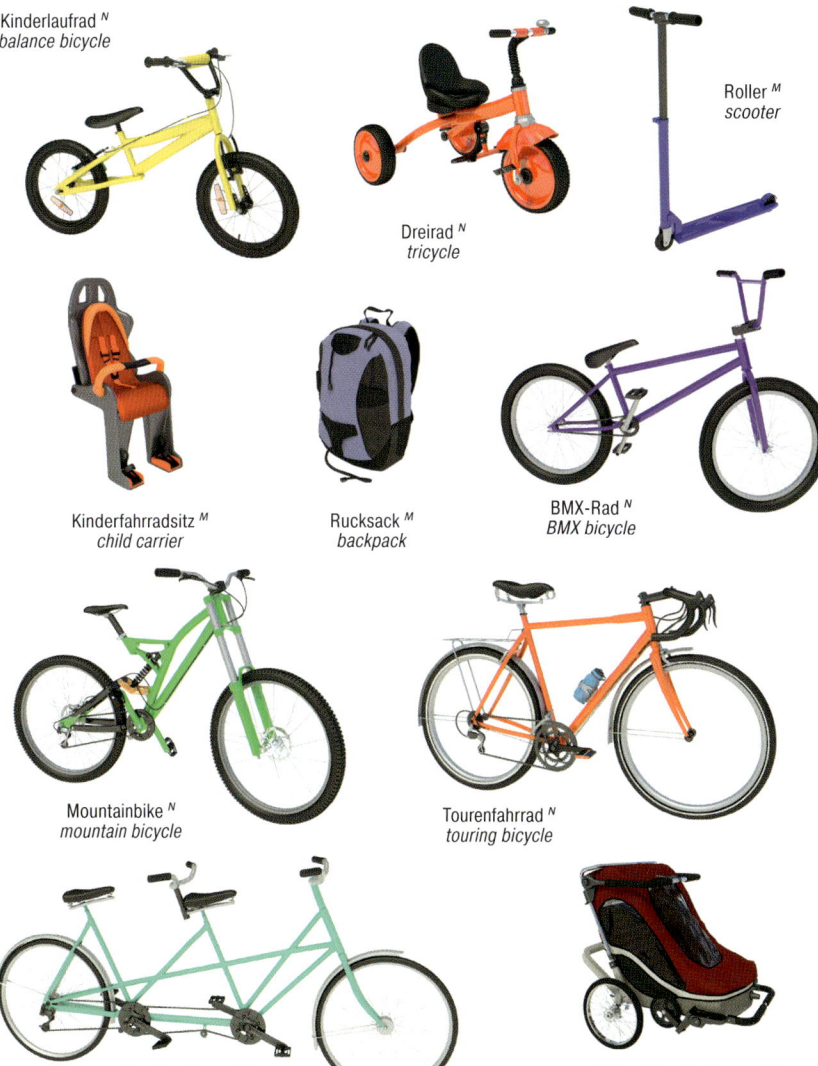

Kinderlaufrad [N]
balance bicycle

Dreirad [N]
tricycle

Roller [M]
scooter

Kinderfahrradsitz [M]
child carrier

Rucksack [M]
backpack

BMX-Rad [N]
BMX bicycle

Mountainbike [N]
mountain bicycle

Tourenfahrrad [N]
touring bicycle

Tandemfahrrad [N]
tandem bicycle

Kinderfahrradanhänger [M]
child bike trailer

Doppeldeckerbus *M*
double-decker bus

Streckenanzeige *F*
route sign

Oberdeck *N*
upper deck

Werbetafel *F*
advertising panel

Einstiegsgriff *M*
grab handle

Stützgriff *M*
grab bar

Einstiegsplattform *F*
boarding platform

Unterdeck *N*
lower deck

Fahrerkabine *F*
driver's cabin

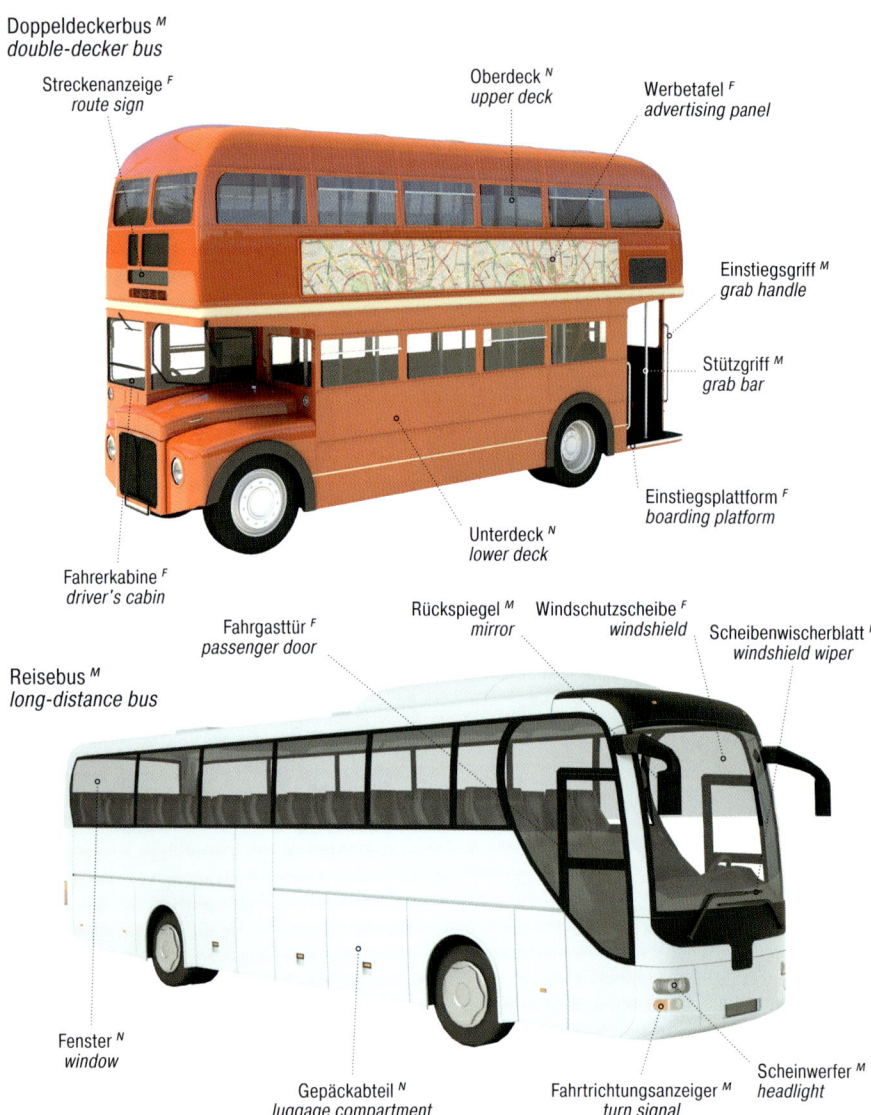

Fahrgasttür *F*
passenger door

Rückspiegel *M*
mirror

Windschutzscheibe *F*
windshield

Scheibenwischerblatt *N*
windshield wiper

Reisebus *M*
long-distance bus

Fenster *N*
window

Gepäckabteil *N*
luggage compartment

Fahrtrichtungsanzeiger *M*
turn signal

Scheinwerfer *M*
headlight

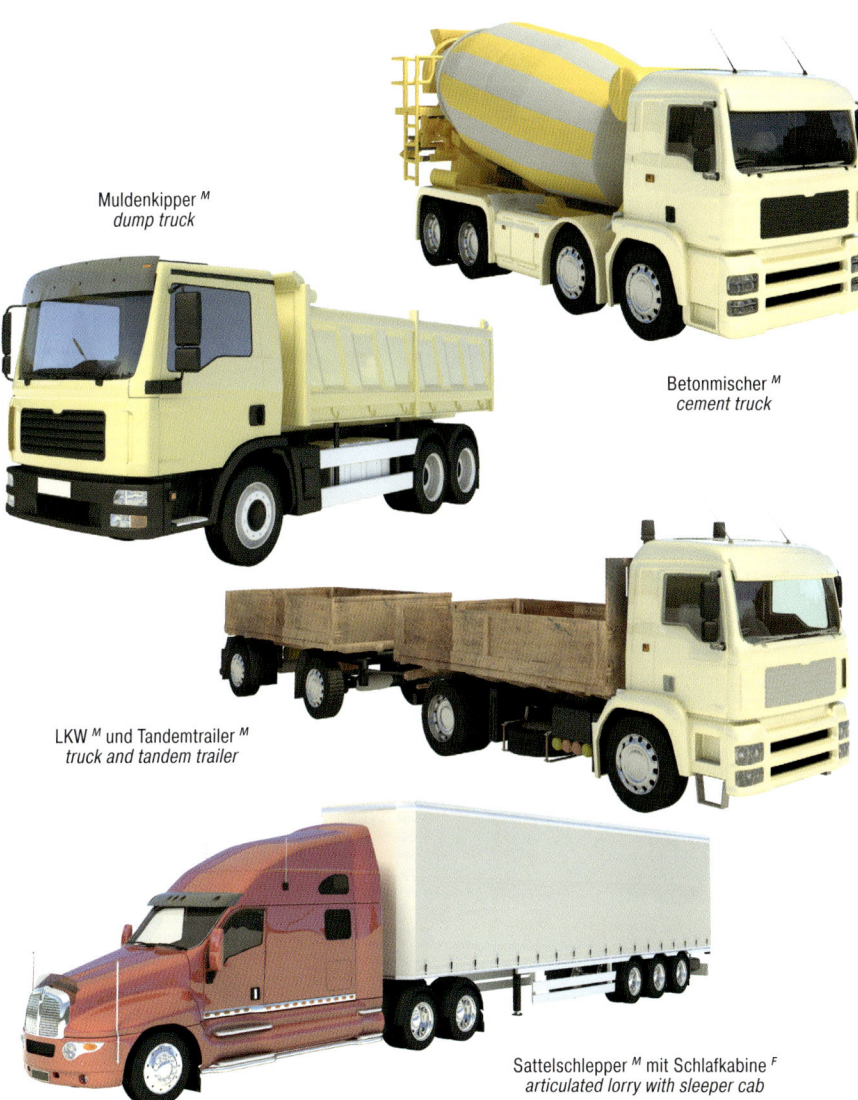

Muldenkipper ^M
dump truck

Betonmischer ^M
cement truck

LKW ^M und Tandemtrailer ^M
truck and tandem trailer

Sattelschlepper ^M mit Schlafkabine ^F
articulated lorry with sleeper cab

Mannschaftswagen *M*
police van

Polizistin *F*
police officer

Feuerwehrfahrzeug *F*
fire engine

Tür *F*
door

Rückspiegel *M*
side mirror

Rundumleuchte *F*
beacon

Aufbewahrungsbereich *M*
storage compartment

Trittbrett *N*
step

Blinker *M*
turn signal

Scheinwerfer *M*
headlight

Windschutzscheibe *F*
windshield

Mülllader ^M
loading hopper

Ladebehälter ^M
packer body

Müllauto ^N
dustbin lorry

Seitenspiegel ^M
side mirror

Windschutzscheibe ^F
windshield

Motorhaube ^F
hood

Tür ^F
door

Kühlergrill ^M
radiator grille

Scheinwerfer ^M
headlight

gepanzertes Fahrzeug ^N
armoured van

Schießscharte ^F
gunport

kugelsicherer Tresor ^M
bulletproof body

Krankenwagen ^M
ambulance

Panzerung ^F
armour

Runflat-Reifen ^M
run-flat tyre

Schiebetür ^F
sliding door

Flughafenaußenansicht [F]
Airport exterior

Flugzeugwartungshalle [F]
maintenance hangar

Hochgeschwindigkeits-Rollbahn
runway

Straße [F]
road

Parkplatz [M]
car park

Passagierterminal [M]
passenger terminal

Rollbahn ^F
taxiway

Kontrollturm ^M
control tower

Kontrollraum ^M
control tower cab

Rollfeld ^N
maneuvering area

Versorgungsstraße ^F
service road

Rollbahnmarkierung ^F
taxiway line

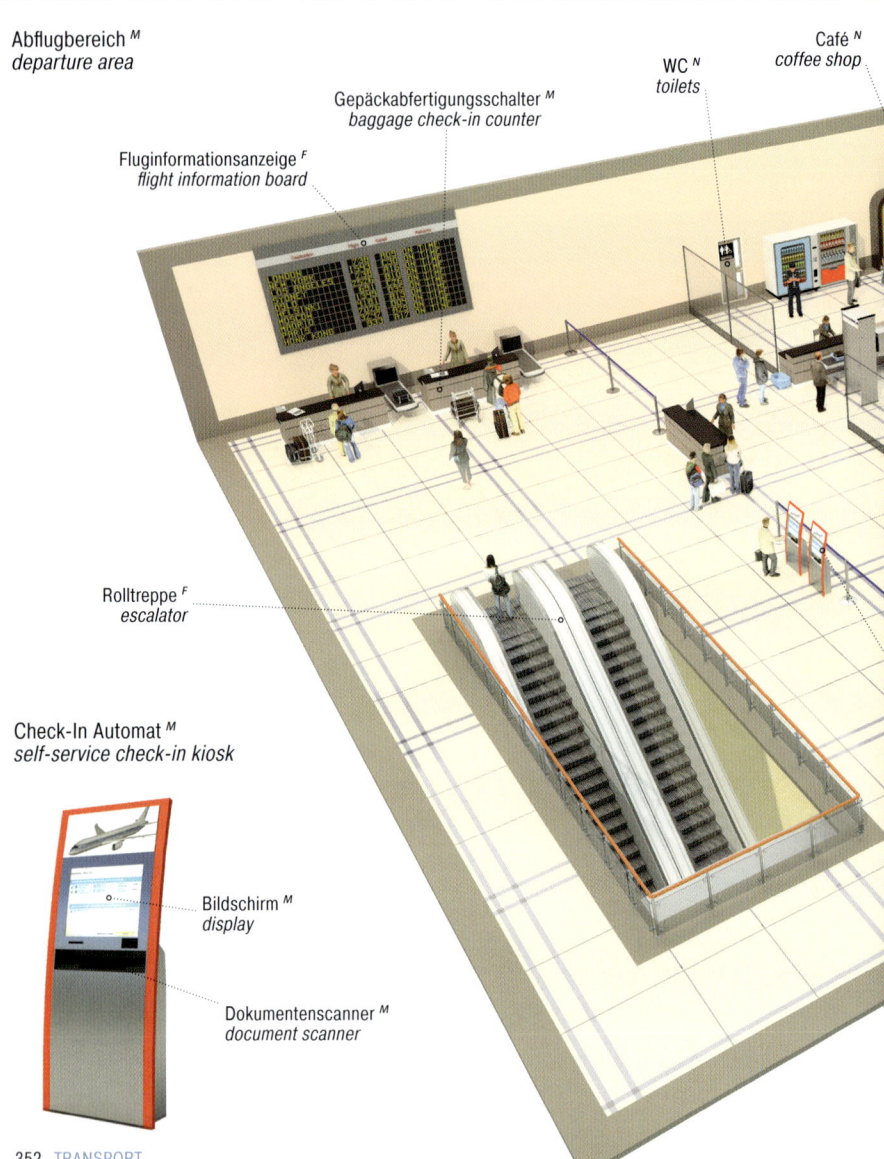

Abflugbereich *M*
departure area

WC *N*
toilets

Café *N*
coffee shop

Gepäckabfertigungsschalter *M*
baggage check-in counter

Fluginformationsanzeige *F*
flight information board

Rolltreppe *F*
escalator

Check-In Automat *M*
self-service check-in kiosk

Bildschirm *M*
display

Dokumentenscanner *M*
document scanner

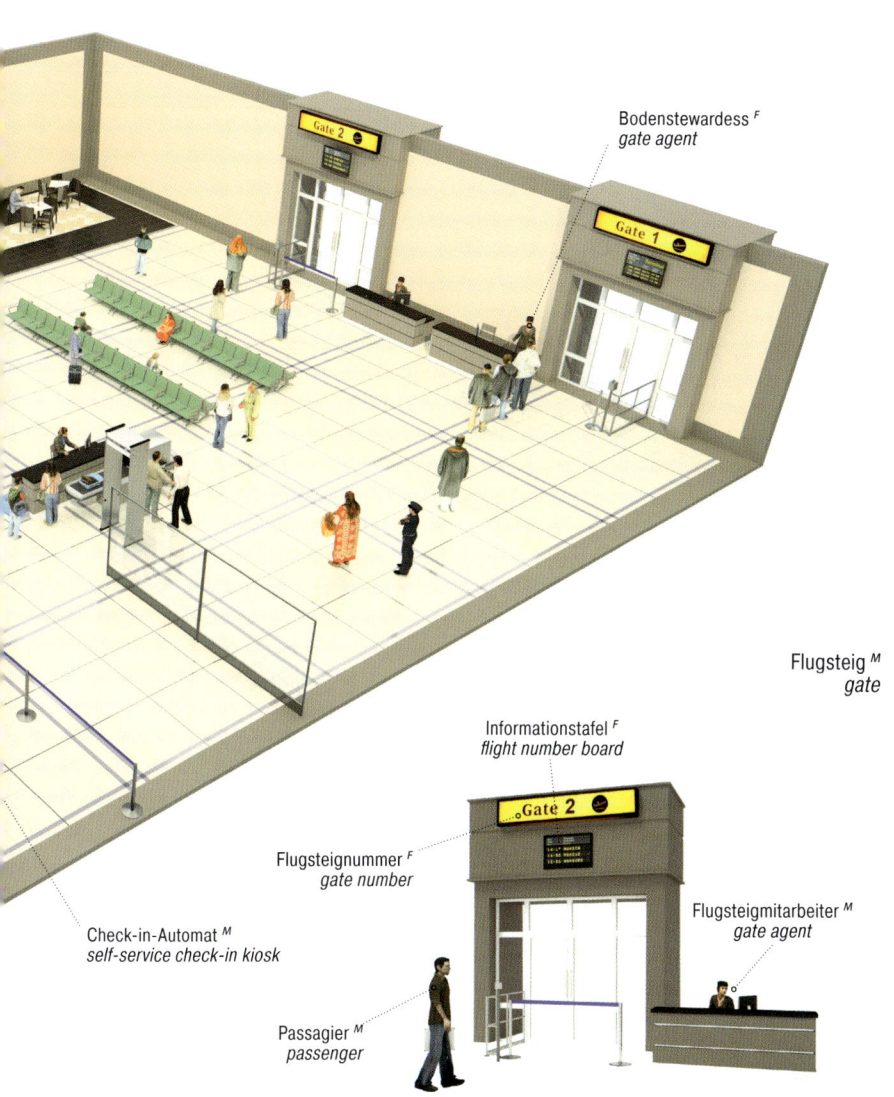

Bodenstewardess F
gate agent

Flugsteig M
gate

Informationstafel F
flight number board

Flugsteignummer F
gate number

Flugsteigmitarbeiter M
gate agent

Check-in-Automat M
self-service check-in kiosk

Passagier M
passenger

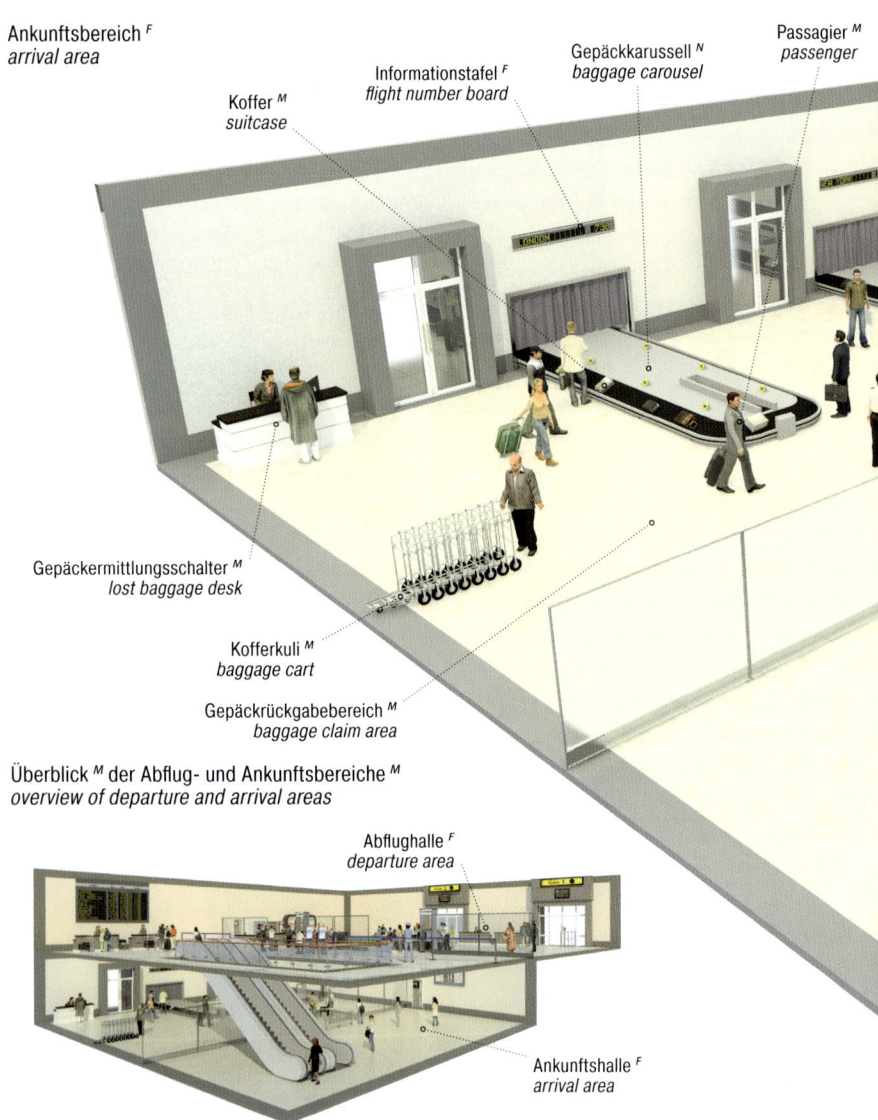

Ankunftsbereich *F*
arrival area

Koffer *M*
suitcase

Informationstafel *F*
flight number board

Gepäckkarussell *N*
baggage carousel

Passagier *M*
passenger

Gepäckermittlungsschalter *M*
lost baggage desk

Kofferkuli *M*
baggage cart

Gepäckrückgabebereich *M*
baggage claim area

Überblick *M* der Abflug- und Ankunftsbereiche *M*
overview of departure and arrival areas

Abflughalle *F*
departure area

Ankunftshalle *F*
arrival area

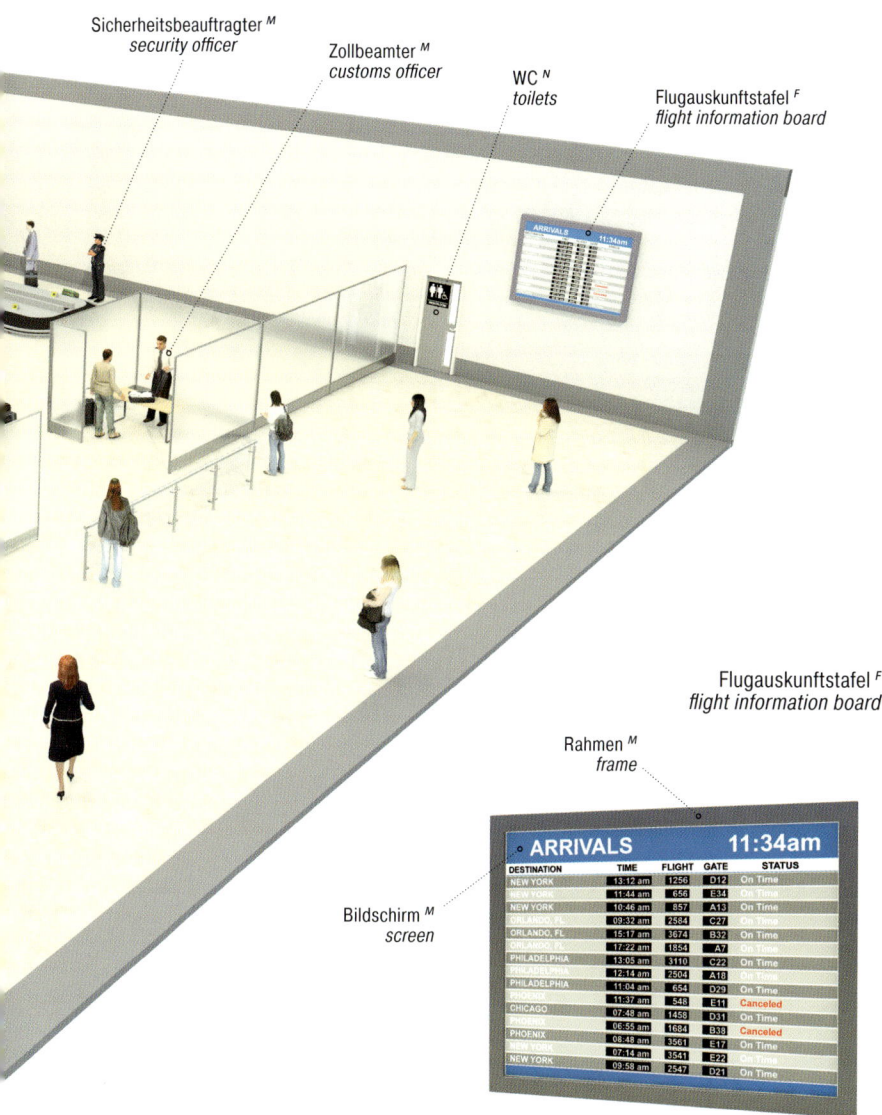

Sicherheitsbeauftragter ^{M}
security officer

Zollbeamter ^{M}
customs officer

WC ^{N}
toilets

Flugauskunftstafel ^{F}
flight information board

Flugauskunftstafel ^{F}
flight information board

Rahmen ^{M}
frame

Bildschirm ^{M}
screen

ARRIVALS				11:34am
DESTINATION	TIME	FLIGHT	GATE	STATUS
NEW YORK	13:12 am	1256	D12	On Time
NEW YORK	11:44 am	656	E34	On Time
NEW YORK	10:46 am	857	A13	On Time
ORLANDO, FL	09:32 am	2584	C27	On Time
ORLANDO, FL	15:17 am	3674	B32	On Time
CHICAGO	17:22 am	1854	A7	On Time
PHILADELPHIA	13:05 am	3110	C22	On Time
PHILADELPHIA	12:14 am	2504	A18	On Time
PHILADELPHIA	11:04 am	654	D29	On Time
PHOENIX	11:37 am	548	E11	Canceled
CHICAGO	07:48 am	1458	D31	On Time
PHOENIX	06:55 am	1684	B38	Canceled
PHOENIX	08:48 am	3561	E17	On Time
NEW YORK	07:14 am	3541	E22	On Time
NEW YORK	09:58 am	2547	D21	On Time

Geschäftsjet [M]
business jet

Flugbegleiterin [F]
flight attendant

Leichtfluzeug [N]
light aircraft

Großraumflugzeug [N]
wide-body airliner

Gegen-Drehmoment Heckrotor *M*
anti-torque tail rotor

Rotornabe *F*
rotor hub

Hubschrauber *M*
helicopter

Auftriebsrotorwelle *F*
driveshaft

Taumelscheibe *F*
swashplate

Heck *N*
fin

Auftriebsrotor *M*
rotor blade

Armaturenbrett *N*
instrument panel

Hecksporn *M*
tail skid

Höhenleitwerk *N*
horizontal stabiliser

Steuerknüppel *M*
control stick

Kabine *F*
cabin

Flugdeck *N*
flight deck

Trittbrett *N*
boarding step

Kufen *F*
skid

Standardrumpfflugzeug *N*
narrow-body airliner

Triebwerk *N*
engine

Tür *F*
door

Heck *N*
fin

Bug *M*
nose

Tragfläche *F*
wing

Fenster *N*
window

Flugzeugrumpf *M*
fuselage

Pilot *M*
pilot

Fahrgestell *N*
landing gear

Bahnhof ᴹ
passenger station

Uhr ᶠ
clock

Ausgang ᴹ
exit

Laden ᴹ
store

Fahrkartenschalter ᴹ
ticket office

Fahrplananzeigetafel ᶠ
schedules information board

Bahnsteig ᴹ
platform

Bank ᶠ
bench

Treppe ᶠ
stairs

Rolltreppe ᶠ
escalator

Fahrscheinautomat ᴹ
ticket vending machine

Zug ^M
train

Café ^N
coffee shop

Zugauskunftstafel ^F
train information board

Pendlerzug ^M
commuter train

Zeitungskiosk ^M
newsstand

Schwelle ^F
tie

Gleise ^N
track

Fahrplantafel ^F
schedules board

Abfalleimer ^M
rubbish bin

Stadtbahn [F]
Urban rail transit

Gelenkwagen [M]
articulated streetcar

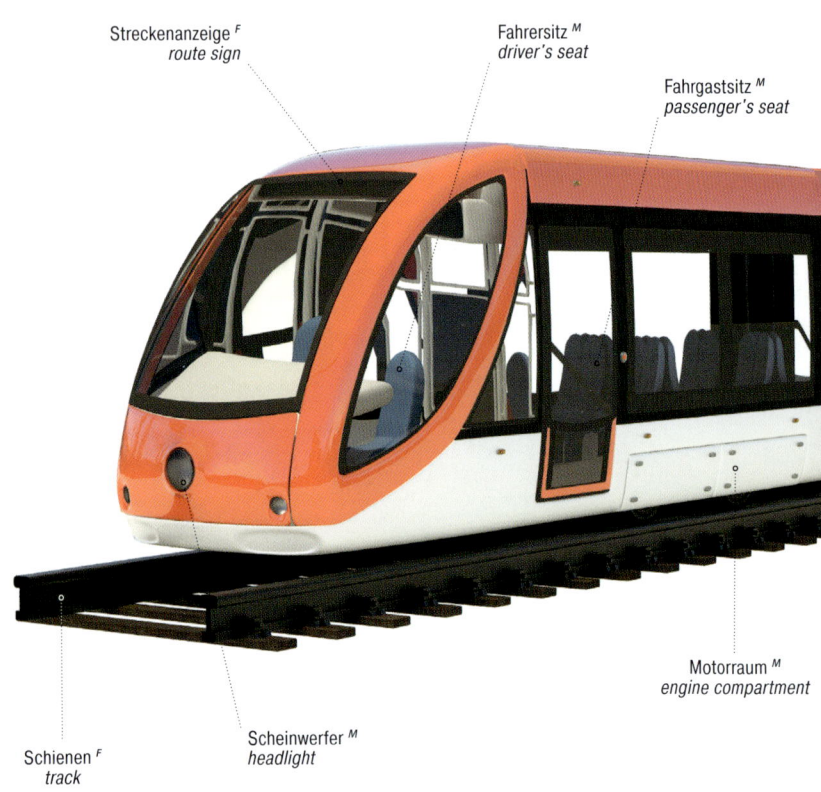

Streckenanzeige [F]
route sign

Fahrersitz [M]
driver's seat

Fahrgastsitz [M]
passenger's seat

Motorraum [M]
engine compartment

Schienen [F]
track

Scheinwerfer [M]
headlight

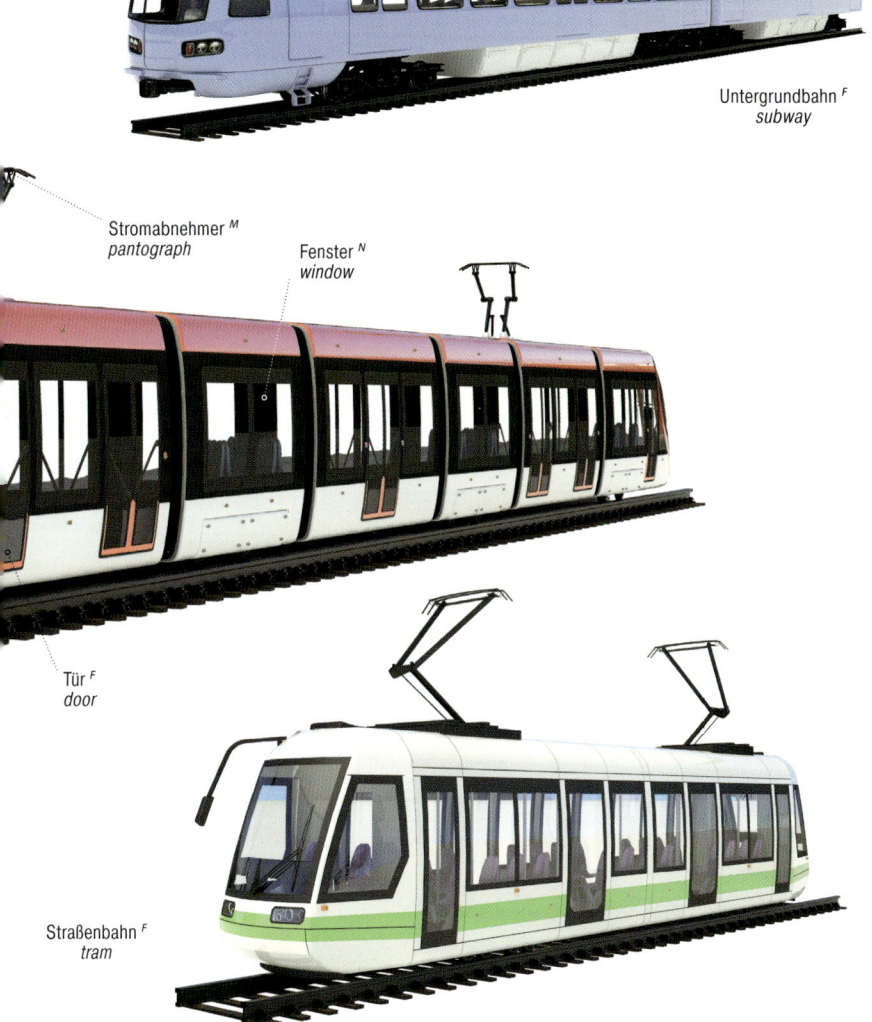

Untergrundbahn ^F
subway

Stromabnehmer ^M
pantograph

Fenster ^N
window

Tür ^F
door

Straßenbahn ^F
tram

Fernverkehr ^{M}
Intercity transport

Dampflokomotive ^{F}
steam locomotive

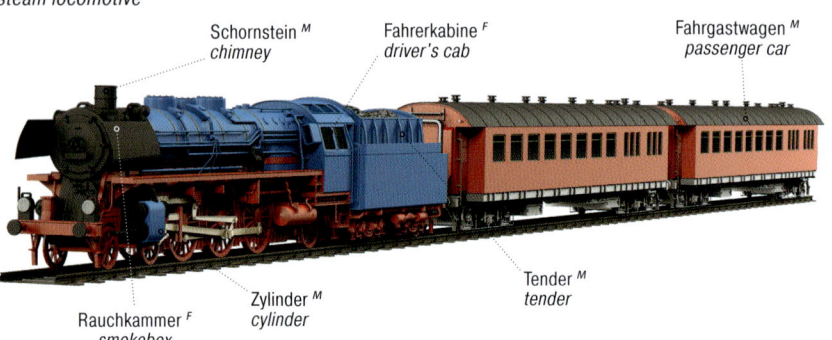

Schornstein ^{M}
chimney

Fahrerkabine ^{F}
driver's cab

Fahrgastwagen ^{M}
passenger car

Tender ^{M}
tender

Zylinder ^{M}
cylinder

Rauchkammer ^{F}
smokebox

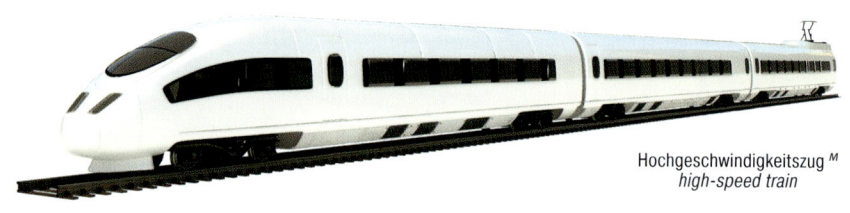

Hochgeschwindigkeitszug ^{M}
high-speed train

Elektrotriebzug ^{M}
electric multiple unit (EMU) train

Stromabnehmer ^{M}
pantograph

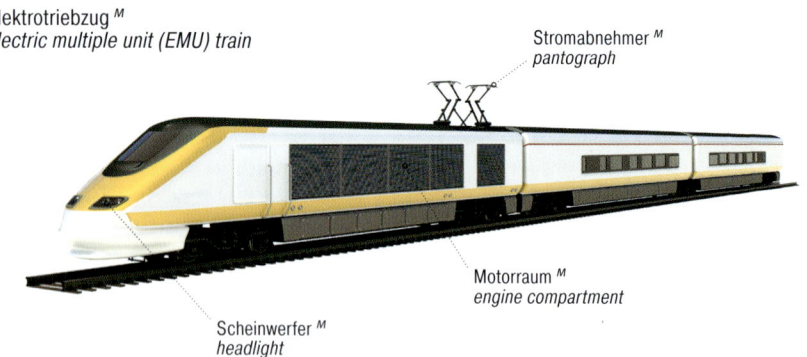

Motorraum ^{M}
engine compartment

Scheinwerfer ^{M}
headlight

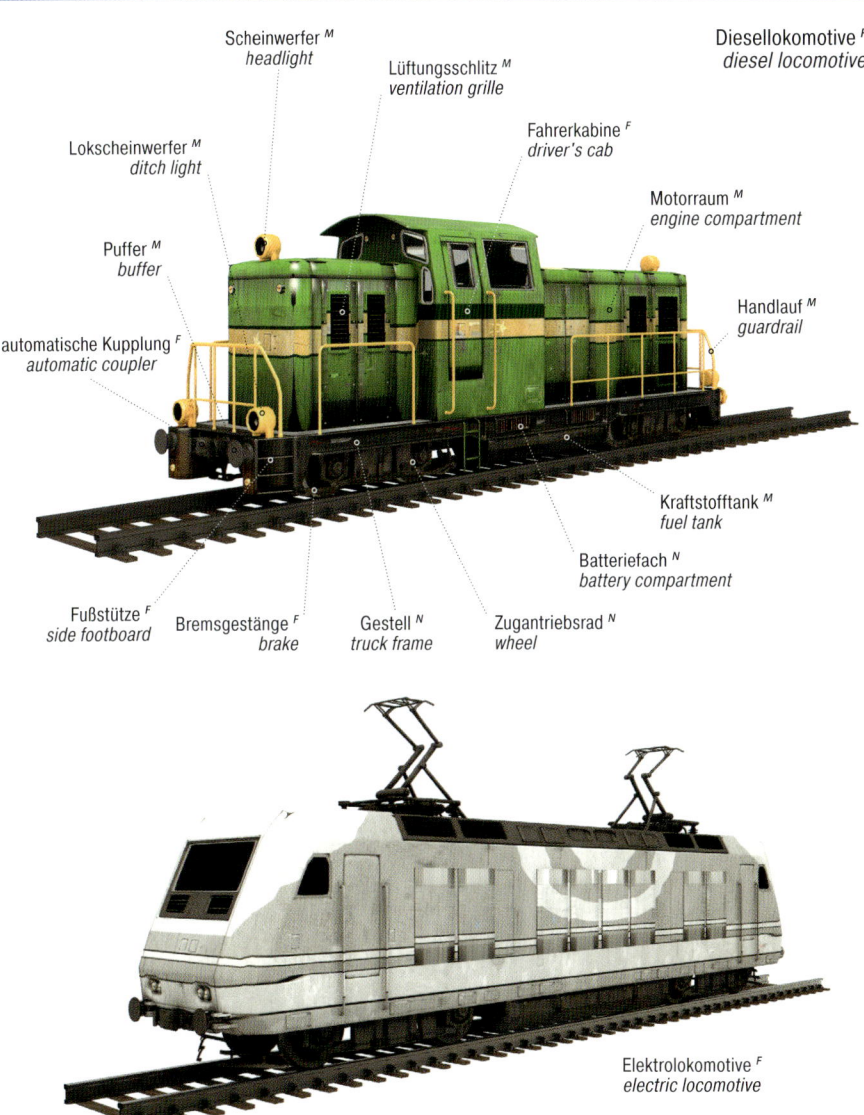

Scheinwerfer *M*
headlight

Lüftungsschlitz *M*
ventilation grille

Fahrerkabine *F*
driver's cab

Diesellokomotive *F*
diesel locomotive

Lokscheinwerfer *M*
ditch light

Motorraum *M*
engine compartment

Puffer *M*
buffer

Handlauf *M*
guardrail

automatische Kupplung *F*
automatic coupler

Kraftstofftank *M*
fuel tank

Batteriefach *N*
battery compartment

Fußstütze *F*
side footboard

Bremsgestänge *F*
brake

Gestell *N*
truck frame

Zugantriebsrad *N*
wheel

Elektrolokomotive *F*
electric locomotive

U-Bahnstation [F]
subway station

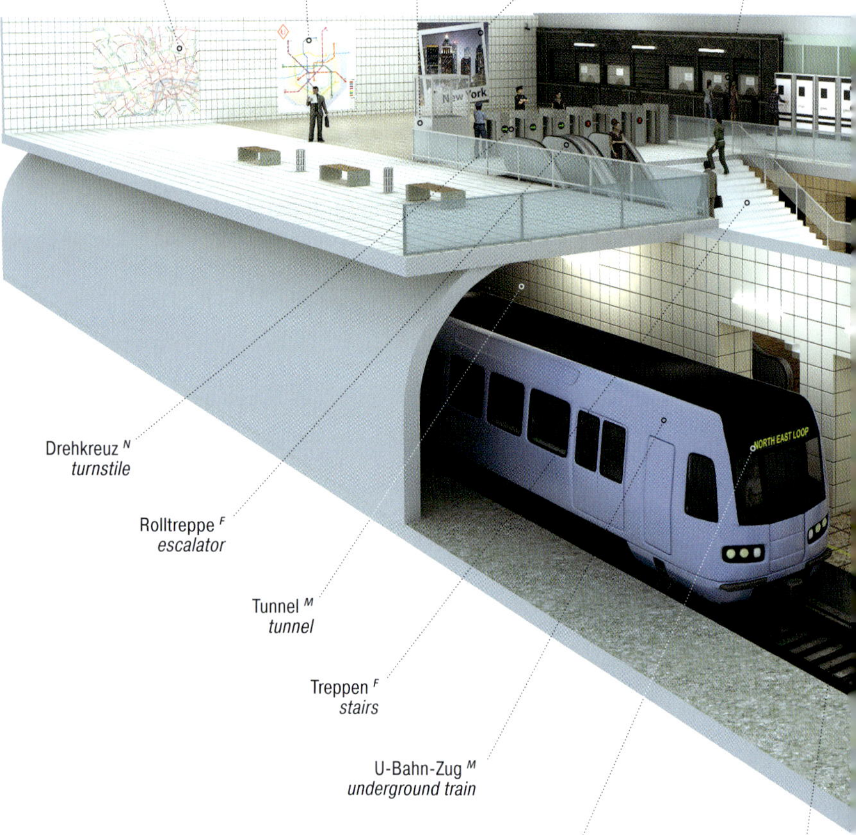
Fahrkartenkontrolleurstand [M]
ticket collector's booth
Stadtplan [M]
city map
U-Bahnplan [M]
subway map
Werbetafel [F]
advertisement
Fahrkartenschalter [M]
ticket office
New York
NORTH EAST LOOP
Drehkreuz [N]
turnstile
Rolltreppe [F]
escalator
Tunnel [M]
tunnel
Treppen [F]
stairs
U-Bahn-Zug [M]
underground train
Richtungszeichen [N]
direction sign
Bahnhofsschild [N]
station name

Fahrkartenautomat [M]
ticket vending machine

Bankautomat [M]
automatic teller machine (ATM)

Café [N]
coffee shop

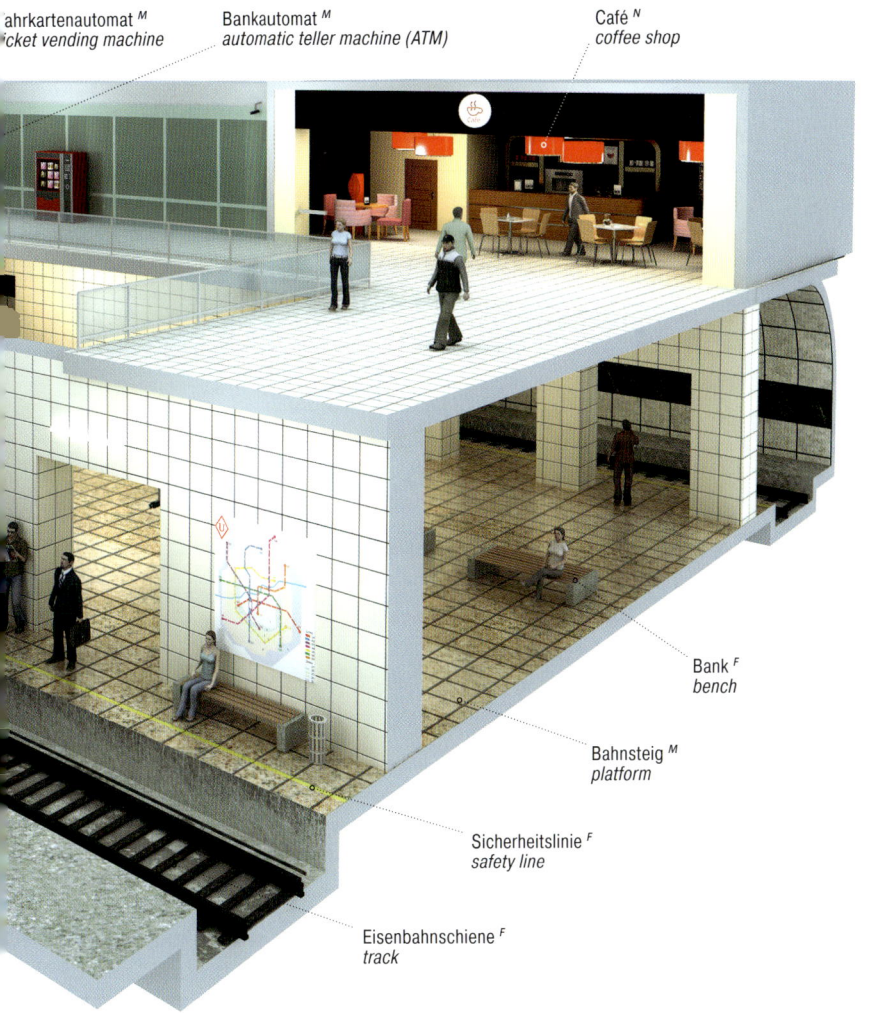

Bank [F]
bench

Bahnsteig [M]
platform

Sicherheitslinie [F]
safety line

Eisenbahnschiene [F]
track

Hafen ^{M}
port

Transitlager ^{N}
transit shed

Tanker ^{M}
tanker

Kraftstofftank ^{M}
fuel tank

Zug ^{M}
train

Helling ^{F}
slipway

Eisenbahnschienen ^{F}
railway tracks

Schlepper ^{M}
tugboat

Containerkran *M*
gantry crane

Zollgebäude *N*
customs house

Leuchtturm *M*
lighthouse

Linsenlaterne *F*
lantern

Rundgang *M*
gallery

Container *M*
container

Containerschiff *N*
container ship

Containerterminal *M*
container terminal

Turm *M*
tower

Passagierschiffe [N]
Passenger vessels

Kreuzfahrtschiff [N]
cruise ship

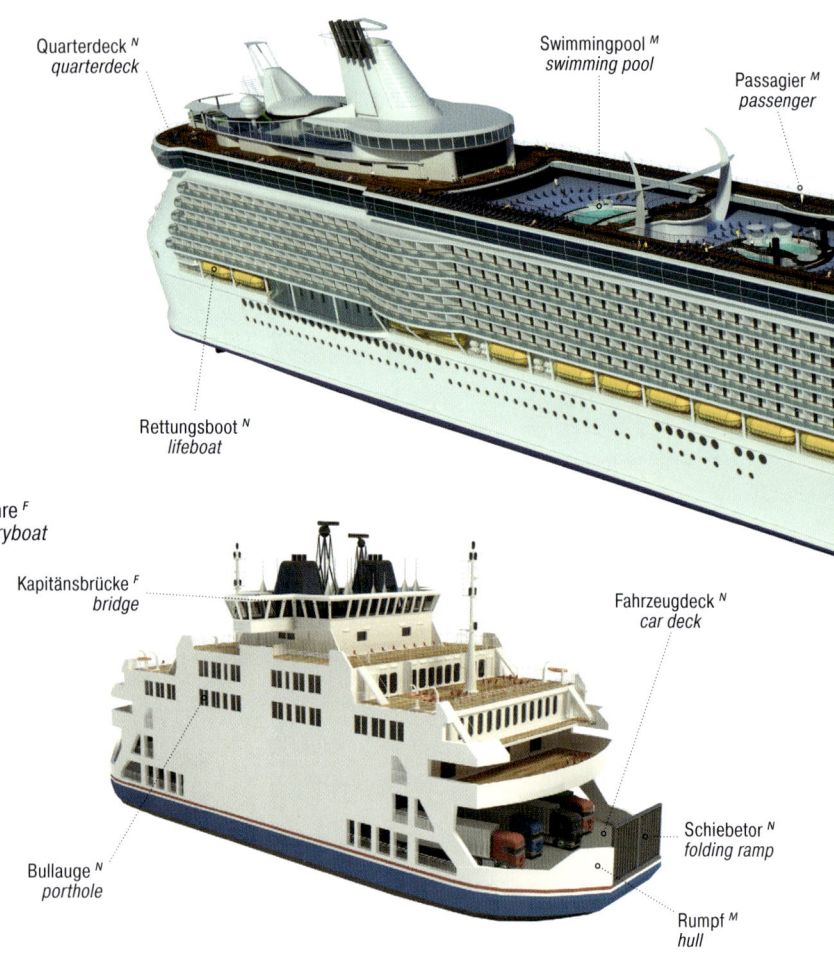

Quarterdeck [N]
quarterdeck

Swimmingpool [M]
swimming pool

Passagier [M]
passenger

Rettungsboot [N]
lifeboat

Fähre [F]
ferryboat

Kapitänsbrücke [F]
bridge

Fahrzeugdeck [N]
car deck

Schiebetor [N]
folding ramp

Bullauge [N]
porthole

Rumpf [M]
hull

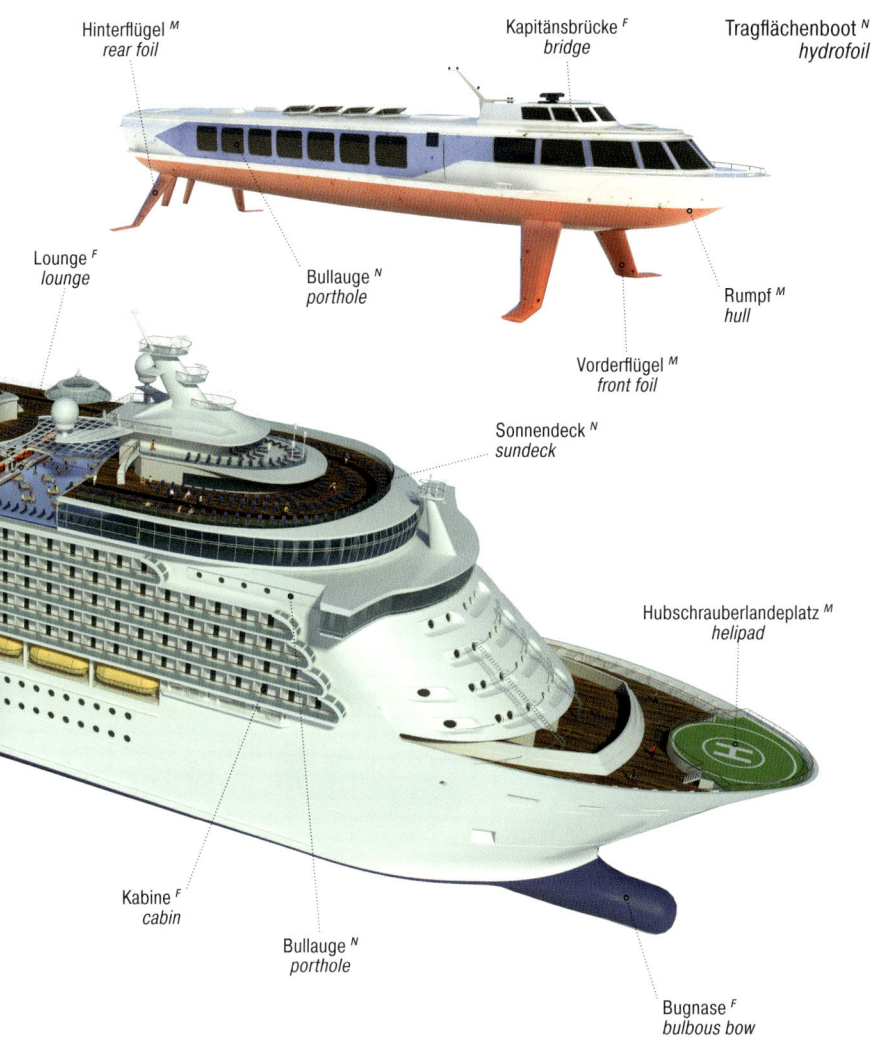

Hinterflügel ^{M}
rear foil

Kapitänsbrücke ^{F}
bridge

Tragflächenboot ^{N}
hydrofoil

Lounge ^{F}
lounge

Bullauge ^{N}
porthole

Rumpf ^{M}
hull

Vorderflügel ^{M}
front foil

Sonnendeck ^{N}
sundeck

Hubschrauberlandeplatz ^{M}
helipad

Kabine ^{F}
cabin

Bullauge ^{N}
porthole

Bugnase ^{F}
bulbous bow

Hilfs-, Service- und Arbeitsschiffe [N]
Ancillary vessels

Schlepper [M]
tugboat

Auspuffrohr [N]
exhaust pipe

Rettungsring [M]
lifebuoy

Steuerhaus [N]
wheelhouse

Rettungsfloß [N]
life raft

Bullauge [N]
porthole

Rettungsboot [N]
lifeboat

Klüse [F]
hawsehole

Eisbrecher [M]
icebreaker

Begleitschiff [N]
tender

Schwimmkran [M]
floating crane

Fracht- und Fischereischiffe [N]
Cargo and fishing vessels

Containerschiff [N]
container ship

Kapitänsbrücke [F]
bridge

Container [M]
container

Deck [N]
deck

Rettungsboot [N]
lifeboat

Rumpf [M]
hull

Kapitänsbrücke [F]
bridge

Trockenfrachtschiff [N]
dry bulk carrier

Frachtraum [M]
cargo hold

Deck [N]
deck

Rettungsboot [N]
lifeboat

Anker [M]
anchor

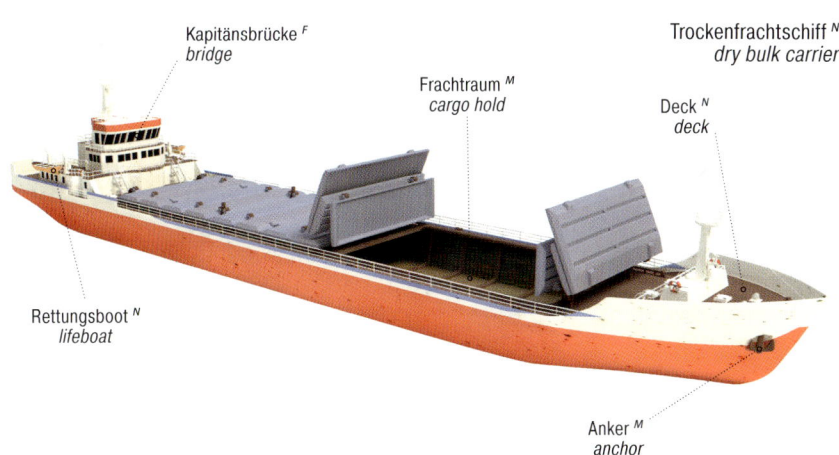

Kreis ^{M}
Circle

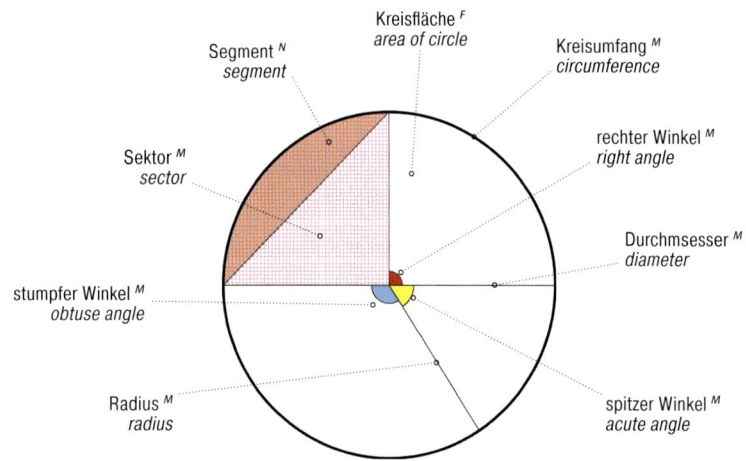

Segment ^{N}
segment

Sektor ^{M}
sector

Kreisfläche ^{F}
area of circle

Kreisumfang ^{M}
circumference

rechter Winkel ^{M}
right angle

Durchmesser ^{M}
diameter

stumpfer Winkel ^{M}
obtuse angle

Radius ^{M}
radius

spitzer Winkel ^{M}
acute angle

Dreiecke ^{N}
Triangles

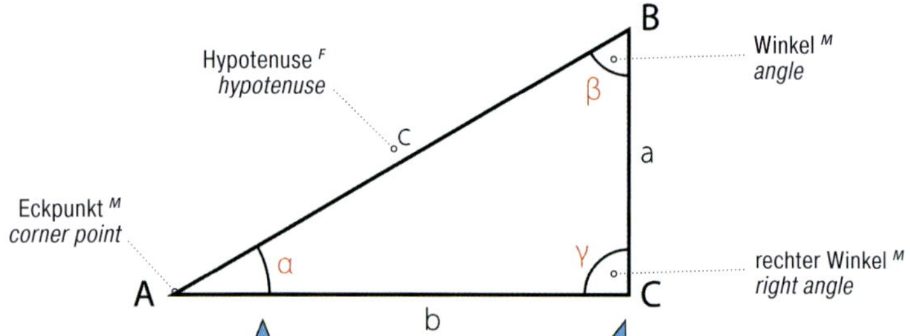

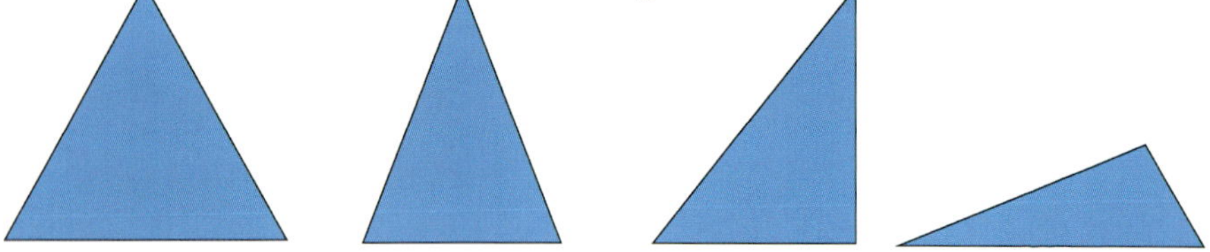

Hypotenuse ^{F}
hypotenuse

Winkel ^{M}
angle

Eckpunkt ^{M}
corner point

rechter Winkel ^{M}
right angle

gleichseitig
equilateral

gleichschenkelig
isosceles

rechtwinkeliges Dreieck ^{N}
right-angle triangle

ungleichschenkelig
scalene

Polygone [N]
Polygons

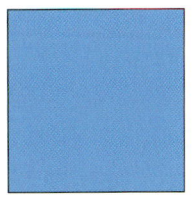

Quadrat [N]
square

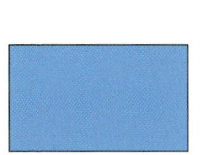

Rechteck [N]
rectangle

Rhombus [M]
rhombus

Deltoid [N]
kite

Trapez [N]
trapezoid

Fünfeck [N]
pentagon

Trapez [N]
trapezium

Parallelogramm [N]
rhomboid

Diagramme [N]
Diagrams

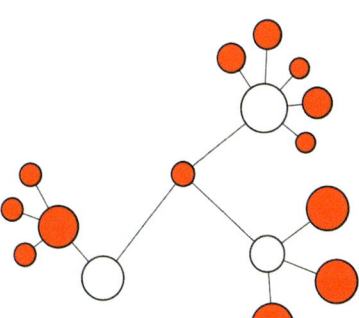

Clusterdiagramm [N]
cluster diagram

Pyramidendiagramm [N]
pyramid diagram

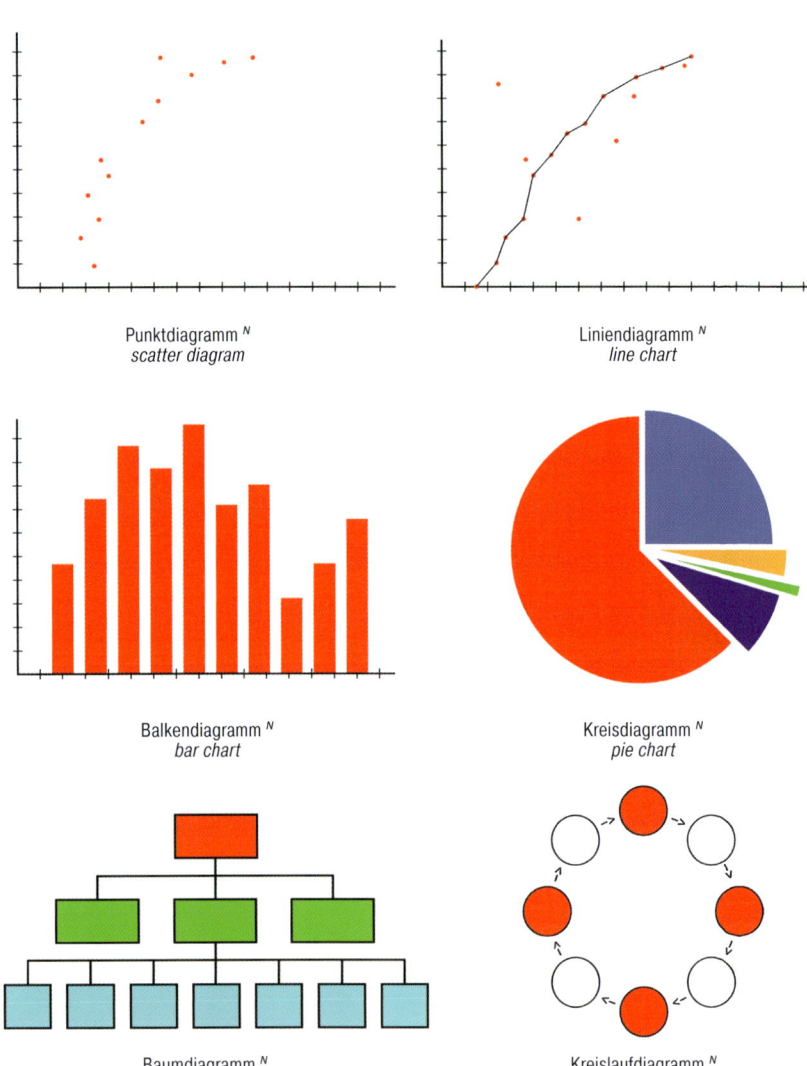

Punktdiagramm [N]
scatter diagram

Liniendiagramm [N]
line chart

Balkendiagramm [N]
bar chart

Kreisdiagramm [N]
pie chart

Baumdiagramm [N]
tree diagram

Kreislaufdiagramm [N]
cycle diagram

Körper *M*
Solids

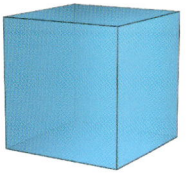

Würfel *M*
cube

rechtwinkeliger Quader *M*
rectangular cuboid

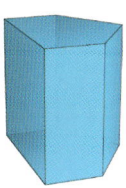

Prisma *N*
prism

Zylinder *M*
cylinder

Rhomboeder *M*
rhombohedron

Pyramide *F*
pyramid

Tetraeder *M*
tetrahedron

Kegel *M*
cone

Kugel *F*
sphere

Ellipsoid *N*
ellipsoid

Torus *M*
torus

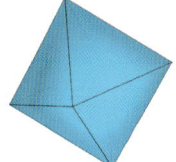

Oktaeder *M*
octahedron

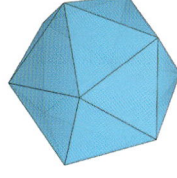

Ikosaheder *M*
icosahedron

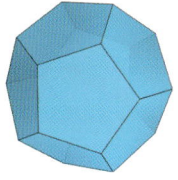

Dekaeder *M*
dodecahedron

Hochdruckgebiet ^N
high pressure area

Tiefdruckgebiet ^N
low pressure area

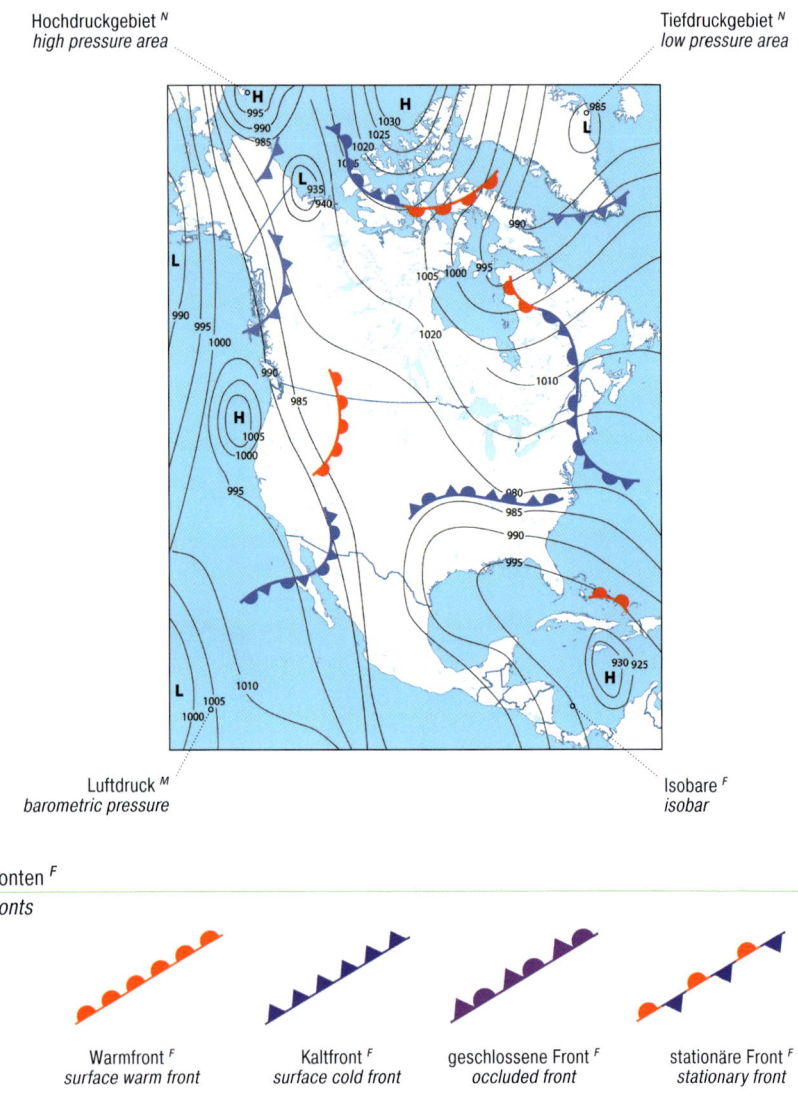

Luftdruck ^M
barometric pressure

Isobare ^F
isobar

Fronten ^F

Fronts

Warmfront ^F	Kaltfront ^F	geschlossene Front ^F	stationäre Front ^F
surface warm front	*surface cold front*	*occluded front*	*stationary front*

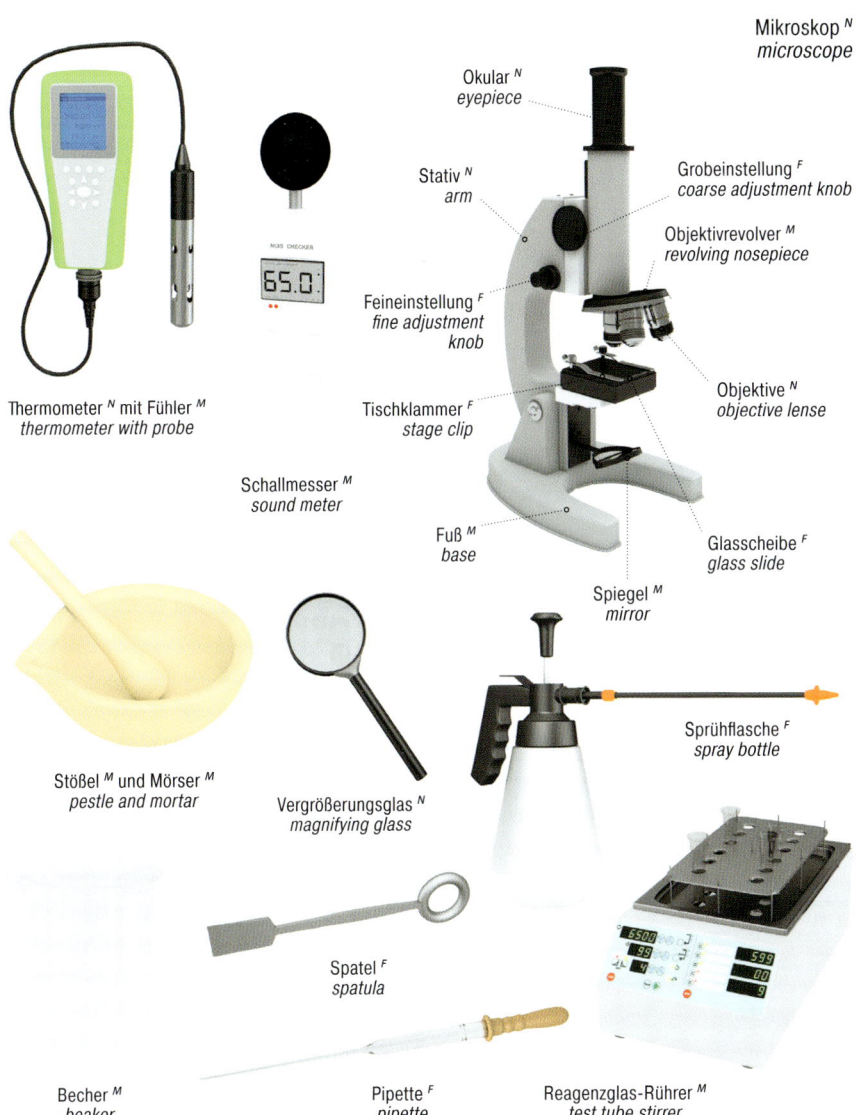

Mikroskop ^N
microscope

Okular ^N
eyepiece

Grobeinstellung ^F
coarse adjustment knob

Stativ ^N
arm

Objektivrevolver ^M
revolving nosepiece

Feineinstellung ^F
fine adjustment knob

Objektive ^N
objective lense

Thermometer ^N mit Fühler ^M
thermometer with probe

Tischklammer ^F
stage clip

Schallmesser ^M
sound meter

Fuß ^M
base

Glasscheibe ^F
glass slide

Spiegel ^M
mirror

Stößel ^M und Mörser ^M
pestle and mortar

Sprühflasche ^F
spray bottle

Vergrößerungsglas ^N
magnifying glass

Spatel ^F
spatula

Becher ^M
beaker

Pipette ^F
pipette

Reagenzglas-Rührer ^M
test tube stirrer

Jahreszeiten [F]
seasons of the year

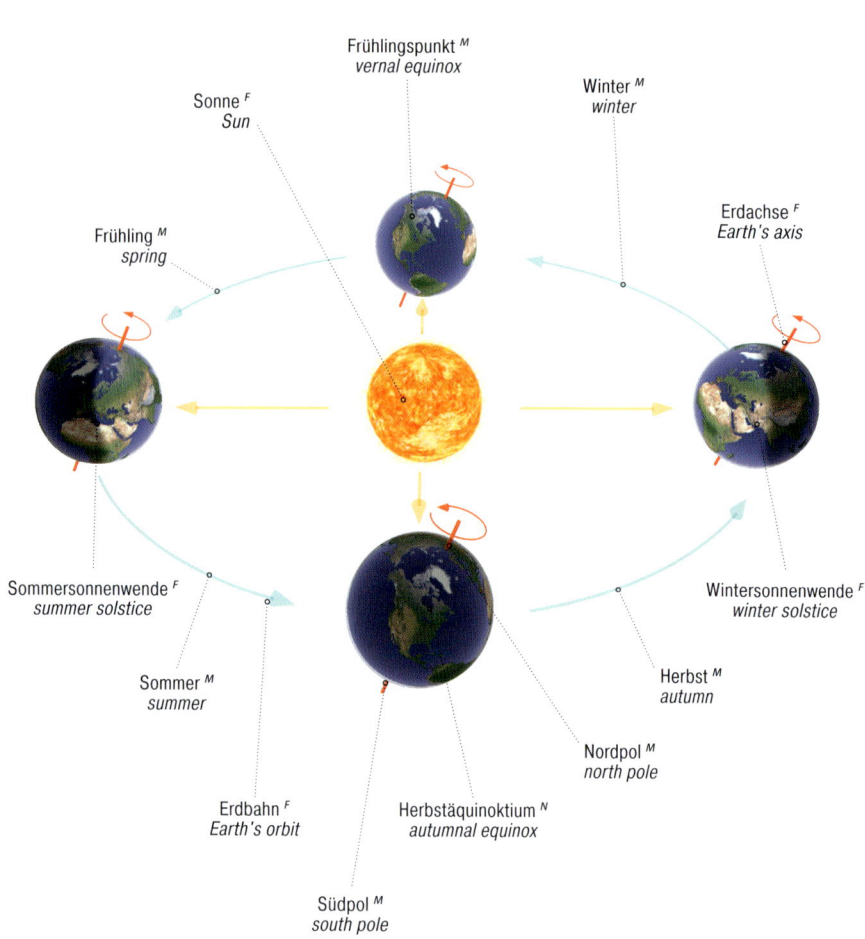

Frühlingspunkt [M]
vernal equinox

Winter [M]
winter

Sonne [F]
Sun

Erdachse [F]
Earth's axis

Frühling [M]
spring

Sommersonnenwende [F]
summer solstice

Wintersonnenwende [F]
winter solstice

Sommer [M]
summer

Herbst [M]
autumn

Nordpol [M]
north pole

Erdbahn [F]
Earth's orbit

Herbstäquinoktium [N]
autumnal equinox

Südpol [M]
south pole

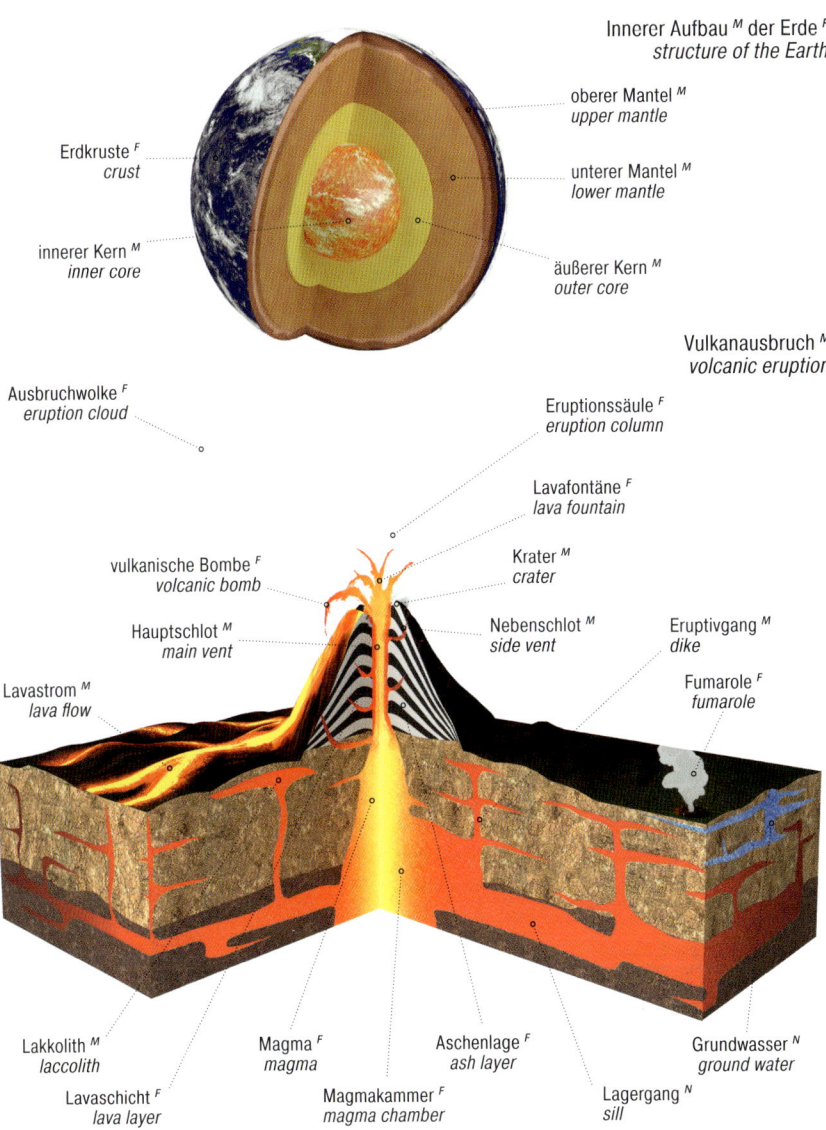

Innerer Aufbau *M* der Erde *F*
structure of the Earth

oberer Mantel *M*
upper mantle

unterer Mantel *M*
lower mantle

Erdkruste *F*
crust

innerer Kern *M*
inner core

äußerer Kern *M*
outer core

Vulkanausbruch *M*
volcanic eruption

Ausbruchwolke *F*
eruption cloud

Eruptionssäule *F*
eruption column

Lavafontäne *F*
lava fountain

vulkanische Bombe *F*
volcanic bomb

Krater *M*
crater

Hauptschlot *M*
main vent

Nebenschlot *M*
side vent

Eruptivgang *M*
dike

Lavastrom *M*
lava flow

Fumarole *F*
fumarole

Lakkolith *M*
laccolith

Magma *F*
magma

Aschenlage *F*
ash layer

Grundwasser *N*
ground water

Lavaschicht *F*
lava layer

Magmakammer *F*
magma chamber

Lagergang *N*
sill

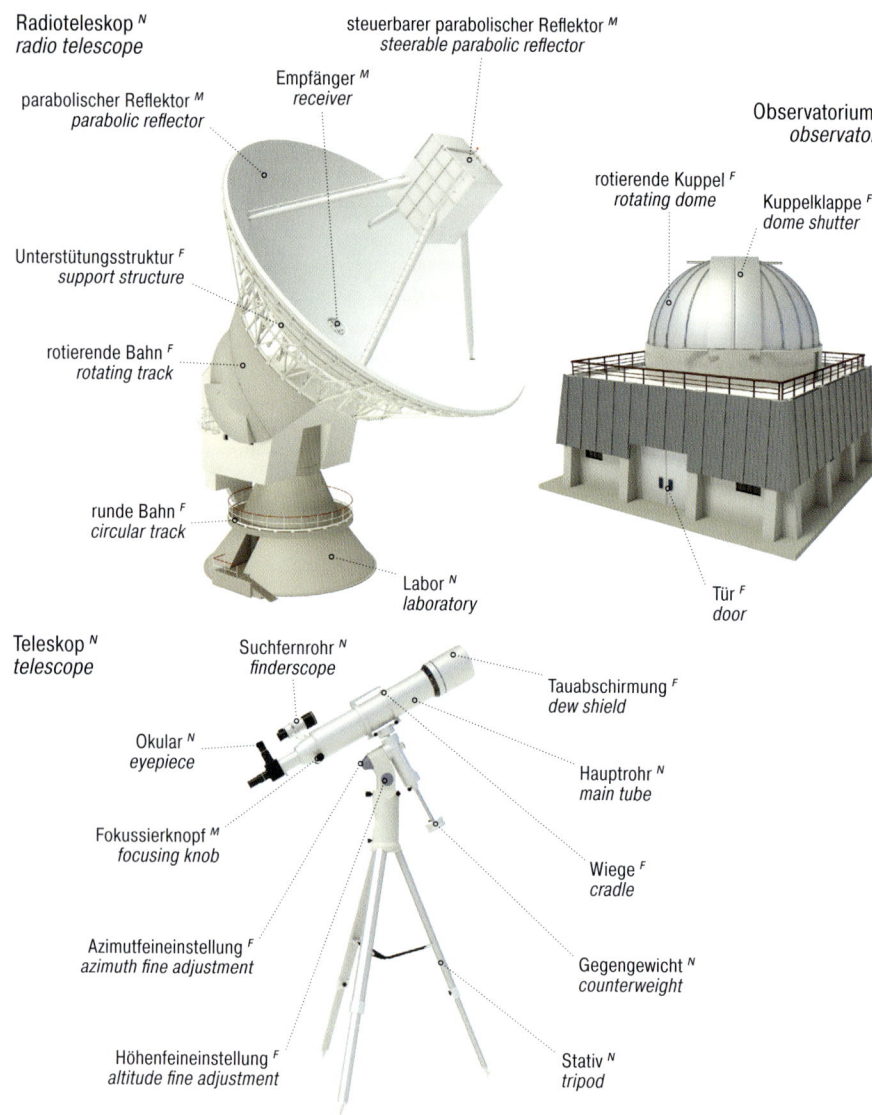

Radioteleskop ^{N}
radio telescope

steuerbarer parabolischer Reflektor ^{M}
steerable parabolic reflector

Empfänger ^{M}
receiver

parabolischer Reflektor ^{M}
parabolic reflector

Unterstützungsstruktur ^{F}
support structure

rotierende Bahn ^{F}
rotating track

runde Bahn ^{F}
circular track

Labor ^{N}
laboratory

Observatorium ^{N}
observatory

rotierende Kuppel ^{F}
rotating dome

Kuppelklappe ^{F}
dome shutter

Tür ^{F}
door

Teleskop ^{N}
telescope

Suchfernrohr ^{N}
finderscope

Okular ^{N}
eyepiece

Fokussierknopf ^{M}
focusing knob

Azimutfeineinstellung ^{F}
azimuth fine adjustment

Höhenfeineinstellung ^{F}
altitude fine adjustment

Tauabschirmung ^{F}
dew shield

Hauptrohr ^{N}
main tube

Wiege ^{F}
cradle

Gegengewicht ^{N}
counterweight

Stativ ^{N}
tripod

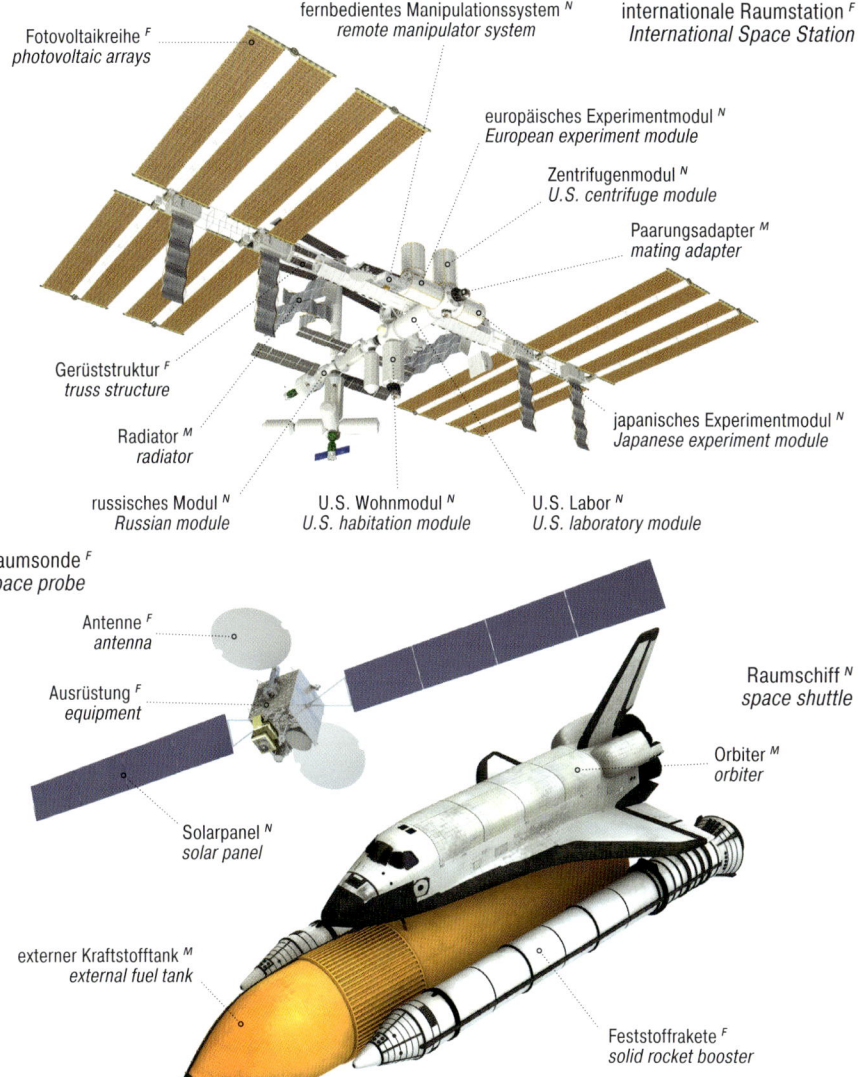

Fotovoltaikreihe ^F
photovoltaic arrays

fernbedientes Manipulationssystem ^N
remote manipulator system

internationale Raumstation ^F
International Space Station

europäisches Experimentmodul ^N
European experiment module

Zentrifugenmodul ^N
U.S. centrifuge module

Paarungsadapter ^M
mating adapter

Gerüststruktur ^F
truss structure

Radiator ^M
radiator

japanisches Experimentmodul ^N
Japanese experiment module

russisches Modul ^N
Russian module

U.S. Wohnmodul ^N
U.S. habitation module

U.S. Labor ^N
U.S. laboratory module

Raumsonde ^F
space probe

Antenne ^F
antenna

Ausrüstung ^F
equipment

Raumschiff ^N
space shuttle

Orbiter ^M
orbiter

Solarpanel ^N
solar panel

externer Kraftstofftank ^M
external fuel tank

Feststoffrakete ^F
solid rocket booster

Mondlandung *F*
Moon landing

Mondfahrzeug *N*
lunar rover

Landemodul *N*
landing module

Erde *F*
Earth

Krater *M*
crater

Oberfläche des Mondes *F*
surface of the Moon

Astronaut *M*
astronaut

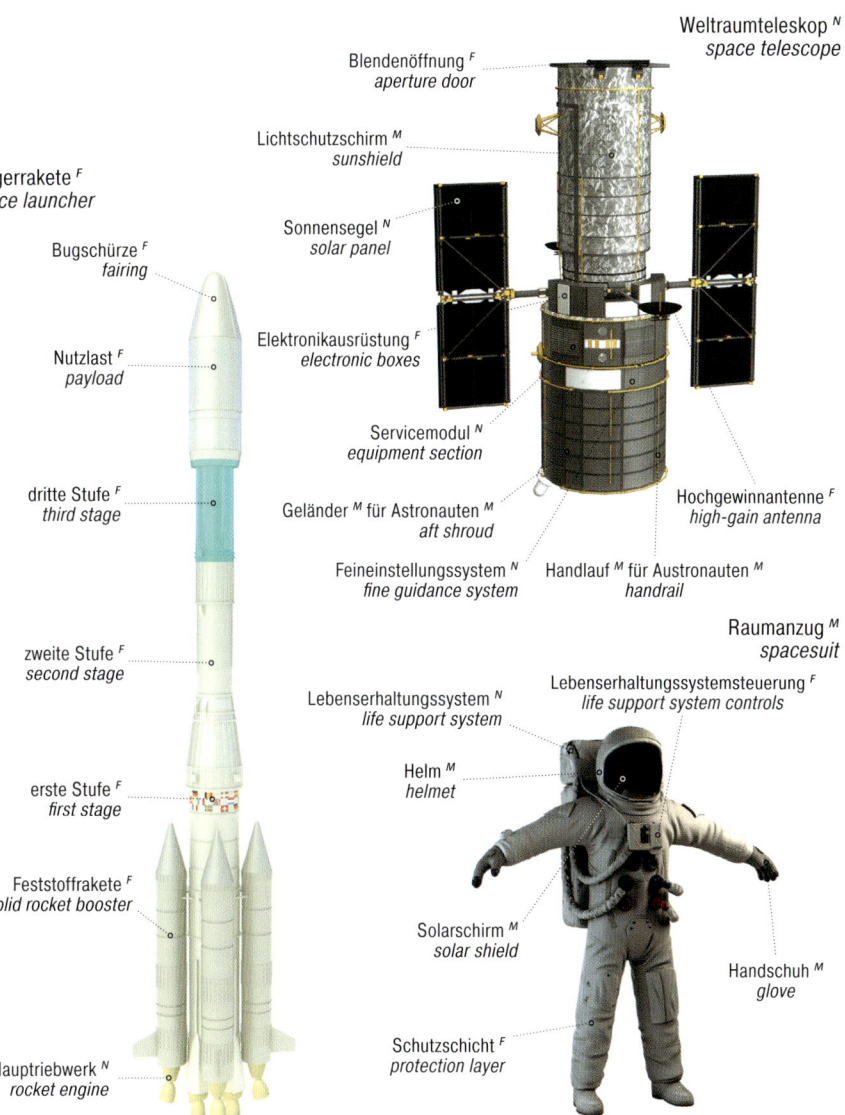

Weltraumteleskop ^N
space telescope

Blendenöffnung ^F
aperture door

Lichtschutzschirm ^M
sunshield

Sonnensegel ^N
solar panel

Trägerrakete ^F
space launcher

Bugschürze ^F
fairing

Nutzlast ^F
payload

Elektronikausrüstung ^F
electronic boxes

dritte Stufe ^F
third stage

Servicemodul ^N
equipment section

Geländer ^M für Astronauten ^M
aft shroud

Hochgewinnantenne ^F
high-gain antenna

Feineinstellungssystem ^N
fine guidance system

Handlauf ^M für Austronauten ^M
handrail

zweite Stufe ^F
second stage

Raumanzug ^M
spacesuit

Lebenserhaltungssystem ^N
life support system

Lebenserhaltungssystemsteuerung ^F
life support system controls

Helm ^M
helmet

erste Stufe ^F
first stage

Feststoffrakete ^F
solid rocket booster

Solarschirm ^M
solar shield

Handschuh ^M
glove

Schutzschicht ^F
protection layer

Hauptriebwerk ^N
rocket engine

Sonnenkollektor *M*
solar panel

Ständer *M*
stand

Kabel *N*
electrical wire

Solarzelle *F*
photovoltaic cell

Rahmen *M*
frame

Wasserkraftwerk *N*
hydroelectric dam

Stausee *M*
headbay

Dammkrone *F*
top of dam

Einlaufturm *M*
intake tower

Ufer *N*
shore

Straße *F*
road

Elektrizitätswerk *N*
power plant

Staubecken *N*
afterbay

Auto *N*
car

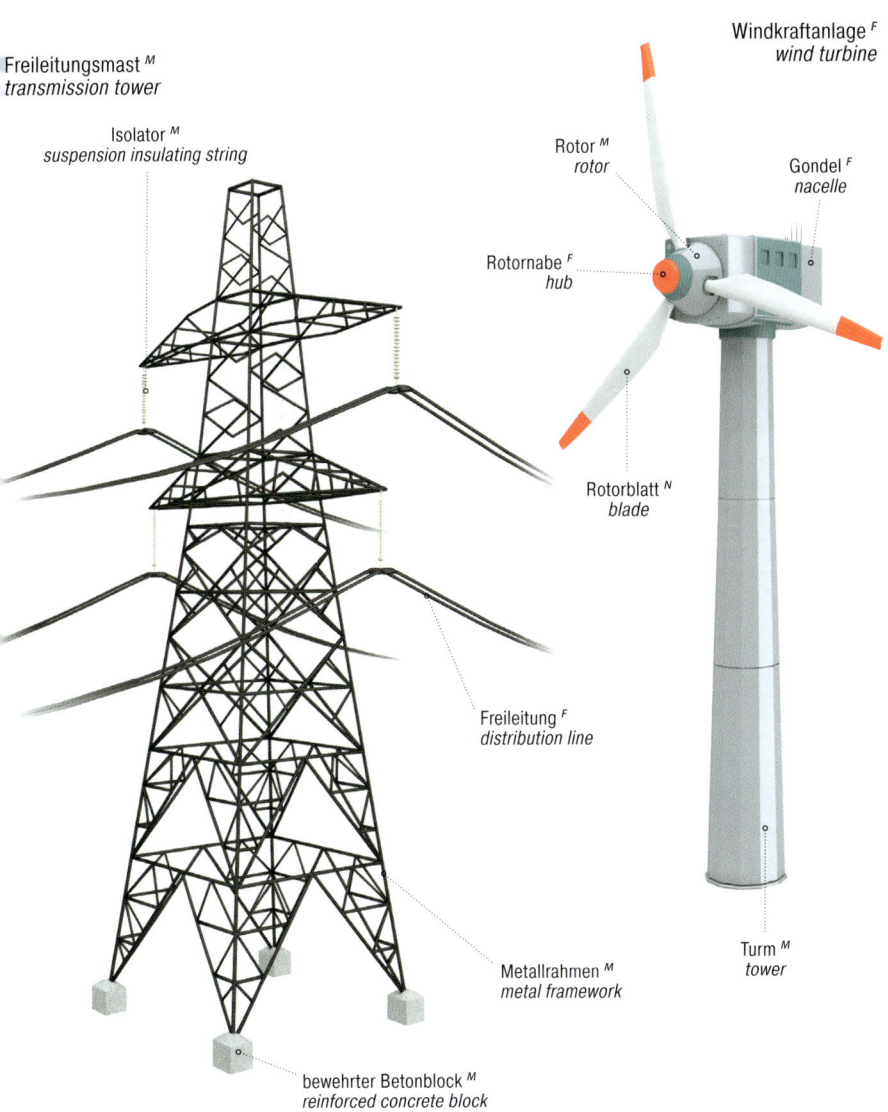

Freileitungsmast *M*
transmission tower

Isolator *M*
suspension insulating string

Windkraftanlage *F*
wind turbine

Rotor *M*
rotor

Gondel *F*
nacelle

Rotornabe *F*
hub

Rotorblatt *N*
blade

Freileitung *F*
distribution line

Metallrahmen *M*
metal framework

Turm *M*
tower

bewehrter Betonblock *M*
reinforced concrete block

Kernkraftwerk [N]
nuclear power plant

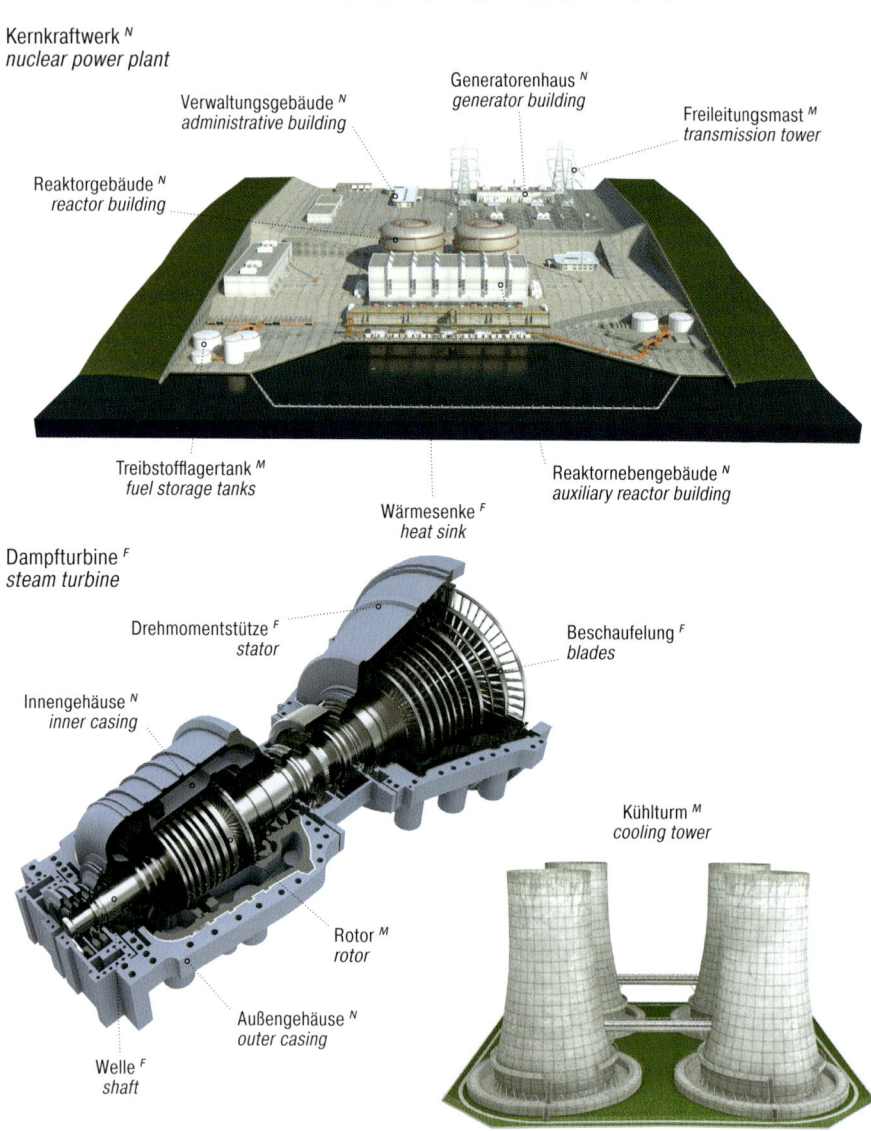

Verwaltungsgebäude [N]
administrative building

Generatorenhaus [N]
generator building

Freileitungsmast [M]
transmission tower

Reaktorgebäude [N]
reactor building

Treibstofflagertank [M]
fuel storage tanks

Wärmesenke [F]
heat sink

Reaktornebengebäude [N]
auxiliary reactor building

Dampfturbine [F]
steam turbine

Drehmomentstütze [F]
stator

Beschaufelung [F]
blades

Innengehäuse [N]
inner casing

Kühlturm [M]
cooling tower

Rotor [M]
rotor

Außengehäuse [N]
outer casing

Welle [F]
shaft

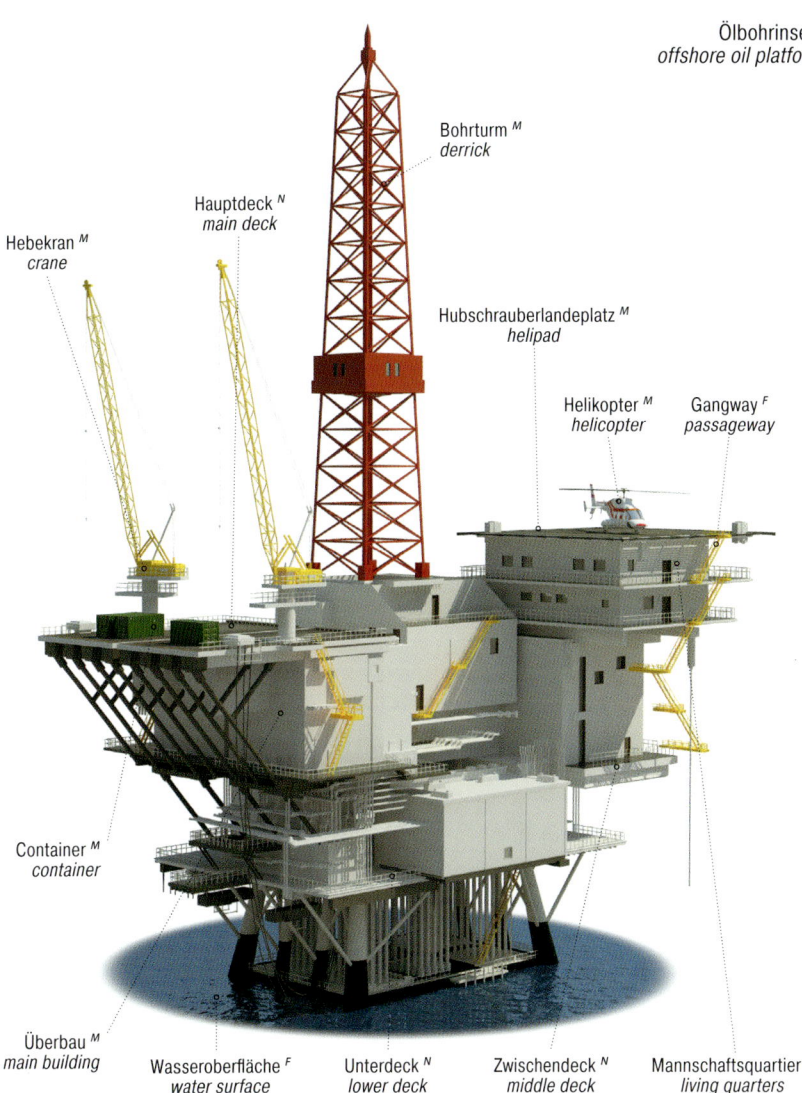

Ölbohrinsel *F*
offshore oil platform

Bohrturm *M*
derrick

Hauptdeck *N*
main deck

Hebekran *M*
crane

Hubschrauberlandeplatz *M*
helipad

Helikopter *M*   Gangway *F*
helicopter   *passageway*

Container *M*
container

Überbau *M*
main building

Wasseroberfläche *F*
water surface

Unterdeck *N*
lower deck

Zwischendeck *N*
middle deck

Mannschaftsquartier *N*
living quarters

Öltanklager [N]
oil tank farm

Dachplattform [F]
roof platform

Öltank [M]
oil tank

oberirdische Rohrleitung [F]
aboveground pipeline

Mittelträger [M]
center girder

Außenträger [M]
outer girder

Einstiegloch [N]
manhole

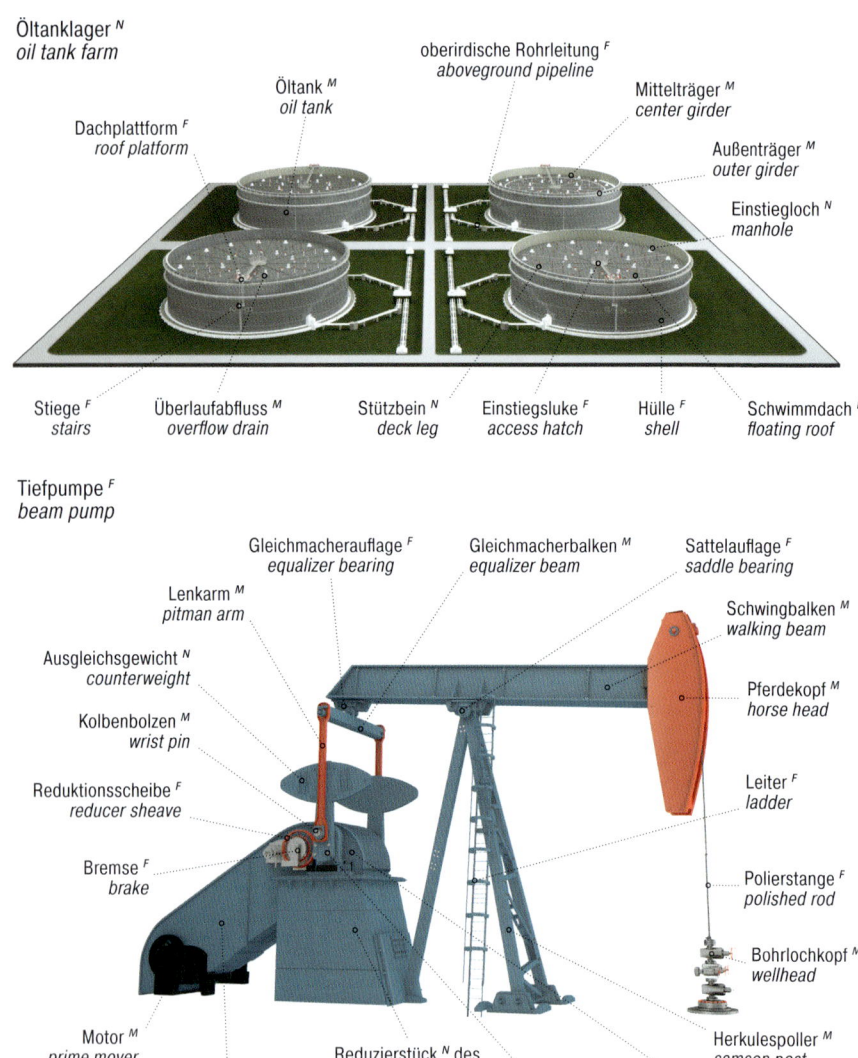

Stiege [F]
stairs

Überlaufabfluss [M]
overflow drain

Stützbein [N]
deck leg

Einstiegsluke [F]
access hatch

Hülle [F]
shell

Schwimmdach [N]
floating roof

Tiefpumpe [F]
beam pump

Gleichmacherauflage [F]
equalizer bearing

Gleichmacherbalken [M]
equalizer beam

Sattelauflage [F]
saddle bearing

Lenkarm [M]
pitman arm

Schwingbalken [M]
walking beam

Ausgleichsgewicht [N]
counterweight

Pferdekopf [M]
horse head

Kolbenbolzen [M]
wrist pin

Reduktionsscheibe [F]
reducer sheave

Leiter [F]
ladder

Bremse [F]
brake

Polierstange [F]
polished rod

Bohrlochkopf [M]
wellhead

Motor [M]
*prime mover
(motor)*

Gurtsicherung [F]
belt guard

Reduzierstück [N] des
Unterbaus [N]
high-mount extension

Antriebshebel [M]
crank arm

Herkulespoller [M]
samson post

Getriebegehäuse [N]
gearbox

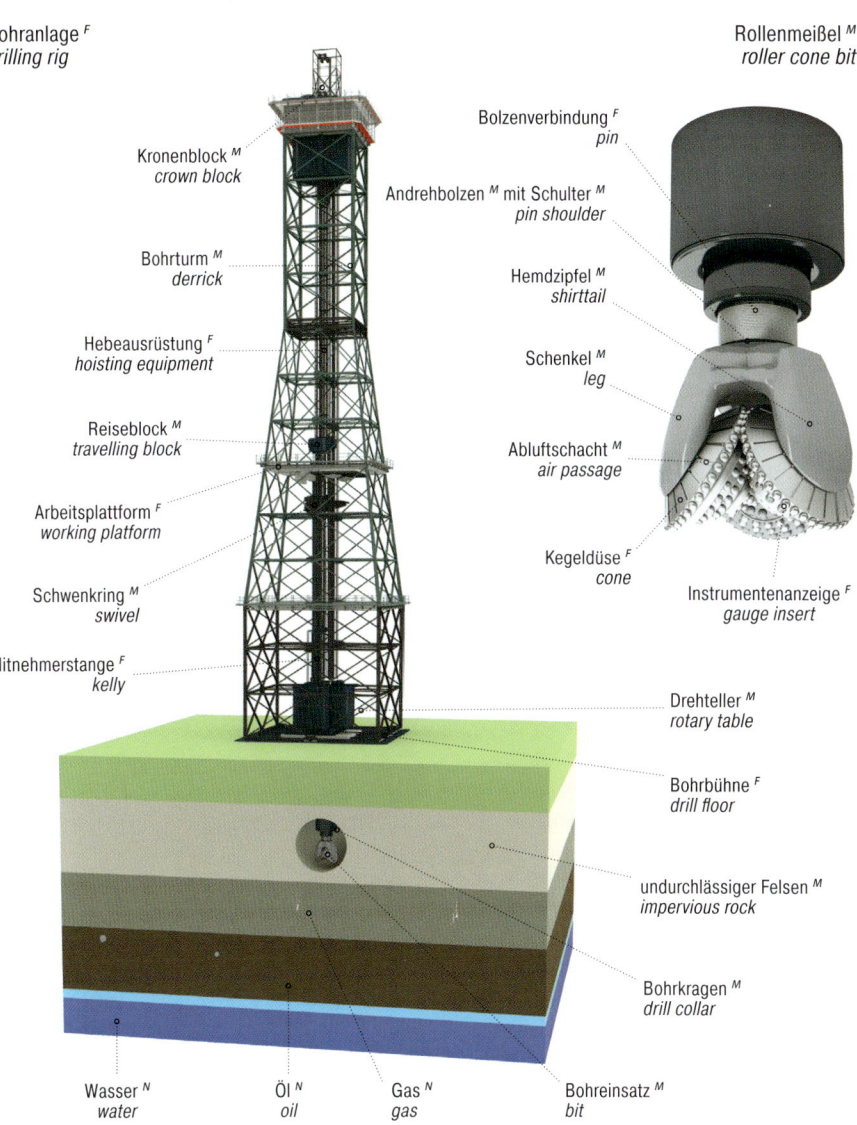

Bohranlage *F*
drilling rig

Rollenmeißel *M*
roller cone bit

Kronenblock *M*
crown block

Bohrturm *M*
derrick

Hebeausrüstung *F*
hoisting equipment

Reiseblock *M*
travelling block

Arbeitsplattform *F*
working platform

Schwenkring *M*
swivel

Mitnehmerstange *F*
kelly

Bolzenverbindung *F*
pin

Andrehbolzen *M* mit Schulter *M*
pin shoulder

Hemdzipfel *M*
shirttail

Schenkel *M*
leg

Abluftschacht *M*
air passage

Kegeldüse *F*
cone

Instrumentenanzeige *F*
gauge insert

Drehteller *M*
rotary table

Bohrbühne *F*
drill floor

undurchlässiger Felsen *M*
impervious rock

Bohrkragen *M*
drill collar

Wasser *N*
water

Öl *N*
oil

Gas *N*
gas

Bohreinsatz *M*
bit

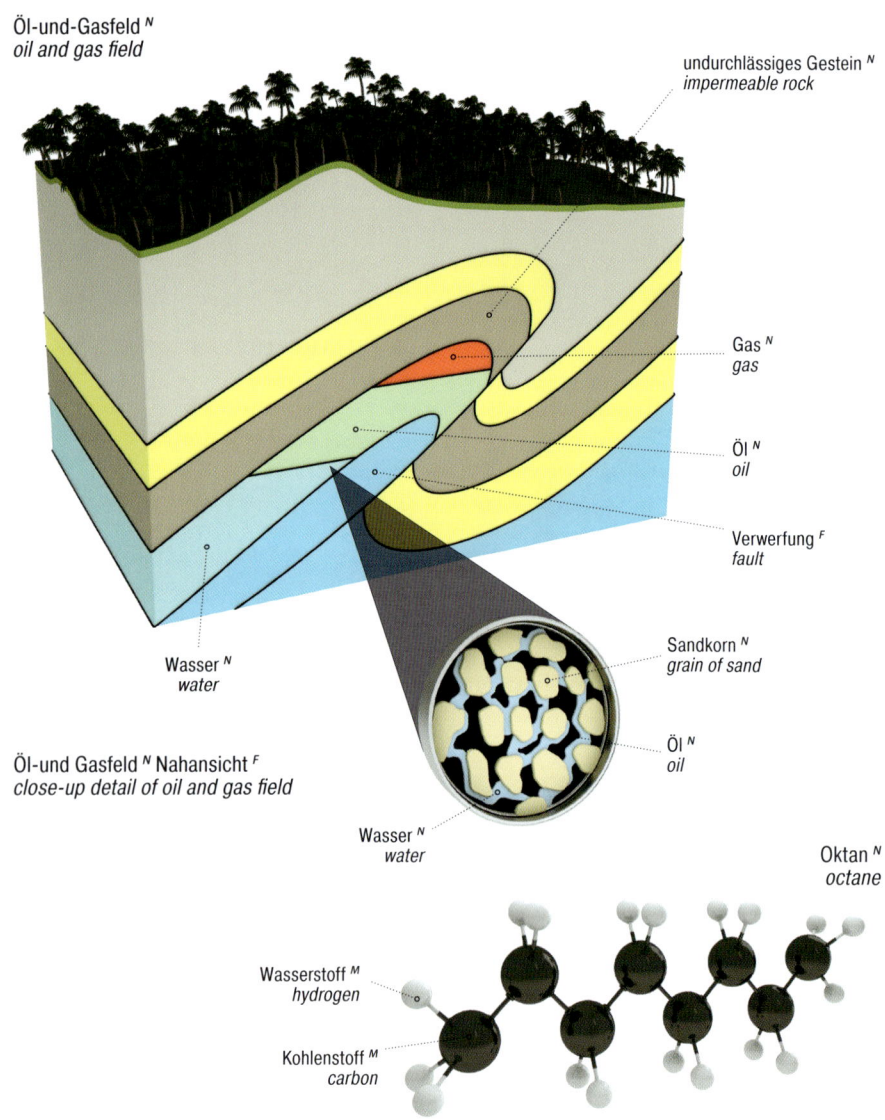

Öl-und-Gasfeld ^N
oil and gas field

undurchlässiges Gestein ^N
impermeable rock

Gas ^N
gas

Öl ^N
oil

Verwerfung ^F
fault

Wasser ^N
water

Öl-und Gasfeld ^N Nahansicht ^F
close-up detail of oil and gas field

Sandkorn ^N
grain of sand

Öl ^N
oil

Wasser ^N
water

Oktan ^N
octane

Wasserstoff ^M
hydrogen

Kohlenstoff ^M
carbon

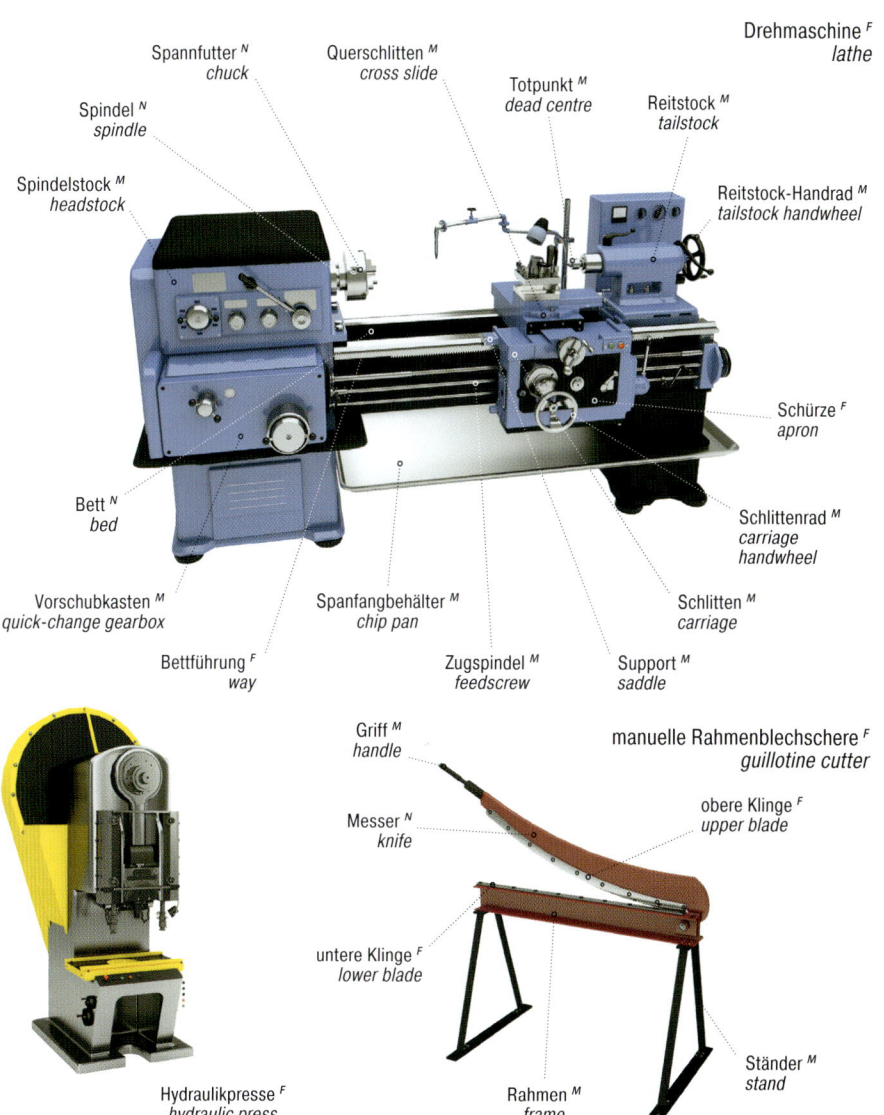

Drehmaschine ᶠ
lathe

Spannfutter ᴺ
chuck

Querschlitten ᴹ
cross slide

Totpunkt ᴹ
dead centre

Reitstock ᴹ
tailstock

Spindel ᴺ
spindle

Reitstock-Handrad ᴹ
tailstock handwheel

Spindelstock ᴹ
headstock

Schürze ᶠ
apron

Bett ᴺ
bed

Schlittenrad ᴹ
carriage handwheel

Vorschubkasten ᴹ
quick-change gearbox

Spanfangbehälter ᴹ
chip pan

Schlitten ᴹ
carriage

Bettführung ᶠ
way

Zugspindel ᴹ
feedscrew

Support ᴹ
saddle

Griff ᴹ
handle

manuelle Rahmenblechschere ᶠ
guillotine cutter

Messer ᴺ
knife

obere Klinge ᶠ
upper blade

untere Klinge ᶠ
lower blade

Ständer ᴹ
stand

Hydraulikpresse ᶠ
hydraulic press

Rahmen ᴹ
frame

DEUTSCHES REGISTER

2 Block-Multistation 275
2-Meter-Linie 285
4-Meter-Linie 285
50 Yards Linie 253
7 m Linie 260

A
A 238
A-Linien-Kleid 166
Abblendlicht 332
Abdeckplatte 119
Abdeckstift 177
Abdeckung 236
Abdomen 43
Abfalleimer 97, 359
Abfangjäger 218
Abflugbereich 352
Abflughalle 354
Abgottschlange 26
Ablage 314, 326, 333
Ablage für Gläser 201
Ablagebox 314
Ablagekasten 326
Ablageschrank 317
Ablaufrohr 123
Abluftkamin 123
Abluftschacht 389
Abnehmerwahl-
schalter 239
ABS-Warnleuchte 334
Absatz 170, 240, 292
Abschirmung 81, 103
Abschminkwatte 176
Absolventenring 175
Abspannleine 216, 311
absteigendes Kolon 71
Abstellstützfuß 343
Abstoßsäge 292
Abstreifgitter 134
Abtastkopf 320
Abtropfschale 104
Abwasserkanal 123
Abwehrlinie 262
Abzug 214, 215, 312
Abzugbügel 214
Abzugsbügel 214, 312
Abzugshaube 101
Abzweigleitung 123
Acerolakirsche 155
Achse 276
Achselarterie 62
Achselhöhle 50, 52
Achselkrücke 84
Achselvene 63
Ackerbohne 146
Adamsapfel 52
Aderhaut 73
Adzukibohne 146
Aerophone 241
Afro-Kamm 182
Afterflosse 141
Afterklaue 7
Agakröte 27
Airbagwarnleuchte 335
Airbrush 243
Airhockeytisch 307

Akkordeon 241
Akkusauger 118
Akkuschrauber 130
Aktenschrank
75, 315, 316
Aktenständer 317, 327
aktive Freizeit
311, 312, 313
Akustikgitarre 240
Albatros 35
alkoholische
Getränke 159
All-In-One Computer 318
Allzweckkorb 78
Alpensteinbock 8
alphanumerische
Tastatur 212, 213
Amaryllis 49
Ambos 72
Ambulanz 85
Ameise 42
American Football
252, 253
Amerikanische Krähe 33
Amerikanische
Rot-Kiefer 48
amerikanische
Steckdose 119
amerikanische
Sumpfschildkröte 23
amerikanischer Käse 139
Ampel 193
Amphibien 27
Ampulle 83
An-/Ausschalter 179,
318, 319, 320, 321, 322
An/Aus Schalter 311
Analschild 38
Analwinkel 39
Analwinkel des
Hinterflügels 39
Ananas 151
Ananassaft 158
Anästhesiemonitor 81
Anästhesist 76
andere elektronische
Geräte 323
Andrehbolzen mit
Schulter 289
Angelausrüstung 313
Angelhaken 313
Angelrolle 313
Angelrute 313
Angelschnur 313
Angelwurzel 107
Angiografie-Apparat 74
Angiografieraum 74
Angriffslinie 259
Angriffszone 258
Anhänger 343
Anhängerkupplung
331, 343
Anis 150
Anker 222, 223, 371
Ankleidezimmer 88
Ankunftsbereich 354

Ankunftshalle 354
Anpfiffkreis 290
Anschluss für Maus
und Tastatur 319
Anschlüsse 318
Anschlussleitung 123
Anschlussöffnung 81
Antenne 222, 322,
339, 381
Antennenmast 192
Anti-Rutsch-Ober-
fläche 283
Antidiebstahlsensor 196
Antilope 8
Antriebshebel 388
Antriebskettenrad 239
Antriebskopf 239, 240
Anus 70
Anzeige 75, 103, 213,
245, 321, 322, 323
Anzeigetafel 81, 250,
267, 270, 330
Anzieh-Lippe 289
Anzug 161
Anzug und
Accessoires 161
Anzugschuh 170
Aorta 64
Aortenbogen 62, 64
Aortenbogen 65
Aortenklappe 65
Apex 39
Apfelsaft 158
Apfelsine 152
Apollo 41
App-Symbol 318, 321
Aprikose 151
Apsis 246
Arbeitsplatte 101, 202
Arbeitsplattform 389
Arbeitstablett 80
Arbeitstablett 80
Arcade-Spiele 306,
307, 308, 309
Architektur 246,
247, 248, 249
Architrav 248
Arena 249
Arkade 247, 249
Arm 51, 53, 84,
223, 245, 313
Armarterie 62
Armaturenbrett
337, 344, 357
Ärmel 160, 163, 166, 167
Armlehne 84, 116, 316
Armnervengeflecht 66
Armtrizeps 55
Artischocke 143
Arzneimittel 83
Arzneimittelkapsel 83
Arzt 255, 273, 288
Aschenbahn 268
Aschenlage 379
Asiatischer Elefant 10
Ass 310
Ast 46

Äste 46
Astronaut 382
Astronomie 378
Astsäge 124
Atemloch 30, 38
Atlas 57
Atmungssystem 61
Aubergine 144
Audio-Anschluss 319
Audiosystem 337
Aufbau der Blume 49
Aufbewahrungsbe-
reich 343, 348
Aufhängeband 73
Aufkleber 327
Aufschlaglinie 264
Aufschlagmittellinie 265
aufsteigendes Kolon 71
Auftriebsrotor 357
Auftriebsrotorwelle 357
Augapfel 73
Auge 13, 16, 18, 20, 21,
23, 28, 30, 50, 73
Augenbohne 146
Augenbrauen- und
Wimpernbürstchen 177
Augenbrauenstift 177
Augencreme 177
Augenfleck 39
Augentropfen 174
Ausbruchwolke 379
Ausgabedatum 212
Ausgabefach 320
Ausgang 226, 358
Ausgangsbuchse 239
Ausgangsgewicht 388
Ausgangsstellung 288
Ausgleichsgewicht 388
Ausguss 104, 105
Auslass 343
Ausleger 283
Auslöser 4, 5
Auslösknopf 130
Auspuffrohr 344, 370
Ausrüstung 381
Ausrüstung der
Bodentruppen 216, 217
Ausrüstung der Luftwaffe
218, 219, 220, 221
Ausrüstung der
Marine 222, 223
Ausstellfenster 339
Ausstiegsgeländer 287
Austernpilz 147
Auto 87, 91, 191, 192,
328, 330, 384
Autoaußenansicht 338
Autoinjektor 83
Automat 227
automatische
Kupplung 363
automatisches
Einzelblatteinzug 322
automatisches
Gewehr 215
Autos 331, 332, 333,
334, 335, 336, 337,

338, 339, 340,
341, 342, 343
Autowaschanlage 330
Autozubehör 331
Außenansicht des
Hauses 90
Außengehäuse 386
Außenspielgeräte
297, 298, 299
Außenträger 388
Außentürgriff 333
äußere Halsvene 63
äußerer Gehör-
gang 59, 72
äußerer Kern 379
äußerer Schenkel-
muskel 54, 55
äußerer schräger
Bauchmuskel 54, 55
Avocado 144
Axis 57
Axt 124
Azimutfein-
einstellung 380

B
Baby 184
Babyschale 331
Babyspielbogen 294
Babyzimmer 89
Back Judge 253
Backcourt 265
Backe 7, 20, 21
Bäckerei 195, 197
Backgammon 301
Backsteinhaus 120
Backwaren 157, 196
Badehandtuch 96
Badekappe 287
Badelaken 183
Bademantel 96, 206
Bademantel 96, 206
Badeschaum 183
Badetuch 183
Badewanne 96, 206
Badezimmer 88, 96
Badminton 262, 263
Badmintonplatz 262
Badmintonschläger 263
Bagel 157
Baguette 157
Bahn 303, 304
Bahnhof 358, 358, 359
Bahnhofsschild 364
Bahnmarkierung 286
Bahnsteig 358, 365
Bahnteiler 286
Bajan 241
Balkendiagramm 374
Balkon 88, 90, 295
Balkonset 88, 90
Ballablage 304
Balljunge 264
Ballkorb 265
Ballsportarten 250,
251, 252, 253, 254,
255, 256, 257, 258,

259, 260, 261
Banane 151
Bananenschale 151
Bande 291, 308
Bandenspiegel 305
Bandnudel 156
Bandsystem 239
Bank 227, 358, 365
Bankautomat 212, 365
Banknote 212
Banksofa 116
Bar 200, 203
Barbierkamm 182
Baribal 12
Barkeeper 201, 202
Barren 271
Barsch 30
Bart 45
Bartresen 200, 202, 226
Baseball 256, 256, 257
Baseballfeld 191, 256
Baseballspieler 256
Basilarvene 63
Basilikum 150
Basis 114, 118, 130,
242, 263, 316
Basketball 255,
254, 255
Basketballschuh 170
Basketballspiel 254
Bassgitarre 225, 239
Bassgitarrist 225
Bassklarinette 237
Basstrommel 233
Basstrommelpedal 233
Basstrommel-
schlägel 233
Batter Box 257
Batterie 128, 130, 336
Batteriefach 363
Bau- und Malerwerk-
zeug 134, 135
Bauch 7, 13, 16, 20, 38,
39, 41, 52, 137, 238
Bauchaorta 69
Bauchbein 38
Bauchflosse 141
Bauchgurt 280, 281
Bauchlappen 136
Bauchpanzer 23
Bauchsegment 38
Bauchspeicheldrüse 71
Bauer 300
Bauklötze 295
Baum 283
Baumdiagramm 374
Baumtomate 151
Baumweißling 40
Baustelle 192
Baustellen-
absperrung 329
Baustellenschild 329
Becher 377

Becken 234
Beckenflosse 30
Beckenunterschrank 97
Bedachung 120
Bedien- und
 Informationsfeld 81
Bedienfeld 102, 117,
 232, 320, 321
Bedienhebel 125
Bedienknopf 103,
 117, 306
Bedientaste 323
Bedienungsknopf 103
Beeren 153
befestigte Umfassungs-
 mauer 247
Befestigung 274, 340
Befestigungs-
 riemen 276, 277
Begleitschiff 370
Behälter 101
Behandlungstisch 79
Beifuß 150
Bein 23, 38, 51, 53,
 98, 188, 317
Beinbeuger-
 maschine 275
Beistelltisch 114
Bekleidungs-
 geschäft 194, 198
Beleuchtung und elek-
 trisches Zubehör 119
Beleuchtungs-
 geschäft 195
Belugalinsen 146
Benzintank 125
Bermudashorts 161
Beschaufelung 386
Besteck 106
Besteckhalter 111
Betonmischer 192, 347
Betonmisch-
 maschine 135
Betriebsarten-
 schalter 180
Bett 94, 99, 207, 391
Bettdecke 207
Bettführung 391
Bettleuchte 77
Bettungsschicht 121
Beuteltiere 21
Bewässerungsstab 125
bewehrter
 Betonblock 385
Bezogener 212
Bezug 263
BH 169
Biber 22
Bibliothek 193
Bier 159
Bierglas 113
Bierkrug 113
Bierzapfanlage 200
Biforienfenster 246
Biker-Stiefel 171
Bild 86, 100
bildende Künste
 242, 243
Bildkarten und

spezielle Karten 310
Bildschirm 228,
 318, 352, 355
Bildungseinrichtungen
 186, 187, 188, 189
Bildverstärker 74
Billiard 305
Billiardkugel 305
Billiardtisch 305
Bindehaut 73
Binderschicht 329
Bindung 240, 277, 293
Bird's Eye Chili 149
Birken-Röhrling 147
Birne 46, 155
Birnenfassung 119
Bisamratte 22
Bison 9
Bit 130
Bittermelone 154
Bizeps 54
Blasinstrumente
 235, 236, 237
Blasloch 28
Blatt 45, 49, 152,
 155, 282, 289
Blatt Papier 324
Blattfeder 336
Blattgemüse 142
blaue Linie 290
Blauer Morphofalter 40
Blauhäher 34
Blauhai 31
Blauvioletter
 Waldlaufkäfer 37
Blauwal 29
Blazer 168
Blechblas-
 instrumente 235
Bleigürtel 289
Bleistift 326
Bleistiftanspitzer 325
Bleistifthalter 189
Blende 193
Blendenöffnung 383
Blinddarm 71
Blindspiegel 210
Blinker 348
Blockflöte 236
Blumenbeet 86, 90
Blumenkäfer 37
Blumenkohl 143
Blutdruckmessgerät 82
Blüte 45, 49
Blütenblatt 49
Blütenboden 49
Blütengemüse 143
Blütenpflanzen 49
Blütenrest 155
Blütenstiel 49
Blutgefäße 60
Blutkreislauf 62,
 63, 64, 65
Blutorange 152
BMX-Rad 345
Bob 292
Bock 271
Bockkäfer 37
Boden 311

Bodenbalken 121
Bodenstewardess 353
Body 169
Bogen 236
Bogenbrücke 328
Bogenstange 238
Bohnensprossen 146
Bohranlage 389
Bohrbühne 389
Bohreinsatz 389
Bohrer 130
Bohrfutter 130
Bohrkragen 389
Bohrlochkopf 388
Bohrmaschinen 130
Bohrturm 387, 389
Bolero 167
Bolzen 128, 180,
 181, 336
Bolzenverbindung 389
Bombenflugzeug 218
Bootskörper 282
Bootskran 223
Bordcomputer 337
Bördelgerät 127
Bowling 302, 302,
 303, 304
Bowlingbahn 304
Bowlingkugel 303, 304
Bowlingsimulator 306
Boxboden 273
Boxen 273
Boxer 273
Boxhandschuh 273
Boxring 273
Boxringeckenpolster 273
Boxsimulator 308
Brahmaea wallichii 40
Brauner
 Champignon 147
Brechbohne 146
Brecheisen 131
Breicontainer 105
Bremsanlagen-
 warnlicht 334
Bremsbeläge 336
Bremse 42, 388
Bremsgestänge 363
Bremshebel 344
Bremslicht 211, 332
Bremspedal 337
Bremssattel 344
Bremsscheibe 336
Brett 301
Brettspiele 300, 301
Brezel 137
Brie 139
Briefkasten 86
Briefumschlag mit
 Fenster 324
Brille 173
Brillen und Kontakt-
 linsen 173, 174
Brillenband 174
Brillenetui 174
Brillenputztuch 174
Britisch Kurzhaar 18
Brokkoli 143
Brombeere 153

Brotmesser 107
Brücke 173, 194, 312
Bruder 184
Brüder und
 Schwestern 184
Brühkopf 104
Brust 7, 13, 16, 18, 20,
 21, 50, 52, 68, 136
Brustdrüse 68
Brustflosse 28, 30, 141
Brustkorb 13
Brustmuskeltrainer 275
Brustschlagader 62
Brustwarze 50, 52
Brustwirbel 57
Brutkasten 81
Buch 92, 94
Bücherregal 92, 187, 316
Buckelwal 28
Büffel 9
Bug 357
Bügel 173, 313
Bügel 280, 281
Bügeleisen 117
Bügeleisensohle 117
Bügelriemen 280, 281
Bügelsäge 128
Bugnase 369
Bugschürze 383
Bühne 225, 226, 230
Bull's eye 306
Bullauge 222, 283,
 368, 369, 370
Bulldogge 17
Bullypunkt 290, 307
Bund 239, 240
Buntbarsch 30
Burg 249
Burghof 249
Burgtor 249
Burgundierglas 113
Büroklammer 325
Bürogebäude 193
Büromaterial 324,
 325, 326, 327
Büroräume 314,
 315, 316, 317
Bürosessel 317
Bürotechnik 318, 319,
 320, 321, 322, 323
Bürozubehör 325, 326
Busse 346
Butter 138
Buttermesser 106
Buttermilch 138

C

C 238
C-Bogen-Schlitten 74
Cabrio 341
Café 190, 195,
 352, 359, 365
Callcenter 315
Campingausrüstung 311
Cannelloni 156
Cantaloupe-Melone 154
Cashewnuss 148
Casino-Pokertisch 309

Catcher 257
Catcher Box 257
Cayennepfeffer 149
Cello 238
Chaiselounge 116
Champagner 159
Champignon 147
Chateaubriand 136
Check-In Automat 352
Check-in-Automat 353
Cheddar 139
Chefsessel 316, 317
Chicorée 142
Chihuahua 17
Chinakohl 142
Chip 213
Chipsockel 309
Chirurg 76
Chloroplast 44
Chopper 344
Clementine 152
Clip 326
Clusterdiagramm 373
Cockpit 218, 220
Cockpittür 220
Cocktail 159
Cocktailglas 112, 159
Cocktailkleid 166
Cognac 159
Collie 17
Computer und
 Peripheriegeräte
 318, 319, 320, 321
Conchiglie 156
Container 192,
 367, 371, 387
Containerkran 367
Containerschiff 367, 371
Containerterminal 367
Corona radiata 52
Couch 92
Couchtisch 316
Coupé 341
Crapstisch 309
Crashbecken 233
Cremaster 38
Creole 175
Crossover-Fahrzeug 341
Crosstrainer 274
Croupierbereich 309
Cruiser 344
Currypulver 149
Cutaway 239

D

D 238
Dach 90, 216, 251, 339
Dachbockdeckel 340
Dachfenster 194
Dachfirstbalken 121
Dachgepäckträger 340
Dachgeschoss 121
Dachlatten 121
Dachlüfter 123
Dachluke 90
Dachplattform 388
Dachsparren 121
Dachunterlage 121
Dackel 17

Daikon-Rettich 145
Dalmatiner 17
Dame 300, 310
Damebrett 301
Damenhut 172
Damenkleidung 164,
 165, 166, 167, 168, 169
Damenschal 172
Damenschuhe 171
Damespiel 301
Damestein 301
Dammkrone 384
Dämmung 122, 129
Dampfdüse 104
Dampfknopf 117
Dampflokomotive 362
Dampfturbine 386
dänischer
 Blauschimmelkäse 139
Darmbein 56
darstellende Künste
 224, 225, 226, 227,
 228, 229, 230, 231
Dart 306
Dattel 155
Datum 324
Daumenauflage 82, 236
Daunenmantel 164
Davidstern 248
Deck 283, 371
Deckel 104, 105,
 232, 320
Deckelöffner 104, 105
Deckenbalken 121
Deckenheizung 118
Deckenventilator 118
Dekaeder 375
Delfin 28
Deltamuskel 54
Deltoid 373
Dentin 60
Deodorant 183
Deospray 183
Desinfektionsmittel 275
Desktop-Computer
 314, 315, 319
Dessertgabel 106
Dessertmesser 106
Dessertschale 109
Dessertteller 109
Detrusormuskel 69
Deutsche Schabe 43
Deutscher
 Schäferhund 17
Diagramme 373
Dickdarm 70
Dickhornschaf 8
Diesellokomotive 363
digitaler
 Messschieber 134
digitales Diktiergerät 323
Digitalprojektor 226
Digitalthermometer 82
Dill 150
Dimmer 119
Dirigent 230
Diskus 269
Display 129
Divana diva 40

Djembe 233
Dokumenten-
aufbewahrung 326, 327
Dokumentenscanner 352
Dokumententasche 327
Dollar 212
Doppelblattpaddel 282
Doppeldeckerbus 346
Doppelhacke 124
doppelreihiger
Mantel 161
Doppelspüle 123
Doppeltür-
kühlschrank 102
dorische Halbsäule 249
Dorn 49
Dorsch 49
Dosenöffner 110
Dosierinhalator 83
Double 306
Drachenfrucht 151
Drahtbinder 129
Drainage 329
Drehknopf 78
Drehkreuz 364
Drehmaschine 391
Drehmomentstütze 386
Drehscheibe 102
Drehteller 389
Drehventil 235
Drehzahlmesser 334
Dreieck 305
Dreiecke 372
Dreiecksbein 58
Dreifachhaken 313
Dreifußstand 233
Dreipunktelung 254
Dreirad 296, 345
Drilling 310
dritte Stufe 383
Drossel 33
Druckanzeige 104
Drücker 326
Drucker 314
Drucker, Kopierer
und Scanner 320
Druckerpatrone 320
Druckknopf 245
Druckluftflasche 289
Druckminderer 289
Druckregulierung 289
Druckscheibe 245
Dübel 132
Dunkle Erdhummel 42
dunkles
Spielquadrat 301
Dünndarm 70
Dunstabzug 97
Dunstabzugs-
haube 103, 203
Durchmesser 372
Durchnähknöpfe 245
durchschnittlich 185
Durianfrucht 151
Dusche 288
Duschgel 183
Duschkabine 96,
123, 206
Düse 134, 135, 180

Düsenjäger 218
DVD 93
DVD-Player 93

E
E-Book-Reader 325
E-Gitarre 229, 239
Eau de Parfum 183
Eau de Toilette 183
Ebene 276
Eckballmarkierung 251
Ecke 273
Eckfahne 251
Eckpunkt 372
Ecksofa 116
Edel-Reizker 147
Ehering 175
Eichelkürbis 144
Eichhörnchen 22
Eierablage 102
Eierring 111
Eierstock 68
Eileiter 68
Einband 324
Einbauleuchte 96
Einfahrt 91
Einfamilienhaus 190
Eingabebildschirm 302
Eingang 247, 248
Eingangsstufen 86
Eingangstür 275
Eingangstür zum
Wohnbereich 342
Einkaufen 194, 195,
196, 197, 198, 199
Einkaufswagen 196
Einkaufszentrum 191, 194
Einkerbung an
der Fluke 28
Einlaufturm 384
Einsatzfahr-
zeuge 348, 349
einseitig gezahnte
Effilierschere 181
Einspülkasten 117
Einstiegsloch 388
Einstiegsgriff 343, 346
Einstiegsluke 388
Einstiegsplattform 346
Eintauchen 288
Einweg-Knatterklinse 174
Einwegrasierer 179
Einwegrasierklinge 179
Einzahlungsschlitz 212
Einzelblatt-Scanner 320
Einzelhandelsregal 197
Eis 291
Eisbär 12
Eisbergsalat 142
Eisbrecher 370
Eisen 6
Eisenbahnschiene 366
Eisenbahnschienen 366
Eisenwaren 132
Eisfläche 290
Eiskratzer 331
Eiskratzer mit
Schneefeger 331
Eiskunstlauf 292

Eiskunstläuferin 292
Eiskunstlaufschuhe 292
Eisportionierer 111
Eisvogel 32
Eizelle 6
Elch 8
elektrische
Zitruspresse 105
elektrischer
Golfwagen 272
elektrischer
Rasierapparat 179
Elektrizitätswerk 384
Elektroauto 340
Elektrobohrer 130
Elektroherd 103
Elektrokabel 119, 180
Elektrolokomotive 363
Elektronik-
ausrüstung 383
Elektronikgeschäft 195
elektronisches
Basketballspiel 308
elektronisches
Dartbrett 306, 307
elektronisches
Zahlungsterminal 213
Elektrotacker 131
Elektrotriebzug 362
Elfmetermarke 250
Elfmeterraum 250
Elfmeterraumlinie 250
Ellbogen 7, 13,
16, 20, 51, 53
Ellbogenhöcker 57
Elle 56, 58
Ellenarterie 62
Ellenbogen-
höckermuskel 55
Ellennerv 66
ellenseitiger
Handbeuger 55
ellenseitiger
Handstrecker 55
Ellipsoid 375
Eltern 184
Eltern und Kinder 184
Emmentaler 139
Empfänger 312, 380
Endbronchiole 61
Endglied 58
Endlinie 259
endoplasmatisches
Retikulum 6, 44
Endzone 252
Englischer Sattel 280
Englischhorn 237
Enkel 184
Enkelin 184
Enkelkinder 184
Enoki 147
Ente 35, 140
Entsafter 105
Epilierer 180
Erbse 146
Erbsenbein 58
Erdachse 378
Erdbahn 378
Erdbeere 153

Erdboden 329
Erde 379, 382
Erde und Weltraum
378, 379, 380,
381, 382, 383
Erdgeschoss 86
Erdkruste 379
Erdleiter 119
Erdnuss 146
Ersatzbank 250, 261
Ersatzspieler 250,
253, 261
Ersatzspielerbank
254, 258, 290
Ersatzspielerbereich 261
Erste Hilfe 85
erste Stufe 383
Erste-Hilfe-Kit 85
erster Stock 85
Eruptionssäule 379
Eruptivgang 379
Erweiterungs-
steckplatz 319
Esche 47
Esel 11
Espe 47
Espressomaschine 104
Essen außer Haus
200, 201, 202, 203
Essenszubereitung
102, 103, 104, 105,
106, 107, 108, 109,
110, 111, 112, 113
Essgeschirr 108
Esskastanie 148
Esslöffel 106
Esstisch 86
Esszimmer 86
Esszimmerstuhl 86, 115
Estragon 150
Etikett 158
Etikettenträger 315
Etikettiergerät 323
Eule 33
Euro 212
Europäische Eibe 48
Europäisches
Chamäleon 25
europäisches
Experimentmodul 381
Europäisches Reh 8
Eustachi-Röhre 72
Euthynterie 248
Externe Festplatte 323
externer
Kraftstofftank 381

F
Fabrik 193
Facettenauge 39, 41, 43
Fach 210
Fächerpinsel 177
Fachöffnungsknopf 118
Fadenaufwickel-
hebel 245
Fadenführung 245
Fagott 237
fahrbarer Akten-
schrank 314

Fähre 368
Fahrer 330
Fahrerkabine 346,
362, 363
Fahrersitz 360
Fahrertür 342
Fahrgastsitz 360
Fahrgasttür 346
Fahrgastwagen 362
Fahrgestell 357
Fahrkartenautomat 365
Fahrkartenkontrolleur-
stand 364
Fahrkartenschalter
358, 364
Fahrmodusauswahl 337
Fahrplananzeigetafel 358
Fahrplantafel 359
Fahrräder 345, 278, 279
Fahrradergometer 274
Fahrradständer 279
Fahrradträger 331
Fahrscheinautomat 358
Fahrstuhl 205
Fahrstuhlknopf 205
Fahrtrichtungsanzeiger
332, 342, 344, 346
Fahrwerk 218, 219, 220
Fahrzeuggarten 340
Fahrzeugdeck 368
Fallstrang 123
falsche Rippe 57
Familie 184, 185
Farbcontainer 135
Färbepinsel 182
Farbpinsel 135
Farbrolle 135
Farbsprayer 135
Farbstift 243
Farbtablett 134
Farfalle 156
Fasan 140
Faserwurzel 46
Fassade 246
Faullinie 256, 303
Fax 322
Feder 134, 297
Federaufhängung 336
Federball 263
Federwippe 297
Feige 151
Feineinstellung 377
Feineinstellungs-
system 383
Feldsalat 142
Felge 278
Fell 18
Fenchel 145, 150
Fenster 85, 97, 102,
208, 211, 333, 339,
342, 343, 346, 357, 361
Fensteröffnung 216
fernbedientes Manipu-
lationssystem 381
Fernbedienung 92, 207
Fernglas 312
Fernlicht 332
Fernscheinwerfer-
anzeige 335

Fernsehen 228, 229
Fernseher 87, 93, 207
Fernsehshow 228
Fernverkehr 362
Ferse 51, 53, 170
Fersenbein 57
Fersenkeil 41
Fertiggerichte 196
Feststellbremsen-
leuchte 335
Feststellbremsen-
taste 337
Feststoffrakete 381, 383
Feuchtigkeitscreme 183
Feuerlöscher 331
Feuerwanze 43
Feuerwehr 210
Feuerwehrfahrzeug 348
Feuerwehrfahrzeug (von
hinten betrachtet) 211
Feuerwehrfahrzeug (von
vorne betrachtet) 210
Feuerwehrmann 210
Field Judge 253
Filet 136
Filmprojektor 226, 227
Filmtablette 83
Filter 103, 105, 122
Filterhalter 104
Filterkaffeemaschine 104
Filterkorb 104
Filz 305
Filzhut 172
Filzstift 189
Fingerglied 58
Fingerhaken (vierter
Hebel) 235
Fingerhut 245
Fingernerv 66
Fingerstrecker 55
Finne 28
Finnwal 29
First Base 257
First Base
Trainerbox 257
Fisch 141
Fisch und Meeres-
früchte 141
Fische, Krustentiere und
Weichtiere 30, 31
Fischmesser 106
Fitnessball 79
Fitnesscenter 274, 275
Fitnessstation 275
Flachband 320
Flachbettscanner 320
Flachbohrer 130
Flachbürste 182
Flachpinsel 243
Flachschlitzschrauben-
dreher 133
Flachwurzel 46
Flagellum 39
Flageolet Bohnen 146
Flamingo 35
Flanke 7, 13, 16, 20
Flaschenverschluss 158
Fleecejacke 160
Fleischfliege 42

Fleischfressende Säugetiere 13, 14
Fleischhauer 111
Fleischstücke 136, 137
flexibles Netzkabel 179
Fliege 161
Fliegenrolle 313
Fliegenrute 313
Fliegenschnur 313
Fliese 96, 120
Fliesenboden 101, 206
Fließband 196
Flipchart 317
Floh 43
Flosse 283, 289
Flossen 289
Flugauskunftstafel 355
Flugbegleiterin 356
Flugdeck 357
Flügel 38, 41, 118, 202, 218, 219
Flügelader 39
Flügeladern 41
Flügelhorn 236
Flügelmutter 127, 128
Flügelzellen 41
Flughafen 350, 351, 352, 353, 354, 355
Flughafenaußenansicht 350
Fluginformationsanzeige 352
Flugsteig 353
Flugsteigmitarbeiter 353
Flugsteignummer 353
Flugzeuge 218
Flugzeuge und Hubschrauber 356, 357
Flugzeugrumpf 357
Flugzeugwartungshalle 350
Flur 88
Flush 310
flüssiger Eyeliner 177
flüssiger Lidschatten 177
Flusspferd 10
Flutlichtanlage 251
Fock 283
Fokussierknopf 380
Football 253
Footballfeld 252
Forelle 30
Forellenbarsch 30
Fornix 67
Fortepedal 232
Fortpflanzungssystem 68, 69
fossile Brennstoffe 387, 388, 389, 390
Foto 94
Fotovoltaikreihe 381
Foyer 227
Fracht- und Fischereischiffe 371
Frachtfahrzeuge 347
Frachtraum 371
Frau 185
freie Rippe 56
Freileitung 385

Freileitungsmast 385, 386
Freiraum 259
Freischwinger 115
Freiwurfkreis 254
Freiwurflinie 254, 261
Freizeitkanu 282
Freizeitzentrum 191
Fries 248
Frischkäse 138
Frischtheke 197
Frontallappen 67
Fronten 376
Frontlader-Waschmaschine 117
Frontplatte 337
Frontscheinwerfer 217
Frontschürze 332, 338
Frontstütze 210
Frosch 238
Froschkäfer 37
Frucht 46
Fruchtfleisch 151, 155
Fruchtgemüse 144
Fruchtknoten 49
Frühling 378
Frühlingspunkt 378
Frühstücksbar 86, 100
Fugenkelle 134
Fühler 38, 39, 41, 43, 129
Fühlerspitze 39
Führer 313
Full House 310
Füller 389
Fumarole 379
Fundament 121
Fünfeck 373
Funktionstaste 77
Funktionstasten 212, 232
Funktionstastenleiste 78
Furche 28, 43
Fusilli 156
Futter 292
Futterrohr 105
Futuro-Melone 154
Fuß 41, 50, 51, 52, 53, 105, 377
Fußablage 209, 297
Fußauflage 98
Fußball 251, 250, 251
Fußballfeld 250
Fußboden 97
Fußgänger 329
Fußgängerampel 193
Fußgängerknopf 193
Fußhalteriemen 282
Fußrücken 52
Fußrückenarterie 62
Fußschalter für vertikale Höhenverstellung 177
Fußstütze 84, 282, 363
Fußteil 75
Fußwurzel 36, 43

G
G 238
Gabelkamm 182
Gabelschlüssel 126

Galápagos-Schildkröte 23
Gallenblase 70
Gangway 387
Gans 35, 140
Garagentor 91
Garderobe 203
Garderobenaufseher 203
Garn 244
Garnierung 159
Gartenkelle 124
Gartenkresse 150
Gartenkreuzspinne 32
Gartenschere 124
Gartenschlauch 125
Gartenwerkzeug 124, 125
Gas 389, 390
Gasabzug 215
Gasbrenner 103
Gasherd 103
Gaspedal 337
Gasse 263, 264
Gast 200, 203, 205
Gästebadezimmer 86
Gazelle 8
Gebälk 248
Gebärmutter 68
Gebäude 192, 249
Gebetshalle 247
Gebiss 60
Geflügel 140
geformter Griff 180
Gefriertruhe 102
Gefriertruhentür 102
Gefurchter Dickmaulrüssler 37
Gegen-Drehmoment Heckrotor 357
Gegengewicht 235, 313, 380
Gehäuse 119, 179, 180, 311, 323
Gehhilfe 84
Gehstock 84
Gehstock "Alter Fritz" 84
Geige und Geigenbogen 238
Geländelimousine 341
Geländer 87, 88, 194, 196, 276
Geländer für Astronauten 383
gelbe Wassermelone 154
gelber Paprika 144
gelbes Licht 193
Geld und Zahlungsmittel 212, 213
Geldautomat 195
Geldscheinausgabe 212
Geldscheinstapel 212
Geldzählmaschine 212
Gelenk 333
Gelenkwagen 360
gemahlener Pfeffer 149
Gemeine Fichte 48

gemeinsame Hüftarterie 62, 68
gemeinsame Hüftvene 63
gemeinsame Kopfschlagader 62
Gemüse 142, 143, 144, 145, 146
Gemüsefach 102
Gemüsemesser 107
Gemüseschüssel 108
Generatorenhaus 386
Geometrie 372, 373, 374, 375
Gepäckabfertigungsschalter 352
Gepäckabteil 346
Gepäckermittlungsschalter 354
Gepäckkarussell 354
Gepäckrückgabebereich 354
gepanzertes Fahrzeug 349
gepanzertes Metallüberzug 218
Gepard 14
gerader Bauchmuskel 54
gerader Schenkelmuskel 54
Geräteturnanlage 270
geräucherter Lachs 141
Gerfalke 33
Gerste 45, 148
Gerüststruktur 381
Gesamtbetragsanzeige 330
Gesäßspalte 53
Geschäft 193
Geschäftsjet 356
Geschirr 106, 107, 108, 109, 110, 111, 112, 113
Geschirrbürste 111
Geschirrspüler 101, 123
Geschirrspülmaschine 103
geschlossene Front 376
Geschwindigkeitsbegrenzungszeichen 329
Geschwindigkeitsregler 118
Gesicht 52
Gesichtscreme 176
Gesichtsmaske 210
Gestell 289, 344, 363
Getränk 233
Getränke 196, 227, 158, 159
Getränkeautomat 275
Getränkedose 158
Getränkekühlschrank 196
Getränkestand 227
Getreide 148
getrocknete Chilischote 149
getüpfelter Gabelwels 31
Gewehrkolben 312

Gewehrpatrone 312
Gewehrrohr 214
Geweih 7
Gewicht 274
Gewinde 119, 130, 132
gewölbter Teller 108
Gewürze 149
Giebel 246
Giebelfeld 246
Gießkanne 125
Gimpel 33
Giraffe 10
Gitarre 224
Gitarrenkoffer 240
Gitarrenverstärker 240
Gitarrist 224
Gitter 338
Glas 173, 311
Glasfrosch 27
Glaskörper 73
Glasscheibe 377
Glasschneider 134
Glasschutz 75
Glasschutzwand 290
Glasware 112
Glätteisen 180
Gleichmacherauflage 388
Gleichmacherbalken 388
gleichschenklig 372
gleichseitig 372
Gleise 359
Gleiskette 217
Globus 186
Glocke 235
Glockenturm 246
Glücksspielautomat 309
Gnocchi 156
Goldaguti 22
Golden Retriever 17
Goldglänzender Rosenkäfer 37
Goldkäfer 37
Goldzeisig 32
Golf 272
Golfball 272
Golfhandschuh 272
Golfjunge 272
Golfschläger 272
Golfschuhe 272
Golfspiel 272
Golfspieler 272
Golftasche 272
Golfwagen 272
Golgi-Apparat 6, 44
Goliathkäfer 37
Gondel 385
Gong 234
Gorgonzola 139
Gorilla 24
Gottesanbeterin 43
Gouache 243
Gouda 139
Grafiktablett 319
Granatapfelsaft 158
Grapefruit 152
Grasfrosch 27
Grashüpfer 43
Grassammler 125

Greiferspielautomat 306
Greiffinger 21
Greifreifen 84
griechischer Tempel 248
Griff 84, 98, 102, 103, 104, 107, 117, 125, 126, 128, 129, 130, 131, 133, 134, 135, 180, 214, 238, 263, 266, 274, 282, 293, 296, 297, 311, 312, 313, 315, 325, 327, 391
Griffbrett 238, 239
Griffe 296
Griffel 49
Griffelfortsatz 59
Griffeld 214
Gripzange 126
Grizzlybär 12
Grobeinstellung 377
große Rosenader 63
Großeltern 184
Großeltern und Enkelkinder 184
großer Adduktor 55
großer Brustmuskel 54
großer Gesäßmuskel 55
Großer Panda 12
großer Rollhügel 57
großer Rückenmuskel 55
großer Rundmuskel 55
Großer Schillerfalter 40
Großer Speerspanner 40
großer Spiegel 198
großes Rad 84
Großgeräte 102
Großhirn 67
Großmutter 184
Großraumbüro 314
Großraumflugzeug 356
Großsegel 283
Großvater 184
Grün 272
Grundglied 58
Grundlinienrichter 264
Grundwasser 379
Grüne Linsen 146
Grüne Meeresschildkröte 23
grüne Oliven 144
Grüne Schälerbsen 146
grüner Apfel 151
grüner Chili 144
grüner Paprika 144
Grüner Scheinbockkäfer 37
grünes Licht 193
Grünkern 148
Grünkohl 142
Guave 151
Gummiball 82
Gummibaum 47
Gummimatte 331
Gummistempel 325
Gummistiefel 210
Gurke 144
Gurt 289
Gürtel 161, 208, 216
Gürtelschlaufe 161, 165

Gurtschnalle 281
Gurtsicherung 388
Gurtwerk 289
Gymnastik 270, 271

H

Haar 51, 53, 238
Haarfarbe 181
Haargel 181
Haargummi 181
Haarklammer 182
Haarklemme 181
Haarnadel 181
Haarpflege 180, 181, 182
Haarreif 180
Haarschneide-
maschine 179
Haarschneideschere 181
Haarspange 180
Haarspray 181
Haarspülung 181
Haartrockner 180
Hackenbremse 247
Hackmesser 107
Hafen 366
Hafer 148
Hahn 34, 214
Hähnchen 140
Hähnchenflügel 140
Hähnchenkeule 140
Hainbuche 47
Häkchen 38
Häkchen am
Cremaster 38
Häkeln 244
Häkelnadel 244
Haken 244, 311
Hakenbein 58
Halbdornmuskel 55
Halbfinger-
Handschuhe 172
halbmembranöser
Muskel 55
Halbmond 247
Halbrandbrille 173
Halbresonanzgitarre 240
Halbsehnenmuskel 55
Halfpipe 276
Halfter 208, 216
Hals 7, 16, 18, 20, 23,
51, 53, 236, 239, 240
Hals-Tonabnehmer 239
Halskorken 236
Halswirbel 57
Haltegriff 210
Halterung 119, 127
Hammer 72, 233, 269
Hämoglobin 6
Hamster 22
Hand 51, 53
Hand- und
Nagelpflege 178
Handarbeit 244, 245
Handball 260, 260, 261
Handballspiel 260
Handballtor 260
Handforke 124
Handgelenk 18, 51, 53
Handgelenkschoner 277

Handgriff 344
Handknochen 58
Handlauf 363
Handlauf für
Austronauten 383
Handlocher 325
Handrad 245
Handrasenmäher 125
Handschuh 216, 383
Handschuhe 172
Handschuhfach 337
Handschutz 215
Handstaubsauger 118
Handtuch 97, 206,
258, 262, 274
Handwurzel 58
Hangelsprossen 298
Hängemappe 327
Hängestange 118
Hantelbank 274
Hanteln 274
Hantelscheiben 274
Harmonika 241
Harmonium 241
Harnblase 68, 69
Harnleiter 68, 69
Harnröhre 68, 69
Harnsystem 69
Harnweg 69
harte Kontaktlinse 174
Hartglas 114
Hartholzboden 95, 121
Hase 20
Haselnuss 148
Hasentiere 20
Hauptalarmanzeige 85
Hauptanzeigetafel 251
Hauptarterien 62
Hauptbronchus 61
Hauptdeck 387
Haupteingang 246
Hauptlicht 76
Hauptriebwerk 383
Hauptrohr 380
Hauptschiedsrichter 251
Hauptschlafzimmer 94
Hauptschott 379
Hauptvenen 63
Hauptverteilleitung 122
Hauptvorhang 230
Hauseinrichtung 114,
115, 116, 117, 118, 119
Haushaltsgeräte 104, 117
Haushaltsgeräte
und technische
Geräte 117, 118
Haushaltswaren 194
Hausmaus 22
Hausmeisterin 195
Hausschuh 171
Haustür 86, 90
Hautflügler 41
Head Linesman 253
Headset 315, 321
Hebeausrüstung 389
Hebekran 387
Hebel für den
Klemmbügel 180
Hecht 31

Heck 357
Heckausleger 209, 221
Hecke 91
Heckflosse 218, 219
Heckrotor 209, 221
Heckschürze 332
Heckspom 357
Heckstütze 211
Hefezopf 157
Heftel 245
Hefter 325
Heftklammer-
entferner 325
Heftmappe 316,
317, 326, 327
Heidelbeere 153
Heiliger Pillendreher 37
Heinzug, Zwangsumlauf
und Klimatisierung 122
Heizelement 129
Heizkessel 122
Heizung 72
Heißluftpistole 134
Helikopter 387
helles Spielquadrat 301
Helling 366
Helm 210, 216, 277, 383
Hemd mit
Brusttaschen 163
Hemden 163
Hemdzipfel 389
Herbst 378
Herbstäquinoktium 378
Herdplatte 101, 102
Herkulespfeiler 388
Herkulesspinner 40
Herren-Accessoires 175
Herrenausstatter 194
Herrenkleidung 160,
161, 162, 163
Herrenschuhe 170
Herrenstrickjacke 162
Herz 64, 310
Herz im Querschnitt 65
Herzmuskel 55
Herzwandschicht 65
Heuschrecke 41
Hi-Hat 233
Hi-Hat-Ständer 233
High Top Sneaker 170
Hilfs-, Service- und
Arbeitsschiffe 370
Himbeere 153
Himmelblauer
Bläuling 39
Hinteransicht der
Muskulatur 55
Hinteransicht des
Skeletts 57
Hinteransicht des
Verdauungssystems 71
Hinteransicht eines
männlichen Körpers 53
Hinteransicht eines
weiblichen Körpers 51
Hinterbein 13, 20,
41, 115, 242
Hinterbrust 38, 43
Hörsaal 188
hintere Aufschlaglinie für

das Doppelspiel 262
hintere Felgen-
bremse 279
hintere Fontanelle 59
hintere Skibindung 293
hinterer knöcherner
Bodengang 72
Hinterflügel 39, 369
Hinterflügel für
den Flug 43
Hintergliedmaße 21
Hintergrund 231
Hinterhauptbein 57, 59
Hinterhauptlappen 67
Hinterhauptmuskel 55
Hinterkufe 292
Hinterpfote 21
Hintertür 85
Hinterzone 259
Hinterzwiesel 280, 281
Hirnbalken 67
Hirnnerven 66
Hirschkäfer 37
Hirse 148
Hitzdraht 119
Hochbetten 99
Hochdruckgebiet 376
Hochgeschwindig-
keits-Rollbahn 350
Hochgeschwindigkeits-
zug 362
Hochgewinnantenne 383
Hochsprung 268
Hochstuhl 98
Hocker 233
Höcker 28, 60
Hockey 290, 291
Hoden 69
Hodensack 52
Höhenfeinein-
stellung 380
Höhenleitwerk
209, 221, 357
höhenverstellbares
Fußteil 74
Höhenversteller 118
Höhenverstellhebel 316
hohes Becken 233
Holunderbeere 153
Holzblasinstrumente 236
Holzbrett 276
Holzfällerhemd 163
Holzhammer 131
Holzlöffel 111
Holzpfannenwender 111
Holzplatte 266
Home-Taste 315
Honigbiene 42
Honiglöffel 110
Honigmelone 154
Hörer 321, 322
Hörerschnur 322
Hörnerv 72
Horngurke 151
Hornhaut 73
Hornisse 42
Hornschnabel 23
Höschen 169

Höschenbund 169
Hose 208
Hose mit weitem
Bein 165
Hosen 165
Hosen und Gürtel 161
Hosenbein 161, 165
Hosenbund 161, 165
Hosenstall 161
Hosentasche 161, 165
Hosenträger 161
Hotel 190, 204,
205, 206, 207
Hotelzimmer 206
Hub- und Knick-
zylinder 211
Hubschrauber 192,
220, 223, 357
Hubschrauber-
hangar 223
Hubschrauberlandeplatz
192, 223, 369, 387
Huf 7
Hufglocke 280
Hüfte 16, 41, 43, 51, 53
Hüftiere 7, 8, 9, 10, 11
Hühnerbrust 140
Hühnerei 140
Hülle 327, 388
Hülsenfrüchte 146
Hunde 16, 17
Hüpfball 296
Hürde 268
Hut 147
Hutband 172
Hydrant 211
Hydrant-Zufuhr 211
Hydraulikheber 343
Hydraulikpresse 391
Hygieneartikel 183
Hypotenuse 372

I

Ikosaheder 375
Impuls-Sprinkler 125
Inbusschlüssel 126
Industriell verarbeitete
Lebensmittel 156, 157
Industriemaschinen 391
Inflator 289
Informationsanzeige 195
Informationsstand 194
Informationstafel
353, 354
Infusionsständer 77
Ingwer 149
Inline-Skates 277
Inlineskating 277
Innenausstattung 92,
93, 94, 95, 96, 97,
98, 99, 100, 101
Inneneinheit der
Klimaanlage 118
Innengehäuse 386
Innenhof 247
Innenraumfilter 336
Innenstadt 192
Innentürgriff 333
Innenvorhof 72

innere Halsvene 63
innere Hüftarterie 62
Innerer Aufbau
der Erde 379
innerer Kern 379
innerer Schenkel-
muskel 54
Insekten 36, 37, 38,
39, 40, 41, 42, 43
Instrumenten-
anzeige 389
Instrumententafel 334
Instrumententisch 77
Instrumentenwagen 76
Intensivstation 78
interaktives
Spielzeug 294
internationale
Raumstation 381
Internet Stick 322
ionische Halbsäule 249
Iris 73
Ischiasnervi 66
Isobare 376
Isolator 119, 385
isolierter Griff 129
Italienische Zypresse 48

J

Jacke 160, 208
Jacke mit
Reißverschluss 162
Jagdausrüstung 312
Jagdgewehr 312
Jagdschrotflinte 312
Jaguar 14
Jahreszeiten 378
Jalapeño-
Chilischote 149
japanische
Wollmispel 155
japanisches
Experimentmodul 381
Jararaca 26
Jeans 161
Jeans mit Schlag 165
Jeansjacke 164
Jeggings 165
Jochbein 56, 59
Joghurt 138
Joker 310
Journalist 265
Junge 185
Juweliergeschäft 194

K

Kabel 224, 321, 384
Kabelklemme 119
kabellose Maus 319
Kabelzugstation 275
Kabine 357, 369
Kaffeemaschine
100, 201
Kaffeemühle 104
Kahnbein 58
Kajak 282
Kalender 324
Kaltfront 376
Kaltwassersteig-

leitung 123
Kaltwasserzufuhr 123
Kamera 266, 291
Kamera und
  Messgeräte 219
Kameragehäuse 74
Kameralinse 318, 321
Kameramann 255,
  264, 266, 291
Kamm 136
Kammerseptum 65
Kammerwasser 73
Kampfhubschrauber 221
Kampfpanzer 217
Kampfsimulator 307
kanadischer Tiger-
  schwalbenschwanz 39
Känguru 21
Kaninchen 20, 140
Kanister-
  Staubsauger 118
Kanne 104
Kanone 217
Kante 246
Kantenschiene 276
Kanu 282
Kaper 150
Kapitänsbrücke
  368, 369, 371
Kappe 172, 323
Kapuzenjacke 162
Kapuzenpullover 162
Karaffe 112
Kardamom 149
Karo 310
Karosserie 343
Karosserieseiten-
  leiste 339
Karottengrün 145
Karpalballen 16
Karpfen 30
Karotte 145
Karteikarten 324
Karteilift 326
Kartenabreißer 226
Kartenlese-Slot 212, 213
Kartennummer 213
Kartentisch 309
Kartoffel 143
Kartoffelkäfer 37
Kartoffelstampfer 110
Kartonunterlage 324
Karussell 299
Kaschmirziege 9
Käse 138
Käseschneider 110
Käsesorten 139
Kasse 199
Kassen-Computer 201
Kassencomputer 199
Kassiererin 196
Kastagnetten 234
Kastanie 47
Katalysator 336
Kathedrale 246
Katzen 18, 19
Käufer 253
Kaufhaus 194
Kaviar 141

Kefir 138
Kegel 105, 303,
  304, 375
Kegeldüse 389
Kegelrobbe 15
Kehldeckel 61
Kehlkopf 61
Keilbein 59
Keilbeinfontanelle 59
Kelch 134
Kelchblatt 49
Kelle 134
Kellnerin 200, 203
Kern 45, 155
Kernhülle 6
Kernkörperchen 44
Kernkraftwerk 386
Kernobst 155
Kernspintomograf 75
Kette 279, 298
Kettenblattumwerfer 279
Kettenschaltung 279
Keule 137
Keyboardspieler 224
Kichererbse 146
Kieferklauen 36
Kieferknochen 60
Kiefernspinner 40
Kiel 313
Kiemendeckel 141
Kiesschicht 329
Kimme 214
Kinder 184
Kinderbett 99
Kinderfahrrad 296
Kinderfahrrad-
  anhänger 345
Kinderfahrradsitz 345
Kinderlaufrad 345
Kindermobiliar 98
Kindersicherheitssitz 331
Kindersitzwarn-
  leuchte 334
Kinderzimmer 89, 98, 99
Kinn 50
Kinnstütze 238
Kino 226, 226, 227
Kinoeingang 227
Kinokasse 227
Kinoplakat 227
Kirchenschiff 246
Kirsche 155
Kissen 93, 95, 99
Kiste 197
Kiwi 151
Klammer 127, 129
Klappe 236
Klappendrücker 236
Klapperschlange 26
Klappseite 324
Klappstuhl 115, 311
Klarinette 237
klassische gerade
  Jeans 165
klassische Shorts 165
Klauenhalter 338
Klaviaturboden 232
Klavier 232
Klavierinstrumente 232
Klebebandabroller 325

Klebeetiketten 324
Klebezettel 314, 324
Klebstift 325
Kleid 292
Kleider und Röcke 166
Kleiderbügel 198
Kleiderhaken 198, 206
Kleidermotte 40
Kleiderschrank 98, 206
Kleiderschutz 84
Kleiderstange 199
kleine Rosenader 63
kleine Stubenfliege 42
kleiner Junge 185
Kleiner Kohlweißling 40
kleiner Rundmuskel 55
kleines Mädchen 185
kleines
  Mehrparteienhaus 190
Kleinhirn 67
Klemmbacken 126, 133
Klemmbügel 180
Klemmschraube 119
Klettergerüst 298
Kletterturmgerüst
  mit Rutschen 297
Klettlockenwickler 181
Klimaanlage 122
Klinge 107, 179,
  180, 325
Klosettbecken 123
Klüse 370
Knarren-
  Ringschlüssel 126
Knie 7, 16, 20, 50, 52
Kniekehlenvene 63
Kniescheibe 36, 56
Knieschoner 277
Knoblauch 143
Knoblauchpresse 110
Knöchel 50, 52
Knollengemüse 143
Knopf 160, 163, 167, 235
Koala 21
Kobra 26
Koch 202
Kochgeräte-Set 111
Kochmesser 107
Kochzange 110
Köder 313
Koffer 205, 354
Kofferkuli 204, 354
Kofferraum 339
Kofferraumdichtung 332
Kohlenstoff 390
Kohlmeise 34
Kohlrabi 143
Kohlrübe 145
Kokosnuss 148
Kokanuss 148
Kolben 45, 82
Kolbenbolzen 388
Kolibri 32
Kollimatorgehäuse 74
Kombi 341
Kombilimousine 340
Kombischlüssel 126
Kombizange 133
Kommandoturm 222

Kommunale Dienste
  208, 209, 210, 211
Kommunikations-
  geräte 321, 322
Kompaktpuder 176
Kompaktwagen 340
Kondensmilch 138
Kondor 33
Konferenzsaal 317
Konferenztisch 317
Koniferen 48
König 300, 310
Konservenfisch 141
Kontakt 119
Kontaktlinsen-
  behälter 174
Kontaktloch 119
Kontrafagott 237
Kontrollleuchte
  103, 129, 322
Kontrollraum 75, 351
Kontrollturm 351
Konzert 224, 225
Konzertflöte 237
Konzertina 241
Kopf 21, 38, 39, 41,
  43, 51, 53, 141,
  238, 244, 245
Kopfbein 58
Kopfbügel 321
Kopfsalat 142
Kopfschutz 273
Kopfspiegel 82
Kopfvene 63
Kopierer 321
Korb 254, 296
Korbanlage 254
Korbbrett 254
Körbchen 169
Koriander 150
korinthischer
  Pilaster 249
Korkenzieher 111
Korn 214
Kornett 236
Kornhalter 215
Körper 375
Körperpflege 176,
  177, 178, 179, 180,
  181, 182, 183
Korpus 232, 239
Korrekturband 325
Korrekturstift 326
Kosmetikgeschäft 194
Kotflügel 209, 338
Krabbenspinne 36
Kraftraum 274
Kraftstofanzeige 335
Kraftstofartanzeige 330
Kraftstoffreserve-
  anzeige 335
Kraftstofftank 344,
  363, 366
Kragen 160, 163
Kragenhuhn 34
Kralle 13, 16, 21, 23
Kran 192
Krankenhaus 192,
  74, 75, 76, 77,

  78, 79, 80, 81
Krankenhauszimmer 77
Krankenschwester-
  Ruftaste 77
Krankenwagen 349
Kranznaht 59
Krater 379, 382
Kräuter 150
Kräuterseitling 147
Krawatte 161
Krawattenhalter 175
Krawattennadel 175
Kreditkarte 213
Kreditkate: hinten 213
Kreditkate: vorne 213
Kreide 186, 270, 305
Kreis 372
Kreisdiagramm 374
Kreisfläche 372
Kreislaufdiagramm 374
Kreissäge 128
Kreisumfang 372
Krempe 172
Kreuz 310
Kreuzbein 56, 57
Kreuzfahrtschiff 368
Kreuzschlitzschrau-
  bendreher 133
Kreuzstich 244
Kreuzung 190, 193
Kriebelmücke 42
Krone 46, 60, 172
Kronenblock 389
Kronfleischsteak 136
Kropf 107
Krug 105
Krümel 157
Kruppe 16
Kruste 157
Kubakrokodil 25
Küche 86, 100, 202
Küchengeräte 102,
  103, 104, 105
Küchenmesser 107
Küchenutensilien 110
Kufe 292
Kufen 209, 357
Kugel 214, 215, 375
Kugelrückgabe 302, 304
Kugelschreiber 189, 326
kugelsichere Weste 216
kugelsicherer Tresor 349
Kühlergrill 208,
  210, 332, 349
Kühlraum 202
Kühlschrank 86,
  100, 102, 201
Kühlschranktür 102
Kühltasche 371
Kühlturm 386
Kühlvitrine 199
Kuhmilch 138
Kuli und Papier 315
Kuli- und Stiftehalter 314
Kulisse 228
Kulturbeutel 183
Kümmel 149
Kumquat 152

Kunde 194
Kundin 196
Kuppel 246, 247
Kuppelklappe 380
Kupplungshebel 344
Kupplungspedal 337
Kürbis 144
Kurtine 249
kurzärmlige Bluse 167
kurzärmliges Hemd 163
kurze Strickjacke 168
kurzer Ärmel 163
kurzer speichenseitiger
  Handstrecker 55
kurzer Wadenbein-
  muskel 55
kurzer Zehenstrecker 54
Kurzwahltaste 322
Kurzwahlverzeichnis 322
Küstenwachschiff 222

L

Labor 380
Laborgeräte 377
Labrador-Retriever 16
Labyrinthspiel 306
Lachs 31
Lachsfilet 141
Lachsrogen 141
Lachssteak 141
Ladebehälter 349
Laden 358
Ladeeingang/
  Ausgang 190
Ladestation 340
Ladestreifen 214
Lagergang 379
Lagerhaus 191
Lagerraum 197, 202
Lakkolith 379
laktosefreie Milch 138
Lama 11
Lambdanaht 59
Lammfelljacke 164
Lampe 308, 311
Landefenster 220
Landeklappe 218
Landemodul 382
Landwirtschaftliche
  Nutzpflanzen 45
lange Bluse 167
lange Strickjacke 168
langer Adduktor 54
langer Hohlhand-
  muskel 54
langer Rock 166
langer Waden-
  beinmuskel 54
langer Zehenstrecker 54
Langhantel 274
Langhantelablage 274
Lappenbronchus 61
Laptop 207, 225, 317, 318
Lasagne 156
Lasche 351
Laserdrucker 320
Lastkraftwagen 191, 192
Laterne 246, 311
Latte 260

Lattentasche 283
Laub 46
Laubbäume 46, 47
Lauch 143
Lauchzwiebel 143
Lauf 214, 215, 312
Laufband 79, 274
Laufbein 36
Läufer 300
Laufrädchen 277
Laus 43
Lautsprecher 224, 321, 323, 333
Lautstärkeregler 227, 239, 318
Lautstärketaste 321
Lavafontäne 379
Lavaschicht 379
Lavastrom 379
LCD 232
Lebensabschnitte: Frau 185
Lebensabschnitte: Mann 185
Lebenserhaltungssystem 383
Lebenserhaltungssystemsteuerung 383
Leber 70
Lederhaut 73
Lefzen 16
Leguan 25
Lehne 98
Lehrer 186
Lehrerpult 186
Leichtathletik 268, 269
leichtes Maschinengewehr 215
leichtes Sommerkleid 166
Leichtflugzeug 356
Leinsaat 148
Leinwand 226, 242
Leiste 50, 52, 99, 333
Leiter 99, 211, 388
Leiterfuß 135
Leitkegel 329
Leitplanke 329
Lemur 24
Lende 7, 16, 51, 53, 137
Lendenwirbel 57
Lenkarm 388
Lenker 209, 278
Lenkrad 337
Leuchtanzeige 105
Leuchteinheit 211
Leuchtkörper 94
Leuchtturm 367
Lichter 230
Lichtmaschinenwarnanzeige 334
Lichtquelle 76
Lichtschalter 95
Lichtschutzschirm 383
Lichtset 224
Lidschatten 176
Liefersystem 80
Lieferwagen 342
Liegestuhl 311

Ligatur 236
Likörglass 113
Limette 152
Limousine 340, 341
Line Judge 252
Lineal 189, 325
Liniendiagramm 374
Linienrichter 251, 259, 262, 264, 291
linke Herzkammer 65
linke Lunge 61
linke Lungenarterie 65
linke Lungenvene 64
linke Lungenvenen 65
linke Niere 65
linker Angreifer 258
linker Hinterspieler 259
linker Vorhof 65
linkes Aufschlagfeld 265
linkes Blinklicht 334
Linse 73, 146, 289
Linsenlaterne 367
Linsensystem 312
Lipgloss 177
Lippe 7, 18
Lippenbalsam 177
Lippenpinsel 177
Lippenstift 177
Lippentaster 39
Literanzahl 330
Litschi 151
LKW und Tandemtrailer 347
Loch 161, 272
Lockenstab 180
Lockenwickler 181
Löffelablage 109
Lokomotiven 363
Lokscheinwerfer 363
Lorbeerblatt 150
loser Lidschatten 176
loses Puder 176
Löteisen 129
Lotion 97
Lötpistole 129
Lötwerkzeug 129
Lötzinn 129
Lounge 369
Löwe 14
Löwenäffchen 24
Lubra-Strip 179
Luchs 14
Luftbefeuchter 122
Luftdruck 376
Lufteinlass 180
Luftfilter 125, 336
Luftröhre 61
Luftschlauch 289
Lufttransport 350, 351, 352, 353, 354, 355, 356, 357
Lüftung 128, 206
Lüftungsblech 338
Lüftungsgitter 118, 337
Lüftungsschacht 91, 103
Lüftungsschlitz 319, 363
Lüftungsschlitze 122
Luftverteiler 122

Luke 217, 222
Luna-Motte 40
Lünette 246
Lunge 61
Lungenarterie 62
Lungenstamm 64
Lungenstamm 65
Lungenvene 63
Lysosom 6

M

Macadamia 148
Madagaskar-Fauchschabe 43
Mädchen 185
Magazin 214, 215, 312
Magazinhalter 214
Magen 70
mager 185
Magma 379
Magmakammer 379
Maikäfer 37
Maine-Coon-Katze 19
Mais 45
Maiskolben 45
Make-up 176, 177
Make-up-Entferner 176
Makrele 30
Mandarine 152
Mandel 148
Mandibel 38, 41
Mandrill 24
Mangold 142
Mann 185
Mannequin 199
männliche Fortpflanzungsorgane 69
männlicher Körper 52, 53
männliches Fortpflanzungssystem 69
Mannschaftsbank 285
Mannschaftsbereich 252, 256
Mannschaftsquartier 387
Mannschaftswagen 348
Manschette 163
Manschettenknöpfe 175
Mantel 160, 164
Mäntel und Jacken 164
manuelle Rahmenblechschere 391
Maracuja 151
Margarine 139
Marienkäfer 37
Marker 326
Maschinenbett 245
Maschinengewehr 222
Maske 289
Massage-Haarbürste 182
Mast 222, 283
Mathematik 372, 373, 374, 375
Matratze 74, 81, 99
Matratzenablage 81
Matte 268
Mauerbohrer 130
Mauereidechse 25

Mauerturm 249
Maul 7, 20, 23, 28
Maultier 9
Maurerhammer 131, 135
Maurernagel 132
Maus 314, 319
Mayo-Instrumentenständer 80
Maßband 135, 245
medialer Epicondylus 57
medialer Oberschenkelgelenkknorren 57
medizinische Untersuchungsgeräte 82
Medizinschrank 97
Meeresfrüchte 147
Meeressäuger 15
Meerrettich 145
Meersalz 149
Meerschweinchen 22
Megnetstreifen 213
mehrfach bewegliche Aufhängung 76
Mehrfachklingenrasierer 179
Mehrfachsteckerleiste 119
Mehrkornbrot 157
Mehrstärkenglas 173
Mehrzweckkampfjäger 219
Mehrzwecklösung 174
Melodica 241
Melonen 154
Melonenlöffel 110
Membrana Hyothyroidea 61
menschlicher Körper 50, 51, 52, 53
Menüständer 203
Menütaste 321
Mesosoma 36
Mesothorax 41
Messanzeige 126
Messer 391
Messer-Set 107
Messerblock 107
Messerschärfer 107
Metallbearbeitung 391
Metallbearbeitungswerkzeug 133
Metallhülse 293
Metallrahmen 188, 385
Metasoma 36
Metathorax 41
Meteorologie 376
Mexikanische Vogelspinne 36
Mikrofon 188, 229, 321, 322
Mikroskop 377
Mikrowelle 100, 102
Milch und Sahne 138
Milchgang 68
Milchkrug 109
Milchsäckchen 68
Militär 214, 215, 216, 217, 218, 219, 220, 221, 222, 223

Minarett 247
Mineralwasser mit Kohlensäure 158
Mini-Wohnwagen 343
Minivan 340
Minze 150
Mischpult 225, 226, 227
Mississippi-Alligator 25
Mitnehmerstange 389
Mitochondrien 44
Mitochondrium 6
Mitralklappe 65
Mittel- oder C-Bügel 238
Mittelbein 41
Mittelbrust 38, 43
Mittelfeldangreifer 258
Mittelglied 58
Mittelhand 58
Mittelhandknochen 58
Mittelkonsole 337
Mittelkreis 251, 254
Mittellappen 61
Mittelläufer 259
Mittellinie 251, 260, 262, 284, 291
Mittelstück 263
Mittelträger 388
mittlerer Tonabnehmer 239
Mixer 104
Möbel 114, 115, 116
Möbelscharnier 132
Mobile 294
Mobilitätshilfen 84
Moderator 228
Mohn 149
Molkereiprodukte 197, 138, 139
Moltebeere 153
Monarchfalter 40
Monat 324
Mondbein 58
Mondfahrzeug 382
Mondlandung 382
Mondvogel 40
Monitor 224, 314, 315
Monitoranschluss 319
Monokel 173
Moosbeere 153
Mosaik 243
Mosaikkleber 243
Mosaikstein 243
Moschee 247
Moschusochse 9
Motocross-Motorrad 344
Motor 220, 388
motorbetriebener Tisch 75
Motorengehäuse 118, 128, 130
Motorgehäuse 105, 118
Motorhaube 338, 342, 349
Motorräder und Geländefahrzeuge 344
Motorradrennensimulator 308
Motorraum 360, 362, 363

Motorroller 344
Motortemperaturanzeige 335
Mountainbike 278, 345
Mountainboard 276
Möwe 35
Mozzarella 138
MRT-Raum 75
Mu-Err 147
Mückennetz 216
Muldenkipper 347
Müllauto 349
Mülleimer 191, 194, 205, 206, 226
Mülllader 349
Mund 21, 50
Mundschutz 273
Mundspiegel 80
Mundstück 235, 236, 289
Mundstückaufnahme 235
Mündung 214
Mundwerkzeuge 43
Mungbohne 146
Münzrolle 212
Murmeltier 22
Musculus bulbospongiosus 69
Museum 192
Musik 232, 233, 234, 235, 236, 237, 238, 239, 240, 241
Musikband 224
Muskat 149
Muskeln 54, 55
Müslischale 108
Muster 245
Mutter 128, 132, 184, 238, 239, 240
Mütze 172, 208, 284, 289
Mütze mit Ohrenklappen 172
Mützen und Schals 172

N

Nabe 84, 278
Nabel 50, 52
Nachschieber 38
Nachthemd 169
Nachtigall 33
Nachttisch 77, 78, 94, 207
Nacken 7, 20, 51, 53
Nackenstütze 79
Nadel 82, 244, 245
Nadelansatz 82
Nadelbaum-Marienkäfer 37
Nadeleinfädler 245
Nadelkissen 245
Nadelplatte 245
Nadelzange 133
Nagel 132
Nagelaufhellstift 178
Nagelbürste 183
Nagelfeile 178
Nagelhautschere 178

Nagelhautschieber 178
Nagelhauttrimmer 178
Nagelhautzange 178
Nagelklaue 131
Nagellack 178
Nagellackentferner 178
Nagelpistole 131
Nagelschere 178
Nageltreiber 131
Nagelzange 178
Nagetiere 22
Nähen 245
Nähmaschine 245
Naht 165, 253
Naked Bike 344
Name des Inhabers 213
Narbe 49
Nase 7, 13, 16, 18, 20, 21, 50
Nasen-Peitschennatter 26
Nasenbein 59
Nasenerker 289
Nasenloch 16
Nasenricken 13, 16
Nasenspray 83
Nashi-Birne 151
Nashorn 10
Nashornkäfer 37
Navigationstasten 323
Nebel 376
Nebelscheinwerfer 332
Nebenhoden 69
Nebenniere 69
Nebenschlot 379
Neigungseinstellknopf 242
Nektarine 155
Nelke 149
Neonatologin 81
Nerv 60
Nervensystem 66, 67
Netz 254, 258, 260, 263, 264, 267
Netzhaut 73
Netzschalter 103, 105, 118
Netzteilkühler 319
Netzteilschalter 319
Netzwerkadapteranschluss 319
Neuflügler 43
Neugeborenen-Intensivstation 81
Neugeborenes 81
Neuntöter 34
Neutralleiter 119
nicht wärmeleitende Spitze 180
nichtbewegliche C-Bogen-Spurstange 19
Nickhaut 18
Niederschlag 376
Nierenarterie 62, 69
Niereneintrittspforte 69
Nierenschale 80
Nierenvene 63, 69
Nordmanntanne 48
Nordpol 378

Norwegische Waldkatze 19
Notenständer 232
Notlichtanzeige 335
Notregulierung 289
Nudelholz 110
Nukleolus 6
Nüsse 148
Nussknacker 110
Nut 130
Nutzlast 383
Nymphensittich 32

O

Oberarm 13
Oberarmknochen 56
Oberarmkopf 57
Oberarmmuskel 54
Oberarmspeichenmuskel 54, 55
Oberbekleidung 160
Oberbügel 238
Oberdeck 346
obere (kraniale) Gekrösevene 63
obere Hohlvene 63, 64
obere Hohlvene 65
obere Klinge 391
obere Mesenterialarterie 62
obere Platte 232
oberer gerader Muskel 73
oberer knöcherner Bodengang 72
oberer Mantel 379
Oberfläche des Mondes 382
Oberhemd 163
oberirdische Rohrleitung 388
Oberkellner 203
Oberkellner-Theke 203
Oberkiefer 56, 59
Oberlappen 61
Oberlid 18, 73
Oberlippengrübchen 16, 18
Oberschenkel 7, 13, 16
Oberschenkelarterie 62
Oberschenkelbizeps 55
Oberschenkelfaszienspanner 54
Oberschenkelhals 57
Oberschenkelknochen 36, 43, 56
Oberschenkelkopf 57
Oberschenkelmuskulaturtrainer 275
Oberschenkelnerv 62
Oberschenkelvene 63
Oberschwelle 120
Oberteil 167
Oberteil mit Dreiviertelarm 168
Objektiv 312
Objektive 377
Objektivrevolver 377
Oboe 237

Observatorium 380
Obst 151, 152, 153, 154, 155
Obst und Gemüse 196
Obstschale 92
Ofen 100, 103
Ofenregelknopf 103
offener Ringschlüssel 126
offenes Rasiermesser 180
Offroad Inline-Skates 277
Ohr 7, 13, 16, 18, 20, 21, 50, 52, 72
Ohrenthermometer 82
Ohrgehänge 175
Ohrmuschel 72
Ohrring mit Schraubverschluss 175
Ohrringe 175
Ohrstecker 175
Ohrwurm 43
Okraschote 144
Oktaeder 375
Oktan 390
Oktavklappen 236
Okular 312, 377, 380
Öl 389, 390
Öl- oder Acrylfarbe 242
Öl-und Gasfeld Nahansicht 390
Öl-und-Gasfeld 390
Ölbohrinsel 387
Ölfilter 336
Ölpastell 243
Ölsardine 141
Öltank 388
Öltanklager 388
Ölwarnleuchte 335
On-Deck Circle 256
OP-Leuchte 76
OP-Schwester 76
OP-Tisch 76
Operationsabdecktuch 74
Operationsmaske 76
Operationsraum 76
Operationsschwester 74
Operationstich 76
Opernglas 173
Opossum 21
opponierbare Finger 21
Orang-Utan 24
Orangensaft 158
Orangenschäler 107
Orbiter 381
Orchestergraben 230
Ordner 326, 327
Ordnerdeckel 327
Otoskop 82
Ottomane 116
Overall 166

P

Paar 310
Paarungsadapter 381
Paddel 282
Palette 197, 242

Palettenhubwagen 197
Panflöte 236
Panzerturm 217
Panzerung 217, 349
Papaya 151
Papier 316, 326
Papier-Einkaufstüte 197
Papierfach 320
Papierkorb 275
Papiertuch 275
Papillarmuskel 65
Paprikapulver 149
Paprikaschote 144
Paravent 77
Park 193
Parkplatz 190, 350
Parmesan 139
Passagier 353, 354, 368
Passagierschiffe 368
Passagierterminal 350
Passepartout 242
Pasta 156
Pastellkreiden 242
Pastinak 145
Patient 76
Patientenanschlussleiste 78
Patientenkabel 78
Patientenmonitor 76, 78
Patisson 144
Patrone 215
Patronenhülse 214, 215
Patrouillenboot 223
Pavian 24
PC mit Bilderfassungshardware 75
Pechnase 249
Pedal 279, 296
Pedicellus 39
Pedipalpus 39
Peeling-Handschuh 171
Peeptoe Ballerinas 171
Peeptoe Stiefelette 171
Pekannuss 148
Pelikan 35
Pendelsprenkler 125
Pendlerzug 359
Penis 52, 69
Peniseichel 69
Penne 156
Penthaus 193
Pepino 154
Peristyl 248
Perlhuhn 140
Perserkatze 19
Personenzüge 360, 361, 362
Petersilie 150
Pfahlwurzel 46
Pfannenwender 111
Pfau 34

Pfeffermühle 111
Pferdekopf 388
Pfifferling 147
Pfirsich 155
Pfirsichsaft 158
Pflanzen 44, 45, 46, 47, 48, 49
Pflanzenzelle 44
Pflanzliche Lebensmittel 142, 143, 144, 145, 146, 147, 148, 149, 150, 151, 152, 153, 154, 155
Pflaster 82
Pflasterstein 87
Pflaume 155
Pfosten 254, 258, 260, 298
Pfote 13, 20
Pfund 212
Physalis 153
Physiotherapeut 79
Pianobar 202
Pianopedal 232
Piccolo 237
Pickup 340
Pik 310
Pillen 83
Pilot 357
Pilze 147
Piment 149
Pinguin 35
Pinienkern 148
Pinsel 176, 243
Pinsel für loses Puder 177
Pinsetter-Balken 303
Pinzette 177
Pipette 377
Pistazie 148
Pistole 208, 214, 216
Pistolendüse 125
Pistolengriff 215
Pizzaschneider 110
Plakatwand 251, 252, 254, 256, 260, 262, 264, 267, 328
Planschbecken 297
Plastiktüte 197
Platinring 175
Platte 114
Plattpfirsich 155
Plattstich 244
Plotter 320
Plumploris 24
Plüschtier 294
Plüschwürfel 294
Pobacke 51, 53
Podest 276
Podium 188, 228
Pokerkombinationen 310
Pokertisch 309
Polierstange 388
Polizei 208
Polizeiauto 208
Polizeibeamter 208
Polizeihubschrauber 209
Polizeimotorrad 209

Polizistin 348
Polohemd 163, 168
Polster 115
Polygone 373
Pomelo 152
Pompon 172
Pons 67
Popcorn 226, 253
Popcornstand 253
Porro-Prisma 312
Portglas 113
Portier 204
Posaune 235
Positionsmarkierung 239
Postamt 193
Postein- und ausgangsablage 314
Potentiometer 227
Power-LED 227
Präzisions-Schraubendreher 133
Preis pro Liter Kraftstoff 330
Preiselbeere 153
Pressefotograf 255, 260
Pressplattenglas 320
Primaten 24
Primer 215
Prisma 375
Projektionsraum 227
Propeller 219, 222
Prosoma 36
Prostata 69
Protektoren 277
Prothorax 41
Prothoraxschild 43
Protokollanten 285
Publikum 231
Puck 290
Puckrückgabe 307
Pudel 17
Puderdose 176
Puderquaste 176
Puffer 363
Pullover 162, 167
Pullover mit drei Knöpfen 162
Pullover mit Fledermausärmeln 168
Pullunder 168
Pulmonalklappe 65
Puma 13
Pümpel 127, 134
Pumps 171
Punktaugen 41
Punktdiagramm 374
Punkteanzeige 306
Punktestandanzeige 302, 307
Punktezähler 258, 267
Punktrichter 288
Pupille 73
Puppe 295
Puppenhaus 295
Pürierstab 105
Push-Up-BH und Höschen 169
Putz 120
Pyjama 169

Pyramide 375
Pyramidendiagramm 373

Q

Quadrat 373
Quadratschüssel 108
Quadratteller 108
Quark 138
Quarterdeck 368
Quecksilber-
thermometer 82
Querbalken 298
Querflöte 237
Querkolon 71
Querlatte 242
Querrippe 136
Querschlitten 391
Querschnitt des
Gehirns 67
Querschnitt einer
Straße 329
Querschnitt eines
Molars 60
Querschnitt eines
Steckers 119
Quersteg 235
Queue 305

R

Rad 118, 125, 217, 221,
242, 276, 277, 296, 316
Radar 222
Radarkuppel 218
Radiator 381
Radicchio 142
Radierer 325
Radieschen 145
Radiologe 74
Radioteleskop 380
Radius 372
Radkappe 336, 339
Radscheibe 276
Rahmen 99, 128, 173,
263, 277, 279, 296,
355, 384, 391
Rakete 219
Raketenschacht 222
Rambutan 151
Ramen 156
Rammschutzbügel 208
Rand 233
Randeinlage 238
Rändel 126
Randschild 23
Rasen 87, 90,
120, 268, 272
Rasenmäher 125
Rasierer 179
Rasierpinsel 180
Rasierprodukte 179, 180
Rasierschaum 179
Rasierwasser 179
Rasterbrille 174
Rathaus 193
Rauch- und
Wärmeabzug 122
Raucherkäse 139
Rauchkammer 362
Rauchschwalbe 32

Rauke 142
Raumanzug 383
Raumschiff 381
Raumsonde 381
Ravioli 156
Reagenzglas-Rührer 337
Reaktorgebäude 386
Reaktorneben-
gebäude 386
Rebhuhn 33
Rebschere 124
Rechenkamm 182
rechte Herzkammer 65
rechte Lunge 61
rechte Lungenarterie 65
rechte Lungenvene 64
rechte Lungenvenen 65
rechte Niere 69
Rechteck 373
rechteckige
Maurerkelle 134
rechter Angreifer 258
rechter Hinterspieler 258
rechter Vorhof 65
rechter Winkel 372
rechtes Aufschlag-
feld 265
rechtes Blinklicht 335
rechtwinkeliger
Quader 375
rechtwinkeliges
Dreieck 372
Redner 188
Rednerpult 188, 189
Reduktionsscheibe 388
Reduzierstück des
Unterbaus 388
Referee 252
Reflexhammer 82
Regal 87, 93, 98, 102,
188, 197, 206, 275
Regalbefüller 197
Regale 199, 295
Regen 376
Regiestuhl 115
Registrator 315
Reifen 209, 244, 276,
278, 336, 339
Reifenprofil 336
Reifenschaukel 299
Reihe 189
Reihenhaus 190
Reiher 35
Reinigungspinsel 179
Reis 45
Reiseblock 389
Reisebüro 194
Reisebus 346
Reisnudeln 156
Reisschale 108
Reiter 280
Reitgerte 281
Reithelm 280, 281
Reithose 280
Reitjacke 280
Reitsport 280, 281
Reitstock 391
Reitstock-Handrad 391
Reißverschluss 245, 272

Reißzwecke 325
Rektum 71
Reneklode 155
Rennen mit Reiter 281
Rennen und Rodeo 281
Rennrad 279
Rentier 8
Reptilien 25, 26
Resonanzboden 240
Restaurant 192, 202
Rettungsboot 223,
368, 370, 371
Rettungsfloß 223, 370
Rettungs-
hubschrauber 220
Rettungsring 223, 370
Revolver 181
Rezeption 204, 275, 316
Rezeptionist 205
Rhabarber 145
Rheinweinglas 112
Rhomboeder 375
Rhombus 373
Rib Eye-Steak 136
Rib Roast 136
Ribosom 6, 44
Richter 270, 273
Richtungszeichen 364
Ridebecken 233
Riemen 283, 293
Riemenmuskel 55
Riesen-Lebensbaum 48
Rigatoni 156
Rille 303
Rind 11
Rinderbeinscheibe 136
Rinderbraten 136
Rinderbrust 136
Rinderhackfleisch 136
Rinderrücken 136
Rindfleisch 136
Ring 175, 254, 298
Ringe 175, 271
Ringgriff 181
Ringmappe 327
Ringschlüssel 126
Rippe 39, 136, 238, 240
Rippen 56
Rippenschild 23
Rippung 255
Roboterstaubsauger 118
Rochen 30
Roggen 148
Roggenbrot 157
Röhrbein 7
Rohrblattinstrument 236
Röhrchen 236
Röhrenglocken 234
Röhrenjeans 165
Rohrgewinde-
schneider 127
Rohrreinigungs-
spirale 127
Rohrschlitz 127
Rohrschneider 127
Rollbahn 351
Rollbahnmarkierung 351
Rolle 135
Rollengehäuse 313

Rollenhalter 313
Rollenmeißel 389
Roller 345
Rollfeld 351
Rollgabelschlüssel 126
Rollsport 276, 277
Rollstuhl 84
Rolltor 197
Rolltreppe 227,
352, 358, 364
Römersalat 142
römisches Am-
phitheater 249
Röntgenrohr 74
Rose 7, 49
Rosenfenster 246
Rosenkohl 142
Rosenpfeffer 149
Rosette 240
Rosmarin 150
Rostrum 28
Rote Bete 145
rote Johannisbeere 153
rote Kidneybohne 146
Rote Röhrenspinne 36
Rote Waldameise 42
rote Weintraube 153
rote Zwiebel 143
Roteiche 47
roter Apfel 155
Roter Brüllaffe 24
roter Chili 144
roter Paprika 144
rotes Blutkörperchen 6
rotes Licht 193
rotierende Bahn 380
rotierende Kuppel 380
rotinthische
Halbsäule 249
Rotkardinal 32
Rotkohl 142
Rotor 385, 386
Rotorblatt 209, 220, 385
Rotornabe 209,
220, 357, 385
Rottweiler 17
Rotwein 159
Rotweinglas 113
Rouge 176
Rouge-Puder 176
Rouletterad 309
Roulettetisch 309
Round Steak 136
Royal Flush 310
Rübe 145
Rücken 7, 13, 16,
20, 51, 53, 107
Rückenlehne 84,
115, 116, 258, 316
Rückenmark 66
Rückenschild 23
Rückenschwimmer-
flaggen 286
Rückgabetheke 194
Rucksack 311, 345
Rückspiegel 209,
210, 333, 337, 342,
344, 346, 348
Rückstelltaste Tages-

kilometerzähler 335
Rücktrittkurbel 278
Rückwärts-
sperrenhebel 313
Rudergerät 274
Rudern 282
Ruhebank 274
Rumpf 51, 53, 209,
218, 219, 220, 283,
368, 369, 371
Rundbürste 182
runde Bahn 380
runder Pronator 54
Rundfenster 246
Rundgang 367
Rundstricknagel 244
Rundumleuchte 208,
209, 210, 211, 348
Runflat-Reifen 349
Rüschenbluse 167
Russisch Blau 19
russisches Modul 381
rutschfeste Oberfläche
274, 276
Rutschschutz 311

S

Safran 149
Saftmengenanzeige 105
Sägeblatt 128
Sägen 128
Saite 238, 239, 240
Saitenhalter 238
Saiteninstrumente
238, 239, 240
Salamander 27
Salatgabel 106
Salatzange 110
Salbei 150
Samen 151
Samenanlage 49
Samenleiter 69
Sandale mit
Keilabsatz 171
Sandblattfeile 178
Sandkasten 87, 90, 297
Sandkorn 390
Sandschicht 329
Sänger 225
Sanitärwerkzeug 127
Sanitäter 85
Sartorius 54
Satellitenschüssel 192
Sattel 279, 280,
281, 296
Sattelauflage 388
Sattelgurt 280, 281
Sattelschlepper mit
Schlafkabine 347
Sauerampfer 142
Sauerkirsche 155
Sauerrahm 138
Sauerteigbrot 157
Saugrohr 118
Saugschlauch 211
Säule 248
Saxhorn 236
Saxophon 236
SB-Bezahlterminal 330

Scapus 39
Sceliphron 42
Schach 300
Schachbrett 300
Schachfigur 300
Schädel 59
Schädel eines
Erwachsenen 59
Schädel eines Kindes 59
Schaf 11
Schaft 131, 132,
181, 215, 223, 244,
282, 312, 326
Schakal 14
Schale 148, 152, 155
Schallbecher 235, 236
Schallbechersteg 235
Schalldämpfer 344
Schallloch 238, 240
Schallmesser 377
Schallwand 329
Schalter 119, 245
Schalthebel 278
Schaltknüppel 337
Schamhügel 50, 52
Schar 223
Scharfstellring 312
Scharnierstift 333
Schaubühne 231
Schaufel 124, 293
Schaukelset 298
Schaukelspielzeug 296
Schaukelstuhl 115
Schaumfestiger 181
Schauspieler 231
Schauspielerin 230
Scheck 212
Scheckkarte 213
Scheibe 157
Scheibenbremse 344
Scheibenwischer 333
Scheibenwischer-
arm 333
Scheibenwischer-
blatt 333, 346
Scheinwerfer 210, 211,
338, 344, 346, 348,
349, 360, 362, 363
Scheinwerfer-
anzeige 335
Scheinwerferlicht 208
Scheitel 41
Scheitelbein 57, 59
Scheitellappen 67
Schellfisch 30
Schenkel 41, 51, 53, 389
Schere 36, 189, 325
Scherenschwanz-
Sergeant 30
Schieberegler 227
Schiebermütze 172
Schiebersperre 325
Schiebetor 368
Schiebetür 349
Schiedsrichter 255, 259,
261, 263, 264, 266,
273, 284, 287, 291
Schiedsrichterbank 291
Schiedsrichterstuhl 262

Schienbein 36, 43, 56
Schiene 41, 312
Schienen 360
Schienentransport 358, 359, 360, 361, 362, 363, 364, 365
Schießscharte 349
Schiffe und sonstige Wasserfahrzeuge 368, 369, 370, 371
Schiffskörper 222
Schildknorpel 61
Schildkröten 23
Schimpanse 24
Schinkenmesser 107
Schläfe 52
Schläfenbein 56, 59
Schlafsack 311
Schlafzimmer 88
Schlagbrett 239
Schlägel 233
Schläger 263, 265, 266
Schlägertasche 262
Schlagfell 233
Schlaginstrumente 233, 234
Schlagmal 257
Schlagmann 257
Schlagsahne 138
Schlagzeug 225, 229, 233
Schlagzeuger 225
Schlangen 26
Schlangenbohrer 130
Schlankmuskel 55
Schlauch 118, 134, 289, 330
Schlauchhaspel 125
Schlaufe 283
Schlepper 366, 370
Schließfach 196
Schlitten 292, 391
Schlittenglocke 234
Schlittenrad 391
Schlüsselbein 56
Schlüsselbeinarterie 62
Schlüsselbeinvene 63
Schlüsselkasten 205
schmal geschnittene Hose 165
Schmeißfliege 42
Schmetterlinge und Falter 38
Schmiermittel-Spray 337
Schminkspiegel 337
Schminktisch 114
Schmuck 175
Schnalle 161, 208
Schnauze 13, 16, 18, 20, 30
Schnecke 72, 238
Schnee 376
Schneeleopard 14
Schneide 107, 292
Schnellstraße 328, 329
Schnittlauch 143
Schnitzmesser 107
Schnorchel 289
Schnürhacken 292

Schnurrhaare 13
Schnurrollenmutter 313
Schnürschuh 170
Schnürsenkel 170, 292
Schnürung 253, 277
Schornstein 362
Schrägbank 274
Schräge 82
schräge Oberseite 188
Schrank 101
Schränke 86
Schraube 132, 133, 238
Schraube und Mutter 132
Schraubenschlüssel und Zangen 126
Schraubkopf 132, 133
Schraubstock 133
Schraubzwinge 133
Schreibtisch 98, 188, 207, 314
Schreibtisch mit Stuhl 98
Schreibtischlampe 207
Schreibtischsessel 207
Schreibtischstuhl 314, 315
Schreibwaren 189
Schrotflintenpatrone 312
Schublade 98, 99, 102, 315
Schuh 236
Schuhe 170, 171
Schuhregal 302
Schuhverleih- schalter 302
Schulbank 187
Schüler 186
Schulklassenzimmer 186
Schultafel 186
Schulter 7, 13, 16, 18, 20, 50, 52, 137
Schulterblatt 51, 53, 56, 57, 137
Schulterdach 57
Schultergräte 57
Schulterträger 169
Schuppe 23, 141
Schuppennaht 59
Schürze 391
Schüssel 145
Schützenpanzer 217
Schutzgeländer 222, 328
Schutzgitter 118
Schutzglas 130
Schutzhaube 128
Schutzhelm 329
Schutzkäfig 268
Schutzkleidung 210
Schutzkuppel 308
Schutzschicht 383
Schwalben- schwan-Puppe 38
Schwalben- schwan-Raupe 38
Schwan 35
Schwanz 7, 13, 16, 18, 20, 141
Schwanzflosse

28, 30, 141
Schwanzschild 23
Schwanzstiel 28
Schwanzwurzel 13
Schwarze Bohnen 147
schwarze Johan- nisbeere 153
schwarze Oliven 144
Schwarze Witwe 36
schwarzer Pfeffer 149
schwarzer Senf 149
Schwarzes Brett 187
schwarzes Feld 300
Schwarzkopfmeise 32
Schwarzrettich 145
Schwebebalken 270
Schweifhuhn 34
Schwein 11
Schweinebraten 137
Schweinefleisch 137
Schweinekotelett 137
Schweinerippchen 137
Schweinesteak 137
Schweinsfilet 137
Schweinshachse 137
Schwelle 359
Schwenkring 389
schwerer Panzer 217
Schwertfisch 31
Schwertwal 28
Schwester 184
Schwimmbad 190
Schwimmbahn 286
Schwimmbrille 287
Schwimmdach 388
Schwimmen 286, 287
Schwimmer 313
Schwimmkopf 179
Schwimmkran 370
Schwimmleine 286
Schwimmrichter 286
Schwingbalken 388
Schwungfunktions- schalter 118
Sechsaugenspinne 36
Second Base 257
Seebär 15
Seelöwe 15
Seeschwalbe 35
Seetransport 366, 367, 368, 369, 370, 371
Seezunge 30
Segel 283
Segelboot 283
Segelfalter 40
Segment 372
Segmentpunktzahl 306
Sehnerv 73
Sehrohr 217, 222
Seidenspinner 40
Seifenschale 97
Seil 273
Seilspule 287
Seilverspannung 273
Seitenlinie für Einzelspiele 262, 264
Seitenabzug 343
Seitenansicht des Gehirns 67

Seitenansicht eines Mehrzweck- hubschraubers 220
Seitenfenster 220
Seitenleuchte 85
Seitenlinie 141, 251, 255, 259, 260
Seitenlinie Doppel 262, 264
Seitenspiegel 85, 338, 349
Seitensteg 173
Seitentrenner 324
Seitentür 85
seitlicher Gelenk- höcker 57
seitlicher knöcherner Bodengang 72
seitlicher Oberschenkel- gelenkknorren 57
Seitpferd 270
Sektglas 112
Sektkissen 87, 93
Sektschale 112
Sellerie 145
Septum pellucidum 67
Sequenztasten 232
Servierlöffel 111
Servierplatte 109
Servierwagen 202
Serviettenhalter 201
Serviettenring 106
Sessel 93, 204, 316
Shampoo 96, 181
Sherryglas 112
Shiitake 147
Siamkatze 19
Siberian Husky 17
Sicherheitnetz 257
Sicherheits- beauftragter 355
Sicherheitscode 213
Sicherheitsgeländer 99
Sicherheitsgriff 125
Sicherheitsgurt- anzeiger 334
Sicherheitslinie 365
Sicherheitsnadel 245
Sicherheitsschere 178
Sicherheitsschloss und Feuerhebel 215
Sicherheitsschuhe 329
Sicherheits- verriegelung 105
Sicherheits- wachmann 316
Sicherungsscheibe 132
Sicherung 312
Sicherungsflügel 214
Sieb 105
Siegelring 175
Sigmoid 71
Signalhorn 235
Signalstreifen 210
Sinnesorgane 72, 73
Sirloin-Steak 136
Sirup 83
Sitz 84, 98, 115, 188,

209, 226, 258, 280, 281, 282, 296, 297, 298, 311, 316, 344
Sitzbank 191, 194, 198, 203
Sitzbein 57
Sitzerhöhung 331
Sitzkissen 87, 93
Sitzpolster 116
Skala 232, 334
Skateboard 276
Skateboarding 276
Skelett 56, 57, 58, 59
Skelettbürste 182
Ski 293
Ski Alpin 293
Skiende 293
Skistöcke 293
Skiträger 331
Skorpion 36
Slip Joint-Zange 126
Smartphone 321
Snare 233
Snookertisch 305
Snowboard 293
Sockel 193
Sofa 87, 204
Sofas 116
Sohle 170, 292
Sohn 184
Sojabohnen 146
Sojamilch 139
Solarmodul 91, 192
Solarpanel 381
Solarschirm 383
Solarzelle 384
Soldat 216
Soldat der Spezial- einsatzkräfte 216
Solitär-Ring 175
Sommer 378
Sommersonnen- wende 378
Sonne 378
Sonnenblende 337
Sonnenblendschutz 331
Sonnenblumenkerne 157
Sonnenbrille 173
Sonnenbrillen-Clip 173
Sonnendeck 369
Sonnenhut 172
Sonnenkollektor 384
Sonnenrollos 331
Sonnenschirm 253
Sonnensegel 383
Spachtel 134
Spaghetti 156
Spaghettiheber 111
Spalte 152
Spanfangbehälter 391
Spannfutter 391
Spannungsprüfer 129
Spargel 145
späte Trauben- kirsche 155
Spatel 377
Spaten 124
Specht 32
Speer 269

Speerwurf 268
Speiche 56, 58, 278
Speichenarterie 62
Speichennerv 66
Speicherkarte 321
Speisegabel 106
Speisemesser 106
Speiseröhre 70
Speisesaal 203
Speisesalz 149
Speiseteller 109
Speisezwiebel 143
Spenzer 167
Sperling 33
Sperrbereichbogen 254
Spickmesser 107
Spiegel 97, 176, 206, 274, 377
Spielchip 309
Spiele 300, 301, 302, 303, 304, 305, 306, 307, 308, 309, 310
Spiele mit Schlägern 262, 263, 264, 265, 266, 267
Spielecontroller 319
Spieler 251, 253, 255, 256, 261, 263, 267, 291, 308
Spieler auf der Strafbank 290
Spielerbank 258, 263, 264
Spielfeld 307, 309
Spielfeldeingang 250, 256
Spielfeldlinie 264
Spielkarten 310
Spielkartenfarben 310
Spielzeug 294, 295, 296
Spielzeugfeuer- wehrauto 295
Spielzeuggeschäft 195
Spielzeuggut 295
Spieß 111
Spinalnerven 66
Spinat 142
Spind 275
Spindel 391
Spindelstock 391
Spinnentiere 36
Spiral-Schrauben- dreher 133
Spiralbohrer 130
Spiralheftung 324
Spiralnagel 132
Spiralbogenfenster 246
Spitze 107, 129, 130, 132, 133, 238, 244, 263, 293, 301, 326
spitzer Winkel 372
Spitzhacke 124
Sport-BH 169
Sportanzug 160
Sportflasche 258
Sportgeschäft 194
sportlich 185
Sportmedizin und

Rehabilitations-
einrichtung 79
Sportwagen 341
Springbrunnen 191
Springer 288, 300
Springmaus 22
Springreiten 280
Spritze 82
Spritzschutz 289
Spritztülle 110
Sprosse 7
Sprossenwand 274
Sprühflasche 377
Sprungbein 57
Sprungbrett 270, 288
Sprunggelenk 7,
13, 16, 20
Sprunglatte 268
Sprungphase 288
Sprungphasen 288
Sprungständer 268
Sprungturm 288
Spülbecken 101,
123, 203
Spule 313
Spulnadel 245
Spulrad 245
Stabhochsprung 268
Stabhochsprung 269
Stabilisator 218
Stachel 36, 41, 238
Stachelbeere 153
stachelige Rü-
ckenflosse 141
Stachelschwein 22
Stadion 268
Stadt 186, 187, 188, 189,
190, 191, 192, 193, 194,
195, 196, 197, 198,
199, 200, 201, 202,
203, 204, 205, 206,
207, 208, 209, 210, 211
Stadtbahn 360
Stadtplan 364
Stadtviertel 190,
191, 192, 193
Staffelei 242
Stahlbesen 234
Stamm 46
Stand 118, 233
Standardrumpf-
flugzeug 357
Standbein 116, 135,
232, 233, 272, 311
Standbohrmaschine 130
Ständer 130, 384, 391
Standventilator 118
Stange 7, 133, 308, 311
Stängel 144
Stangen 277
Stangengemüse 145
Stapelstuhl 115
Star 33
Startblock 269, 287
Starter 287
Starthilfekabel 331
Startknopf 117, 308
Starttaste 322
stationäre Front 376

Stativ 377, 380
Staubbeutel 49
Staubecken 384
Staubfaden 49
Staubgefäß 49
Staufach 211
Stausee 384
Steak aus der
Flanke 136
Stechmücke 42
Stechpaddel 282
Steckdose 95
Stecker 119, 323, 340
Steckschlüssel-
garnitur 126
Steg 238, 239, 240
Steg-Tonabnehmer 239
Steigbügel 72, 280
Stein 155
Steinfrüchte 155
Steinpilz 147
Steiß 7, 13, 20
Steißbein 56
Stempel 49
Sternfrucht 151
Sternum 56
Stethoskop 82
steuerbarer parabo-
lischer Reflektor 380
Steuerhaus 370
Steuerknüppel 357
Steuerruder 283
Steuerventil 211
Stich 244
Stichsäge 128
Stickerei 244
Stiefel 208, 216,
277, 292, 293
Stiefel mit Keilabsatz 171
Stiefelette 171
Stiege 388
Stiel 45, 49, 147, 155
Stielkamm 182
stilles Mineralwasser 158
Stimmstift 239
Stimmwirbel 238, 240
Stimmzug 235
Stinkwanze 43
Stirn 13, 18, 20, 52
Stirnbein 56, 59
Stock 238
Stoff 244, 245
Stop 13, 16
Stopfer 105
Stopplicht 83
Stör 31
Störanzeigeleuchte 334
Storch 33
Stoßdämpfer 336
Stoßdämpfergabel 278
Stößel und Mörser 377
Stoßstange 208, 210
Stoßstangenleiste 338
Stoßstangen-
verkleidung 332
Strafbank 291
Strahlenkörper 73
Strauch 87
Strauchtomate 144

Strauß 34
Straße 190, 192, 310,
328, 350, 384
Straße in einer Farbe 310
Straßenbahn 361
Straßenbau-
arbeiter 328, 329
Straßenbelag 329
Straßenbeleuchtung 191
Straßenkreuzung 328
Straßenmarkierung 328
Straßentransport 328,
329, 330, 331, 332,
333, 334, 335, 336,
337, 338, 339, 340,
341, 342, 343, 344,
345, 346, 347, 348, 349
Streckenanzeige
346, 360
Streifenhörnchen 22
Strichcode 158
Stricken 244
Strickleiter 298
Strickmaß 244
Stricknadel 244
Strohhut 172
Stromabnehmer
361, 362
Stromanschluss 319
Stromarmaturen 119
Stromerzeugung
384, 385, 386
Stromkabel 129
Stromschalter 129
Stromwerkzeug 129
Struktur des
Nervensystems 66
Stubenfliege 42
Stubenküken 140
Student 188
Studiogast 229
Stufe 135, 189, 211, 221
Stufenbarren 271
Stufenschlüssel 126
Stuhl 98, 186, 196,
205, 225, 229, 302
Stuhlbein 98
Stuhlschiedsrichter 264
stumpfer Winkel 372
Sturmgewehr mit
Klappschaft 215
Sturmhaube 216
Sturzbügel 209
Stützbein 388
Stütze 135, 211
Stützgriff 346
Stützmauer 87, 91
Stützpfeiler 246
Stylobat 248
Subdorsallinie 38
Suchfernrohr 380
Suchscheinwerfer 209
Südpol 378
Supermarkt 192, 196
Suppenschale 108
Suppentopf 109
Support 391
Surfbrett 283
Surfen und

Windsurfen 283
Süßkartoffel 143
Sweatshirt 162
Swimmingpool 368
Synagoge 248
Synthesizer 224, 232

T

T-Bone-Steak 136
T-Shirt 163, 168
Tablet 318
Tablett 98
Tablette 83
Tachometer 335
Tachonadel 334
Tafel 188
Tafelwasser 158
Tages- und Gesamt-
kilometerzähler 335
Tageskilometer-
zähler 335
Tagliatelle 156
Taille 51, 53
Taillierung 293
Take-Down-Hebel 214
Tambour 246
Tamburine 234
Tandemfahrrad 345
Tanker 366
Tankklappe 339
Tankstelle 330
Tankstelle Übersicht 330
Tankstellen-
angestellter 330
Tapir 9
Tarnuniform 216
Tarsalklaue 41
Tasche 160, 168, 208,
216, 272, 305
Taschenlampe 311
Taschenmesser 311
Tasse 101, 108, 316
Tasse mit Untertasse 109
Tassenwärmer 104
Tastatur 314, 315,
318, 319, 323
Taste 232, 322
Tastenblock 232
Tastenfeld 322
Tastenklappe 232
Tasthaare 20
Tasthaare an der
Schnauze 18
Tauabschirmung 380
Taube 33, 140
Täubling 147
Tauchanzug 289
Tauchen 288
Taucher 289
Taucherausrüstung 289
Taucherbrille 289
Taucherhandschuh 289
Tauchmasken-
befestigung 289
Taumelscheibe 357

Teichmolch 27
Teigrad 110
Teigtasche 157
Teilstücke vom Rind 136
Teilstücke vom
Schwein 137
Telefon 95, 207,
314, 317, 322
Telefonhörer 322
Telefontisch 114
Teleskop 380
Teller 293
Teller mit Rand 108
Telson 36
Temperaturregler 117
Temporallappen 67
Tender 362
Tennis 264, 265
Tennisball 265
Tennisplatz 191, 264
Tennisschläger 264
Tennisspieler 265
Tenor Drum 233
Teppich 94, 207,
226, 271
Teppich- und
Fußbodenbürste 118
Teppichmesser 325
Terasse 86, 90
Terassenschirm
86, 90, 311
Terassentisch 114
Tergum 41
Terminplaner 324
Termite 43
Terpentin 243
Tetraeder 375
Textmarker 326
Theater 230, 231
Theke 196
Thermometer mit
Fühler 377
Thermoskanne 311
Thermostat 122
Third Base 256
Third Base
Trainerbox 256
Thorax 38, 39, 41, 50, 52
Thoraxsegment 38
Thunfisch 31
Thymian 150
Tiefdruckgebiet 376
tiefer Teller 108
tiefes Becken 233
Tiefkühlkost 196
Tiefpumpe 388
Tiere 6, 7, 8, 9, 10, 11,
12, 13, 14, 15, 16, 17,
18, 19, 20, 21, 22, 23,
24, 25, 26, 27, 28,
29, 30, 31, 32, 33,
34, 35, 36, 37, 38,
39, 40, 41, 42, 43
Tierische Lebensmittel
136, 137, 138,
139, 140, 141
tierische Zelle 6
Tiger 14

Tintenstrahldrucker 321
Tisch 130, 204,
225, 228, 302
Tisch mit Stühlen 275
Tisch und Stühle
195, 226
Tischaufsteller 198
Tischbein 114, 305
Tischfußball 307
Tischhockey 308
Tischklammer 377
Tischlerhammer 131
Tischplatte 317
Tischsäge 128
Tischtennis 266, 267
Tischtennisball 266
Tischtennisplatte 267
Tischtennisschläger 266
Tischtennisturnier 266
Tischuhr 315
Toastbrot 157
Tochter 184
Tofu 139
Toilette 89, 97, 195,
203, 206, 227
Toilettenbürste 97, 206
Toilettenpapier 97, 206
Tom-Tom 233
Tomate 144
Tomatensaft 158
Tomografieraum 75
Tomographieröhre 75
Tonabnehmer 239
Tonerkartusche 320
Tonhaltepedal 232
Tonhöhenregler 232
Toningenieur 224
Tonregler 239
Top mit Gummizug im
Taillenbereich 168
Topfdeckel 104
Topfpflanze 194, 204
Topinambur 143
Toplader-Wasch-
maschine 117
Tops und Jacken
167, 168
Tor 87, 91, 250,
253, 260, 284,
290, 307, 308
Torhüter 290
Torhüter-Schutz-
polster 290
Torlinie 253, 260,
284, 290
Torpedo 222
Torpedorohr 222
Torraum 260
Torraumlinie 261
Torrichter 284
Tortellini 156
Tortenheber 110
Torus 375
Torwart 250, 261,
290, 307
Totpunkt 391
Touchpad 318
Touchscreen 318, 321
Toupierkamm 182

Tourenfahrrad 345
Tow-in Surfboard 283
Tracheolringe 61
Tragarm 74
trägerloses Kleid 166
Trägerrakete 383
Tragfläche 357
Tragflächenboot 369
Tragschicht 329
Trainer 250, 255, 258, 260, 270, 273, 285, 288, 290
Trainingsanzug 169
Trampeltier 10
Tränenkarunkel 73
Transitlager 386
Transportflugzeug 219
Transporthub-
   schrauber 221
Trapez 373
Trapezium 58
Trapezmuskel 54, 55
Traubensaft 158
Traverse 225
Treble 306
Treibstofflagertank 386
Tremolo 239
Trenchcoat 160
Trennwand 314, 315
Treppe 86, 256, 264, 271, 273, 276, 358
Treppe zum
   Sprungbrett 288
Treppen 364
Treppenabsatz 121
Treppeneingang 204
Treppenstufe 121
Triangel 234
Tribüne 250, 254, 256, 265
Triebwerk 357
Trikuspidalklappe 65
Trittbrett 85, 348, 357
Trittfläche 280, 281
Trittleiter 135
Trochanter 36, 43
Trockenfrachtschiff 371
Trockner 117
Trommel 117
Trommelfell 72
Trommelstöcke 234
Trompete 235
Tropenfrüchte 151
Trüffel 147
Tsetsefliege 42
Tuba 236
Tubus 312
Tunika 167, 168
Tunnel 364
Tüpfelhyäne 14
Tür 95, 102, 103, 117, 208, 209, 211, 222, 333, 339, 343, 348, 349, 357, 361, 380
Türen 189, 197
Türgriff 85, 117, 339
Türklingel 85
Turm 288, 300, 367, 385
Turner 270

Turnschuh 170
Türscharnier 132

U
U-Bahn-Zug 364
U-Bahnplan 364
U-Bahnstation
   364, 364, 365
U-Boot 222
U.S. Labor 381
U.S. Wohnmodul 381
Überbau 387
Überblick der Abflug-
   und Ankunfts-
   bereiche 354
Überdruckventil 289
übergewichtig 185
Überlaufabfluss 388
Überwachungs-
   kamera 89, 91
Überwurfmutter 235
Ufer 384
Uhr 275, 314, 358
Umkehrschalter 130
Umkleidekabine 198
Umluft 122
Umpire 253, 256
Umschlag 324
umsetzbare Flagge 272
Umstandshose 165
Unbemanntes
   Kampfflugzeug 219
undurchlässiger
   Felsen 389
undurchlässiges
   Gestein 389
ungleichschenkelig 372
Universalmessgerät 129
Universalschrauben-
   schlüssel 127
Unterarm 13, 16, 18, 51, 53
Unterarmgehstütze 84
Unterbau 121
Unterboden 121
Unterbügel 238
Unterdeck 346, 387
untere Hohlvene
   63, 64, 69
untere Hohlvene 65
untere Klinge 391
untere Platte 232
unterer Mantel 379
Untergrätenmuskel 55
Untergrundbahn 361
Unterkiefer 18, 56, 59
Unterlage 81
Unterlappen 61
Unterlegscheibe
   132, 283
Unterlid 18, 73
Unterschale 136
Unterschrift des
   Ausstellers 212
Unterschrift des
   Inhabers 213
Unterstützungs-
   struktur 380
Unterteiler 324

Unterwäsche und
   Nachtwäsche 169
USB-Anschluss 319
USB-Stick 323

V
V-Ausschnitt 163
V-Motor 344
Vagina 52
Vakuole 44
Vase 108
Vase mit Blumen 207
Vater 184
Ventilbogen 235
Ventiltaste 235
Veranda 90
Verband 82
Verbandtrommel 81
Verdauungs-
   system 70, 71
Verfallsdatum 213
Vergrößerungsglas 377
Verkäufer 227, 253
Verkäuferin 197
Verkaufs- und
   Warenbereich 199
Verkaufsautomat 194
Verkaufsstand 252, 253
Verkehrszeichen 328
verlängertes
   Rückenmark 67
Verlängerungsleiter 135
Verlobungsring 175
verschiebbares
   Mittelstück 242
Verschiedene
   Körpertypen 185
Verschluss 214, 327
Versorgungsstraße 351
verstellbarer
   Chirurgenstuhl 76
verstellbarer Hocker 79
verstellbarer Stuhl
   des Zahnarztes 80
verstellbares
   Krankenbett 77
verstellbares
   Krankenhausbett 78
Verstellschraube 135
Verstimmungspedal 240
Vertikale 278
vertikales Seiten-
   band 258
Vertikalruder 222
Verwaltungs-
   gebäude 386
Verwerfung 390
Vestibularnerv 72
Vibrafon 234
Vibrissen über
   den Augen 18
Videomonitor 76
Videomonitore 74
Vieleckbein 58
Vierkant-Schrauben-
   dreher 133
Vierling 310
vierte Offizielle 250
Viertel 170

Visier 215, 312
Vögel 32, 33, 34, 35
Volleyball 258, 258, 259
Volleyballspielfeld 258
Vollkornbrötchen 157
Vollmetallrahmen 292
Vorbühne 230
Vorderansicht der
   Muskulatur 54
Vorderansicht des
   Skeletts 56
Vorderansicht des
   Verdauungssystems 70
Vorderansicht eines
   männlichen Körpers 52
Vorderansicht eines
   weiblichen Körpers 50
Vorderbein 13, 20, 41, 115, 242
Vorderbein zum
   Greifen 43
Vorderbremse 278
Vorderbremsen-
   kurbel 278
Vorderbrust 38, 43
vordere Aufschlag-
   linie 262
vordere Fontanelle 59
vordere Schienbein-
   aterie 62
vordere Skibindung 293
Vordereingang 205
vorderer Nasendorn 59
vorderer Schienbein-
   muskel 54
Vorderflügel 39, 43, 369
Vorderfußgelenk 16
Vordergliedmaße 21
Vorderkeule 136
Vorderkotflügel 344
Vorderkufe 292
Vordermittelfuß
   13, 16, 18
Vorderpfote 21
Vorderrad 84
Vorderradgabel 344
Vorderschaft 312
Vorderseite 131, 266
Vordertür 206
Vorderzwiesel 280, 281
Vorgarten 190
Vorhang 94, 198, 207
Vorschlaghammer 133
Vorschubhebel 130
Vorschubkasten 391
Vulkanausbruch 379
Vulva 50

W
Waage 197
Wachmann 194
Wacholder 48
Wacholderbeere 149
Wachsmalstift 243
Wachtel 140
Wachtelbohne 146
Wachtelei 140
Wade 51, 53

Wadenbein 56
Wadenbeinarterie 62
Waffen und Munition
   214, 215
Wagen 78
Wagenheber 331
Wahlschalter 129
Wahlschalter für
   Geschwindigkeit 130
Währungsbetrag 212
Wald-Erdbeere 153
Waldhorn 235
Walnuss 148
Walross 15
Wamme 16
Wanderdrossel 32
Wanderratte 22
Wandgemälde 204
Wandleuchte 77, 207
Wandschrank 88
Wanduhr 100
Wange 13, 18, 41, 50
Want 283
Wapiti 8
Waran 25
Warenkorb 196
Wärmesenke 386
Warmfront 376
Wärmplatte 104
Warmwassersteig-
   leitung 123
Warmwasserzufuhr 123
Warnanzeige 334
Wartungsarbeiter 194
Warzenfortsatz 59
Warzenfortsatz-
   fontanelle 59
Waschbecken 97, 206
Waschlappen 176
Waschmaschine 123
Wasser 389, 390
Wasser und Säfte 158
Wasserball 284
Wasserballspiel
   284, 284, 285
Wasserballspieler
   284, 285
Wasserbehälter 104, 117
Wassererhitzer 123
Wasserfarbe 242
Wasserflasche 262, 273
Wasserglas 112
Wasserhahn 96, 97, 101
Wasserhindernis 272
Wasserklappe 235
Wasserkocher 105
Wasserkraftwerk 384
Wasserkühler 317
Wasserleitungen 123
Wasserleitungs-
   system 123
Wassermelone 154
Wassermengen-
   anzeige 104
Wasseroberfläche
   288, 387
Wasserpumpenzahn mit
   Rillen-Gleitgelenk 127
Wassersäuger 28, 29

Wasserspinne 36
Wassersport 282,
   283, 284 285, 286,
   287, 288, 289
Wasserspülung 206
Wasserstoff 390
Wasserwaage 135
Wasserwerfer 211
Wattestäbchen 177
WC 352, 355
WC-Eingang 330
Webcam 318, 322
weibliche Fort-
   pflanzungsorgane 68
weiblicher Körper 50, 51
weibliches Fort-
   pflanzungssystem 68
weiche Kontaktlinse 174
weiche Rückenflosse 141
Weinbrand-
   schwenker 113
Weinflaschen-
   verschluss 159
Weinglas 101
Weinregal 201
Weinschrank 100
Weitsprung 269
Weizen 45, 148
Weißbirke 47
Weißbrot 157
weiße Kidneybohne 146
weiße Weintraube 153
weißer Pfeffer 149
weißer Rettich 145
weißer Senf 149
weißes Band 259
weißes Feld 300
Weißkopfseeadler 34
Weißkraut 142
Weißwal 29
Weißwedelhirsch 7
Weißwein 159
Weißweinglas 112
Welle 386
Wellenfelder 78
Weltraumforschung
   380, 381, 382, 383
Weltraumteleskop 383
Wenderichter 287
Werbetafel 191, 193,
   259, 346, 364
Werferplatte 257
Werkzeug 124, 125, 126,
   127, 128, 129, 130, 131,
   132, 133, 134, 135
Wespe 41
Weste 161
Westernsattel 281
Wetterkarte 376
Wettkampfbecken 286
Wetzstein 107
Weymouth-Kiefer 48
Whirlpool 288
Whisky 159
Whiskyglas 113
Whiteboard 189
Wickelraum 195
Wickeltisch 98
Widerrist 16

Wiedereintrittsraum
für ausgeschlossene
Spieler 285
wiederverwendbare
Einkaufstüte 197
Wiege 380
Wildfleisch 140
Wildreis 148
Wildschwein 11
Wimper 73
Wimpern-Milchling 147
Wimperntusche 177
Wimpernzange 177
Windkraftanlage 385
Windschutzscheibe
208, 209, 338, 342,
346, 348, 349
Windschutz-
scheibenwischer 337
Windsurfbrett und
Segel 283
Winkel 372
Winkelmaß 134
Winter 378
Wintersonnenwende 378
Wintersport 290,
291, 292, 293
Wipfel 46
Wippe 296, 299
Wirbelbrett 239
Wirbelkasten 238

Wirbelsäule 56
Wirbelschild 23
Wirsing 142
WLAN-Router 322
Wochentag 324
Wodka 159
Wohnbauten 120,
121, 122, 123
Wohngebäude 193, 86,
87, 88, 89, 90, 91
Wohngebiet 190
Wohnhochhaus 190
Wohnmobile und
Anhänger 342
Wohnzimmer 87, 92
Wohnzimmertisch
87, 92, 114
Woilach 280, 281
Wolf 14
Wolfskralle 13
Wolkenkratzer 192
Wollmantel 164
Wundsalbe 83
Würfel 294, 301, 375
Wurmfortsatz 70
Wurzelgemüse 145
Wurzelhaut 60
Wurzelkanal 60
Wurzelspitze 60
Wurzelspitzenöffnung 60

Wüsten-Hornviper 26

X

Xylophon 234

Z

Zahlungsbeleg 213
Zahlungsempfänger 212
Zahn 181
zahnärztlicher Raum 80
Zahnarztstuhl 80
Zahnbürste 97, 183
Zahnbürstenhalter 97
Zahnfleisch 60
Zahnmark 60
Zahnpasta 183
Zahnpinzette 80
Zahnschmelz 60
Zahnseide 183
Zahnzement 60
Zäpfchen 83
Zapfpistole 330
Zapfsäule 330
Zapfsäulennummer 330
Zaun 86, 90
Zebra 10
Zecke 36
Zeh 50, 52
Zehblock 232
Zehe 13, 16, 18, 20, 143
Zehennagelschere 178

Zehenspitze 170
Zeichenwinkel 325
Zeigertasten 232
Zeitnehmer 261,
273, 285, 287
Zeitschaltuhr 102
Zeitschrift 92
Zeitschriften-
ständer 196, 205
Zeitung 204, 207
Zeitungen und
Zeitschriften 196
Zeitungskiosk 195, 359
Zelle 39
Zellkern 6, 44
Zellmembran 6
Zellwand 44
Zelt 216, 311
Zeltwand 311
zentrale Klimaanlage 122
zentrales Anspiel-
kreis 307
zentrales
Scharfstellrad 312
Zentrifugenmodul 381
Zentriol 6
Ziege 8
Ziegel 248
Ziegenkäse 139
Ziegenmilch 138
Zielfernrohr 312

Ziellinie 268
Ziergitter 188
Zierleiste 231
Zierpflanze 274
Zimmer 295
Zimmermanns-
werkzeug 131
Zimmerpflanze 93
Zimmerthermostat 122
Zimt 149
Zinnenkranz 249
Zitronatzitrone 152
Zitrone 152
Zitronenfalter 40
Zitronengras 150
Zitronenlimonade 158
Zitrusfrüchte 152
Zollbeamter 355
Zollgebäude 367
Zucchini 144
Zucker-Ahorn 47
Zuckermelone 154
Zuckerschale 109
Zufahrtsweg 272
Zug 235, 359, 366
Zugantriebsrad 363
Zugauskunftstafel 359
Zugbrücke 249
Zügel 281
Zugset 295
Zugspindel 391

Zündschloss 337
Zunge 170, 292
Zungenbein 61
Zurück-Taste 321
zusätzliche
Alarmanzeige 85
Zwei Paare 310
Zweiflügler 42
Zweig 46
Zweipersonen-Schieß-
simulator 308
zweireihiger Mantel 164
zweiseitig gezahnte
Effilierschere 181
Zweisitzer 116
zweite Stufe 383
zweiter Schieds-
richter 258
Zwerchfell 61
Zwiebelgemüse 143
Zwillinge 184
Zwillingswaden-
muskel 55
Zwischendeck 387
Zwischenrippennerv 66
zwölfte
Bundmarkierung 239
Zylinder 180, 214,
362, 375
Zytoplasma 6, 44

ENGLISCHES REGISTER

A

50-yard line 253
7 m line 260

A
A string 238
A-line dress 166
abdomen 38, 39,
  41, 43, 50, 52
abdominal aorta 62, 69
abdominal bench 274
abdominal segment 38
aboveground
  pipeline 388
ABS warning light 334
accelerator pedal 337
access hatch 388
accessory pocket 333
accordion 241
ace 310
acerola 155
acorn squash 144
acoustic guitar 240
acromion 57
activity gym 294
actor 231
actress 230
aculeus 36, 41
acute angle 372
Adam's apple 52
adductor magnus 55
adhesive bandage 82
adjustable hospital
  bed 77, 78
adjustable spanner 126
adjustable stool
  76, 79, 80
administrative
  building 386
Adonis blue 40
adrenal gland 69
adult's skull 59
advertisement 364
advertising panel 346
adzuki bean 146
aeroplanes 218
afro comb 182
aft shroud 383
afterbay 384
aftershave 179
agricultural plants 45
air bag warning light 335
air filter 125, 336
air forces 218,
  219, 220, 221
air hockey table 307
air hose 289
air inlet grille 180
air outlet grille 180
air passage 389
air transport 350,
  351, 352, 353, 354,
  355, 356, 357
airbrush 243
airplanes and
  helicopters 356, 357
airport 350, 351, 352,

353, 354, 355
airport exterior 350
aisle 189
albatross 35
alcoholic beverages 159
all-in-one computer 318
Allen key 126
alley 263, 264
alligator 25
alligator hair clip 181
Allspice 149
almond 148
alphanumeric
  keypad 212, 213
alpine ibex 8
Alsace glass 112
alternator warning
  light 334
altitude fine
  adjustment 380
alveolar bone 60
amaryllis 49
ambulance 85, 349
American cheese 139
American cockroach 43
American crow 33
American football
  252, 253
American football
  field 252
American goldfinch 32
American robin 32
American-style
  plug socket 119
amount of currency 212
amphibians 27
amplifier 240
ampule 83
anaesthesiologist 76
anal fin 141
anal plate 38
anal proleg 38
anchor 132, 222,
  223, 371
ancillary vessels 370
anconeus 55
anesthesia monitor 81
angiography machine 74
angiography room 74
angle 372
animal cell 6
animal-based food 136,
  137, 138, 139, 140, 141
animals 6, 7, 8, 9, 10,
  11, 12, 13, 14, 15, 16,
  17, 18, 19, 20, 21, 22,
  23, 24, 25, 26, 27, 28,
  29, 30, 31, 32, 33,
  34, 35, 36, 37, 38,
  39, 40, 41, 42, 43
anise 150
ankle 50, 52
ankle boots 171
ant 42
antelope 8
antenna 38, 39,

41, 43, 192, 222,
  322, 339, 381
anterior fontanelle 59
anterior nasal spine 59
anterior tibial 54
anterior tibial artery 62
anterior view of
  digestive system 70
anterior view of
  female body 50
anterior view of main
  muscles 54
anterior view of
  male body 52
anterior view of
  skeleton 56
anther 49
anti-reverse lever 313
anti-theft sensor 196
anti-torque tail
  rotor 209, 357
antler 7
anus 70
aorta 64
aortic arch 62, 64, 65
aortic valve 65
apartment building 193
aperture door 383
apex 39, 60
Apollo 40
apple juice 158
application (app)
  icon 318, 321
apricot 155
apron 391
apse 246
aquatic carnivorous
  mammals 15
aquatic mammals 28, 29
aquatic sports 282,
  283, 284, 285, 286,
  287, 288, 289
aqueous humour 73
arachnids 36
arcade 247, 249
arcade games 306,
  307, 308, 309
arch 280, 281
arch bridge 328
architecture 246,
  247, 248, 249
architrave 248
area of circle 372
arena 249
arm 51, 53, 84, 116,
  223, 245, 377
arm shoulder 137
armchair 93, 204, 316
armoire 98
armour 217, 349
armour plating 218
armoured van 349
armpit 50, 52
armrest 84, 316
arrival area 354
artichoke 143

articulated lorry with
  sleeper cab 347
articulated streetcar 360
articulation 333
artistic gymnastics 270
ascending colon 71
ash 47
ash layer 379
Asian elephant 10
Asian pear 151
asparagus 145
assault rifle 215
assault rifle with
  folding stock 215
assistant referee 251
astronaut 382
astronomy 378
athletic 185
atlas 57
attack helicopter 221
attack line 259
attack zone 258
attic floor 121
attic vent 122
aubergine 144
audience 231
audio engineer 224
audio jack 319
audio system 337
auger bit 130
auricle 72
auto-injector 83
automated teller
  machine (ATM) 195
automatic coupler 363
automatic document
  feeder 322
automatic drip
  coffeemaker 104
automatic teller machine
  (ATM) 212, 365
autumn 378
autumnal equinox 378
auxiliary reactor
  building 386
average 185
avocado 144
axe 124
axillary artery 62
axillary vein 63
axis 57
azimuth fine
  adjustment 380

B
baboon 24
baby 184
baby-changing room 195
back 7, 13, 16, 20,
  51, 53, 84, 98,
  107, 115, 258
back boundary line 262
back button 321
back door 85
back judge 253
back leg 115

back ribs 136
back zone 259
backboard 254
backcourt 265
backdrop 231
backgammon 301
backpack 311, 345
backrest 116, 316
backstay 170
backstop 254, 257
backstroke turn
  indicator 286
Bactrian camel 10
badminton 262, 263
badminton court 262
badminton racket 263
bagel 157
baggage carousel 354
baggage cart 354
baggage check-in
  counter 352
baggage claim area 354
baguette 157
bail 313
bailey 249
baked goods 157, 196
bakery 195, 197
balaclava 216
balance beam 270
balance bicycle 345
balcony 88, 90, 295
bald eagle 34
ball 305
ball boy 264
ball return 302, 304
ball return window 304
ball sports 250, 251,
  252, 253, 254,
  255, 256, 257, 258,
  259, 260, 261
ball stand 304
ballpoint pen 189, 326
banana 151
band 175, 224
bandage 82
banister 87
bank 329
banking 212, 213
banquette 203
bar 200, 203, 274, 301
bar chart 374
bar counter 200, 202
bar stool 86, 100,
  115, 200, 203
barbell 274
barbell plates 274
barber comb 182
barcode 158
barley 45, 148
barometric pressure 376
barrel 180, 214,
  215, 312, 326
barrette 180
barrier 329
bartender 201, 202

base 105, 114, 118,
  130, 242, 316, 377
base course 329
baseball 256, 256, 257
baseball cap 172
baseball field 191, 256
baseline 264
basil 150
basilic vein 63
basket 104, 196,
  254, 293, 296
basketball 255, 254, 255
basketball arena 254
basketball shoe 170
bass clarinet 237
bass drum 233
bass drum hammer 233
bass guitar 225, 239
bassist 225
bassoon 237
bath mat 96, 206
bath sheet 183
bath towel 96, 183
bathroom 88, 96
bathtub 96, 206
batten pocket 283
batter 257
batter's box 257
battery 128, 130, 336
battery
  compartment 363
battlement 249
batwing-sleeve top 168
bay leaf 150
bayan 241
beacon 209, 211, 348
bead 313
beaker 377
beam pump 388
bean sprouts 146
bears 12
beaver 22
bed 94, 99, 207, 391
bedside table 77, 78
beef 136
beer 159
beer glass 113
beer mug 113
beet 145
Belgian endive 142
bell 235, 236
bell brace 235
bell lock ring 235
bell pipe 235
bell tower 246
bell-bottomed jeans 165
belly 7, 13, 16, 20, 238
belt 161, 208, 216, 320
belt guard 388
belt loop 161, 165
beluga 29
beluga lentils 146
bench 116, 191, 194,
  198, 227, 274, 358, 365
Bermuda shorts 161
berries 153

bevel 82
beverage 253
beverages 227, 158, 159
biceps brachii 54
biceps of thigh 55
bicycle rack 331
bicycles 345
bifocal lens 173
bighorn sheep 8
biker boots 171
billboard 191, 193, 251, 252, 254, 256, 259, 260, 262, 264, 267, 328
billiard 305
billiard table 305
billiards chalk 305
billiards rack 305
binder 316, 317, 324, 327
binding 276, 277, 293
binding course 329
bindings 293
binoculars 312
birch bolete 147
bird's eye chili pepper 149
Birds 32, 33, 34, 35
bishop 300
bison 9
bistro set 88, 90
bit 130, 389
bitter melon 154
black beans 146
black bear 12
black cherry 155
black currant 153
black mustard 149
black olive 144
black pepper 149
black radish 145
black square 300, 301
black vine weevil 37
black widow 36
black-capped chickadee 32
black-eyed pea 146
black-veined white 40
blackberry 153
blackboard 186, 188
blackfly 42
blade 107, 118, 128, 179, 180, 266, 282, 289, 292, 325, 385
blade guard 128
blade shoulder 137
blade steak 137
blades 386
Blanding's turtle 23
blanket 207
blazer 168
blender 104
blind-spot mirror 210
block of lights 224
blocks 294
blood orange 152
blood pressure monitor 63
blood vessel 60
blouse 167

blowfly 42
blowhole 28
blue jay 34
blue line 290
blue morpho 40
blue shark 31
blue whale 29
blueberry 153
blush 176
BMX bicycle 345
boa constrictor 26
board games 300, 301
board sports 283
boarding platform 346
boarding step 357
boards 291
bobbin winder 245
bobble hat 172
bobby pin 181
bobsled 292
body 289, 312, 343
body parts 50, 51, 52, 53
body side molding 339
body types 185
bolero 167
bolster 79, 107
bolt 128, 336
bomber 218
bonnet 338
book 92, 94, 207
bookcase 187, 316
bookshelf 92
boom 283
booster car seat 331
boot 208, 216, 277, 292, 293, 339
Boston lettuce 142
bottled water 158
bottom bout 238
bow 236, 238
bow tie 161
bowl 105
bowling 302, 302, 303, 304
bowling ball 303, 304
bowling game 306
bowling pin 303, 304
box 197
box cutter 325
box end spanner 126
box office 227
boxer 273
boxing 273
boxing glove 273
boxing ring 273
boxing simulator 308
boy 185
bra 169
brachial 54
brachial artery 62
brachial plexus 66
brachioradialis 54, 55
bracket 119, 333
Brahmin moth 40
brain 66, 67
brake 363, 388
brake caliper 344
brake lever 344
brake light 85, 211, 332

brake pads 336
brake pedal 337
brake system warning light 334
branch 46
branches 46
brandy snifter 113
brass instruments 235
Brazil nut 148
bread knife 107
breakfast bar 86, 100
breast 50, 52, 68
breech 312
brick house 120
bricklayer's hammer 135
bridge 173, 194, 238, 239, 240, 312, 368, 369, 371
bridge pickup 239
brie 139
brim 172
brimstone 40
brisket 136
British shorthair 18
broad bean 146
broad-leaved trees 46, 47
broccoli 143
brother 184
brothers and sisters 184
brow brush and lash comb 177
brown rat 22
brush 243
Brussels sprout 142
bubble bath 183
buckle 161, 208
buff-tailed bumblebee 42
buff-tip 40
buffalo 9
buffer 363
bugle 235
building 192
building blocks 295
bulb vegetables 143
bulbocavernous muscle 69
bulbous bow 369
bull bar 208
bull's-eye 306
bulldog 17
bullet 214, 215
bulletin board 187
bulletproof body 349
bulletproof vest 216
bullfinch 33
bumper 208, 308
bumper molding 332, 338
bunk bed 99
burgundy glass 113
burner 103
burr 7
bus cart 202
buses 346
business jet 356
butt 214
butt plate 312

butter 138
butter knife 106
butterflies and moths 38
buttermilk 138
buttock 13, 51, 53
button 160, 163, 167
button mushroom 147
buttress 246

C

C string 238
C-arm crawler carriage 74
C-clamp 133
cabbage white 40
cabin 357, 369
cabin air filter 336
cabinet 101, 232
cabinet hinge 132
cabinets 86
cable 224, 321
cable crossover machine 275
cables 78
caddie 272
cake slice 110
calcaneus 57
calendar 324
calf 51, 53
call centre 315
camera 266, 291
camera and sensors 219
camera housing 74
camera lens 318, 321
cameraman 255, 264, 266, 291
camouflage uniform 216
camping equipment 311
can opener 110
canary melon 154
cane toad 27
canister 101
canister vacuum cleaner 118
canned fish 141
canned pop 158
canned sardines 141
cannelloni 156
cannon 7, 217
canopy 81
cantaloupe 154
cantilever chair 115
cantle 280, 281
canvas 242, 273
cap 147, 158, 172, 208, 284, 322
cape gooseberry 153
caper 150
capitate 58
caplet 83
capsule 83
car 87, 91, 191, 192, 328, 330, 384
car accessories 331
car deck 368
car park 190, 350
car seat warning light 334
car wash 330

Carabus problematicus 37
carapace 23
caraway 149
carbon 390
card number 213
card reader slot 212, 213
card table 309
cardamom 149
cardboard base 324
cardholder's name 213
cardigan 162
cardinal 32
cargo and fishing vessels 371
cargo hold 371
cargo plane 219
cargo vehicles 347
carnivorous mammals 13, 14
carp 30
carpet 226
carpus 58
carriage 391
carriage handwheel 391
carrot 145
carrot tops 145
cars 331, 332, 333, 334, 335, 336, 337, 338, 339, 340, 341, 342, 343
cart 78
cart path 272
cartridge 215
cartridge case 214, 215
carving knife 107
case 323
case fan 319
cash dispenser 212
cashew 148
cashier 196
cashmere goat 9
casino poker table 309
castanets 234
caster 84
catalytic converter 336
catcher 257
catcher's box 257
cathedral 246
cats 18, 19
Caucasian fir 48
caudal fin 28, 30, 141
caudal peduncle 28
cauliflower 143
caulking gun 134
caviar 141
cayenne pepper 149
cecum 71
ceiling fan 118
ceiling joist 121
ceiling light 76
ceiling mount 118
celery 145
cell membrane 6
cell wall 44
cello 238
cement mixer 135
cement truck 192, 347
cementum 60
center attacker 258

center circle 254
center console 337
center face-off circle 307
center girder 388
central air conditioner 122
central focusing wheel 312
central line 260
centre back 259
centre circle 251
centre face-off circle 290
centre line 262, 291
centre service line 265
centriole 6
cephalic vein 63
cereal bowl 108
cerebellum 67
cerebrum 67
cervical vertebrae 57
chain 279, 298
chair 98, 186, 196, 205, 225, 229, 302
chair umpire 264
chaise longe 116
chalk 186, 270
challah 157
chameleon 25
champagne 159
champagne coupe 112
champagne flute 112
changing table 98
channel catfish 31
chanterelle 147
charging station 340
Chateaubriand 136
checker 301
checkerboard 301
checkers 301
checkout computer 199
checkroom 203
checkroom attendant 203
cheddar 139
cheek 7, 13, 18, 20, 21, 50
cheese slicer 110
cheeses 138, 139
cheetah 14
chef 202
chef's knife 107
chela 36
chelicerae 36
cheque 212
cherry 155
chess 300
chess piece 300
chessboard 300
chest 7, 13, 16, 18, 20, 21
chestnut 47, 148
chicken 140
chicken breast 140
chicken egg 140
chicken leg 140
chicken wing 140
chickpea 146

chief timekeeper 287
Chihuahua 17
child bike trailer 345
child car seat 331
child carrier 345
child's bedroom 89
child's bicycle 296
child's room 98, 99
child's skull 59
children 184
children's furniture 98
chimney 362
chimpanzee 24
chin 50
chin rest 238
Chinese cabbage 142
chip 213, 309
chip holder 309
chip pan 391
chipmunk 22
chives 143
chloroplast 44
chopper 344
choroid 73
chuck 130, 136, 391
ciliary body 73
cinema 226
cinnamon 149
circle 372
circular needle 244
circular saw 128
circular track 380
circulatory system
  62, 63, 64, 65
circumference 372
citron 152
citrus fruits 152
city hall 193
city map 364
clamp 119, 127, 180
clamp lever 180
clarinet 237
clasp 327
class ring 175
classroom 186
clavicle 56
claw 13, 16, 21,
  23, 41, 131
claw crane machine 306
claw hammer 131
cleaning brush 179
cleaning cloth 174
cleaver 107
clementine 152
clip 129, 289, 326
clip-on sunglasses 173
cloche 172
clock 100, 275, 314, 358
clock timer 102
close-up detail of oil
  and gas field 390
closet 88, 206
clothes moth 40
clothes rod 199
clothing guard 84
clothing shop 194, 198
cloudberry 153
clove 143, 149

club 39
clubs 310
cluster diagram 373
clutch lever 344
clutch pedal 337
coach 250, 255,
  258, 260, 270,
  285, 288, 290
coarse adjustment
  knob 377
coarse rye bread 157
coat 160
coat hook 206
cobra 26
coccyx 56
cochlea 72
cochlear nerve 72
cockatiel 32
cockchafer 37
cockpit 218, 220
cockpit door 220
contrabassoon 237
control and information
  panel 81
control button 306, 323
control knob 103, 117
control lever 125
control panel 102,
  117, 320, 321
control stick 357
control tower 351
control tower cab 351
control valve 211
convertible 341
conveyor belt 196
cooker hood 103
cooking utensil set 111
cool tip 180
cooler 311
cooling tower 386
copier 321
coping 276
cord 119
cordless mouse 319
coriander 150
Corinthian pilaster 249
cork tip 263
corkscrew 111
corn 45
corn salad 142
cornea 73
corner 273
corner arc 251
corner flag 251
corner pad 273
corner point 372
cornet 236
corolla 49
corona radiata 6
coronal suture 59
coronet boot 280
corpus callosum 67
correction pen 326
correction tape 325
cosmetics shop 194
costa 39
costal scute 23
cot 99
cottage cheese 138
cotton swab 177

concert 224, 225
concert flute 237
concertina 241
concession stand
  227, 252, 253
conchiglie 156
condor 34
cone 375, 389
conference room 317
conference table 317
conifers 48
conjuctiva 73
connector 323
conning tower 222
console 225, 226
construction site 192
container 192,
  367, 371, 387
container ship 367, 371
container terminal 367
crane 192, 387
cranial nerves 66
crank arm 388
crankset 279
craps table 309
crash bar 209
crash cymbal 233
cream cheese 138
credit card 213
credit card: back
  view 213
credit card: front
  view 213
cremaster 38
cremastral hook 38
cremini 147
crescent moon 247
crisper 102
crochet 38
crochet hook 244
crocheting 244
cross section of
  a plug 119
cross section of brain 67
cross section of heart 65
cross section of
  molar 60
cross section of
  road 329
cross slide 391
cross-country skis 293
cross-stitch 244
crossbar 242, 260, 268
crossover vehicle 341
crossroad 190, 193
croup 16
croupier's area 309
crow 33
crowbar 131
crown 46, 60, 172, 263
crown block 389
cruise ship 368
cruiser motorcycle 344
crumb 157
crust 157, 379
Cuban crocodile 25
cube 375
cubicles 314
cucumber 144
cuff 163

cougar 13
counter 196, 199, 226
countertop 101
counterweight
  235, 380, 388
coupe 341
courgette 144
courtyard 247
cover 119, 320, 327
cover plate 119
cover-up 168
cow 11
cow's milk 138
cowl 338
coxa 41, 43
crab spider 36
cradle 380
crafts 244, 245
cranberry 153
cuff link 175
cup 101, 169, 316
cup and saucer 109
cup-warming tray 104
curling iron 180
curly kale 142
curry powder 149
cursor buttons 232
curtain 94, 198, 207
curtain wall 249
cushion 93
cusp 60
customer 194, 196, 253
customs house 367
customs officer 355
cutaway 239
cuticle nippers 178
cuticle pusher 178
cuticle scissors 178
cuticle trimmer 178
cutlery 106
cuts of beef 136
cuts of meat 136, 137
cuts of pork 137
cutting edge 107
cycle diagram 374
cycling 278, 279
cylinder 214, 362, 375
cymbals 234
cytoplasm 6, 44

D

D string 238
dachshund 17
daikon 145
dairy products
  197, 138, 139
dais 188
dalmatian 17
damper pedal 232
Danish blue 139
dart 306
darts 306
dashboard 337, 344
date 155, 324
date of issue 212
daughter 184
davit 223
day 324
day planner 324
dead centre 391
debit card 213
decanter 112
deck 276, 283, 293, 371
deck leg 388
decorative grille 188
deep plate 108
deli counter 197
delivery system 80
deltoid 54
denim jacket 164
dental chair 80
dental floss 183
dental mirror 80
dental plexus 60
dental pulp 60
dental room 80
dental tweezers 80
dentin 60

department store 194
departure area 352, 354
deposit slot 212
derrick 387, 389
descending colon 71
desert horned viper 26
desk 98, 187, 188,
  207, 228, 314
desk and chair 98
desk chair 207
desk clock 315
desk lamp 207
desk supplies 325, 326
desktop computer
  314, 315, 319
dessert bowl 109
dessert fork 106
dessert knife 106
dessert plate 109
detrusor urinae 69
dew shield 380
dewclaw 7, 13
dewlap 16
diagrams 373
dial 232
diameter 372
diamonds 310
diaphragm 61
die 301
diesel locomotive 363
digestive system 70, 71
digit 13, 21
digital caliper 134
digital nerve 66
digital projector 226
digital thermometer 82
digital voice
  recorder 323
dike 379
dill 150
dimmer switch 119
dining chair 86, 115
dining room 86, 203
dining table 86
dinner fork 106
dinner knife 106
dinner plate 109
direction sign 364
director's chair 115
disc brake 336, 344
discus 269
dish brush 111
dishes and utensils
  106, 107, 108, 109,
  110, 111, 112, 113
dishwasher 101, 103, 123
disinfectants 275
dispenser drawer 117
display 103, 129,
  213, 245, 321,
  322, 323, 352
display device 75
display freezer 197
display panel 81
display table 198
disposable contact
  lenses 174
disposable razor 179
disposable razor

blade 179
distal phalanx 58
distortion pedal 240
distribution line 385
ditch 329
ditch light 363
divana diva 40
diver 288
divider 324
diving 288
diving glove 289
diving installations 288
diving positions 288
diving tower 288
djembe 233
doctor 288
document scanner 352
dodecahedron 375
dogs 16, 17
doll 295
dollar 212
dollhouse 295
dolphin 28
dome 246, 247, 308
dome shutter 380
domestic appliances 117
donkey 11
door 95, 102, 103, 117, 208, 209, 211, 222, 333, 339, 343, 348, 349, 357, 361, 380
door handle 85, 339
door hinge 132
door to cab 342
door to living area 342
doorbell 86
doors 189, 197
dorsal fin 28
dorsalis pedis 62
double kitchen sink 123
double ring 306
double-blade paddle 282
double-breasted jacket 161
double-breasted overcoat 164
double-decker bus 346
double-edged thinning scissors 181
double-headed hoe 124
double-pocket shirt 163
doubles sideline 262, 264
down coat 164
draft beer taps 200
dragon fruit 151
drainpipe 123
drawbridge 249
drawer 98, 99, 102, 315
dress 292
dress shirt 163
dress shoes 170
dresses and skirts 166
dressing container 81
dressing room 88
dried chili 149
drill bit 130
drill collar 389

drill floor 389
drill press 130
drilling rig 389
drills 130
drinks 196
drinks fridge 196
drip tray 104
driver 330
driver's cab 362, 363
driver's cabin 346
driver's seat 360
driveshaft 357
driveway 91
driving mode selector 337
drop earring 175
drum 117, 246
drum kit 225, 229, 233
drumhead 233
drummer 225
drumsticks 234
dry bulk carrier 371
dry pastel 242
duck 140
ductless air conditioner 118
dugout 256
dumbbells 274
dump truck 347
dung beetle 37
durian 151
dustbin lorry 349
DVD 93
DVD player 93

E

e-reader 323
ear 7, 13, 16, 18, 20, 21, 45, 50, 52, 72
ear of corn 45
ear thermometer 82
eardrum 72
earflap hat 172
earpiece 321
earrings 175
Earth 382
earth 379
Earth and space 378, 379, 380, 381, 382, 383
Earth's axis 378
Earth's orbit 378
earwig 43
easel 242
eating out 200, 201, 202, 203
eau de parfum 183
eau de toilette 183
edge 292
edible frog 27
egg ring 111
egg tray 102
elastic-waist top 168
elbow 7, 13, 16, 20, 51, 53
elderberry 153
electric car 340
electric citrus juicer 105
electric cooker 103

electric cord 180
electric drill 130
electric golf cart 272
electric guitar 224, 229, 239
electric kettle 105
electric locomotive 363
electric multiple unit (EMU) train 362
electric shaver 179
electric stapler 131
electrical fittings 119
electrical outlet 95
electrical tools 129
electrical wire 384
electricity generation 384, 385, 386
electronic basketball game 308
electronic boxes 383
electronic dartboard 306, 307
electronic payment terminal 213
electronics shop 195
elevating cylinder 211
elevator 205
elevator call button 205
elk 8
ellipsoid 375
elliptical machine 274
embroidery 305
emergency regulator 289
emery board 178
emesis basin 80
Emmental 139
enamel 60
enclosure wall 247
end line 259
end spike 238
end table 114
end zone 252
endocardium 65
endoplasmic reticulum 6, 44
engaged Corinthian column 249
engaged Doric column 249
engaged Ionic column 249
engagement ring 175
engine 220, 357
engine compartment 360, 362, 363
English horn 237
English saddle 280
English yew 48
enoki 147
entablature 248
entrance 227
entrance gate to field 250, 256
entrance to stairs 204
entrance to toilets 330
entry 288
entry door 275
envelope 324

epididymis 69
epiglottis 61
epilator 180
equalizer beam 388
equalizer bearing 388
equestrian sports 280, 281
equilateral 372
equipment 381
equipment section 383
eraser 325
eruption cloud 379
eruption column 379
escalator 227, 352, 358, 364
esophagus 70
espresso machine 104
euro 212
European aspen 47
European experiment module 381
European garden spider 39
eustachian tube 72
euthynteria 248
evaporated milk 138
excluded players re-entry area 285
executive armchair 316, 317
exfoliating glove 183
exhaust pipe 344, 370
exit 226, 358
expansion slot 319
expiration date 213
extension ladder 135
exterior door handle 333
exterior of house 90
exterior view of a car 338
external acoustic meatus 72
external auditory canal 59
external fuel tank 381
external hard drive 323
external jugular vein 63
external oblique 54, 55
eye 13, 16, 18, 20, 21, 23, 28, 30, 43, 50, 73
eye cream 177
eye shadow 176
eyeball 73
eyebrow pencil 177
eyelash 73
eyelash curler 177
eyepiece 312, 377, 380
eyespot 39

F

F hole 238
fabric 244, 245
facade 246
face 52, 131, 266
face cards and special cards 310
face cream 176
face mask 210
face-off spot 290, 307

factory 193
fader 227
fairing 383
fallboard 232
fallopian tube 68
false ribs 57
family 184, 185
fan 97
fan brush 177
fan housing 180
farfalle 156
fast attack craft 223
fastener binder 326
fasteners 132
father 184
faucet 97
faucet seat wrench 126
fault 390
fax 322
fedora 172
feed lever 130
feed tube 105
feedscrew 391
felt 305
female body 50, 51
female reproductive organs 68
female reproductive system 68
femoral artery 62
femoral nerve 66
femoral rectus 54
femoral vein 63
femur 36, 41, 43, 56
fence 86, 90
fender 209, 338
fennel 145, 150
ferrule 293
ferryboat 368
fibula 56
field judge 253
fig 151
fighting game 307
figure skater 292
figure skates 292
figure skating 292
filament 49
file box 314, 317, 327
file cabinet 75
file folder 327
filing 326, 327
filing cabinet 315
film projector 226
filter 103, 105, 122
filter holder 104
fin 218, 219, 283, 289, 357
fin whale 29
financial institution 212
finderscope 380
fine adjustment knob 377
fine guidance system 383
fingerboard 238, 239
fingerless gloves 172
finish line 268
fins 289
fire engine 348
fire engine: back

view 211
fire engine: front view 210
fire extinguisher 331
fire hydrant 211
fire service 210
firebug 43
firefighter 210
first aid 85
first aid kit 85
first base 257
first base coach's box 257
first floor 88
first stage 383
first stage of regulator 289
fish 141
fish and seafood 141, 197
fish knife 106
Fish, crustaceans and mollusks 30, 31
fishhook 313
fishing equipment 313
fishing line 313
fishing lure 313
fitness ball 79
fitness center 274, 275
fitting room 198
flagellum 39
flageolet beans 146
flamingo 35
flank 7, 13, 16, 20, 136
flank steak 136
flanking tower 249
flap 218
flare nut spanner 126
flaring tool 127
flat bed 245
flat bottom 276
flat brush 243
flatbed scanner 320
flatcap 172
Flax 148
flea 43
fleece jacket 160
flesh 151, 155
flesh fly 42
flews 16
flexible power cord 179
flight 288
flight attendant 356
flight deck 357
flight information board 352, 355
flight number board 353, 354
flip chart 317
flip page 324
float 313
floating crane 370
floating rib 56
floating roof tank 388
floodlights 251
floor 97, 311
floor joist 121
floor mat 331
flower bed 86, 90
flower beetle 37

Flowering plants 49
flugelhorn 236
fluid adjustment
  screw 135
flush 310
flush buttons 206
flute 130
fluted plate 108
fly fishing rod 313
fly line 313
fly reel 313
flying hind wing 43
focusing knob 380
focusing ring 312
fog 376
fog light 332
folding camp stool 311
folding chair 115
folding ramp 368
foliage 46
food preparation
  and mealtime 102,
  103, 104, 105,
  106, 107, 108, 109,
  110, 111, 112, 113
foot 50, 51, 52, 53
foot fault judge 264
foot pocket 289
foot strap 283
football 251, 253,
  250, 251
football field 250
football table 307
footboard 85
footing 121
footrest 84, 98,
  209, 282, 297
footwear 170, 171
forced-air heating
  and air-conditioning
  system 122
forearm 13, 16,
  18, 51, 312
forearm crutch 84
forehead 13, 18, 20, 52
foreleg 13, 20, 41
forelimb 21
forepaw 21
forewing 39
fornix 67
fossil fuels 387,
  388, 389, 390
foul line 256, 303
foundation 121
fountain 191
fountain pen 189
four of a kind 310
four-meter line 285
fourth official 250
frame 99, 128, 173, 263,
  277, 279, 289, 296,
  344, 355, 384, 391
framing square 134
free throw circle 254
free throw line 254, 261
free zone 259
free-reed
  aerophones 241
freezer

compartment 102
freezer compartment
  door 102
French horn 235
fret 239, 240
frieze 248
Fritz cane 84
frog 238
front brake 278
front brake lever 278
front derailleur 279
front desk clerk 205
front door 86, 90, 206
front entrance 205
front fascia 332, 338
front fender 344
front foil 369
front fork 278, 344
front garden 190
front leg 115, 242
front outrigger 210
front porch 121
front runner 292
front sight 214
front sight housing 215
front ski bindings 293
front step 121, 210
front steps 86
front-loading washing
  machine 117
frontal bone 56, 59
frontal lobe 67
fronts 376
frozen foods 196
fruit 46
fruit bowl 92
fruit vegetables 144
fruits 151, 152,
  153, 154, 155
fruits and vegetables 196
fuel door 339
fuel indicator 335
fuel pump 330
fuel storage tanks 386
fuel tank 125, 344,
  363, 366
full house 310
full-length mirror 198
full-size van 342
fumarole 379
function buttons 78, 232
function keys 212
fur 18
fur seal 15
furnace 122
furnace flue 122
furniture 114, 115, 116
furniture beetle 37
fuselage 209, 218,
  219, 220, 357
fusilli 156

G
G string 238
Galápagos tortoise 23
gallbladder 70
gallery 367
game 140

games 300, 301, 302,
  303, 304, 305, 306,
  307, 308, 309, 310
gaming controller 319
gantry crane 367
garage door 91
garden cress 150
garden hose 125
garden shears 124
garden sorrel 142
garden trowel 124
gardening tools 124, 125
garlic 143
garlic press 110
garnish 95
gas 389, 390
gas cooker 103
gas tube 215
gastrocnemius 55
gate 87, 91, 249, 353
gate agent 353
gate number 353
gauge insert 389
gazelle 8
gear housing 313
gearbox 388
gearshift lever 337
gecko 25
gena 41
generator building 386
geometry 372,
  373, 374, 375
German shepherd 17
giant panda 12
ginger 149
giraffe 10
girl 185
girth 280, 281
girth buckle 281
glans penis 69
glass cutter 134
glass frog 27
glass protector 290
glass slide 377
glasses 173
glasses and contact
  lenses 173, 174
glasses case 174
glasses cord 174
glassware 112
globe 186, 311
glove 216, 383
glove compartment 337
gloves 172
glue 243
glue stick 325
gluteus maximus 55
gnocchi 156
goal 250, 253, 260,
  284, 290, 307, 308
goal area 260
goal area line 261
goal crease 290
goal judge 284
goal line 253,
  260, 284, 290
goalie mallet 307
goalkeeper 250,
  261, 285
goaltender 290

goaltender's pads 290
goat 8
goat cheese 139
goat's milk 138
goggles 287
golden retriever 17
golden scarab beetle 37
golf 272
golf bag 272
golf ball 272
golf club 272
golf course 272
golf glove 272
golf shoes 272
golf trolley 272
golfer 272
Golgi apparatus 6, 44
goliath beetle 37
gong 234
goose 35, 140
gooseberry 153
Gorgonzola 139
gorilla 24
gouache 243
Gouda 139
grab bar 346
grab handle 210,
  343, 346
gracilis 55
grain of sand 390
grains 148
grand piano 202
grandchildren 184
granddaughter 184
grandfather 184
grandmother 184
grandparents 184
grandparents and
  grandchildren 184
grandson 184
grape juice 158
grapefruit 152
graphics tablet 319
grass 272
grass catcher 125
grasshopper 43
gravel layer 329
gray seal 15
great saphenous vein 63
greater titmouse 34
greater trochanter 57
Greek temple 248
green 272
green apple 155
green bean 146
green chili pepper 144
green lentils 146
green light 193
green olive 144
green pepper 144
green sea turtle 23
green split peas 146
green vine snake 26
greengage 155
grille 208, 210, 332, 338
grip 274, 282, 293
grip panel 214
grip tape 276
grizzly bear 12

groin 50, 52
ground beef 136
ground floor 86
ground forces 216, 217
ground pepper 149
ground water 379
ground wire 119
group head 104
Grünkern 148
guardrail 222, 329, 363
guava 151
guest 205, 229
guide 313
guillotine cutter 391
guinea fowl 140
guinea pig 22
guitar case 240
guitarist 224
gull 35
gum 60
gunport 349
gutter 303
guy line 216, 311
gymnast 270
gymnastics 270, 271
gyrfalcon 33

H
hacksaw 128
haddock 30
haemoglobin 6
hair 51, 53, 238
hair care 180, 181, 182
hair clippers 179
hair conditioner 181
hair dye 181
hair gel 181
hair spray 181
hair tie 181
hair-cutting scissors 181
hair-dryer 180
hairpin 181
half-pipe 276
half-rimmed glasses 173
halfway line 251
hall 88
ham knife 107
hamate 58
hammer 214, 269, 312
hammer drill 130
hamster 22
hand 51, 53
hand bones 58
hand fork 124
hand towel 97
handball 260, 260, 261
handball game 260
handball goal 260
handbrake warning
  light 335
handgrip 313, 344
handguard 215
handheld vacuum
  cleaner 118
handle 84, 102, 103,
  104, 107, 117, 125,
  126, 128, 129, 130,
  131, 133, 134, 135,
  180, 238, 263, 266,

296, 297, 311, 313,
  315, 325, 327, 391
handlebars 209,
  278, 296
handrail 383
handrails 287
handset 322
handset cord 322
handwheel 245
hangers 198
hanging file 327
hard contact lenses 174
hard hat 329
hardwood floor 95, 121
hare 20
harmonica 241
harmonium 241
harness 289
harness line 283
hatband 172
hatch 217, 222
hatchback 340
hats and scarves 172
hawsehole 370
hazard light
  indicator 335
hazelnut 148
head 21, 38, 39, 41, 43,
  51, 53, 132, 133, 141,
  179, 238, 244, 245
head linesman 253
head mirror 82
head of femur 57
head of humerus 57
headband 180, 321
headbay 384
headgear 273
headlight 208, 217,
  338, 344, 346, 348,
  349, 360, 362, 363
headlight indicator
  light 335
headset 315, 321
headstock 239, 240, 391
headwaiter 203
headwaiter station 203
heart 64
hearts 310
heat gun 134
heat sink 386
heating and cooling 122
heating element 103
heavy tank 217
hedge 91
heel 51, 53, 107,
  170, 240, 292
heel brake 277
heels 171
height adjustment 118
height adjustment
  lever 316
height-adjustable
  pedestal 74
height-adjustment
  foot pedals 81
helicopter 192, 220,
  223, 357, 387
helicopter flight
  deck 223

helicopter hangar 223
helipad 192, 369, 387
helmet 210, 216, 277, 383
herbs 150
Hercules moth 40
heron 35
high beam 332
high beam indicator light 335
high chair 98
high jump 268
high pressure area 376
high-gain antenna 383
high-hat cymbal 233
high-hat stand 233
high-mount extension 388
high-rise block of flats 190
high-speed train 362
high-top sneaker 170
highlighter 326
highway 328, 329
hind leg 13, 20, 41
hind limb 21
hind paw 21
hind wing 39
hind wing tornus 39
hinge pin 333
hip 16, 51, 53
hippopotamus 10
hob 101, 102
hob control knob 103
hock 7, 15, 16, 20
hockey 290, 291
hoisting equipment 389
holder's signature 213
hole 272
holster 208, 216
home button 321
home plate 257
honey bee 42
honey dipper 110
honeydew melon 154
hood 289, 342, 349
hoodie 162
hoof 7
hook 244, 292, 311
hook and eye 245
hooks 198
hoop 244
hoop earring 175
hopper ball 296
horizontal stabiliser 209, 218, 221, 357
hornbeam 47
horned melon 151
hornet 42
horny beak 23
horse head 388
horsefly 42
horseradish 145
hose 118, 330
hose reel 125
hospital 192, 74, 75, 76, 77, 78, 79, 80, 81
hospital room 77
host 228

hot wire 119
hot-water riser 123
hot-water supply pipe 123
hotel 190, 204, 205, 206, 207
hotel room 206
house 190
house mouse 22
household appliances and electronics 117, 118
household furnishings 114, 115, 116, 117, 118, 119
housewares shop 194
housing 179, 311
hovercraft 223
hub 84, 278, 385
hubcap 336, 339
hull 222, 282, 283, 368, 369, 371
humerus 56
humidifier 122
hummingbird 32
humpback whale 28
hunting equipment 312
hurdle 268
husk 45
hydrant intake 211
hydraulic jack 343
hydraulic press 391
hydroelectric dam 384
hydrofoil 369
hydrogen 390
hygiene 183
hyoid bone 61
hypotenuse 372

I

ice 291
ice cream scoop 111
iceberg lettuce 142
icebreaker 370
icing syringe 110
icosahedron 375
ignition switch 337
iguana 23
ilium 56
image intensifier 74
impermeable rock 390
impervious rock 389
impulse sprinkler 125
in-line skates 277
incubator 81
incus 72
index card 324
indicator light 103, 105, 129, 322
industrial equipment 391
infant car seat 331
infantry fighting vehicle (IFV) 217
inferior cymbal 233
inferior vena cava 63, 64, 65, 69
inflator 289
inflorescence vegetables 143
information display 195

information stand 194
infraspinatus 55
ink cartridge 320
ink-jet printer 321
inline skating 277
inner casing 386
inner core 379
Insects 36, 37, 38, 39, 40, 41, 42, 43
instep 52
instrument cart 76
instrument panel 334, 337, 357
insulated handle 129
insulation 122, 129
insulator 119
intake tower 384
intensive care unit 78
interactive toy 294
interceptor 218
interchange 328
intercity transport 362
intercostal nerve 66
interior door handle 333
internal iliac artery 62
internal jugular vein 63
International Space Station 381
Internet stick 322
interventricular septum 65
iris 73
iron 6, 117
ischium 57
isobar 376
isosceles 372
Italian cypress 48
IV (intravenous) stand 77
iwan 247

J

jack 310, 331
jackal 14
jacket 160, 208
jaguar 14
jalapeño 149
janitor 195
Japanese experiment module 381
jararaca 26
javelin 269
javelin throw 268
jaw 126, 133
jeans 161
jeggings 165
jerboa 22
jersey dress 166
Jerusalem artichoke 143
jet fighter 218
jewellery 175
jewellery shop 194
jib 283
jigsaw 128
jodhpurs 280
joker 310
judge 273, 288
judges 270
jug 105
juice-level indicator 105

juicer 105
juices and water 158
jumper cables 331
jumpsuit 166
jungle gym 298
juniper 48
juniper berry 149

K

kangaroo 21
kayak 282
keep 249
kefir 138
kelly 389
kernel 45
key 232, 236
key cabinet 205
key guard 236
key/finger button 236
keybed 232
keyblock 232
keyboard 314, 315, 318, 319
keyboard instruments 232
keyboardist 224
keypad 322, 323
kiddie pool 297
killer whale 28
king 300, 310
kingfisher 32
kitchen 86, 100, 202
kitchen appliances 102, 103, 104, 105
kitchen knives 107
kitchen tongs 110
kitchen utensils 110
kite 373
kiwifruit 151
knee 7, 16, 20, 50, 52
knee pad 277
knife 391
knife block 107
knife set 107
knight 300
knitting 244
knitting measure 244
knitting needle 244
knob 98
koala 21
kohlrabi 143
Kola nut 148
kumquat 152

L

label 158, 324, 327
label holder 315
label maker 323
labial palpus 39
laboratory 380
laboratory equipment 377
Labrador retriever 16
laccolith 379
lace 170, 253, 292
laces 277
lachrymal carunkel 73
Lactarius resimus 147
lactiferous duct 68

lactiferous sinus 68
lactose-free milk 138
ladder 99, 211, 388
ladybird spider 36
ladybug 37
lagomorphs 20
lambdoid suture 59
lamp 311
lancet window 246
land 130
landing gear 218, 219, 220, 357
landing module 382
landing pit 268
landing window 220
lane 286, 303, 304
lane marking 286
lane rope 286
lane rope storage reel 287
lantern 246, 311, 367
lappet moth 40
laptop 207
laptop computer 225, 317, 318
larch ladybug 37
large appliances 102
large intestine 70
large wheel 84
largemouth bass 30
larynx 61
lasagne 156
laser printer 320
lateral condyle of femur 57
lateral epicondyle 57
lateral line 141
lateral semicircular canal 72
lateral vastus 54
lateral view of brain 67
lathe 391
latissimus dorsi 55
lava flow 379
lava fountain 379
lava layer 379
lawn 87, 90, 120, 268
lawn mower 125
layout 309
leader 313
leaf 45, 49, 152, 155
leaf spring 336
leaf vegetables 142
lectern 188, 189
lecture hall 188
lecturer 188
leek 143
left atrium 65
left attacker 258
left back 259
left kidney 69
left lung 61
left pulmonary artery 65
left pulmonary vein 64, 65
left service court 265
left turn signal indicator 334
left ventricle 65

leg 23, 36, 51, 53, 98, 114, 116, 135, 137, 188, 232, 233, 311, 313, 317, 389
leg abduction machine 275
leg extension machine 275
leg tip 135
legumes 146
lemon 152
lemonade 158
lemongrass 150
lemur 24
lens 73, 173, 289
lens case 174
lens system 312
lentil 146
letter organiser 314
letter tray 314, 326
library 193
lid 104, 105, 232, 340
lid-release button 104, 105
life raft 223, 370
life support system 383
life support system controls 383
lifeboat 223, 368, 370, 371
lifebuoy 223, 370
ligature 236
light 211, 221, 308
light aircraft 356
light bar 85, 208, 210
light fixture 94
light machine gun 215
light socket 119
light switch 95
lighthouse 367
lighting and electrical fixtures 119
lighting shop 195
limb 46
lime 152
limousine 340
line chart 374
line judge 252
line spool nut 313
lineman's pliers 133
linesman 259, 262, 264, 291
lingonberry 153
lining 292
lintel 120
lion 14
lion tamarin 24
lip 7, 18
lip balm 177
lip brush 177
lip gloss 177
lipstick 177
liqueur glass 113
liquid eye shadow 177
liquid eyeliner 177
liquid-crystal display (LCD) 232
liquor bottle 201
little housefly 42

liver 70
living quarters 387
living room 87
llama 11
loading hopper 349
lobby 227
lobe bronchus 61
lock washer 132
locker 196, 275
locking pliers 126
locomotives 363
locust 43
loin 7, 16, 51, 53, 137
long adductor 54
long cardigan 168
long extensor of toes 54
long fibular 54
long jump 269
long palmar 54
long service line 262
long-distance bus 346
loose eye shadow 176
loose face powder 176
loose powder brush 177
loquat 155
lorry 191
lost baggage desk 354
lotion 97
loudspeaker 224, 323
lounge 92, 369
lounge chair 311
louse 43
loveseat 116
low beam 332
low fuel warning
  light 335
low pressure area 376
low-rise block
  of flats 190
lower blade 391
lower deck 346, 387
lower eyelid 18, 73
lower lobe 61
lower mantle 379
lower panel 232
lubricant eye drops 174
lubricant spray 133
lubricating strip 179
lug 233
luggage cart 204
luggage
  compartment 346
lumbar vertebrae 57
luna moth 40
lunar rover 382
lunate 58
lunette 246
lungs 61
lychee 151
lynx 14
lysosome 6

M

macadamia nut 148
machicolation 249
machine gun 222
mackerel 30
Madagascar hissing
  cockroach 43

magazine 92,
  214, 215, 312
magazine catch 214
magazine stand 196, 205
magma 379
magma chamber 379
magnetic strip 213
magnifying glass 377
main battle tank
  (MBT) 217
main beam 7
main bronchus 61
main building 387
main deck 387
main drain line 123
main duct 122
main entrance 247, 248
main tube 380
main vent 379
Maine coon 19
mainsail 283
maintenance hangar 350
maintenance worker 194
makeup 176, 177
makeup brush 176
makeup remover 176
makeup remover
  pad 176
male body 52, 53
male reproductive
  organs 69
male reproductive
  system 69
malfunction warning
  light 334
mallard duck 35
mallet 131, 233
malleus 72
mammary gland 68
man 185
mandible 18, 38,
  41, 56, 59
mandrill 24
maneuvering area 351
manhole 388
manicure and
  pedicure 178
mannequin 199
mantis 43
margarine 139
marginal scute 23
maritime transport 366,
  367, 368, 369, 370, 371
marker 189, 326
marmot 22
marsupials 21
mascara 177
mask 289
mason's trowel 134
masonry drill bit 130
masonry hammer 131
masonry nail 132
mast 222, 283
mast foot 283
master bedroom 88, 94
mastoid fontanelle 59
mastoid process 59
maternity trousers 165
mathematics 372,

373, 374, 375
mating adapter 381
mattress 74, 81, 99
mattress tray 81
maxi skirt 166
maxilla 56, 59
Mayo instrument
  stand 80
maze game 306
measurement scale 129
meat tenderiser 111
medial condyle
  of femur 57
medial epicondyle 57
medial vastus 54
median notch 28
medical examination
  equipment 82
medical utility table 77
medications 83
medicine cabinet 97
medieval castle 249
medulla oblongata 67
melodica 241
melon baller 110
melons 154
memory card 321
men's clothes 160,
  161, 162, 163
men's jewellery 175
men's razor 179
men's shoes 170
menswear shop 194
menu button 321
menu stand 203
mercury thermometer 82
merry-go-round 299
mesosome 36
mesothorax 38, 41, 43
metacarpal 58
metacarpus 58
metal frame 188
metal framework 385
metalworking 391
metalworking tools 133
metasoma 36
metatarsus 41
metathorax 38, 41, 43
meteorology 376
metered-dose inhaler 83
microphone 188,
  229, 321, 322
microscope 377
microwave 100, 102
mid-pool line 284
middle deck 387
middle leg 41
middle lobe 61
middle phalanx 58
middle pickup 239
military 214, 215, 216,
  217, 218, 219, 220,
  221, 222, 223
milk and cream 138
milk jug 109
millet 148
minaret 247
minivan 340
mint 150

mirror 97, 176, 206,
  209, 274, 342, 344,
  346, 348, 377
missile 219
missile tube 222
mitochondrian 6
mitochondrion 44
mitral valve 65
mixing console 227
mobile 294
mobile filing cabinet 314
mobility aids 84
moisturiser 183
molding 333
monarch butterfly 40
money counter 212
monitor 224, 228,
  314, 315
monitor lizard 25
monkey bars 298
monocle 173
mons pubis 69
month 324
Moon landing 382
moose 8
mosaic 243
mosaic work 243
mosque 247
mosquito 42
mosquito net 216
mother 184
motocross
  motorcycle 344
motor home 342
motor housing 105,
  118, 128, 130
motor scooter 344
motorcycle racing
  game 308
motorcycles and all-
  terrain vehicles 344
motorised table 75
mount 127, 242, 340
mountain bicycle
  278, 345
mountainboard 276
mounted racing 281
mouse 314, 319
mouse or keyboard
  port 319
mousse 181
mouth 20, 21, 23, 28, 59
mouth guard 273
mouthparts 43
mouthpiece 235,
  236, 289
mouthpiece receiver 235
movie poster 227
movies 226, 227
mozzarella 138
MRI (magnetic
  resonance imaging)
  room 75
MRI scanner 75
mud dauber 42
muffler 344
muffler pedal 232
mug 108
mugwort 150

mule 9
mullioned window 246
multi-grain bread 157
multi-movement
  pendant 76
multi-role fighter 219
multimeter 129
multipurpose
  solution 174
mung bean 146
municipal services
  208, 209, 210, 211
mural 204
muscles 54, 55
museum 192
mushrooms 147
music 232, 233, 234,
  235, 236, 237, 238,
  239, 240, 241
music stand 232
musk ox 9
muskrat 22
muzzle 7, 13, 16,
  18, 20, 214
myocardium 65
mystacial whiskers 18

N

nacelle 385
nail brush 183
nail clippers 178
nail file 178
nail gun 131
nail polish 178
nail polish remover 178
nail scissors 178
nail set 131
nail whitening pencil 178
naked bike 344
nape 7, 20, 51, 53
napkin dispenser 201
napkin ring 106
narrow-body airliner 357
nasal bone 59
nasal dorsum 13, 16
nasal spray 83
naval forces 222, 223
nave 246
navel 50, 52
navigation buttons 323
neck 7, 16, 18, 20, 23,
  51, 53, 236, 239, 240
neck cork 236
neck of femur 57
neck pickup 239
nectarine 155
needle 82, 244,
  245, 334
needle hub 82
needle plate 245
needle threader 245
needle-nose pliers 133
neighbourhoods 190,
  191, 192, 193
neonatal intensive
  care unit 81
neonatologist 81
Neoptera 43
nerve 60

nervous system 66, 67
net 254, 258, 260,
  263, 264, 267
network port 319
neurological hammer 82
neutral wire 119
newborn 81
newspaper 204, 207
newspaper and
  magazine rack 196
newsstand 195, 359
nictitating membrane 18
night table 207
nightgown 169
nightingale 33
nightstand 94
nipple 50, 52
non-movable
  C-arm track 74
north pole 378
Norway spruce 48
Norwegian forest cat 19
nose 7, 13, 16, 18,
  20, 21, 50, 357
nose pad 173
nose pocket 289
nostril 16
nozzle 134, 135
nuclear envelope 6
nuclear power plant 386
nucleolus 6, 44
nucleus 6, 44
numeric fields 78
nurse call button 77
nursery 89
nut 128, 132, 238,
  239, 240
nut and bolt 132
nutcracker 110
nutmeg 149
nuts 148

O

oats 148
objective lens 312
objective lense 377
oboe 237
observatory 380
obtuse angle 374
occipital bone 57, 59
occipital lobe 67
occipitalis 55
occluded front 376
ocelli 41
octahedron 375
octane 390
octave key 236
oculus 246
odometer 334
off-road in-line
  skates 277
offending player 290
office building 193
office chair 317
office interiors 314,
  315, 316, 317
office supplies 324,
  325, 326, 327
office technology 318,

319, 320, 321, 322, 323
officials 255
officials' bench 291
offset cane 84
offshore oil platform 387
oil 389, 390
oil and gas field 390
oil filter 336
oil or acrylic paint 242
oil pastel 243
oil tank 388
oil tank farm 388
oil warning light 335
ointment 83
okra 144
olecranon 57
Olympic-sized pool 286
on-deck circle 256
on-field scoreboard 250
on/off button 311
onboard computer 337
one pair 310
open end spanner 126
open-toe ankle boot 171
open-toe flat 171
open-toe heels 171
opera glasses 173
operating light 76, 80
operating room 76
operating table 76
operation key 213
operculum 141
opossum 21
opposable digit 21
optic nerve 73
optical sight 312
orange 152
orange juice 158
orangutan 24
orbiter 381
orchestra conductor 230
orchestra pit 230
oscillating sprinkler 125
oscillation control 118
ostrich 34
other electronic devices
323, 321, 322
otoscope 82
ottoman 87, 93, 116
outdoor leisure
311, 312, 313
outdoor play equipment
297, 298, 299
outer casing 386
outer core 379
outer girder 388
outerwear 160, 164
outlet 343
output jack 239
output tray 320
outrigger 211
ovary 49, 68
oven 100, 103
oven control knob 103
over-bed light 77
overcoat 164
overflow drain 388
overview of departure
and arrival areas 354

overview of petrol
station 330
overweight 185
ovule 49
ovum 6
owl 33
oxford shoes 170
oyster mushroom 147

P

packer body 349
paddle 282
paddle brush 182
pads 277
paint reservoir 135
paint roller 135
paint sprayer 135
paint tray 134
paintbrush 135
painting tools 134, 135
palette 242
pallet truck 197
palm 223
pan 206
pancreas 71
panel 337
panpipe 236
panties 169
pantograph 361, 362
papaya 151
paper 316, 326
paper clip 325
paper grocery bag 197
paper products 324
paper punch 325
paper towel 275
paper tray 320
papillary muscle 65
paprika 139
parabolic aluminised
reflector light 224
parabolic reflector 380
parallel bars 271
paramedic 85
parents 184
parents and children 184
parietal bone 57, 59
parietal lobe 67
paring knife 107
park 193
parking brake button 337
Parmesan 139
parsley 150
parsnip 145
partition 314, 315
partridge 33
passageway 387
passenger 353,
354, 368
passenger car 362
passenger door 346
passenger station 358
passenger terminal 357
passenger trains
360, 361, 362
passenger vessels 368
passenger's seat 360
passion fruit 151

pasta 156
pastern 13, 16, 18
pastry wheel 110
patella 36, 56
patient 76
patient connection
panel 78
patient monitor 76, 78
patio 86, 90
patio table 114
patio umbrella
86, 90, 311
patrol coastal ship 222
patron 200, 203
pattern 245
pattypan squash 144
paving slab 87
paw 13, 20
pawn 300
payee 212
payload 383
pea 146
peach 155
peach juice 158
peacock 34
peanut 146
pear 46, 155
peasant blouse 167
pec machine 275
pecan 148
pectoral fin 28, 30, 141
pectoralis major 54
pedal 233, 279, 296
pedestal 75, 193
pedestal fan 118
pedestrian 329
pedestrian call
button 193
pedestrian light 193
pedicel 39
pediment 246
pedipalp 36
peduncle 49
peg 238, 240
pegbox 238
pelican 35
pelvic fin 30, 141
pen and paper 315
pen and pencil cup 314
penalty area 250
penalty area
marking 250
penalty box 291
penalty spot 250
pencil 326
pencil holder 189
pencil sharpener 325
penguin 35
penis 52, 69
penne 156
pentagon 373
penthouse 193
pepper mill 111
perch 30
percussion instruments
233, 234
performing arts 224,
225, 226, 227, 228,
229, 230, 231

periodontal ligament 60
periscope 217, 222
peristyle 248
peroneal artery 62
peroneus longus 54
Persian cat 19
personal articles 176,
177, 178, 179, 180,
181, 182, 183
pestle and mortar 377
petal 49
petrol pump 330
petrol station 330
petrol station
attendant 330
phalange 58
pheasant 140
Phillips screwdriver 133
philtrum 16, 18
photograph 94
photovoltaic arrays 381
photovoltaic cell 384
physical therapist 79
physical therapy room 79
physician 273
piano bar 202
piccolo 237
pick 124
pickguard 239
pickup 239
pickup selector 239
pickup truck 340
picnic roast 137
picture 86, 100
pig 11
pigeon 33, 140
pike 31
pillow 95, 99
pills 83
pilot 357
pin 119, 389
pin shoulder 389
pincushion 245
pine nut 148
pineapple 151
pineapple juice 158
pinhole glasses 174
pink peppercorn 149
pinto bean 146
pipe 118
pipe cutter 127
pipe spanner 127
pipe threader 127
pipette 377
pisiform 58
pistachio 148
pistil 49
pistol 208, 214, 216
pistol grip 215, 312
pistol nozzle 125
pitch switch 232
pitcher 257
pitcher's mound 257
pitchfork comb 182
pitman arm 388
pivot 180, 181
pizza cutter 110
plaid shirt 163

plant cell 44
plant-based food 142,
143, 144, 145, 146,
147, 148, 149, 150, 151,
152, 153, 154, 155
plants 44, 45, 46,
47, 48, 49
plasmodesma 44
plaster 120
plastic bag 197
plastron 23
plate 274
plate tree 274
platen glass 320
platform 288, 358, 365
platform stepladder 135
platinum ring 175
platter 109
play climber 297
player 251, 253,
255, 256, 261, 263,
267, 291, 308
player's bench 264
players' area 253
players' bench 254,
258, 263, 285, 290
players' bench 258
playing cards 310
playing surface 307
Pleurotus eryngii 147
plotter 320
plug 119, 340
plum 155
plumber's snake 127
plumbing 123
plumbing system 123
plumbing tools 127
plunger 82, 127, 134
plush block 294
pocket 160, 161, 165,
168, 208, 216, 272, 305
pocket knife 155
point 7, 107, 244,
301, 326
point-of-sale
computer 201
poker table 309
polar bear 12
pole 311
pole vault 268, 269
poles 277
police 208
police car 208
police helicopter 209
police motorcycle 209
police officer 208, 348
police van 348
polished rod 388
polo shirt 163, 168
polygons 373
pom-pom 172
pome fruits 155
pomegranate juice 158
pomelo 152
pommel 280
pommel horse 270
pond 191
pons 67
poodle 17

pool cue 305
popcorn 226, 253
popliteal vein 63
popper 245
poppy seed 149
porch 90
porcini mushroom 147
porcupine 22
pork 137
pork chop 137
pork hock 137
Porro prism 312
port 366
port glass 113
portable expanding
file 327
portal 246
porter 204
porthole 81, 222, 283,
368, 369, 370
ports 318
position marker 239
post 258, 260, 298
post office 193
postbox 86
posterior fontanelle 59
posterior rugae 53
posterior semicircular
canal 72
posterior view of
digestive system 71
posterior view of
female body 51
posterior view of
main muscles 55
posterior view of
male body 51
posterior view of
skeleton 57
pot 104
pot lid 104
potato 143
potato masher 110
potted plant 93,
194, 204, 274
poultry 140
pound 212
powder blush 176
powder puff 176
powder room 86
power bar 119
power button 103,
105, 179, 318, 319,
320, 321, 322
power cable
connector 319
power cord 129
power LED 227
power plant 384
power supply fan 319
power switch 105,
118, 129
precipitation 376
precision
screwdriver 133
prep table 202
prepared foods 196
press photographer
255, 260

pressed face powder 176
pressure dial 245
pressure gauge 104
pretzel 157
price per litre 330
primary scoreboard 251
primates 24
prime mover
  (motor) 388
primer 215
principal arteries 62
principal veins 63
printer 314
printers, copiers and
  scanners 320
prism 375
privacy screen 77
probe 129
procedure room 75
processed food 156, 157
projection booth 227
projector 227
proleg 38
pronator teres 54
propeller 219, 222
proscenium 230
prosoma 36
prostate 69
protection layer 383
protective screen 130
prothoracic shield 38
prothorax 38, 41, 43
proximal phalanx 58
pruning saw 124
pruning shears 124
PSU switch 319
pubic region 52
puck 290
puck return 307
pulmonary artery 62
pulmonary trunk 64, 65
pulmonary valve 65
pulmonary vein 63
pulp container 105
pump nozzle 330
pumpkin 144
punch hole 161
pupil 73, 186
purfling 238, 240
purge valve 289
purple emperor 40
push button 322, 326
push mower 125
push rim 84
push-up bra and
  panties 169
pusher 105
pushpin 325
pygal plate 23
pyjamas 169
pyramid 375
pyramid diagram 373

Q

quad cane 84
quail 140
quail egg 140
quarter 170
quarter window 339

quarterdeck 368
queen 300, 310
quick-change
  gearbox 391
quill brush 182

R

rabbit 20, 140
Racing and rodeo 281
rack of glasses 201
racket 263, 266
racket bag 262
racket sports 262, 263,
  264, 265, 266, 267
radar 222
radial artery 62
radial nerve 66
radiator 381
radiator grille 349
radiator thermostat 122
radicchio 142
radio telescope 380
radiologist 74
radish 145
radius 56, 58, 372
radome 218
rafter 121
rail 305
rail transport 358,
  359, 360, 361, 362,
  363, 364, 365
railing 88, 194, 196, 276
railway station 358, 359
railway tracks 366
rain 376
rake bar 303
rake comb 182
rambutan 151
ramen 156
range hood 101, 203
raptorial foreleg 43
raspberry 153
ratchet box end
  spanner 126
rattlesnake 26
ravioli 156
reactor building 386
reamer 105
rear brake 279
rear brake lever 278
rear derailleur 279
rear fascia 332
rear foil 369
rear leg 242
rear outrigger 211
rear runner 292
rear sight 214, 215
rearview mirror
  210, 333, 337
receiver 321, 380
receptacle 49
reception 204, 275, 316
recessed light 96
recorder 236
recreation center 191
recreational canoe 282
recreational vehicles 342
rectangle 373
rectangular cuboid 375

rectum 71
rectus abdominis 54
red apple 155
red blood cell 6
red cabbage 142
red chili pepper 144
red currant 153
red grape 153
red howler monkey 24
red kidney bean 146
red light 193
red oak 47
red onion 143
red pepper 144
red pine 48
red wine 159
red wine glass 113
red wood ant 42
red-backed shrike 34
red-rumped agouti 22
reducer sheave 388
reed 236
reel 313
referee 251, 252,
  255, 259, 261, 273,
  284, 287, 291
reflective band 210
refrigerator 86,
  100, 102, 201
refrigerator compartment
  door 102
rein 281
reindeer 17
reinforced concrete
  block 385
remote control 92, 207
remote manipulator
  system 381
removable flag pole 272
renal artery 62, 69
renal hilum 69
renal vein 63, 69
reporter 265
reproductive
  system 68, 69
reptiles 25, 26
residential buildings 86,
  87, 88, 89, 90, 91
residential construction
  120, 121, 122, 123
residential interiors
  92, 93, 94, 95, 96,
  97, 98, 99, 100, 101
residential
  neighbourhood 190
respiratory organs 61
respiratory system 61
restaurant 192, 202
restraining circle 254
restroom 227
retaining wall 87, 91
retina 73
reusable shopping
  bag 197
reversing switch 130
revolver 214
revolving nosepiece 377
rhinoceros 10
rhinoceros beetle 37

rhombohedron 375
rhomboid 373
rhombus 373
rhubarb 145
rib 136, 246, 255, 312
rib eye steak 136
rib roast 136
ribcage 13
ribosome 6, 44
ribs 56, 238, 240
rice 45
rice bowl 108
rice noodles 156
ride cymbal 233
rider 280
ridge beam 121
riding cap 281
riding crop 281
riding helmet 280
riding jacket 280
rifle 312
rifle cartridge 312
right angle 372
right atrium 65
right attacker 258
right back 258
right kidney 69
right lung 61
right pulmonary
  artery 65
right pulmonary vein 64
right pulmonary veins 65
right service court 265
right turn signal
  indicator 335
right ventricle 65
right-angle triangle 372
rim 233, 254, 278
rimmed plate 108
rind 152
ring 298
ring binder 326
ring-handle 181
rings 175, 271
rink 290
road 190, 192, 350, 384
road marking 328
road transport 328, 329,
  330, 331, 332, 333,
  334, 335, 336, 337,
  338, 339, 340, 341,
  342, 343, 344, 345,
  346, 347, 348, 349
road worker 328, 329
road-racing bicycle 279
roadway 328
roadwork ahead
  sign 329
Robertson (square)
  screwdriver 133
robotic vacuum
  cleaner 118
rocker 296
rocket 142
rocket engine 383
rocking chair 115
rocking toy 296
rod 118, 133, 308, 313

rodents 22
roll of pennies 212
roll-up door 197
roller 135, 181
roller cone bit 389
roller grid 134
roller shade 331
rolling pin 110
romaine lettuce 142
Roman
  amphitheatre 249
roof 90, 216, 251, 339
roof batten 121
roof box 340
roof hatch 90
roof platform 388
roof underlayment 121
roof vent 123
roofing 120
rook 300
room 295
room air
  conditioner 122
room thermostat 122
rooster 34
root canal 60
root vegetables 145
rootlet 46
rope 273
rope ladder 298
rose 49
rose chafer 37
rose window 246
rosemary 150
rosette 240
rostrum 28
rotary file 326
rotary table 389
rotary valve 235
rotating dome 380
rotating track 380
rotor 385, 386
rotor blade 209,
  220, 357
rotor hub 209, 220, 357
rottweiler 17
roulette table 309
roulette wheel 309
round 136
round brush 182
round steak 136
route sign 346, 360
rowing 282
rowing machine 274
royal flush 310
rubber boot 210
rubber bulb 82
rubber stamp 325
rubber tree 47
rubbish bin 191, 194,
  205, 206, 226, 359
ruffed grouse 34
ruffled top 167
rug 94, 207
rug and floor brush 118
ruler 189, 325
rump 7, 20
run-flat tyre 349
runway 350

Russian blue 19
Russian module 381
russula 147
rye 148

S

sacrum 56, 57
saddle 280, 281, 391
saddle bearing 388
saddle horn 281
saddle pad 280
saddlecloth 281
safety boot 329
safety cage 268
safety catch 214
safety guard 118
safety handle 125
safety latch 105
safety lever 215
safety line 365
safety pin 245
safety rail 99
safety railing 328
safety scissors 178
saffron 149
saffron milk cap 147
sage 150
Sagra buqueti 37
sail 283
sailboard 283
sailboat 283
salad fork 106
salad tongs 110
salamander 27
sales and merchandise
  area 199
sales assistant 197
salmon 31
salmon fillet 141
salmon roe 141
salmon steak 141
samson post 388
sand layer 329
sandbox 87, 90, 297
Santa Claus melon 154
sartorius 54
satellite dish 192
satin stitch 244
Saturn peach 155
savoy cabbage 142
saws 128
saxhorn 236
saxophone 236
scale 23, 141, 197, 334
scalene 372
scan head 320
scanning tube 75
scape 39
scaphoid 58
scapula 56, 57
scarce swallowtail 40
scarf 172
scatter diagram 374
scenery 228
schedules board 359
schedules information
  board 358
school 186, 187,
  188, 189

sciatic nerve 66
scissors 189, 325
sclera 73
scooter 345
score console 302
score display 306, 307
score screen 302
scoreboard 267, 270
scorekeeper 258, 267
scorpion 36
scraper 134, 331
screen 103, 226, 318, 355
screened glass 75
screw 132, 133, 238
screw and nut 132
screw earring 175
screw thread 119
scroll 238
scrotum 62
scrub nurse 74, 76
scuba diver 289
scuba diving 289
sea lion 15
sea salt 149
seam 165, 253
search and rescue (SAR) helicopter 220
searchlight 209
seasons of the year 378
seat 84, 98, 115, 188, 209, 226, 258, 279, 280, 281, 282, 296, 297, 298, 311, 313, 316, 344
seat belt warning light 334
seat cushion 116
second base 257
second slide brace 235
second stage 383
second stage of regulator 289
secretaries 285
sectional sofa 116
sector 372
security camera 89, 91
security code 213
security guard 194, 196
security officer 355
sedan 341
seed 155
seeds 151
seesaw 299
segment 152, 372
segment score number 306
selector switch 129, 180
self-grip roller 181
self-service check-in kiosk 352, 353
self-service payment terminal 330
semi-acoustic guitar 240
semimembranosus 55
semispinalis capitis 55
semitendinosus 55
sense organs 72, 73
sepal 49

septum pellucidum 67
sequencer buttons 232
sergeant major 30
service bay 330
service bay number 330
service judge 263, 264
service line 264
service road 351
service vehicles 348, 349
serving spoon 111
set square 325
sew-through buttons 245
sewer drainpipe 123
sewing 245
sewing machine 245
shaft 131, 263, 282, 386
shallow root 46
shampoo 96, 181
shank 132, 136, 181, 223, 244
sharp-tailed grouse 34
sharpening steel 107
shaving brush 180
shaving cream 179
shaving equipment 179, 180
sheep 11
sheepskin jacket 164
sheet of paper 324
sheet protector 327
sheetfed scanner 320
shelf 87, 93, 98, 102, 135, 188, 206
shell 148, 292, 388
shelves 197, 199, 295
shelving 275
sherry glass 112
shifter 278
shiitake 147
ships and boats 368, 369, 370, 371
shirts 163
shirttail 389
shock absorber 336
shoe 236
shoe rack 302
shoe rental counter 302
shop entrance/exit 196
shopping 194, 195, 196, 197, 198, 199
shopping mall 191, 194
shopping trolley 196
shore 384
short cardigan 168
short extensor of toes 54
short fibular 55
short loin 136
short plate 136
short radial extensor of wrist 55
short service line 262
short sleeve 163
short-sleeved blouse 167
short-sleeved shirt 163
shorts 165
shot put 268
shotgun 312
shotgun cartridge 312

shoulder 7, 13, 16, 18, 20, 50, 52
shoulder blade 51, 53
shoulder strap 169
shovel 124, 293
show jumping 280
shower 288
shower cubicle 96
shower enclosure 206
shower gel 183
shower stall 123
shroud 283
shrub 87
shuttlecock 263
Siamese cat 19
Siberian husky 17
side 137
side door 85
side footboard 363
side line 260
side mirror 85, 338, 349
side vent 343, 379
side-by-side refrigerator and freezer 102
sideline 255, 259
sight 312
sigmoid colon 71
sign 330
signal-safety light 85
signature of drawer 212
signet ring 175
silk 45
silkmoth 40
sill 379
silver birch 47
singer 225
single-blade paddle 282
single-edged thinning scissors 181
singles sideline 262, 264
sink 97, 101, 123, 203, 206
sirloin 136
sirloin steak 136
sister 184
skate 30
skateboard 276
skateboarding 276
skeletal system 56, 57, 58, 59
skewer 111
ski poles 293
ski rack 331
skid 209, 357
skid-proof foot 311
skiing and snowboarding 293
skin 151, 155
skirt steak 136
skull 59
skylight 194
skyscraper 192
slanted top 188
slat 99
sled 292
sledgehammer 133
sleeping bag 311
sleeve 160, 163, 166, 167

sleigh bells 234
slice 157
slide 214, 235
slide bumper 235
slide lock 325
sliding door 349
sliding shaft 242
slim 185
slim-fit jeans 165
slim-fit trousers 165
slip-joint pliers 126
slippers 171
slipway 366
slot machine 309
slotted screwdriver 133
slotted spatula 111
slow loris 24
small appliances 104
small intestine 70
small saphenous vein 63
smartphone 321
smokebox 362
smoked cheese 139
smoked salmon 141
smooth newt 27
snakes 26
snare drum 233
snooker table 305
snorkel 289
snout 30
snow 376
snow brush with scraper 331
snow leopard 14
snowboard 293
soap dish 97
socket contact 119
socket set 126
sofa 87, 92, 204
sofas 116
soft contact lenses 174
soft pedal 232
soft ray 141
Solanum muricatum 154
solar panel 91, 192, 381, 383, 384
solar shield 383
solder 129
soldering gun 129
soldering iron 129
soldering tools 129
soldier 216
sole 30, 170, 292
soleplate 117
solid deodorant 183
solid rocket booster 381, 383
solids 375
solitaire ring 175
son 184
sound barrier 329
sound hole 240
sound meter 377
soundboard 240
soup bowl 108
soup tureen 109
soupspoon 106
sour cherry 155
sour cream 138

sourdough bread 157
south pole 378
soy milk 139
soybeans 146
space exploration 380, 381, 382, 383
space launcher 383
space probe 381
space shuttle 381
space telescope 383
spacesuit 383
spade 124
spade bit 130
spades 310
spaghetti 156
spaghetti server 111
spanners and pliers 126
spare ribs 137
sparkling water 158
sparrow 33
spatula 111, 377
speaker 333
spear-marked black moth 40
special forces soldier 216
speed control 118
speed dial button 322
speed dial directory 322
speed limit sign 329
speed selector switch 130
speedometer 335
spencer 167
sphenoid bone 59
sphenoidal fontanelle 59
sphere 375
spices 149
spinach 142
spinal column 56
spinal cord 66
spinal nerves 66
spindle 391
spine of scapula 57
spiny ray 141
spiracle 30, 38
spiral binder 327
spiral binding 324
spiral nail 122
spiral screwdriver 133
spirit level 135
splash guard 289
splenius of head 55
spoke 278
spool 313
spool release lever 245
spoon rest 109
spotted hyena 14
spout 104, 105
spray bottle 377
spray-on deodorant 183
spring 134, 297, 378

spring chicken 140
spring floor 271
spring onion 143
spring rider 297
springboard 270, 288
sprint canoe 282
spur 43
squamous suture 59
square 373
square plate 108
square trowel 134
square tureen 108
squirrel 22
stabiliser jack 343
stack machine 275
stack of bills 212
stacking chair 115
stadium 268
stag beetle 37
stage 225, 226, 228, 230, 231
stage clip 377
stage curtain 230
stages of life: female 185
stages of life: male 185
stairs 86, 256, 264, 271, 273, 276, 288, 358, 364, 388
stalk 45, 155
stalk vegetables 145
stamen 49, 155
stand 118, 233, 253, 272, 279, 384, 391
standard 268
standard poker hands 310
stands 250, 254, 256, 265
stapes 72
staple remover 325
stapler 325
Star of David 248
starfruit 151
starling 33
start button 117, 308, 322
starter 287
starting block 287
starting blocks 269
starting position 288
station name 364
station wagon 341
stationary bicycle 274
stationary front 376
stationery 189
stator 386
steam button 117
steam locomotive 362
steam nozzle 104
steam turbine 386
steerable parabolic reflector 380
steering wheel 337
stem 49, 147
step 135, 189, 211, 221, 348
sternum 56
stethoscope 82
stick 238

stick blender 105
sticky note 314, 324
stigma 49
still mineral water 158
stinkbug 43
stirrup 280, 281
stirrup leather 280, 281
stitch 244
stock 215, 312
stocker 197
stockroom 197
stomach 70
stone fruits 155
stool 233
stop 13, 16
stopper pad 16
storage cabinet 315, 316, 317
storage compartment 210, 211, 343, 348
storage compartment release button 118
storage room 202
store 193, 358
storehouse 249
stork 33
straight 310
straight flush 310
straight razor 180
straight-leg jeans 165
straightening iron 180
strainer 105
strap 289, 293
strap button 239
strapless gown 166
straw hat 172
strawberry 153
street light 191
string 238, 239, 240
stringed instruments 238, 239, 240
stringing 263
stroke judge 286
structure of a flower 49
structure of nervous system 66
structure of the Earth 379
stud 175
student 188
stuffed animal 294
stuffed pastry 157
sturgeon 31
style 49
stylobate 248
styloid process 59
subclavian artery 62
subclavian vein 63
subdorsal line 38
subfloor 121
submarine 222
substitute 261
substitute player 250
substitute's bench 261
substitutes' bench 250
substitution area 261
subway 361, 364, 365
subway map 364
subway station 364

suction hose 211
sugar bowl 109
sugar maple 47
suit 161
suitcase 205, 354
suits 310
suits and formal accessories 161
summer 378
summer solstice 378
Sun 378
sun hat 172
sun visor 331, 337
sundeck 369
sundress 167
sunflower seed 157
sunglasses 173
sunshield 383
superciliary whiskers 18
superior cymbal 233
superior mesenteric vein 63
superior rectus muscle 73
superior semicircular canal 72
superior vena cava 63, 64, 65
supermarket 192, 196
support 254
support arm 74
support structure 380
suppository 83
surface cold front 376
surface course 329
surface of the Moon 382
surface of the water 288
surface warm front 376
surfboard 283
surgeon 76
surgical drape 74, 76
surgical mask 76
suspenders 161
suspension coil spring 336
suspension insulating string 385
suspensory ligament 73
swallowtail caterpillar 38
swallowtail chrysalis 38
swan 35
swashplate 357
sweat suit 160, 169
sweater 162
sweater vest 168
sweaters 162
sweatshirt 162
swede 145
sweet pepper 144
sweet potato 143
swim cap 287
swimming 286, 287
swimming pool 190, 368
swing set 298
Swiss chard 142
switch 119, 245
swivel 389
swordfish 31
synagogue 248

synthesizer 224, 232
syringe 82
syrup 83
system buttons 232

T

T-bone steak 136
T-shirt 163, 168
table 130, 204, 225, 302
table and chairs 195, 226, 275
table hockey 308
table leg 305
table salt 149
table saw 128
table tennis 266, 267
table tennis ball 266
table tennis court 266
tablet 83
tablet computer 318
tableware 108
tachometer 334
tagliatelle 156
tail 7, 13, 16, 18, 20, 141, 293
tail boom 209, 221
tail comb 182
tail root 13
tail rotor 221
tail rotor pylon 221
tail skid 357
tailpiece 238
tailstock 391
tailstock handwheel 391
takedown lever 214
talus 57
tamarillo 151
tambourine 234
tandem bicycle 345
tangerine 152
tank top 167
tanker 366
tap 96, 101
tape dispenser 325
tape measure 135, 245
tapir 9
taproot 46
tarantula 36
tarragon 150
tarsus 36, 41, 43
task chair 314, 315
tassel 45
taxiway 351
taxiway line 351
teacher 186
teacher's desk 186
team area 252
team physician 255
teapot 109
teardrop trailer 343
teaser comb 182
teaspoon 106
technician's room 75
teddy 169
teeth 60
tegmen 43
telephone 95, 207, 314, 317, 322
telephone table 114

telescope 380
television 87, 93, 207, 228, 229
television show 228
telson 36
temperature control 117
temperature indicator 335
tempered glass 114
temple 52, 173
temporal bone 56, 59
temporal lobe 67
tender 362, 370
tenderloin 137
tenderloin roast 136
tennis 264, 265
tennis ball 265
tennis ball hopper 265
tennis court 191, 264
tennis racket 264, 265
tennis table 267
tenor drum 233
tensor of fascia lata 54
tent 216, 311
teres major 55
teres minor 55
tergum 41
terminal 119
terminal bronchiole 61
termite 43
tern 35
tessera 243
test tube stirrer 377
testicle 69
tetrahedron 375
thalamus 67
theater 230, 231
thermal jug 311
thermometer with probe 377
thermostat 122
thick-legged flower beetle 37
thigh 7, 13, 16, 51, 53
thigh brace 282
thimble 245
third base 256
third base coach's box 256
third stage 383
thoracic aorta 62
thoracic segment 38
thoracic vertebrae 57
thorax 38, 39, 41, 50, 52
thorn 49
thread 132
thread guide 245
thread take-up lever 245
three of a kind 310
three-button sweater 162
three-point line 254
three-quarter sleeve top 168
throat groove 28
thrush 33
thumb key (fourth lever) 235
thumb rest 82, 236

thumbscrew 126
thyme 150
thyroid cartilage 61
thyroid membrane 61
tibia 36, 41, 43, 56
tick 36
ticket collector 226
ticket collector's booth 364
ticket office 358, 364
ticket vending machine 358, 365
tie 161, 359
tie bar 175
tiepin 175
tiger 14
tiger swallowtail 39
tilapia 30
tile 96, 120, 248
tiled floor 101, 206
tilt-adjustment knob 242
time keeper 261
timekeeper 273
timekeepers 285
tint brush 182
tip 129, 130, 132, 133, 238, 293
tire 276, 278
tire swing 299
toast 157
toddler 185
toe 16, 18, 20, 50, 52
toe block 232
toe cap 170
toe pick 292
toenail scissors 178
tofu 139
toilet 89, 97, 123, 195
toilet brush 97, 206
toilet paper 97, 206
toiletry bag 183
toilets 203, 352, 355
tom-tom 233
tomato 144
tomato juice 158
tomatoes on the vine 144
tone control 239
toner cartridge 320
tongue 170, 292
tongue-and-groove pliers 127
tools 124, 125, 126, 127, 128, 129, 130, 131, 132, 133, 134, 135
tooth 181
toothbrush 97, 183
toothbrush holder 97
toothpaste 183
top 46, 114, 317
top bout 238
top of dam 384
top rail 298
top-loading washer 117
tops and jackets 167, 168
torch 311
tornus 39
torpedo 222
torpedo tube 222
torso 51, 53

tortellini 156
torus 375
total sale display 330
touch line 251
touch pad 318
touch screen 318, 321
touring bicycle 345
tow bar 331, 343
tow-in surfboard 283
towel 206, 258, 262, 274
tower 367, 385
towing hitch 343
town 186, 187, 188, 189, 190, 191, 192, 193, 194, 195, 196, 197, 198, 199, 200, 201, 202, 203, 204, 205, 206, 207, 208, 209, 210, 211
townhouse 190
toy fire engine 295
toy shop 195
toy train 295
toys 294, 295, 296
trachea 61
tracheal ring 61
track 217, 268, 304, 359, 360, 365
track and field 268, 269
traction pad 283
traffic cone 329
traffic light 193
traffic sign 328
trailer 343
train 359, 366
train information board 359
train set 295
trainer 273
trainers 170
tram 361
transaction receipt 213
transit shed 366
transition 276
transmission tower 385, 386
transport helicopter 221
transverse colon 71
trapezium 58, 373
trapezius 54, 55
trapezoid 58, 373
travel agency 194
travelling block 389
tray 98, 326
tread 336
treadmill 79, 274
treatment table 79
treble flute 237
tree diagram 374
trench coat 160
triangle 234
triangles 372
triceps of arm 55
tricuspid valve 65
tricycle 296, 345
trigger 134, 135, 214, 215, 312
trigger guard 214, 312
trigger switch 130
trim knob 78

trip odometer 335
trip odometer reset
  button 335
triple fishhook 313
triple ring 306
tripod 380
tripod stand 233
triquetral 58
trochanter 36, 43
trombone 235
tropical fruits 151
trouser led 165
trouser leg 161
trousers 161, 165, 208
trout 30
truck 192, 276
truck and tandem
  trailer 347
truck frame 363
true flies 42
true leg 38
truffle 147
trumpet 235
trunk 46
trunk seal 332
truss structure 381
trussing 225
tsetse fly 42
tuba 236
tube 134, 236, 289
tube slot 127
tuber vegetables 143
tubercle 28
tubular bells 234
tuck pointer 134
tugboat 366, 370
tumble dryer 117
tuna 31
tunic sweater 167
tuning peg 239
tuning slide 235
tunnel 364
turn signal 332, 342,
  344, 346, 348
turnbuckle 273
turning judge 287
turnip 145
turnouts 210
turnstile 364
turntable 102
turpentine 243
turret 217
turtles 23
tweezers 177
twelfth fret marker 239
twig 46
twins 184
twist drill bit 130
two pairs 310
two-metre line 285
two-person shooter
  game 308

tympanum 246
type of fuel 330
types of cars 340
tyre 209, 336, 339
tyres 336

U
U.S. centrifuge
  module 381
U.S. habitation
  module 381
U.S. laboratory
  module 381
udon 158
ulna 56, 58
ulnar artery 62
ulnar extensor
  of wrist 55
ulnar flexor of wrist 55
ulnar nerve 66
umbrella 253
umpire 253, 256,
  258, 262, 266
underarm crutch 84
underground train 364
underlay 121
underpad 81
underwear and
  nightclothes 169
uneven parallel bars 271
ungulates 7, 8, 9, 10, 11
unmanned combat air
  vehicle (drone) 219
upholstery 115
upper arm 13
upper auxiliary
  decoration 231
upper blade 391
upper deck 346
upper eyelid 18, 73
upper lobe 61
upper mantle 379
upper panel 232
upper rudder 222
upright piano 232
upright vacuum
  cleaner 118
urban rail transit 360
ureter 68, 69
urethra 68, 69
urinary bladder 68, 69
urinary organs 69
urinary system 69
USB flash drive 323
USB port 319
utensil cup 111
uterus 68
utility basket 78
utility helicopter:
  side view 220
utility knife 107

V
V-neck 163
V-twin engine 344
vacuole 44
vagina 68
valve key 235
valve slide 235
vanity 97, 114
vanity mirror 337
vas deferens 69
vase 108
vase with flowers 207
vastus lateralis 55
vault 271
vegetable bowl 108
vegetables 142, 143,
  144, 145, 146
vending machine
  194, 227, 275
vendor 227, 253
vent 128, 337
vent brush 182
vent stack 123
ventilation duct 103
ventilation fan 206
ventilation grille 363
ventilation grille 118
ventilation shaft 91
vermiform appendix 70
vernal equinox 378
vertebral scute 23
vertex 41
vertical side band 258
vestibular nerve 72
vestibule 72
vibraphone 234
vice 133
video monitor 74, 76
video port 319
vine 144
violin and bow 238
visor 193
visual arts 242, 243
vitreous humour 73
vodka 159
volcanic bomb 379
volcanic eruption 379
volleyball 258, 258, 259
volleyball court 258
voltage divider
  (potentiometer) 227
voltage tester 129
volume control
  239, 318, 321
volume display 330
volume unit meter 227
vulva 50

W
waist 51, 53, 238, 293
waistband 161, 165, 169

waistcoat 161
waitress 200, 203
walk-in cooler 202
walking beam 388
wall 311
wall bars 274
wall light 77
wall sconce 207
walnut 148
walrus 15
warehouse 191
warming plate 104
warning light 334
washcloth 176
washer 123, 132
wasp 41
wasps and wasp-like
  insects 41
waste bin 275
waste pipe 123
wastebasket 97
water 389, 390
water bottle 258,
  262, 273
water cannon 211
water glass 112
water hazard 272
water heater 123
water key 235
water polo 284, 285
water polo ball 284
water polo player
  284, 285
water polo pool 284
water reservoir 104, 117
water service pipe 123
water spider 36
water surface 387
water tank 104
water-level indicator 104
watercolor 242
watercooler 317
watering can 125
watering wand 125
watermelon 154
watermelon radish 145
wave clip 182
waveform fields 78
wax crayon 243
way 391
weapons and
  ammunition 214, 215
weather map 376
webcam 318, 322
wedding ring 175
wedge boot 171
wedge sandal 171
weight belt 289
weight bench 274
weight machine 275
weight room 274
wellhead 388

western red cedar 48
western roe deer 8
western saddle 281
wetsuit 289
whammy bar 239
wheat 45, 148
wheel 118, 125, 217,
  221, 242, 276, 277,
  283, 296, 316, 363
wheel hub 276
wheelchair 84
wheeled sports 276, 277
wheelhouse 370
whetstone 107
whipped cream 138
whirlpool 288
whiskers 13, 20
whiskey 159
whiskey glass 113
white bread 157
white cabbage 142
white grape 153
white kidney bean 146
white mustard 149
white pepper 149
white pine 48
white square 300, 301
white tape 259
white wine 159
white wine glass 112
white-tailed deer 7
whiteboard 189
whole wheat roll 157
wide-body airliner 356
wide-leg trousers 165
wild boar 11
wild rice 148
wind instruments
  235, 236, 237
wind turbine 385
window 85, 97, 102, 208,
  211, 220, 333, 339,
  342, 343, 346, 357, 361
window envelope 324
window vent 216
windshield 208,
  209, 338, 342,
  346, 348, 349
windshield wiper
  333, 337, 346
wine fridge 100
wine glass 101
wine rack 201
wine stopper 159
wing 38, 41, 218,
  219, 357
wing cell 39, 41
wing nut 127, 128
wing vein 39, 41
winter 378
winter solstice 378
winter sports 290,

291, 292, 293
wiper 333
wiper arm 333
wiper blade 333
wire brush 234
wire stripper 129
wireless router 322
withers 16
wolf 14
woman 185
women's clothes 164,
  165, 166, 167, 168, 169
women's shoes 171
wood ear 147
wooden pallet 197
wooden spatula 111
wooden spoon 111
Woodland
  strawberry 153
woodlouse spider 36
woodpecker 32
woodwind
  instruments 236
woodworking and
  carpentry tools 131
wool coat 164
work tray 80
working platform 389
wrist 16, 18, 51, 53
wrist guard 277
wrist pin 388

X
X-ray tube 74
xylophone 234

Y
yarn 244
yellow light 193
yellow onion 143
yellow pepper 144
yellow watermelon 154
yogurt 138

Z
zebra 10
zester 107
zip 161
zip hoodie 162
zip-front cardigan 162
zipper 245, 272
zygomatic bone 56, 59